Wolfgang Venohr

Der große König

Friedrich II. im Siebenjährigen Krieg

BASTEI LÜBBE

BASTEI-LÜBBE-TASCHENBUCH
Band 61391

FÜR ALMUTE

Lizenzausgabe im Bastei-Verlag GmbH & Co.,
Bergisch Gladbach
Lektorat: Heike Rosbach, Nürnberg
Karten: Roland Winkler, Bergisch Gladbach
Printed in Germany, Mai 1997
Einbandgestaltung unter Verwendung eines Gemäldes von Anton
Graff »Friedrich der Große« (1764). Potsdam,
Schloß Sanssouci. Foto: Jürgens Ost+Europa-Photo, Berlin
Druck und Bindung: Ebner Ulm
ISBN 3-404-61391-0

Inhalt

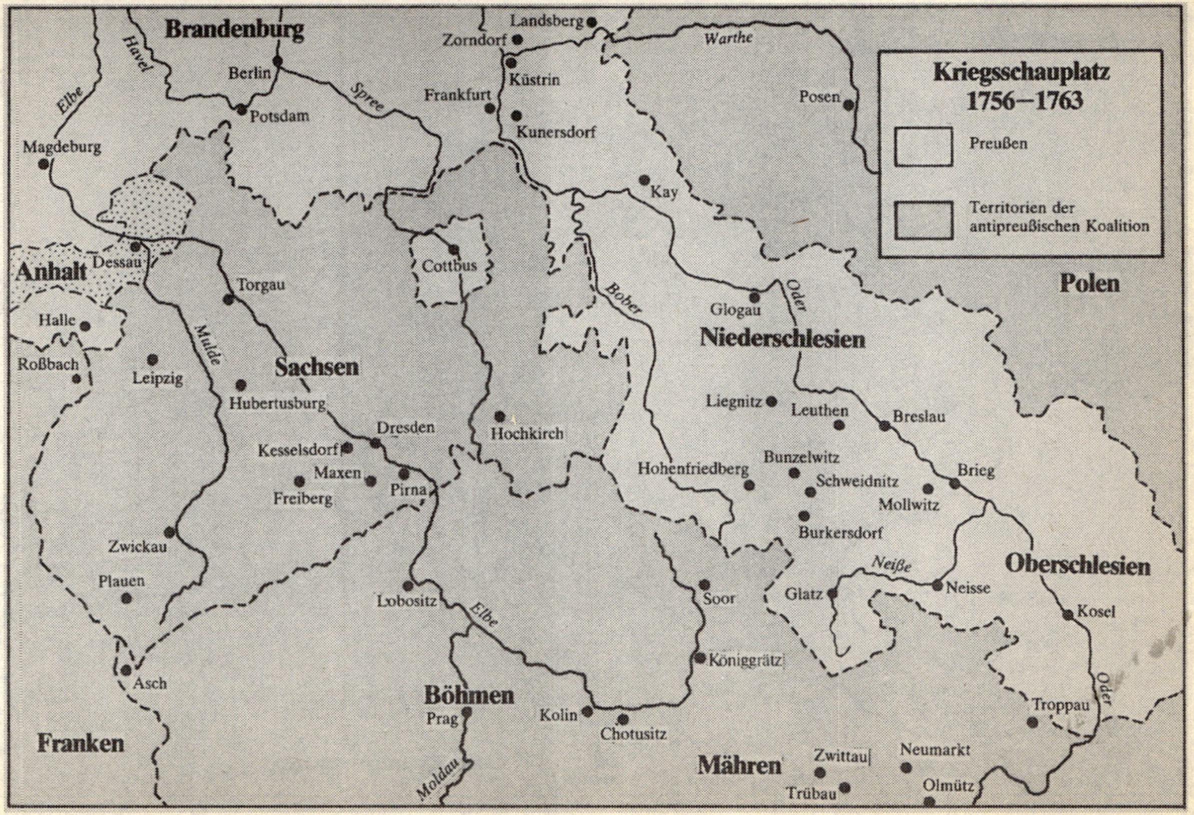
Kriegsschauplatz 1756–1763
Preußen
Territorien der antipreußischen Koalition
Brandenburg
Havel
Elbe
Berlin
Potsdam
Spree
Magdeburg
Landsberg
Zorndorf
Warthe
Küstrin
Frankfurt
Kunersdorf
Posen
Kay
Polen
Anhalt
Dessau
Cottbus
Torgau
Bober
Oder
Glogau
Halle
Mulde
Niederschlesien
Roßbach
Leipzig
Sachsen
Hubertusburg
Liegnitz
Leuthen
Breslau
Dresden
Hochkirch
Kesselsdorf
Maxen
Pirna
Freiberg
Hohenfriedberg
Bunzelwitz
Schweidnitz
Brieg
Mollwitz
Burkersdorf
Zwickau
Oberschlesien
Neiße
Neisse
Plauen
Lobositz
Elbe
Soor
Glatz
Kosel
Königgrätz
Asch
Böhmen
Prag
Kolin
Chotusitz
Troppau
Franken
Mähren
Zwittau
Neumarkt
Trübau
Olmütz
Moldau

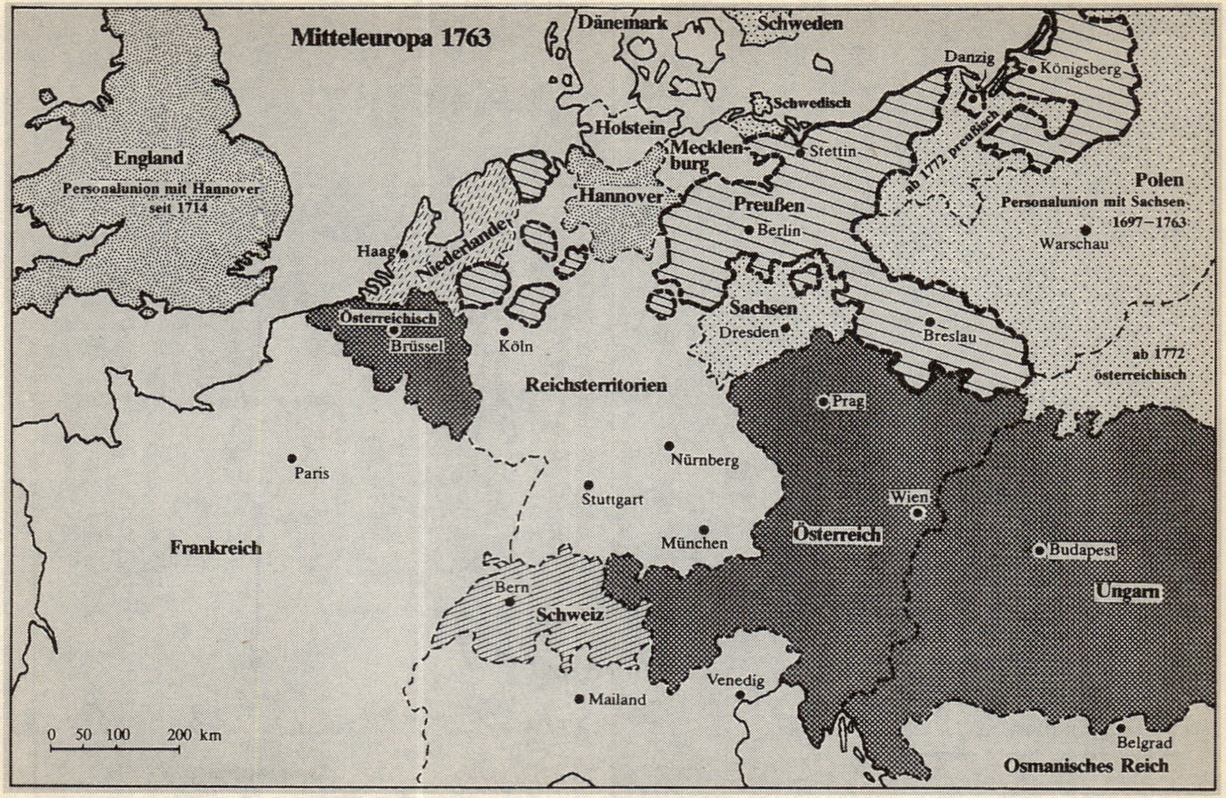
Mitteleuropa 1763
Dänemark
Schweden
Danzig
Königsberg
Schwedisch
Holstein
Stettin
Mecklenburg
ab 1772 preußisch
England
Personalunion mit Hannover seit 1714
Hannover
Preußen
Polen
Personalunion mit Sachsen 1697–1763
Berlin
Warschau
Haag
Niederlande
Sachsen
Österreichisch
Brüssel
Köln
Dresden
Breslau
ab 1772 österreichisch
Reichsterritorien
Prag
Paris
Nürnberg
Stuttgart
Wien
Frankreich
München
Österreich
Budapest
Bern
Schweiz
Ungarn
Venedig
Mailand
0 50 100 200 km
Belgrad
Osmanisches Reich

Vorwort
Friedrichs Seelenkampf

Als Goethe den ersten Band der Werke Friedrichs des Großen gelesen und beiseite gelegt hatte, bemerkte er nachdenklich: »Es ist doch etwas Einziges um diesen Menschen . . .« Das knappe Wort ist haftengeblieben. Es traf.

Reformfürsten hat es in der Geschichte einige gegeben; nicht nur Friedrich. Sein Vater, der sogenannte Soldatenkönig, übertrifft ihn darin bei weitem, darf mit Fug und Recht als »Revolutionär auf dem Thron« bezeichnet werden. Auch fürstliche Philosophen waren schon vorgekommen; man erinnere sich nur an Kaiser Marc Aurel und seine stoischen Betrachtungen. Kriege geführt und Länder besetzt haben alle; selbst die fromme Maria Theresia, als sie zum »Reichsrebell« wurde und dem gewählten deutschen Kaiser Karl VII. den schuldigen Gehorsam verweigerte. Siege erfochten hat keiner mehr als Alexander der Große, der niemals eine Schlacht verlor. Selbst Pflichtmenschen im Königsmantel waren so selten nicht. Allein in der Hohenzollernfamilie trifft dieses Epitheton auf Friedrich Wilhelm III. und Kaiser Wilhelm I. zu. Und mächtige Persönlichkeiten – mit oder ohne Fürstenkrone –, die die Welt oder ihr Jahrhundert verändert haben, findet man des öfteren: Alexander, Caesar, Cromwell, Napoleon, Bismarck, Lenin, Hitler, Mao Tse-tung.

Das Singuläre, das Einzigartige des Preußenkönigs liegt in den sieben Jahren seines Existenzkampfes von 1756 bis 1763 begründet. Und zwar weniger in der Aktion, in der Tat, als in der Re-Aktion, im Standhalten, im Aushaltenkönnen. Die seelische Leidensfähigkeit ist von Friedrich im Siebenjährigen Krieg auf die höchste Spitze getrieben worden. Jacob Burckhardt hat das in seinen *Weltgeschichtlichen Betrachtungen* sehr fein charakterisiert: »Schicksale von Völkern und Staaten, Richtungen von ganzen Zivilisationen können daran hängen, daß ein außerordentlicher Mensch gewisse Seelenspannungen und Anstrengungen ersten Ranges in gewissen Zeiten aushalten kann. Alle seitherige mitteleuropäische Geschichte ist davon bedingt, daß Friedrich der Große dies von 1756 bis 1763 in supremem Grade konnte.«

Weniger das, was Friedrich im Siebenjährigen Krieg ausrichtete, als das, was er erduldete, erhebt ihn zu einzigartigem Rang. Das niemals enden wollende Auf und Ab dieses Krieges ist an sich schon denkwürdig genug. Keine wissenschaftliche Analyse vermag die romantischen, die balladesken Züge dieses Kampfes zu verwischen, die auf eine Spannung und Dramatik angelegt sind, die keine schriftstellerische Phantasie zu erreichen vermöchte. Doch Siege und Niederlagen, Triumph und Zerknirschung umfaßt schließlich jede Auseinandersetzung. Die militärischen und politischen Ereignisse sind es nicht, die diesem Krieg das unverwechselbare Flair geben. Es ist etwas anderes, das die Saga vom Siebenjährigen Krieg neben die *Ilias*, neben das *Lied der Nibelungen* stellt: Es ist das zähneknirschende Ertragen des Unerträglichen, das der preußische König uns vorführt, seine Entschlossenheit, sich vom Unglück nicht unterkriegen zu lassen.

Burckhardt hat das die »Seelenspannungen« des großen Königs genannt. Und davon will dieses Buch berichten. Deshalb ist es auch kein Kriegsbuch im eigentlichen Sinne des Wortes. Die Operationen des Siebenjährigen Krieges, die taktischen und strategischen Winkelzüge der Kontrahenten, die Verdienste und Fehler des Feldherrn Friedrich stehen nicht im Vordergrund.[1] Zugespitzt könnte man sagen, sie bilden nur den Background der Geschichte. Das wahre Thema ist das *Seelendrama*, ist der innere Kampf eines Mannes, der von den Ereignissen fast zerrieben wird, und der dennoch siegt – indem er durchhält.

Doch wie schildert man die Seelengeschichte eines Menschen, der vor mehr als zweihundert Jahren lebte und kämpfte?

Im Falle Friedrichs sind wir in der glücklichen Lage, seinen

[1] Über Friedrichs Feldherrntum handelt das Nachwort.

Originalton während der Geschehnisse zu vernehmen. Es gibt dafür zwei Hauptquellen. Einmal sind das die Tagebücher, die sein Schweizer Vorleser und Gesprächspartner Henri de Catt von 1758 bis 1760 geführt hat (und zwar die echten Tagebücher, nicht die ausgeschmückten Erzählungen, die er nach Friedrichs Tod veröffentlichte). Zum anderen steht uns eine Fülle von Briefen zur Verfügung, die der König unmittelbar während der Feldzüge geschrieben hat, vor allem seine Briefe an die Lieblingsschwester Wilhelmine von Bayreuth, an Voltaire und an seinen Freund, den Marquis d'Argens.

Es sind dies ganz unübertreffliche Quellen. Denn da Friedrich sich in höchster Not befindet und niemanden im Hauptquartier hat, mit dem er sich aussprechen, mit dem er seine Sorgen teilen könnte, so sind die königlichen Briefe und Monologe oftmals reine Herzensergüsse, Entladungen und Entäußerungen seiner angespannten Seelenlage. Ja, es gibt Briefe und Bemerkungen, die man als Lebensbeichte verstehen kann.

Angenommen, wir hätten den König während der sieben Jahre des Krieges mit einem Kamerateam begleitet. Dann könnten wir in Großaufnahme sein Gesicht betrachten, würden die sechs charakteristischen Falten sehen: zwei unter den Augen, zwei neben den Nasenflügeln und die beiden neben dem Mund. Wir könnten in Ruhe seine Felduniform studieren, was uns jetzt nur sehr selten auf bestimmten Ausstellungen, hinter Glas, möglich ist. Das wäre natürlich schön. Und doch wären es alles nur Äußerlichkeiten. Nichts, gar nichts würden wir über sein Innenleben, über die dramatischen Kämpfe, die er mit sich selbst führte, resümieren können.

Durch seine Briefe und Monologe erfahren wir weit mehr. Ja, manchesmal – jedenfalls geht es dem Verfasser so – schreckt man bei der Lektüre zurück, empfindet sich selbst als pietätlosen Voyeur. Natürlich gibt es auch Briefe, die er aus Berechnung und mit hinterlistigem Bedacht schrieb; an Voltaire beispielsweise, den er für eine intellektuelle Klatschbase, für einen Agenten Frankreichs hielt und durch den er seinerseits die Stimmung in Paris beeinflussen wollte. Oder an Prinz Heinrich, seinen Bruder, um dessen Geneigtheit er lebenslang buhlt, ohne doch jemals das geringste zu erreichen. Aber das Gros seiner Briefe und Monologe ist völlig unreflektiert, spontan, aus dem Augenblick heraus und mit brennender Leidenschaft formuliert.

Das ist kostbar, das ist beispiellos. Es sind dies Pretiosen historischer Überlieferung. Caesar schuf mit dem *Bellum Gallicum* eine Propagandaschrift, die seinem innenpolitischen Ehrgeiz diente. Kaiser Marc Aurel feilte sehr sorgfältig an seinen wunderbaren *Selbstbetrachtungen*; sie waren für die antike Nachwelt bestimmt. Friedrich selbst hat seine Bücher, die er vor und nach dem Siebenjährigen Krieg verfaßte, mit Blick auf das Urteil der Geschichte geschrieben; deshalb sind sie auch nur cum grano salis auszuwerten. Napoleon hat auf St. Helena aus dem Steinbruch seines Lebens historische Legenden ziseliert. Adolf Hitler vermied mit Bedacht in den *Monologen aus dem Führerhauptquartier* der Jahre 1941 bis 1944 jede Bezugnahme auf die militärische und politische Aktualität; er wollte nicht am nächsten oder übernächsten Tag des Irrtums überführt werden.

Ganz anders Friedrich. Wenn er gerade von einem Erkundungsritt der feindlichen Vorposten zurückgekommen war und zwischen zwei Butterbroten mit de Catt sprach, ohne zu wissen, was der nächste Tag bringen würde, oder wenn er nachts, bei flackerndem Kerzenlicht und dem monotonen Ruf der Wachtposten, seine Briefe an Wilhelmine oder den Marquis d'Argens aufs Papier warf, dann preßten ihm die bittere Not, die Angst, der Trotz, die Verzweiflung die reine Wahrheit aus der Feder. Dann diktierte nur der Moment; jedes Raisonnement entfiel.

Natürlich war Friedrich auch ein raffinierter Geselle, ein Schauspieler par excellence. Immer wieder predigt er de Catt und anderen, aller Welt nach den größten Unglücksfällen eine »heitere Miene« zu zeigen oder die wahren Verlustzahlen der preußischen Armee zu verschweigen. Nie läßt er sich in die Karten sehen. Niemals hätte er seine seelisch desperaten Ergüsse für die Öffentlichkeit formuliert. Was in seinem Innern vorgeht, bleibt top secret. Er würde sich die eigene Haut vom Leibe reißen, wenn sie etwas von seinen Gedanken und Gefühlen ahnte, bekennt er selber. Nur ganz wenigen Menschen, wie Wilhelmine und d'Argens, glaubte er restlos vertrauen zu können. Wenn er ihnen schrieb, dann nahm er die Maske des Königs, des Feldherrn, des Diplomaten und Ränkeschmieds ab. Es waren dies die einzigen Augenblicke, in denen Friedrich sich gehenließ.

Der Historiker weiß aus leidvoller Erfahrung, daß solche Dokumente innerer Wahrhaftigkeit sonst kaum zu finden sind. Immer wird alles vernebelt oder verkleistert, beschönigt oder umgelogen. Finden Monologe überhaupt statt, so sind sie an einen größeren Kreis gerichtet und ein dazu Beauftragter schreibt mit. Wem ist es gelungen, in Napoleons oder Hitlers Inneres zu sehen? Je mehr veröffentlicht wird, desto größer wird das Rätsel. Wie anders bei Friedrich dem Großen: Wir schauen ihm über die Schulter, wenn er schreibt; wir blicken ihm in Herz und Hirn.

In diesem Buch werden seine Monologe und seine Briefe mit peinlicher Genauigkeit in den chronologischen Ablauf der Ereignisse eingepaßt. Briefe und Märsche, Gespräche und Operationen, Monologe und Schlachten lösen einander exakt in der Reihenfolge ab, in der sie damals stattfanden. Das ist, soweit ich sehe, in dieser Konsequenz bisher nicht erprobt worden. Nicht einmal der unübertreffliche Professor Koser hat jedesmal die Königs-Zitate genau datiert oder sie ausschließlich dort eingesetzt, wo sie zeitlich hingehören. Das macht auch die Darstellung für den Verfasser einigermaßen beschwerlich. Der schöne Fluß der Erzählung wird immer wieder unterbrochen. Auf manche schriftstellerische Pointe muß der Autor verzichten, so mancher Effekt muß der Akkuratesse weichen. Der Gewinn an historischer Genauigkeit und dokumentarischer Verläßlichkeit ist jedoch unübersehbar.

Überhaupt: Die weithin unbekannten Briefe des Preußenkönigs gehören literarisch zum Besten, was in diesem Genre je verfaßt wurde. Theodor Fontane schrieb sich selbst bekanntlich das »talent epistolaire« zu, und dies mit vollem Recht. Seine Briefe sind wunderbare Schätze des Humors, der Einsichten, der Ironie, der Gesellschaftskritik, des sorgfältigen Abwägens; und wie man weiß, hat Fontane daran penibel gearbeitet, immer in der Gewißheit, sie würden einmal vor der Nachwelt bestehen müssen. Dennoch sind sie – bei all ihren entzückenden Qualitäten – völlig temperamentlos. Und nun dagegen Friedrichs spontane Briefe, aus denen Funkenbündel der Leidenschaft schlagen! Je nach Situation und Stimmung sind seine Episteln entweder sprudelnd von Witz und Laune, geschmackssicher und gedankenreich, voll glücklicher Bilder und Einfälle, epigrammatisch, ironisch, gespickt mit Humor und Selbsteinsicht – oder sie sind tränenüberströmt, verzweifelt, herzzerreißend klagend, zornig, wütend, dann wieder voller Melancholie, ja Todessehnsucht. Allein in den dramatischen Krisenjahren von 1759 bis 1763 wechselt Friedrich mit dem Marquis d'Argens 241 Briefe; jeden sechsten Tag im Schnitt fliegt ein Brief zwischen Berlin/Potsdam und dem jeweiligen Armeehauptquartier hin und her. Ein solcher Kommentar-Schatz zu welthistorischen Begebenheiten ist ebenso kostbar wie rar.

Und niemals hat man bei der Lektüre das Gefühl, auf einen hohlen Zahn zu beißen. Es findet sich kein Ton des Hurrapatriotismus. Anders als in den Plaudereien und Memoiren der höfischen Gesellschaft des achtzehnten Jahrhunderts, für die das Volk gar nicht existiert, gibt es in Friedrichs Äußerungen kein Triumphgeschrei, weder Siegesfanfaren noch Kriegsverherrlichungen; die Not des einfachen Soldaten oder der Zivilbevölkerung bleibt ihm ständig präsent. Der Realismus seiner Betrachtungen ist illusionsfeindlich, ist völlig schonungslos. Es ist, als ob dieser Mann Optimismus für Feigheit, für Selbstbetrug hielte. Insofern drückt seine seelische Verzweiflung das Leid von Millionen Betroffenen aus.

So entsteht ein neues Bild des großen Friedrich. Ein breites Lesepublikum lernt einen Mann kennen, wie er bislang nur ganz wenigen Fachleuten vertraut war, Jacob Burckhardt und Reinhold Koser beispielsweise. Aus dem legendären, ruhmbekränzten *König* wird der leidende, der sich aufbäumende, der verzweifelnde, der fast ertrinkende, der um sich schlagende *Mensch*.

Deshalb ist das Buch auch keine speziell »preußische« Geschichte. Seine Thematik hat eine allgemein menschliche Dimension. Friedrichs Durchhalte-Story, das ist Psychologie vom Feinsten; eine philosophische Lebenslehre von einzigartigem Rang bietet sich an. Jeder muß in seinem Dasein irgendeine Art von »Siebenjährigem Krieg«, irgendeine Phase höchster Bedrängnis durchstehen. Wenn er bereit ist, sich in die damalige Zeit zu versetzen und mit diesem König durch Höhen und Tiefen zu gehen, wird er unendlichen Gewinn für sich selbst daraus ziehen.

Man mag über Friedrichs ewige Klagelieder die Schultern zucken, über seine Todesgedanken den Kopf schütteln, kann über seine verbissene Ironie und seinen schnellfertigen Witz in den unmöglichsten Situationen erstaunt, über seinen hohnlachenden Zynismus tief verstimmt sein – die Quintessenz, die Maxime seiner Gefühle und Gedanken bleibt über alle Zeiten hinweg hilfreich und aktuell:

Arbeit und Pflichterfüllung
bezwingen Furcht und Sorge.

Der Königstiger schläft nicht

Die Vorgeschichte des Krieges (1746–1756)

Wohltätiger Friede, hehre Geister droben,
Die Preußens Volk aus Himmelshöhen schirmen,
O, scheucht von Flur und Stadt das blut'ge Toben,
Schützt unsre Grenzen vor des Krieges Stürmen!
Bewahrt uns vor der Menschheit grausen Plagen!
Und hört im Schicksalstempel ihr mein Flehn,
So laßt dies Land bis zu den fernsten Tagen
Im heißersehnten Frieden fortbestehn!

Dann kann der Landmann seiner Fluren Segen
Zufrieden unterm trauten Dache hegen;
Kann Themis[1] ungestört ihr Urteil sprechen,
Den Frevler strafen und die Unschuld rächen;
Die leichten Schiffe, die das Meer zerteilen,
Kein Feind als Sturm und Flut kann sie ereilen;
Minerva[2] mag in unsrem Rate walten,
Kann Schild und Ölzweig in den Händen halten.

Doch reißt des Friedens hehres Band entzwei
Und lechzt der Feinde Übermut nach Krieg,
Dann, Herrscher, Völker, rüstet euch! Dann leih,
O Himmel, der gerechten Sache Sieg!

Friedrich der Große, »DIE KRIEGSKUNST –
Ein Lehrgedicht«, 1751, 1. Gesang

[1] Themis: griechische Göttin, Beschützerin der Ordnung.
[2] Minerva: römische Göttin, Beschützerin des Handwerks.

Der 2. August 1756 ist ein strahlender Sommertag. Das Havelland dehnt sich behaglich im Glanz der Morgensonne. Alles atmet Unschuld und Frieden. Doch die braven Bürger der preußischen Residenzstadt Potsdam sind irritiert, als um neun Uhr früh vor dem Hause des Geheimen Kabinettsrats August Friedrich Eichel eine königliche Kalesche vorfährt. Das ist unerhört, das sprengt die tägliche Ordnung und Routine, denn der Herr Kabinettsrat begibt sich normalerweise erst um fünfzehn Uhr nach Sanssouci, zu seinem König. Es muß also etwas geschehen sein, oder es muß sich Außergewöhnliches vorbereiten. Die Bürger laufen in Gruppen zusammen, reden heftig und gestikulieren, als Eichel halbangezogen aus dem Hause stürzt, sich in die Kalesche wirft und die Pferde in scharfem Trab anziehen.

Dem Kabinettsrat Eichel stehen nur wenige Minuten bis Schloß Sanssouci zur Verfügung, um in der schwankenden Kutsche seinen Anzug zu vervollständigen. Anders als die Bürger Potsdams weiß er, worum es geht. Es geht um Krieg oder Frieden; um nichts weniger. Friedrich II., sein königlicher Herr, erwartet von ihm, Eichel, Auskunft über einen Bericht des preußischen Gesandten Joachim Wilhelm von Klinggräffen in Wien, der in der vergangenen Nacht mit einer reitenden Stafette in Potsdam eingegangen ist. Vor zwei Wochen, am 18. Juli, hat der König einen Eilkurier an Klinggräffen gesandt mit dem Befehl, eine Privataudienz bei Kaiserin Maria Theresia zu erbitten und ihr zu sagen, er, Friedrich II., habe aus den verschiedensten Quellen von den Bewegungen österreichischer Truppen in Böhmen und Mähren erfahren, die Kaiserin möge Verständnis für die Frage haben, ob die Truppenverschiebungen und Rüstungen zu dem Zwecke geschähen, Preußen anzugreifen. Vierzehn Tage hat man auf die Antwort gewartet, und nun ist Klinggräffens Bericht eingetroffen, der König hat davon erfahren, hat ihn, Eichel, flugs zu sich aufs Sommerschloß zitiert.

August Friedrich Eichel rückt nochmals seine Perücke zurecht und lehnt sich in die Wagenkissen zurück. Es ist jetzt sechzehn Jahre her, da mußte er schon einmal in solcher Hektik zum König. Das war im Oktober 1740. Friedrich war erst seit fünf Monaten Herrscher über Preußen gewesen. Und der Weg, den Eichel damals in voller Karriere zurücklegen mußte, war nach Schloß Rheinsberg gegangen, wo ihm der achtundzwanzigjährige junge König voll schäumenden Übermuts entgegengetreten war und ihm erklärt hatte, er werde das altehrwürdige Kaiserhaus Österreich angreifen und sich die Provinz Schlesien holen. Der heiße Schreck, der Eichel bei diesen Worten erfaßt hatte, ist ihm unvergeßlich geblieben. Zwei Kriege um Schlesien, von 1740 bis 1745, hat er an der Seite seines Königs erlebt. Fast zum Schluß, in der Schlacht bei Soor, am 30. September 1745, ist er noch von österreichischen Panduren gefangengenommen worden, und erst 1746, nach dem Gefangenenaustausch, hat er Friedrich und Potsdam wiedergesehen. Sollten jetzt, nach zehnjährigem wohltätigem Frieden, die vermaledeiten Kriegszeiten für Preußen und ihn zurückkehren?

Der vierundvierzigjährige König, auf dem Weinberg oberhalb der Stadt, war schon um vier Uhr morgens aufgestanden. Eine Viertelstunde später waren die Kabinettsräte bei ihm eingetreten, um ihm die eingegangene Post vorzulegen. Friedrich hatte sofort nach dem Bericht aus Wien gefragt, und die Räte hatten geantwortet, soeben sei ein staubbedeckter Kurier bei Herrn Eichel in Potsdam eingetroffen. Der König hatte sich mühsam bemeistert, die Postsachen gar nicht beachtet und war an die offene Flügeltür zur Terrasse von Sanssouci getreten. Die Kabinettsräte, die sich wieder zurückzogen, hatten gespürt, welche Spannung in der Luft lag. Friedrich hatte sich in einer Porzellanschüssel Gesicht und Hände gewaschen, die weiße Perücke mit Zopf aufgesetzt, die ungewichsten rohledernen Reiterstiefel angezogen und sich in einen eleganten zimtfarbenen Samtrock geworfen.

Dem Adjutanten, der anschließend den morgendlichen militärischen Rapport erstattete und die Listen der Fremden vorlegte, die am Tage zuvor in Berlin und Potsdam eingetroffen waren, hatte der König kaum zugehört. Mehrmals hatte er nach Eichel gefragt, auch den Kammerhusaren, der ihm das Frühstück serviert hatte, das aus mehreren Gläsern Wasser und einer kochendheißen Schokolade bestand. Die Türen waren aufgegangen, und die kostbaren Windspiele Biche und Alkmene waren hereingesprungen, hatten sich mit zitternden Flanken an die Füße des

Königs geschmiegt. Friedrich hatte seine Lieblinge heute kaum beachtet. Schon deutlich ungeduldig, hatte er einen Ordonnanzoffizier zur Wohnung Eichels beordert. Mit den beiden gefürchteten Stirnfalten über der Nasenwurzel war er aus dem Samtrock geschlüpft, hatte die blaue Uniform seines I. Bataillons Garde übergestreift und den schwarzen Dreispitz mit den weißen Straußenfedern aufgesetzt. Er war fertig. Um elf Uhr mußte er zur täglichen Wachtparade. Es war hohe Zeit für Eichel, vor seinen Gebieter zu treten.

Und jetzt steht der Kabinettsrat vor Friedrich. Es ist neun Uhr fünfzehn. Eichel, der sich auf diese Besprechung gründlich vorbereiten wollte, fühlt sich gehetzt, ist ungehalten und mürrisch. Aber das alles ist wie weggewischt, als der König liebenswürdig den Hut lüftet, seine strahlend blauen Augen auf ihn richtet und halb ironisch, halb charmant fragt: »Nun?«

Kabinettsrat Eichel rapportiert: Am 26. Juli hat der Gesandte von Klinggräffen in Schönbrunn in persönlicher Audienz vor der Kaiserin-Königin Maria Theresia gestanden. Nur wenige Minuten. Er hat seinen befohlenen Vortrag gehalten, dessen Inhalt die Kaiserin durch ihren Minister Kaunitz bereits kannte, denn Klinggräffen, ziemlich ängstlich, hatte sich dem Leiter der österreichischen Außenpolitik vorher anvertraut. Maria Theresia hörte dem preußischen Gesandten mit eisiger Miene zu, um dann folgende Antwort von einem kleinen Zettel abzulesen: »Die bedenklichen Umstände der allgemeinen Angelegenheiten haben mich die Maßregeln für notwendig ansehen lassen, die ich zu meiner Sicherheit und zur Verteidigung meiner Verbündeten ergreife, und welche überdies nicht bezwecken, irgend jemand zum Schaden zu gereichen. Dies bitte ich, dem König, Ihrem Herrn, zu berichten.« Dann hatte die Kaiserin eine energische Handbewegung gemacht, und die Audienz war beendet.

Friedrich durchbohrt Eichel mit seinem Blick. »Ist das alles?« Der Kabinettsrat nickt. Der König lacht auf. »Sie leugnet nicht einmal die militärischen Maßnahmen!« Er tritt vor ein kleines Pastellbild Maria Theresias, das er sich vor vierzehn Tagen in seinem Arbeitszimmer aufhängen ließ. »Diese Dame will den Krieg haben . . . Sie kann ihn *bald* haben.« Er wendet sich zu

Eichel und befiehlt, daß der Prinz von Preußen sowie die Feldmarschälle Schwerin und Keith in einer Stunde bei ihm einzutreten hätten. Die Wachtparade falle für diesen Tag aus.

Als sich die Befohlenen um zehn Uhr dreißig bei ihm melden, verschwendet Friedrich keine Zeit mit Komplimenten. Der Feldmarschall Kurt Christoph von Schwerin erhält seine schriftliche Instruktion für den Oberbefehl des zur Deckung Schlesiens bestimmten Armeekorps, mit der Anweisung, daß das Korps am 25. August einsatzbereit zu sein habe. Sodann ergehen gemessene Befehle an sämtliche preußischen Regimenter, binnen zehn Tagen die Mobilmachung zu vollziehen.

Eichel erlebt das alles als stummer Beobachter mit. Er ist hochgradig nervös, tritt von einem Fuß auf den anderen. Er hat seinem König schon einmal von einem Krieg abgeraten, damals, im Jahre 1740. Friedrich hatte ihn angefahren: »Wenn man im Vorteil ist, soll man ihn nutzen, oder nicht?!« Gewiß, der König hat sich als Genie entpuppt, hat die beiden Schlesischen Kriege siegreich bestanden. Aber ist er nicht dabei, sich zu übereilen? Eichel kennt das dahinbrausende Temperament seines Herrn, kennt wie keiner seine Schwächen, seine Ungeduld und Heftigkeit, seinen Hang zum Originellen, sein königliches Selbstbewußtsein, seine maßlose Empfindlichkeit. Muß man sich für so schwere Entschlüsse nicht Zeit lassen? Muß nicht alles sorgsam erwogen werden?

Friedrich, als wenn er Gedanken lesen könnte, wendet sich zu Eichel und lächelt. Er fordert ihn auf, sich Feder und Papier zu nehmen, konzentriert sich einen Augenblick, und dann, im Kabinett auf- und abgehend, diktiert er in einem Zuge einen Brief an den Gesandten von Klinggräffen, der sofort nach Fertigstellung mit Eilkurier nach Wien zu befördern ist. Der erste Absatz lautet:

»Unmittelbar nach Empfang dieses Briefes werden Sie um eine erneute Audienz bei der Kaiserin-Königin nachsuchen. Sie werden ihr sagen, daß ich bedauere, sie noch zu belästigen, aber es sei dies unerläßlich bei der gegenwärtigen Lage der Dinge, deren Wichtigkeit deutlichere Erklärungen als die eben gegebenen erfordert. Weder die Staaten der Kaiserin noch die ihrer Alliierten sind von irgendeinem Angriff bedroht, wohl aber die meinigen.«

Dann fährt Friedrich im Diktat fort – und Eichel verschluckt sich fast vor Erregung –, er wisse aus guter Quelle, daß die beiden Höfe von Wien und Petersburg im Frühjahr dieses Jahres darüber korrespondiert hätten, mit insgesamt 200 000 Mann über ihn, den Preußenkönig, mitten im Frieden herzufallen. Dieses Projekt sei nur aufgeschoben worden, »weil es den russischen Truppen an Rekruten, ihren Flotten an Matrosen und Finnland an Getreide zu ihrer Ernährung fehlte. Die beiden Höfe sind deshalb übereingekommen, die Sache zu verschieben, und zwar bis zum kommenden Frühling. Und da mir von allen Seiten mitgeteilt wird, daß die Kaiserin ihre Hauptkräfte in Böhmen und Mähren sammelt, daß die Truppen in geringer Entfernung von meinen Grenzen lagern, daß man Magazine anlegt, beträchtliche Waffen- und Mundvorräte anhäuft, daß man meinen Grenzen entlang Kordons von Husaren und Kroaten zieht, als ob wir mitten im Kriege wären: so glaube ich im Recht zu sein, wenn ich die Kaiserin um eine formelle und bestimmte Erklärung ersuche, welche in der mündlichen oder schriftlichen Versicherung besteht, daß sie keinerlei Absichten hegt, mich anzugreifen – weder in diesem noch im kommenden Jahr.«

Friedrich bleibt abrupt stehen und fixiert Eichel, der sichtlich aufatmet, weil er glaubt, der Friede sei noch nicht verloren, der König setze die Kaiserin lediglich unter Druck, ihre militärischen Rüstungen einzustellen. Friedrich, die beiden Steilfalten auf der Stirn, fährt mit erhobener Stimme im Diktat fort:

»Ich muß wissen, ob wir im Krieg oder im Frieden sind! Ich stelle es der Entscheidung der Kaiserin anheim. Wenn ihre Absichten rein sind, so ist der Augenblick da, sie an den Tag zu legen. Wenn man mir aber eine Antwort im Orakelstil gibt, die unbestimmt oder nicht bündig ist, so wird die Kaiserin durch ihr Schweigen mir die gefährlichen Pläne, die sie mit Rußland gegen mich geschmiedet hat, bestätigen und sich alle Folgen vorzuwerfen haben, die das nach sich ziehen wird.« Und nach einer kleinen Pause: »Ich rufe den Himmel zum Zeugen an, daß ich unschuldig bin an allem Unglück, das daraus folgen wird.«

Friedrich unterschreibt, und Eichel zieht sich zurück. Von der Potsdamer Garnisonkirche schlägt es zwölf Uhr.

In drei knappen Vormittagsstunden sind am 2. August 1756 Entscheidungen in Gang gekommen, die geeignet sind, die Welt zu verändern. Während Europa unter der Augusthitze stöhnt und sich in süßem Friedensschlummer wiegt, schwingt sich in Potsdam ein Kurier auf sein Pferd, um in hastigen, schaumbedeckten Stafetten, bei Tag und bei Nacht, den Weg nach Wien zurückzulegen. Der Geheime Kabinettsrat August Friedrich Eichel kehrt in seine Potsdamer Stadtwohnung zurück und läßt sich sorgenvoll, erschöpft in sein Fauteuil sinken. Oben, auf der Terrasse von Sanssouci, steht der vierundvierzigjährige König von Preußen und sucht mit seinem Blick die Nebel der Zukunft zu durchdringen.

Krieg oder Friede? Die Welt befindet sich am Vorabend einer neuen Epoche. Das Zeitalter des Rokoko, des Menuetts, der heiteren Galanterien, des fürstlichen Absolutismus steht auf dem Spiel. Goethe ist sieben Jahre, Wolfgang Amadeus Mozart sechs Monate alt; ein gewisser Lessing schreibt treffsichere Kritiken in der *Vossischen Zeitung* zu Berlin. Bricht jetzt ein langdauernder, blutiger Krieg aus, so wird dies alles für immer dahin, wird nur noch bläßliche Erinnerung sein. Doch vermag jemand den unbegreiflichen Gang der Geschichte aufzuhalten? Von den fernen Gestaden der Newa bis zu den dichten Urwäldern Kanadas, ja bis zu den violetten Küsten Indiens liegt knisternde Elektrizität, liegt eine unerträgliche Spannung in der Atmosphäre. Das mühsam austarierte Gleichgewicht der großen Mächte ist allerorten ins Schwanken geraten. In der Neuen Welt, hinter den Weiten des Atlantik, sprechen bereits seit einem Jahr die Kanonen ihre eherne Sprache. Und der Preußenkönig, der noch kürzlich in einem Gedicht die Götter beschworen hat, »laßt dieses Land bis zu den fernsten Tagen im heißersehnten Frieden fortbestehen«, er ist mit den Gedanken schon bei seinen Regimentern und Schwadronen.

Wie hatte es dazu kommen können?

Seit den Dezembertagen des Jahres 1745, nach siegreichem Abschluß des Zweiten Schlesischen Krieges, nannte man den Preußenkönig »Friedrich den Großen« oder »Fridericus Magnus« oder »Frederick the Great« oder »Federico il grande«. Der Ruhm des jungen Mannes – Friedrich stand damals kurz vor seinem vierunddreißigsten Geburtstag – war durch die gesamte zivilisierte Welt geflogen. Seine aufsehenerregenden Reformedikte, mit denen er sein Volk beglückte, die fünf Schlachten der beiden Schlesischen Kriege, mit denen er die Großmacht Österreich besiegte, hatten ihn zum »Staunen der Welt« gemacht. Seitdem war Sanssouci, das kleine Sommerschlößchen oberhalb Potsdams, zum Inbegriff der Aufklärung und Kultur, des Esprits und der Eleganz geworden. Schon damals waren die Tafelrunde und das Flötenkonzert von Sanssouci dem internationalen Publikum ein Begriff. Die intellektuelle, linksliberale Schickeria, vor allem in Paris, bastelte unermüdlich am Ruhmeskranz dieses preußischen Märchenprinzen, dieses »roi charmant«. Und Friedrich, mit allen PR-Wassern seiner Zeit gewaschen, war nicht müde geworden, seinerseits das strahlende Image zu pflegen, es in der öffentlichen Meinung kunstvoll zu verankern. Hatte Europa einst von Ludwig XIV., dem »Sonnenkönig«, geschwärmt, so stand es seither im Banne des jugendlichen Preußenkönigs.

So sahen es die Intellektuellen, die Zeitungsmacher und die Literaten. An den europäischen Höfen dachte man ganz anders. Zu Ruhm und Glanz waren Furcht und Haß getreten. Ein Mann, der mit 100 000 gutgedrillten Soldaten die europäische Machtordnung verändert, der aus einem »Staat der Flicken und Fetzen« eine neue Großmacht geschaffen hatte, mußte Neid und Schrecken in den europäischen Kabinetten erzeugen. War diesem Berliner Emporkömmling nicht alles zuzutrauen? Mußte man nicht von seinem Talent, seinem Ehrgeiz noch weit größere Katastrophen befürchten? Lag es nicht im wohlverstandenen Eigeninteresse der etablierten Mächte, ja des ganzen Kontinents, den frechen Herausforderer aus Berlin zurechtzustutzen, ihn zum »Marquis de Brandebourg« zurückzuschneiden?

In den Augen der europäischen Höfe lagerte auf dem Weinberg von Sanssouci eine gefährliche, elegante Raubkatze, die ihre schlesische Beute gemächlich verdaute und die es zu zähmen galt, solange sie noch keinen neuen Appetit entwickelte.

Friedrich II. wußte, welches Bild sich die europäischen Kabinette von ihm machten. Er war sich bewußt, daß ihm die Welt den Griff nach Schlesien, den Griff nach der Großmacht nicht so leicht verzeihen würde. Er sah den Frieden, in dem Preußen seit 1746 lebte, immer nur als einen Waffenstillstand an. Was er in zwei schnellen Kriegen erreicht hatte, wollte er um keinen Preis wieder hergeben. Doch da er die Kräfteverhältnisse Europas sehr genau kannte und seinen persönlichen Ehrgeiz längst gezähmt hatte, waren die Folgerungen, die er aus seiner politischen Analyse zog, durchaus defensiver Natur. Das Beispiel des Schwedenkönigs Karl XII., der sich zu Tode gesiegt hatte, stand ihm warnend vor Augen. Längst war er von der »tollen Leidenschaft« der Ruhmbegierde, die ihn einst vorangetrieben hatte, geheilt. Bereits nach seinem Sieg bei Chotusitz, am 17. Mai 1742, hatte er seinem Minister Heinrich von Podewils geschrieben: »Man muß verstehen, zur rechten Zeit innezuhalten.« Bei Abschluß des Dresdner Friedens, Ende 1745, war ihm seinem französischen Vorleser Claude Étienne Darget gegenüber das Bekenntnis herausgefahren: »Glauben Sie mir: Künftig greife ich keine Katze mehr an, außer um mich selbst zu verteidigen!« Aber bereits am 21. Juni 1742, bei Abschluß des Breslauer Friedens, hatte er das Grundgesetz seiner künftigen Außenpolitik formuliert, als er an Podewils schrieb: »Es handelt sich darum, die politischen Kabinette Europas daran zu gewöhnen, uns in der Stellung zu sehen, in die uns dieser Krieg gebracht hat. Und ich glaube, daß große Mäßigung und Milde gegen alle unsere Nachbarn uns dazu verhelfen können.«

Große Mäßigung und Milde gegen alle Nachbarn: Von dieser Prämisse ließ sich Friedrichs Außenpolitik seit 1746 erkennbar leiten. Doch das bedeutete keineswegs, fahrlässig zu werden und sich Illusionen hinzugeben. Wenn das Raubkatzen-Bild an den europäischen Höfen schon bestand, so bedurfte es doch einer wesentlichen Differenzierung: der Königstiger auf dem Weinberg von Sanssouci hatte zwar keine Angriffsabsichten – aber er schlief auch nicht.

Friedrich hatte sich schon sehr frühzeitig ein Gesamtbild der europäischen Kräfteverhältnisse zu machen gesucht. Bereits als sechsundzwanzigjähriger Kronprinz hatte er in Rheinsberg eine politische Denkschrift verfaßt, der er den Titel gab *Considérations sur l'état présent du corps politique de l'Europe (Betrachtungen über den gegenwärtigen politischen Zustand Europas)*. Es ist schon recht merkwürdig, daß diese Arbeit des jungen Friedrich von den Interpreten immer zu gering bewertet, häufig gänzlich übersehen wurde. Dabei springt es doch förmlich ins Auge, daß sich die erste außenpolitische Analyse Friedrichs mit dem Zustand *Europas* und nicht nur mit dem Preußens und Deutschlands beschäftigte. Kein Wunder, daß in den letzten zweihundert Jahren, seit dem Tode Friedrichs II., ein schiefes Bild seiner Außenpolitik entstand. Allein so ist zu erklären, daß nicht nur die populäre Legende, sondern selbst die bemühte Friedrich-Forschung einer schweren Selbsttäuschung unterlag, als sie in einem fort das Bild des König-Feldherrn Friedrich kultivierte, eines Mannes also, dessen historische Bedeutung weniger in diplomatischem Instinkt und in politischer Weitsicht als im militärischen Durchhaltevermögen gesehen wurde.

Friedrich sprach, wenn er an Außenpolitik dachte, vom »politischen System«, und er meinte damit immer die Systemstrukturen des gesamten europäischen Kontinents. Als er am 26. Oktober 1740 vom Tode Kaiser Karls VI. in Wien erfahren hatte, schrieb er sofort an Voltaire: »Die Zeit ist gekommen, in der das alte politische System eine gänzliche Änderung erfahren muß.« Das »alte politische System«! Darunter verstand Friedrich die europäische Viererordnung, die sich in den vorhergehenden hundert Jahren seit dem Ende des Dreißigjährigen Krieges allmählich herausgebildet hatte und die auf dem Fundament der vier Großmächte England, Frankreich, Österreich, Rußland beruhte, wobei die Westmächte England und Frankreich die militärische und finanzielle Dominanz beanspruchten, während Österreich und Rußland mehr als Verstärkungspotential der jeweiligen Allianzbildung ins Gewicht fielen. Friedrich hat diese Viererordnung so beschrieben: »Unter ihnen allen besaßen Frankreich und England ein entschiedenes Übergewicht über die anderen; jenes durch seine Landmacht und seine enormen inneren Hilfsquellen, dieses durch seine Flotten und durch seinen im Handel erworbenen Reichtum. Diese beiden Mächte waren Nebenbuhler, und eine war auf die andere eifersüchtig. Beide wollten die Waagschale Europas in Händen halten, betrachteten sich als die Häupter zweier Parteien und erwarteten, daß sich die anderen Staaten ihnen anschließen müßten.«

Mit anderen Worten: Das »alte System« Europas bestand in Friedrichs Augen darin, daß es nach außen und im öffentlichen Bewußtsein zwar eine Viererordnung gab, während de facto der europäische Kontinent in zwei miteinander rivalisierende politisch-militärische Blöcke zerfiel, die unter der indirekten, aber wirksamen Vorherrschaft der beiden damaligen Supermächte Frankreich und England standen. Und deren außenpolitische Intentionen sah er gänzlich illusionslos: »Die Franzosen wollen Siege erringen, um ihre Eroberungen zu behaupten. Die Briten wollen Fürsten erkaufen, um daraus Satelliten zu machen. Und beide Mächte spiegeln dem Publikum fremde Dinge vor, um dessen Aufmerksamkeit von ihrer tatsächlichen Vorherrschaft und von ihren wahren Zielen abzulenken.«

Diese haarscharfe Analyse der europäischen politischen Situation befähigte den jungen Preußenkönig, in den beiden Schlesischen Kriegen von 1740 bis 1745 jenes klug kalkulierte Schachspiel zu betreiben, das »alte System« zu verändern, ohne es in seiner Grundsubstanz anzutasten, und ein »neues System« in Europa zu etablieren, das den preußischen und deutschen Interessen besser entsprach.

Friedrich dachte keinen Moment daran, das europäische Kräftegleichgewicht zu zerstören, es mit Feuer und Schwert zu ruinieren. Er wollte es lediglich zugunsten Preußens verschieben. Nie kam ihm der Gedanke, die Großmachtstellung Österreichs anzutasten, wozu er 1741/42 durchaus die militärischen Machtmittel besessen hätte. Ohne Frage sah er in Österreichs bisheriger Vorherrschaft über Deutschland ein Joch, das er abschütteln wollte, aber keineswegs, »um dafür das der Bourbonen schmieden zu helfen«. Eine nachhaltige Schwächung der europäischen Großmachtposition Österreichs hätte nach seiner Auffassung bedeutet, »für die Universalmonarchie Ludwigs XV. zu arbeiten«. Und genausowenig lag ihm an einer entscheidenden Niederlage Frankreichs, an einer gravierenden Erschütterung des Bourbonenstaates. Wenn er das Kräftegleichgewicht Europas *ändern* wollte, so mußte er es ja in seiner Grundsubstanz *erhalten.*

Das »alte System«, das er schon als Kronprinz kritisierte, hatte genau hundert Jahre bestanden, hatte seit 1645 existiert, seit dem

Tage nämlich, als ein Habsburger Kaiser bei den Vorverhandlungen zum Westfälischen Frieden sein Placet dafür gegeben hatte, daß die deutschen Territorialstaaten als selbständige Völkerrechtssubjekte neben der deutschen Kaisermacht auftreten, verhandeln, ja selbst Verträge mit dem Ausland schließen durften. Seit diesem Tage war das hochberühmte Reich der Deutschen dahin, war es nichts als eine politische Lüge gewesen. Seitdem hatte die europäische Viererordnung existiert, die vor allem darauf gründete, daß Deutschland als Manipulations- und Depressionsgebiet betrachtet wurde, in dem die »Großen Vier« sich nach Willkür und Belieben tummelten. Doch seit dem Dresdner Frieden von 1745 begann sich das deutsche Machtvakuum endlich wieder aufzufüllen, denn nun standen plötzlich *zwei* deutsche Großmächte auf der Szene.

Diese Tat, mit dem altberühmten Hause Habsburg, das jahrhundertelang sechzehn deutsche Kaiser gestellt hatte, in fünf Jahren gleichzuziehen, wäre schon für sich eine fulminante Leistung gewesen. Friedrich aber hatte die Neuordnung der *deutschen* Dinge dadurch bewirkt, daß er die *europäischen* Dimensionen nicht außer acht gelassen hatte! Die neue Großmachtbildung war von ihm ebenso raffiniert wie maßvoll ausgeklügelt: sie kostete die außerdeutschen Großmächte nichts, gar nichts; veränderte das Kräftegewicht innerhalb Deutschlands jedoch entscheidend; schonte bewußt den Großmachtstatus Österreichs; während sich Preußen ebenso bestimmt wie begrenzt in die europäische Mächtebalance eingeklinkt hatte, so daß – ganz unversehens – aus der Viererordnung eine Fünferordnung wurde: die europäische »Pentarchie«, wie sie Leopold von Ranke hundert Jahre später nennen sollte.

Von diesem neuen System der Fünferordnung war Friedrichs Außenpolitik in den Friedensjahren ausgegangen, mit Mäßigung und Milde gegenüber den Nachbarn, zugleich voller Wachsamkeit, lauernd, gleichsam ständig auf dem Sprung. Im Herbst 1749 erklärte er optimistisch, er rechne auf fünf Jahre Frieden für Europa. Dabei blieb das Verhältnis zu Österreich ziemlich gespannt. Friedrich mißtraute dem Habsburgerstaat zutiefst. An seinem vierzigsten Geburtstag, dem 24. Januar 1752, sagte er: »Österreich bezahlt seine Schulden. Es wird in einigen Jahren unabhängig von fremden Subsidien sein und aus eigener Kraft handeln können.« Er schätzte, daß sich das Wiener Kabinett noch drei bis fünf Jahre ruhig verhalten würde. Die Tatsache, daß Maria Theresia in zwei Friedensverträgen feierlich auf Schlesien verzichtet hatte, schläferte ihn nicht ein. Hinter der Maske heiterer Gelassenheit blieb sein machtpolitischer Instinkt auf der Lauer.

Im Frühjahr 1752 gelang es, in die Geheimdiplomatie der Nachbarmächte einzubrechen. Die preußische Gesandtschaft in Dresden verpflichtete sich den sächsischen Kanzlisten Friedrich Wilhelm Menzel, der in der Geheimen Kabinettskanzlei des sächsischen Premierministers, des Grafen Brühl, arbeitete. Vier Jahre lang lieferte dieser Top-Spion dem Preußenkönig für insgesamt 3200 Taler Kopien der Geheimdepeschen, die zwischen Dresden, Wien und Petersburg gewechselt wurden. Friedrich verfolgte so jeden Gedankengang, den die preußenfeindlichen Mächte entwickelten.

Sein Hauptstück lieferte Menzel, als er dem Preußenkönig im Februar 1753 den Original-Wortlaut der kompletten geheimen Artikel der Petersburger Allianz mitteilen konnte, welche die beiden Kaiserhöfe zu Wien und Petersburg am 2. Juni 1746 miteinander geschlossen hatten. Beide Höfe hatten damals der preußischen Regierung nur die ersten drei Artikel des Bündnisvertrages mitgeteilt und so getan, als ob das alles sei, was man verabredet habe. Jetzt konnte Friedrich den vierten geheimen Separatartikel lesen. Und der besagte, daß der Verzicht Maria Theresias auf das Herzogtum Schlesien und die Grafschaft Glatz nicht nur hinfällig sein sollte, wenn Preußen Österreich angreife, sondern auch dann, wenn es sich gegen Rußland oder die Republik Polen wende. In einem solchen Fall wollten die Verbündeten mit 150000 Mann gemeinsam gegen Preußen vorgehen und es auf seinen früheren Territorialbesitz reduzieren. Maria Theresia gelobte überdies, daß sie »binnen einem Jahr von der Zeit an zu rechnen, da Schlesien und Glatz wieder völlig in dero Gewalt sein wird«, zwei Millionen rheinische Taler an den Zarenhof zahlen würde.

Das Bündnis selbst ließ Friedrich kalt. Er verfolgte keinerlei Angriffsabsichten gegen Österreich, Rußland oder Polen. Doch die Tatsache, daß man ihm diesen Artikel verschwiegen hatte, und die einwandfreie Feststellung, daß Maria Theresia, kaum daß sie im Dezember 1745 auf Schlesien und Glatz verzichtet, schon sechs Monate später revanchistische Fäden gesponnen hatte, alarmierten ihn außerordentlich. Durfte er doch darin den unwiderleglichen Beweis sehen, daß die Kaiserin-Königin niemals bereit sein würde, ihre Revanchepläne gegen Preußen ad acta zu legen.

Es blieb alles still auf dem Weinberg bei Potsdam. Die Flötenkonzerte und die Tafelrunden von Sanssouci gingen weiter. Doch der preußische Königstiger war hellwach, schaute lauernd in die Runde. Von Wien, Petersburg und Dresden erwartete Friedrich nichts Gutes. Immerhin bestand noch die preußisch-französische Allianz, die 1741 zustande gekommen war und für fünfzehn Jahre galt. Er war deshalb aufs höchste alarmiert, als er im Mai 1753 erfuhr, es habe sehr verständnisvolle Gespräche zwischen der Marquise de Pompadour und dem Grafen Kaunitz gegeben. Die Pompadour, die Mätresse des französischen Königs, hielt praktisch die Fäden der Außenpolitik Frankreichs in der Hand. Wenzel Anton Dominik Graf von Kaunitz, bis dato Gesandter Wiens in Paris, war zum Leiter der österreichischen Außenpolitik berufen worden. Solange das Bündnis Berlins mit Frankreich bestand, schien dem Preußenkönig das europäische Gleichgewicht einigermaßen im Lot. Wenn aber die jahrhundertealte Feindschaft zwischen den Habsburgern und den Bourbonen zu Ende gehen sollte, dann war der preußische Staat von den drei größten Mächten des Kontinents so gut wie eingekreist.

Ein halbes Jahr später glaubte Friedrich jedoch, daß sich die Lage seines Staates entspannt habe. Denn zwischen England und Frankreich spitzten sich die Verhältnisse gefährlich zu. Die Londoner Regierung forderte im Herbst 1753 ihre Kolonisten in Kanada und Nordamerika auf, jedem weiteren französischen Vordringen in diesen Gebieten mit Waffengewalt zu begegnen. Und ein halbes Jahr später, am 28. Mai 1754, kam es im Ohio-Becken zu den ersten bewaffneten Auseinandersetzungen, bei denen sich ein gewisser George Washington auf britischer Seite hervortat. Die Kabinette in Paris und London wechselten immer heftigere Noten miteinander, und in den Häfen beider Länder begann man, Kriegsflotten auszurüsten. Stand ein neuer großer Krieg der beiden westlichen Supermächte bevor? Vielleicht mochte es ja gelingen, Mitteleuropa aus diesem Konflikt herauszuhalten.

Direkte Folge des englisch-französischen Konflikts war jedoch, daß die Briten, die in den beiden Schlesischen Kriegen Österreich unterstützt hatten, überraschend Fühler nach Berlin und Potsdam ausstreckten. Sie suchten nach einer potenten Landmacht, die das mit ihnen in Personalunion verbundene Kurfürstentum Hannover gegen Frankreich decken konnte. Friedrich, der sich über den nationalen Egoismus der Briten nie Illusionen machte, gab sich zuerst recht zugeknöpft. »Ich weiß nur zu gut«, sagte er am 11. März 1755, »daß der Augenblick noch nicht gekommen ist, um von der Rückkehr zu enger Freundschaft zu sprechen.« Noch bestand ja seine Allianz mit Frankreich, auf die er sich stützte.

Doch dann geschah Dramatisches. Im Juni 1755 griff ein englisches Geschwader vor der amerikanischen Küste drei französische Linienschiffe an, von denen es zwei eroberte. Das war eigentlich der Augenblick, in dem ein achtjähriger Weltkrieg zwischen den Rivalen England und Frankreich ausbrach. Kurze Zeit später erhielt Friedrich Kenntnis von einer Unterredung, die Graf Kaunitz mit dem britischen Gesandten in Wien geführt hatte. Der Gesandte wollte vorfühlen, in welchem Umfang England in einem neuen Krieg gegen Frankreich auf österreichischen Beistand rechnen konnte. Kaunitz hatte ihm erklärt, Österreich könne England am besten helfen, wenn es direkt angreife. Auf die erstaunte Gegenfrage des Gesandten »Wie denn das?« hatte Kaunitz ausgerufen: »Na, durch einen Angriff auf Preußen!«

Friedrich bezwang sich und verhielt sich still. Noch glaubte er, das preußische Staatsschiff friedlich durch die immer höher gehenden Wogen der Weltpolitik steuern zu können. Er wäre nicht so ruhig geblieben, wenn nicht sein Spionagedienst versagt hätte. Denn er erfuhr nichts von den sensationellen Beschlüssen der geheimen Wiener Staatskonferenz vom 19. und 21. August 1755. Auf dieser Konferenz setzte Graf Kaunitz eine dramatische Wendung der österreichischen Außenpolitik durch. Es wurde beschlossen, sich von dem alten Verbündeten und Kampfgefährten England zu trennen und eine entschiedene Annäherung an den jahrhundertealten Erbfeind Frankreich zu vollziehen.

Die Briten wußten besser Bescheid. Bereits im Juli hatte Staatssekretär Lord Holderness, nachdem er von dem Kaunitzschen Ausruf erfahren hatte, in London erklärt: »Unser Gegenstand ist Frankreich, Österreichs Gegenstand ist offensichtlich Preußen.« Diese Diskrepanz der Interessenlage hatten die Briten sofort kühl registriert. Als sie in Andeutungen von der geheimen Staatskonferenz in Wien unterrichtet wurden, beschlossen sie sogleich, sich von ihrem altbewährten Bundesgenossen Österreich abzuwenden und dem Preußenkönig stärkere Avancen zu machen. Am 6. September 1755 brachte König George von Großbritannien, als er sich in Hannover aufhielt, an offener Tafel einen Trinkspruch auf den König von Preußen, seinen künftigen Verbündeten, aus.

Friedrich war nicht der Mann, sich derart plump einfangen und einspannen zu lassen. Was ging ihn im Grunde der britisch-französische Konflikt in Übersee an? Er hätte sagen können, daß ihm die Urwälder Kanadas nicht die Knochen eines einzigen preußischen Grenadiers wert seien. Andererseits wurde ihm von Tag zu Tag deutlicher, daß sich ein weitgreifender Konflikt anbahnte, in dem Preußen nie und nimmer in Neutralität verharren konnte. Sein Blick war starr auf Rußland gerichtet. Mit dieser Riesenmacht, die man nicht besiegen konnte, wollte er sich unter keinen Umständen brouillieren. Der französische Gesandte Valory hatte schon vor Jahren gesagt, die Russenfurcht in Berlin könne man als erblich betrachten. Der britische Gesandte, Lord Hyndford, hatte erklärt, der Preußenkönig fürchte sich mehr vor Rußland als vor Gott. Als Friedrich Ende August 1755 über Den Haag vom Abschluß eines Bündnisvertrages zwischen England und Rußland erfuhr, demzufolge Petersburg den Briten 70 000 Mann für den Kriegsfall zur Verfügung stellte, hatte er einen langen Spazierritt durch den Park von Sanssouci gemacht und zum erstenmal ernsthafte Überlegungen hinsichtlich eines Abkommens mit England angestellt. Schien ein solcher Vertrag nicht geeignet, die Russen in seiner östlichen Flanke ruhigzustellen? Mochte es nicht nützlich sein, sich London anzunähern, um Petersburg zu neutralisieren?

Doch so schnell wie Graf Kaunitz war Friedrich nicht bereit, sich zu einem »Wechsel der Systeme« zu bequemen. Großbritannien sollte sich nicht einbilden, ihn als Spielkarte mißbrauchen zu können. Nur auf der Basis der Gleichberechtigung und Gegenseitigkeit war er willens, in Verhandlungen einzutreten. Die massiven Annäherungsversuche, die die Briten über den Herzog von Braunschweig unternommen hatten, beantwortete er am 13. Oktober 1755 mit einem charakteristischen Antwortschreiben:

»Ich bin sehr unzufrieden darüber, daß Ihnen die Unterhandlung, mit der Sie der König von England beauftragt hat, soviel Unbequemlichkeiten verursacht. Da sie aber nun einmal im Gange ist, so müssen wir sehen, wohin sie führen wird, und ob die Herren Engländer nicht vielleicht bloß Lust haben, Sie und mich an der Nase herumzuführen . . . Bilden sich diese Leute im Ernst ein, daß die ganze Welt mit Vernachlässigung des eigenen Vorteils verpflichtet ist, die Verteidigung dieses vermaledeiten Landes zu übernehmen? Ich soll Erklärungen abgeben, während sie sich selber auf nichts dergleichen einlassen. Sie verlangen, daß ich Frankreich sitzen lasse und mich an dem Ruhm satt esse, ihnen ihr Hannover gerettet zu haben, das mich auch nicht das mindeste angeht.

Kurz, entweder wollen sie mich aufs gröbste betrügen, oder sie sind Narren und ersticken in lächerlicher Selbstsucht.«

So, daran mochten die Briten, die gewöhnt waren, alle anderen Mächte als willenlose Satelliten zu behandeln, erst einmal kauen. Friedrich wandte seinen Blick Frankreich zu, und acht Tage nach seinem Brief an den Herzog von Braunschweig schrieb er am 21. Oktober 1755 an seinen Gesandten in Paris, Bodo Heinrich Baron von Knyphausen: »Werden in Frankreich wirklich Rüstungen zu Lande und zu Wasser vorgenommen, und wird der Truppenbestand vermehrt? Wie denkt die Frau von Pompadour über England? Ist sie noch gereizt gegen die Briten oder nicht?

Wie benehmen sich die französischen Minister gegen den österreichischen Gesandten? Und wie ist dessen Stellung bei Hofe?«

Die Fragen, die Gedanken des Preußenkönigs überschlugen sich. Er kombinierte rastlos. Nach allen Seiten blickte er sich um, damit er von niemandem überrascht oder vor ein Fait accompli gestellt würde. Österreichs Macht allein schreckte ihn nicht. Das russische Riesenreich fürchtete er über alles. Wenn der russische Drang, sich in die Verhältnisse Mitteleuropas einzumischen, durch englisches Gold gezähmt werden konnte, so schien ihm das die beste Lösung. Vor allem glaubte er nicht daran, daß Frankreich wirklich auf Österreichs Seite umschwenken könnte. Und darin täuschte er sich vorderhand auch nicht. Denn noch lehnte es das französische Kabinett ab, sich an den feindlichen Absichten Österreichs gegen Preußen zu beteiligen oder sie auch nur stillschweigend zu begünstigen.

Anfang Dezember 1755 entschloß sich der preußische König, seine spröde Haltung gegenüber den anhaltenden britischen Werbungen aufzugeben. Die Briten, das war Friedrich klar, hatten eine wunde Stelle: Hannover. Wenn es zum offenen Kriegsausbruch mit Frankreich kam, so mußten sie fürchten, daß Frankreich mit seiner gewaltigen Landmacht über das mit ihnen verbundene Kurfürstentum Hannover herfallen würde, mochten sie auf den Meeren und in Übersee noch so viele Siege über die Franzosen erringen. Friedrichs Interesse war, Preußen und ganz Norddeutschland aus dem anhebenden Weltkampf so lange wie möglich herauszuhalten. Am 7. Dezember schrieb er nach London: »Ich glaube, die Sache könnte sich machen, indem der König von England und ich für die Zeit der augenblicklich bestehenden Wirren einen Neutralitätsvertrag für Deutschland abschlössen, ohne weder die Franzosen noch die Russen zu erwähnen, um niemanden zu verstimmen, und um mich durch diese Maßnahme instand zu setzen, desto wirksamer auf die Aussöhnung der beiden verfeindeten Nationen hinzuwirken.«

Das war die Entscheidung. Am 16. Januar 1756 schlossen England und Preußen den Vertrag von Westminster, in dem sich beide Staaten verpflichteten, keiner fremden Macht den Ein- oder Durchmarsch für Norddeutschland zu gestatten. Hannover schien dadurch gegen die Franzosen, Preußen gegen die Russen gedeckt. Die bestehenden Allianzverhältnisse, vor allem Preußens mit Frankreich, sollten auf Friedrichs ausdrücklichen Wunsch davon nicht tangiert werden. Und so schrieb er denn auch am 24. Januar seinem Gesandten in Paris: »Wenn das französische Ministerium ruhig darüber nachdenkt und die wirkliche augenblickliche Sachlage in reifliche Erwägung nimmt, so kann es vernünftigerweise nichts an meiner Handlungsweise tadeln ... Ich hoffe übrigens noch, Frankreich hiermit einen wesentlichen Dienst zu leisten, da ich durch [diesen Vertrags-]Abschluß 50000 Russen den Weg verlege und außerdem mindestens 50000 Österreicher in Schach halte, die sonst sämtlich gegen Frankreich operieren könnten ...«

Diese Worte zeigen, daß Friedrich zu Beginn des Jahres 1756 diplomatisch nicht mehr up to date war. Die Annäherung zwischen Wien und Paris, die zwar noch zu keinem Bündnisvertrag geführt hatte, aber klimatisch bereits weit vorangeschritten war, wollte er einfach nicht wahrhaben. Von einem militärischen Konflikt zwischen Frankreich und Österreich konnte im Ernst keine Rede mehr sein. Friedrich wurde denn auch bald sehr unsicher in der Beurteilung der internationalen Lage. Er sähe alles nur wie durch einen Schleier, klagte er, komme sich vor wie ein Blinder, der durch Nebelschwaden schreite. In dieser Stimmung schrieb er am 19. Februar 1756 an seinen Bruder August Wilhelm, den Prinzen von Preußen: »Ich habe gehandelt, wie es nach meinem Urteil am besten war, aber freilich täuscht man sich doch oft; meine beste Hoffnung schöpfe ich daraus, daß die Leute in Wien so kleinlaut sind wie nur möglich ...« Im selben Brief fügte er, wie zur Selbstberuhigung, hinzu: »Dieses Jahr, das ich gewonnen zu haben denke, ist ebenso viel wert für mich als fünf von den vorhergehenden. Kann ich in der Folge als Vermittler zwischen den kriegführenden Mächten auftreten, so habe ich es bewirkt, daß Preußen die größte Rolle spielt, die es in Friedenszeiten überhaupt spielen kann ...«

Das war pure Illusion. Für Preußen in seiner exponierten Mittellage konnte es in einem Weltkonflikt keine Neutralität und keine Rolle der Vermittlung geben. Es mußte – so oder so – Partei ergreifen. Friedrich wußte das im Grunde seines Herzens nur zu gut, scheute sich aber vor dem Eingeständnis, daß er mit dem Vertrag von Westminster bereits Partei ergriffen hatte. Er hätte so gerne noch außenpolitischen Spielraum gehabt, sich lieber noch längere Zeit von mehreren Seiten umwerben lassen.

Die Franzosen machten ihm einen dicken Strich durch die Rechnung. Am Hof von Versailles hatte man sich in den letzten

Jahren immer mehr für den Gedanken erwärmt, von der traditionell antiösterreichischen Politik Abschied zu nehmen. Der Vertrag von Westminster lieferte den Vorwand, das Steuer in der Außenpolitik herumzureißen. Am 1. Mai 1756 schlossen die Franzosen mit Österreich in Versailles ein Defensivbündnis, in dessen Geheimartikeln sie für den Fall, daß Friedrich Österreich angriff, dem Wiener Kaiserhof Waffenhilfe und Unterstützungsgelder versprachen.

Am 19. Mai 1756 las Maria Theresia den zu Versailles paraphierten Vertrag und unterschrieb ihn mit »vergnügtem Herzen«. Österreich hatte nun Defensivbündnisse mit Frankreich und Rußland, stand im engen Einvernehmen mit Schweden und Sachsen/Polen. Der Einkreisungsring um Preußen hatte sich geschlossen. Es galt nun, Berlin zum Angriff zu provozieren. Vielleicht durfte man sogar hoffen, daß England dann Preußen im Stich ließ.

Friedrich hat die Einkreisungs-Schachzüge des Grafen Kaunitz lange nicht erkannt. Endlich, am 20. Mai 1756, fiel es ihm wie Binden von den Augen. Er erhielt ein vertrauliches Papier des Wiener Gesandten in Petersburg, in dem stand: Rußlands Kriegsplan gegen Preußen sehe vor, daß Österreich ganz Schlesien und die Grafschaft Glatz zurückbekomme und Rußland sich Ostpreußen nehme, um es gegen Kurland an Polen einzutauschen, das ohnehin schon weitgehend von Rußland abhängig war. Nach den ersten Angriffsoperationen sollten auch Sachsen und Schweden über Preußen herfallen, wofür Sachsen dann das Gebiet um Magdeburg und Schweden Preußisch-Pommern erhielten. Von Friedrichs Territorium würde lediglich die Kurmark Brandenburg übrigbleiben.

Das war deutlich genug. Es ging um die Wiederherstellung des »alten Systems«, um die Wiedererrichtung der alten Viererordnung mit stark vermehrtem Mitspracherecht Rußlands über Mitteleuropa. Die Selbsttäuschung, der Friedrich so lange gehuldigt hatte, der britische Subsidienvertrag könne Rußland vom Vorgehen gegen Preußen abhalten, sank dahin. Mitte Juni konnte Friedrich in Magdeburg Österreichs Reaktion auf die russischen Vorschläge lesen, die Graf Kaunitz am 22. Mai diktiert hatte: »Rußland kann versichert sein, daß wir alles tun werden, um seine großen Ideen auszuführen, und daß alles, was der Schwächung des Preußenkönigs dient, von uns mit Freuden ergriffen wird.« Vorrang habe jedoch erst einmal, den Einkreisungsring um Preußen völlig zu schließen und eine Annäherung zwischen Rußland und Frankreich, wie sie soeben gerade zwischen Wien und Versailles vollzogen worden sei, herbeizuführen. Deshalb sei es nicht klug, noch im Sommer 1756 – wie man es in Petersburg wünsche – gegen Friedrich loszuschlagen, sondern man empfehle dringend, den Anschlag auf das Frühjahr 1757 zu verschieben. »Inzwischen kommt alles darauf an«, so Kaunitz, »das Spiel gut zu verdecken und den Verdacht, welchen England und Preußen schon hegen, zu kaptivieren, folglich unser Vorhaben bis zum wirklichen Ausbruch streng geheimzuhalten.«

Die beiden Kaiserhöfe beabsichtigten also, binnen einer Frist von zwölf Monaten, mitten im Frieden, über Preußen herzufallen. In Nürnberg, 1945/46, hätte man diese Politik als Verschwörung gegen den Frieden und als Vorbereitung zum Angriffskrieg definiert. Friedrich jedenfalls sah nun klar, die Fakten lagen auf dem Tisch. Es gab für ihn keine Chance der Selbstbeschwichtigung mehr. Der Königstiger schärfte seine Krallen.

Mitte Juni begannen Österreich und Preußen mit Truppenverschiebungen und Rüstungsvorbereitungen. Hatte man es sich in Wien doch anders überlegt? Wollte man dem russischen Druck nachgeben und noch 1756 zum Angriff übergehen? Aufklärung darüber erhielt Friedrich Ende Juni durch einen hellsichtigen Bericht von seinem Gesandten in Wien, von Klinggräffen: »Niemand hier will Eure Majestät angreifen, weil man dann allein und ohne Verbündete dastände. Sondern man will Euer Majestät die Rolle des Angreifers aufbürden und sammelt zu diesem Zweck Vorwände aller Art, um dann dem Publikum weismachen zu können, daß Preußen den Frieden gebrochen habe. Denn man ist hier zu allem fähig.«

Genau das war es. Die militärischen Maßnahmen Österreichs im böhmisch-mährischen Raum dienten weder dem Angriff noch der Verteidigung (eine Bedrohung durch Preußen lag ja nicht vor), sondern ganz gezielt der Provokation. Friedrich sollte nervös gemacht werden. Man rechnete in Wien nicht damit, daß er sofort angreifen würde, sondern wünschte zu erreichen, daß er seine

Armee auf den Kriegsfuß setzte und sich finanziell ruinierte. Vor allem sollte er vor aller Welt als Störer der öffentlichen Ruhe und Ordnung erscheinen.

Klinggräffens Analyse der österreichischen Absichten war meisterhaft. Für Friedrich wurde die Gefahr dadurch aber nicht geringer. Das eingekreiste Preußen konnte sich bei seiner unglücklichen Mittellage eine Politik des langen Atems, des geduldigen Abwartens kaum leisten. Am 28. Juni 1756 verfaßte der König eine politische Denkschrift für die englische Regierung, in der es hieß: »Das Gleichgewicht ist aufgehoben, sowohl zwischen den Großmächten als auch innerhalb des Deutschen Reiches. Die Krankheit ist schwer, aber nicht ohne Heilmittel . . . Drei Dinge können das europäische Gleichgewicht wiederherstellen: a) die enge und aufrichtige Verbindung zwischen den beiden Höfen von Berlin und London, b) angestrengte Bemühung um neue Allianzen, um die Anschläge der feindseligen Mächte zu durchkreuzen, und c) wagender Mut auch im Angesicht größter Gefahren.«

Anfang Juli spitzte sich die internationale Lage weiter zu. Kaunitz streute Kriegsgerüchte in alle Himmelsgegenden Europas. Der französische Gesandte Marquis d'Aubeterre schrieb am 7. Juli dem Versailler Hof über die Wiener Politik: »Ich bin überzeugt, daß man im Grunde des Herzens es nicht ungern sehen würde, wenn der König von Preußen die Feindseligkeiten eröffnete. Aber ich kann mir nicht denken, daß dieser Fürst es wagt.« In Potsdam beobachtete der Kabinettsrat Eichel die sorgenerfüllte Unruhe seines Königs. Am 14. Juli klagte er dem früheren Minister von Podewils: »Es ist aber nicht ohne, daß die jetzigen Aspekten überall die fürchterlichsten und espinösesten sind, worüber Ew. Exzellenz sich des Königs Beunruhigung gar leicht vorstellen werden.«

Friedrich selbst verlor immer mehr die Hoffnung, den Frieden erhalten zu können. Am 15. Juli schrieb er aus Potsdam an den Prinzen von Preußen in Berlin: »Was mich betrifft, so bin ich am Ende meiner Brunnenkur [er trank zu der Zeit Eger Brunnen] und, wie ich glaube, gleichzeitig dem Krieg sehr nahe. Alles spitzt sich darauf zu, und ich werde schließlich kein anderes Mittel haben, als meinen Feinden an Schnelligkeit zuvorzukommen.«

Hier tauchte zum erstenmal der Gedanke an einen Präventivschlag auf. Wäre es nicht am besten, wenn Preußen den Einkreisungsring seiner Feinde, noch bevor er sich endgültig zusammenzog, mit einem schnellen Schnitt zerteilte? Andererseits, sollte er, Friedrich, sich von den Österreichern die Rolle des Angreifers, des Aggressors aufdrängen lassen? Mußte nicht alles versucht werden, den Frieden zu erhalten? Doch wenn das mißlang, wieviel Zeit blieb ihm im Jahr 1756 noch, eine Präventivaktion zu unternehmen, da sich jetzt schon der Sommer zum Ende neigte? In Friedrichs Hirn jagten sich die Gedanken, wechselten täglich die Kombinationen.

Am 18. Juli erfuhr der König, daß sich die ungarischen Reiterregimenter nach Böhmen und Mähren in Bewegung gesetzt hatten. Noch am selben Tag erklärte er dem englischen Gesandten Sir Andrew Mitchell, er werde sich nun an Maria Theresia persönlich wenden und von ihr Aufklärung erbitten. Zwei Tage später ging dann der erste Eilkurier mit folgender Botschaft an den Gesandten von Klinggräffen ab:

»Sie werden um eine Privataudienz bei der Kaiserin nachsuchen und, wenn Sie zugelassen werden, nach den üblichen Komplimenten ihr in meinem Auftrag sagen: Da mir von vielen Seiten über Bewegungen, welche ihre Truppen in Böhmen und Mähren machten, und über die Zahl der Regimenter, welche auf dem Marsche dahin sich befänden, Mitteilungen gemacht würden, so fragte ich die Kaiserin, ob diese Rüstungen bezweckten, mich anzugreifen.

Antwortet sie Ihnen, sie befolge nur das Beispiel meiner Truppenbewegungen, so erwidern Sie, beides scheine Ihnen ganz verschieden zu sein, da Ihnen bekannt sei, daß ich Truppen nach Pommern marschieren lasse, um Preußen gegen die etwaigen gefährlichen Pläne der Russen zu decken, die 70000 Mann an ihrer Grenze konzentriert haben, – daß hingegen in Schlesien völlige Ruhe herrsche und daß keine meiner Maßnahmen geeignet sei, das Mißtrauen der Kaiserin zu erwecken.

Wenn sie antwortet, jeder sei Herr, bei sich zu tun, was er wolle, so lassen Sie sich's gesagt sein und begnügen sich mit der Antwort. Wenn sie Ihnen sagt, sie ließe in Böhmen und Mähren

Truppenlager zussammenziehen wie alle Jahre, so zeigen Sie ihr den Unterschied in der Zahl der Truppen, der Magazine, der Kriegsvorbereitungen und fragen Sie, ob das die ganze Antwort wäre, die sie Ihnen zu geben hätte.«

Wie lange konnte es dauern, bis der Gesandte vor Maria Theresia treten durfte? Acht Tage, zehn Tage? Friedrich verging vor Nervosität und Ungeduld. Sein engster militärischer Freund und Berater, der neunundvierzigjährige preußische Generalleutnant Hans Karl von Winterfeldt, drängte ihn schon seit Juni, als erster loszuschlagen, denn in diesem Jahr würden die Russen nicht eingreifen können, man würde also die Österreicher isoliert vor der Klinge haben. Friedrich hatte ihm jedesmal erwidert, man dürfe nicht vor der Welt als Angreifer erscheinen. Am 18. Juli, als sich der Eilkurier auf den Weg nach Wien machte, schrieb Winterfeldt mahnend an den Kabinettsrat Eichel, von dem er wußte, daß er Friedrichs Ohr besaß: »Es sind bedenkliche Umstände, und ob solche noch so versteckt und langfristig scheinen, sie haben doch einen nahen Schelm im Nacken. Uns kann in dieser Situation nichts helfen wie prävenieren! Zumal die Österreicher dieses Jahr mit ihren vielen Rekruten nicht fertig werden können, noch weniger aber ihre Kavallerie imstande ist, mit Vigueur gegen uns zu agieren. Die Russen können uns dieses Jahr nichts thun, zumal sie nicht empressiert sind, sondern denken: ›Gebt nur das Geld her, Gott wird die Welt schon strafen.‹ Wenn wir warten wollten, bis alle kleinen Fürsten im Reich uns in ihrem Conseil die Justice thun, daß wir nicht die Angreifer gewesen, so kommen wir zu spät und seindt verloren.«

Der englische Gesandte Mitchell redete auf den König ein, Ruhe zu bewahren. Da Österreich mit Frankreich vorläufig nur ein Verteidigungsbündnis habe, solle Friedrich Maria Theresia die Rolle des Angreifers lassen und ihr so die Unterstützung Frankreichs entziehen. Die Briten hatten gut reden; sie saßen sicher auf ihrer Insel hinter dem Kanal. Am 23. Juli sagte Friedrich zu Mitchell: »Wie, mein Herr? Was sehen Sie in meinem Gesicht? Glauben Sie, daß meine Nase dazu geschaffen ist, Nasenstüber hinzunehmen? Bei Gott, ich werde sie mir nicht gefallen lassen! Maria Theresia will den Krieg. Gut, sie soll ihn haben.« Und noch am selben Tag schrieb er in einem Brief: »Mir bleibt nur noch übrig, lieber zuvorzukommen als mir zuvorkommen zu lassen« – er bediente sich einer lateinischen Wendung: »praevenire quam praeveniri«.

Drei Tage später stand der Gesandte von Klinggräffen vor Maria Theresia und bekam die kalte, ebenso nichtssagende wie enthüllende Antwort, die der Geheime Kabinettsrat Eichel am 2. August 1756, um neun Uhr morgens, seinem König nach Sanssouci bringen mußte. So hatte es geschehen können, daß das Preußenland an den Rand des Krieges geriet.

Friedrich II. zählt in den Tagen nach dem 2. August die Stunden, welche die Turmuhr der Potsdamer Garnisonkirche schlägt. »Ich muß wissen, ob wir im Krieg oder im Frieden leben!« hatte er nach Wien geschrieben, und nun dehnen sich die Tage bis zur Antwort. Am 6. August spricht Klinggräffen bei Kaunitz vor, um erneut bei der Kaiserin vorgelassen zu werden. Er läßt sich mit der Auskunft abspeisen, Maria Theresia wünsche die Einreichung einer Denkschrift, auf die sie dann ebenfalls schriftlich antworten werde. Die Österreicher möchten Zeit gewinnen, und sie wollen Friedrich zappeln lassen. Klinggräffen fragt seinen König am 7. August, wie er sich nun verhalten solle. Friedrich gerät außer sich. Er wollte Wien unter Druck setzen, nun gerät er selber in Zeitnot. Ärgerlich diktiert er am 13. August die Antwort an Klinggräffen:

»Ich habe Ihre Depesche vom 7. dieses Monats erhalten, auf welche ich Ihnen erwidere, daß Sie den größten Fehler gemacht haben, indem Sie sich nicht entschlossen, die von der Königin-Kaiserin gewünschte Denkschrift sofort einzureichen, nachdem Sie dem Grafen Kaunitz sowieso schon alles gesagt hatten. Mein Wille ist demnach, Sie sollen, ohne einen Augenblick zu verlieren, diese Denkschrift übergeben! Ich will Ihnen dabei nicht verhehlen, daß ich mit Ihnen sehr unzufrieden bin, weil Sie zur Verzögerung einer Angelegenheit beigetragen haben, an deren Beendigung mir unendlich viel liegt. Bemühen Sie sich, diesen groben Fehler, den ich nicht von Ihnen erwartet hatte, wiedergutzumachen ...« Eigenhändig fügt er hinzu: »Sie verderben meine

Angelegenheiten. Sie lassen sich hinhalten. Ich muß Ihre Antwort am 21. dieses Monats haben.«

Der 21. August 1756 ist der Tag, an dem der König, wenn sich bis dahin kein Silberstreifen einer Friedenshoffnung zeigt, die endgültigen Befehle an seine Armee erteilen will. Inzwischen summt es in Berlin und Potsdam von Kriegsgerüchten. Alles fällt in Angst und Schrecken. Die beiden ersten Schlesischen Kriege sind noch nicht vergessen. Man fürchtet von Friedrichs Stolz und Empfindlichkeit das Schlimmste. In der königlichen Familie ist es besonders der vierunddreißigjährige Bruder des Königs, August Wilhelm Prinz von Preußen und Thronfolger, der immer wieder Bedenken artikuliert, auf die gewaltige Übermacht der potentiellen Feinde hinweist. Friedrich schreibt ihm an demselben Tag, an dem die ungnädige Antwort an Klinggräffen abgeht, aus Potsdam:

»Mein lieber Bruder. Wenn unsere Feinde uns zum Kriege zwingen, muß man fragen: *wo* sind sie; und nicht: *wie viele* sind es. Wir haben nichts zu fürchten. Unsere Feinde laufen mehr Gefahr als wir, und nach der Regel der Wahrscheinlichkeit werden wir uns mit aller möglichen Ehre aus der Falle ziehen. Mögen die Berliner Weiber von Teilungsverträgen schwatzen ..., aber preußische Offiziere, die unsere Kriege mitgemacht haben, müssen gesehen haben, daß weder Übermacht noch Schwierigkeiten uns den Sieg zu entreißen vermocht haben. Sie müssen bedenken, daß wir noch dieselben Truppen haben wie im vorigen Kriege, daß die ganze Armee jetzt besser für die Schlachtmanöver geschult ist und daß es, wenn nicht ganz große Fehler vorkommen, moralisch unmöglich ist, daß wir am Ziel vorbeischießen.

Hier haben Sie, mein lieber Bruder, ein Stärkungsmittel, das, wie ich hoffe, die Nebel zerstreuen wird, welche die Politiker und die politischen Damen über der Stadt ausgestreut haben.«

Während Friedrich bemüht ist, an seinem Hof und in seiner Familie Seelenmassage zu betreiben, trifft der am 13. August abgefertigte Eilbrief bei von Klinggräffen in Wien ein. Am 20. August übergibt der Gesandte dem Grafen Kaunitz die Denkschrift. Am Nachmittag des folgenden Tages erhält er bereits die schriftliche Antwort Maria Theresias. Es ist eine kalte Dusche. Die Kaiserin-Königin schreibt: Sein Anbringen sei – von der Sache wie von der

Tonart her – derart, daß sie sich genötigt sehen würde, aus den Grenzen der Mäßigung, die sie sich zum Vorsatz gemacht habe, herauszutreten, wollte sie auf den ganzen Inhalt antworten. Doch soviel wolle sie ihm noch eröffnen: die Informationen, die man Seiner preußischen Majestät von einer Offensivallianz zwischen ihr und der Kaiserin von Rußland gegeben habe, seien absolut falsch und frei erfunden.

Am 25. August abends liest Friedrich die Antwort. Er läßt die Depesche sinken und blickt lange vor sich hin. Dann lacht er auf und schreibt an seinen Generalleutnant und Schwager, den Prinzen Ferdinand von Braunschweig: »Die Antwort ist nichts wert!« Er befiehlt ihm knapp, die sächsische Grenze am 29. August mit der Avantgarde der preußischen Armee zu überschreiten.

Damit ist der Präventivkrieg beschlossen. Friedrich ist nicht gewillt, bis zum nächsten Frühjahr zu warten und dann erleben zu müssen, daß ihm eine übermächtige Koalition Bedingungen stellt oder ihn militärisch überwältigt. Der Sommer neigt sich dem Ende zu. Wenn er schnell losschlägt, kommt ihm das Überraschungsmoment zu Hilfe, und er kann handstreichartig Sachsen besetzen. Und im Anschluß daran kann er sich gegen Böhmen wenden und seine Hauptstadt Berlin, an die das sächsische Territorium bis auf wenige Kilometer heranreicht, aus der Schußlinie bringen.

Der Gedanke an die feindliche Übermacht quält Friedrich kaum. Der vierundvierzigjährige König ist gerade in dieser Lebensphase von unerhörtem Selbstbewußtsein. In fünf Schlachten hat er seine Feinde in den Kriegen von 1740 bis 1745 besiegt. Die moralische und militärische Überlegenheit seiner Armee steht ihm außer Frage. Aber er fürchtet, noch einmal den Ruf des Friedensbrechers, des »Aggressors«, auf sich zu laden. Hat Kaunitz nicht doch sein Spiel gewonnen und ihn, Friedrich, auf kunstvollste Weise dazu gezwungen, als erster loszuschlagen? Maria Theresia hat hoheitsvoll erklärt, ein Offensivbündnis zwischen der Zarin und ihr existiere nicht. Und das mochte formal durchaus den Tatsachen entsprechen; den Text einer solchen Offensivabsprache kann die preußische Diplomatie nicht nachweisen. Aber das alles ist ja nur Lug und Trug. Der Briefwechsel, der die aggressiven Absichten der Höfe von Wien und Petersburg in aller Klarheit enthüllt, befindet sich in preußischen Händen. Und spricht es nicht Bände, daß Maria Theresia in ihrer Antwort – unter einem formalen Vorwand – auf seine entscheidende Frage gar nicht eingegangen ist? Zweimal hat er sie gebeten, ihm zu garantieren, daß sie Preußen weder 1756 noch 1757 angreifen wird. Ein einziger Satz von ihr hätte genügt, nämlich der, daß sie solche Absicht wirklich nicht hege, und schon wäre der Friede gerettet gewesen.

Am 26. August schreibt Friedrich an den Prinzen von Preußen: »Sie haben das Schriftstück gesehen, das ich an Klinggräffen geschickt habe. Die Antwort ist unverschämt, hochmütig, geringschätzend. In bezug auf die Garantien, die ich erbeten habe, kein Wort, so daß allein der Degen diesen gordischen Knoten zerschneiden kann. Ich bin unschuldig an diesem Krieg. Um ihn zu vermeiden, habe ich getan, was ich konnte. Aber so groß auch die Friedensliebe ist, man darf ihr niemals seine Sicherheit und seine Ehre opfern. Ich glaube in Betracht Ihrer mir bekannten Gesinnung, daß Sie dem beistimmen werden. Jetzt gilt es nur *daran* zu denken, den Krieg so zu führen, daß wir den Feinden die Lust verleiden, so bald wieder den Frieden zu brechen.«

Die Überzeugung, daß er an diesem Krieg »unschuldig« ist, nützt Friedrich wenig. Wenn er einen Präventivschlag gegen Böhmen führen will, muß er durch Sachsen marschieren. Gewiß, er hat mit diesem Staat, an dessen Spitze August III., Kurfürst von Sachsen und König von Polen, steht, in den Jahren 1744 und 1745 denkbar schlechte Erfahrungen gemacht. Die Sachsen sind ihm damals, als er in Böhmen mit den Österreichern kämpfte, in den Rücken gefallen, schlimmer noch, haben sich als Hilfsmacht Wiens und des Zarenhofes gegen ihn mißbrauchen lassen. Aus den Geheimdokumenten, die Menzel beschafft hat, weiß er, daß Sachsen mit im Komplott gegen ihn ist, daß der Dresdner Hof unter der Leitung des Grafen Brühl beabsichtigt, sich in dem geplanten neuen Krieg auf die Seite der feindlichen Koalition zu schlagen, und als Siegespreis den Bezirk Magdeburg ins Auge gefaßt hat. Er muß also, ob er will oder nicht, als erstes Hand auf dieses Land legen. Aber er weiß, daß das einen Aufschrei im Reich und in ganz Europa auslösen wird. Zum Vorwurf der Aggression wird der der Invasion, des »Neutralitätsbruches« kommen.

Am 26. August fertigt der König einen Eilkurier nach Dresden an den dortigen preußischen Gesandten, den Geheimen Legationsrat von Maltzahn, ab, dem er befiehlt, eine sofortige Privataudienz bei August III. zu erwirken. Friedrich erteilt Maltzahn folgende Sprachregelung: »Sie werden ihm in meinem Namen erklären, daß die zwischen mir und der Kaiserin-Königin entstandenen Zwistigkeiten mich zu meinem großen Bedauern in die unangenehme Notwendigkeit versetzen, mit meiner Armee in Sachsen einzudringen, um von da nach Böhmen zu marschieren. Man werde dabei auf die Staaten des Königs von Polen alle schonende Rücksicht nehmen, die die gegenwärtigen Verhältnisse erlauben, meine Truppen würden sich in Ordnung und in peinlichster Disziplin halten, aber ich sehe mich gezwungen, meine Maßregeln so zu nehmen, daß ich nicht wieder in die Lage gerate, in die mich der sächsische Hof während der Jahre 1744 und 1745 versetzt hat.« August III. dürfe überzeugt sein, daß man für seine Person wie für seine Familie alle erdenkliche Rücksicht und Ehrerbietung haben werde. »Ich persönlich wünschte nichts sehnlicher als bald den glücklichen Augenblick des Friedens herankommen zu sehen, um diesem Fürsten meine aufrichtige Freundschaft bezeugen und ihn wieder in friedlichen und ruhigen Besitz aller seiner Staaten setzen zu können, gegen die ich niemals irgendwelche Angriffspläne gehabt hätte.«

Kaum ist die Eilpost nach Dresden auf den Weg gebracht, tritt der Minister Karl Wilhelm Graf von Finckenstein zusammen mit Eichel in das königliche Arbeitszimmer, um das Konzept eines Briefes vorzulegen, das Friedrich am Tage zuvor in Auftrag gegeben hat. Es handelt sich um ein nochmaliges Schreiben an den Gesandten von Klinggräffen in Wien. Friedrich will einen letzten Versuch unternehmen, den Frieden zu retten oder sich vom Vorwurf der Aggression reinzuwaschen. Er tritt mit dem Papier ans Fenster und liest:

»Ich habe gestern abend Ihren letzten Kurier mit der Antwort des Wiener Hofes auf die zweite Erklärung erhalten, die ich von ihm erbeten hatte. Dieses eigentümliche Schriftstück kann eigentlich nicht eine Antwort genannt werden, da man darin die Hauptfrage, die ich gestellt hatte, nämlich ob die Kaiserin-Königin mir zur Aufrechterhaltung des Friedens und der öffentlichen Ruhe versprechen wollte, mich nicht anzugreifen, weder in diesem noch im folgenden Jahre, nicht im geringsten berührt und mit keinem einzigen Wort Bezug nimmt. Da diese sogenannte Antwort demnach gänzlich unbefriedigend ist und auf den wesentlichen Punkt meiner Anfrage gar nicht eingeht, so ist meine Absicht, daß Sie noch ein drittes Mal auf den Auftrag zurückkommen und daß Sie mündlich oder schriftlich der Kaiserin-Königin erklären, ich ersähe aus ihrer letzten Antwort in Wahrheit die ganze üble Absicht des Wiener Hofes gegen mich, und es bleibe mir folglich nur der einzige Entschluß übrig, Maßnahmen für meine Sicherheit zu treffen. Wenn indessen die Kaiserin-Königin mir noch die positive Versicherung geben und mir ausdrücklich erklären wollte, daß sie mich weder in diesem noch im nächsten Jahr angreifen werde, so würde ich in diesem Falle sofort meine Truppen zurückziehen und alles wieder in den gehörigen Zustand versetzen.

Sie fordern eine kategorische Antwort und schicken sie mir ohne den geringsten Verzug. Wenn sie aber ebenso wenig befriedigend ist wie die vorhergehenden oder wenn man sich weigern sollte, Ihnen eine zu geben, so schreiben Sie dem Grafen Kaunitz ein Billet in höflichen und angemessenen Ausdrücken und teilen ihm mit, es bliebe Ihnen kein anderer Entschluß zu fassen übrig, als sich von dem Hofe, an dem Sie beglaubigt sind, zurückzuziehen. Sie bedauern schmerzlich, daß die Lage der Dinge Ihnen nicht gestattete, sich von Ihren Majestäten zu verabschieden. Hierauf reisen Sie, nachdem Sie Ihre Archive in Sicherheit gebracht haben, so schnell wie möglich ab.«

Friedrich liest den Brief zweimal. In drei Tagen kann der Eilkurier in Wien sein. Jedes Wort will sorgfältig bedacht sein. Er geht zu seinem tintenbeklecksten Schreibtisch, ergreift die Feder und fügt eigenhändig hinzu:

»Da ich keine Sicherheit mehr habe, weder für die Gegenwart noch für die Zukunft, so bleibt mir nur der Weg der Waffen, um die Komplotte meiner Feinde zunichte zu machen. Ich breche auf und hoffe, diejenigen anderen Sinnes zu machen, die sich durch ihren Stolz und ihren Hochmut jetzt verblenden lassen. Aber ich besitze inzwischen genug Zurückhaltung und Mäßigung, um auf Ausgleichsvorschläge zu hören, sobald man mir solche machen will, da ich weder einen ehrgeizigen Plan noch begehrliche Wünsche hege und mich bei meinen Schritten keine anderen Beweggründe leiten als die Absicht, für meine Sicherheit und Unabhängigkeit berechtigte Maßnahmen zu treffen.«

Zwei Tage später, am 28. August 1756, meldet der englische Gesandte, Sir Andrew Mitchell, aus Potsdam nach London: »Heute morgen zwischen vier und fünf Uhr verabschiedete ich mich vom König. Er ging zur Parade, stieg zu Pferde und ließ einige Exerzierübungen machen. Dann marschierte er an der Spitze seiner Truppen nach Beelitz, von wo er morgen das sächsische Gebiet betreten will.«

Noch am selben Tag, dem letzten Friedensabend, schreibt Friedrich aus Beelitz an seine siebenundvierzigjährige Lieblingsschwester Wilhelmine, die Markgräfin von Bayreuth: »Meine liebe Schwester. Wir sind in vollem Marsch, um uns Ihnen zu nähern. Unser Briefwechsel wird dadurch nur noch lebhafter werden. Ich will meinem dicken Nachbarn [dem Kurfürsten von Sachsen] einen kleinen Besuch abstatten . . .«

Aus dem kleinen Besuch wird der Siebenjährige Krieg.

»Besser praevenire als praeveniri«

Der Einmarsch in Sachsen (1756)

Fest steht in Reih'n, wie stumm, kein Glied gerührt!
Den Blick zum Führer und gespitzt das Ohr.
Was er befiehlt, sei hurtig ausgeführt!
Lernt schnell zu laden euer Feuerrohr.
Gleichmäßig sei und pünktlich Griff wie Tritt.
Rückt mannhaft vor, in festem, sichrem Schritt.
Kein Wanken und kein Schwanken, Mann an Mann!
In Zügen feuert, wahrt die Tempi gut,
Seid rasch in allem, doch mit kaltem Blut.
Harrt des Signals, dann stürmt verwegen an!
. . .
Drei Glieder tief, so werden Preußens Krieger,
Straff, nervig, hoch an Wuchs, des Feindes Herr!
In Übermacht, räumt er doch bald dem Sieger
Das Feld nach kurzer, tapfrer Gegenwehr.
Im Gleichschritt soll das Bataillon vorrücken,
Soll seinen Blitz und Donner nicht verschwenden;
Die Front soll ihre Bajonette zücken,
Daß sich entsetzt zur Flucht die Feinde wenden.

Friedrich der Große, »DIE KRIEGSKUNST –
ein Lehrgedicht«, 1751, 1. Gesang

Niemand hat den Ursprung und den Sinn des anbrechenden Krieges jemals schärfer umrissen als 1759 der dänische Kriegsminister Johann Hartwig Ernst Graf von Bernstorff:

»Dieser Krieg ist entbrannt nicht um ein mittelmäßiges oder vorübergehendes Interesse, nicht um ein paar Waffenplätze oder kleine Provinzen mehr oder weniger, sondern um Sein oder Nichtsein der neuen Monarchie, die der preußische König mit einer Kunst und Schlagfertigkeit in die Höhe gebracht hat, welche die eine Hälfte Europas überrascht und die andere getäuscht haben. Dieser Krieg ist entstanden, um zu entscheiden: ob diese neue Monarchie bestehen bleiben wird – ob das Deutsche Reich *zwei* Häupter haben soll – und ob der Norden Deutschlands einen Fürsten besitzen wird, der aus seinen Staaten ein Lager und aus seinem Volk ein Heer gemacht hat und der, wofern man ihm Muße läßt, seine Staatsgründung abzurunden und zu befestigen, als Schiedsrichter der großen europäischen Angelegenheiten dastehen und das Gleichgewicht der Mächte balancieren wird.«

Jener Fürst, von dem Graf Bernstorff spricht, ist Friedrich II. Der Preußenkönig reitet an der Spitze seiner Armee über die Grenze nach Sachsen. Er bleibt nicht zu Hause, wie die anderen Fürsten Europas, und er läßt nicht Generale oder Marschälle für sich Krieg führen. Er ist der König-Connétable, sein eigener Feldherr. Er zieht ins Feld, und er wird seine Residenzstadt Berlin – abgesehen von zehn Tagen im Januar 1757 – sechseinhalb Jahre lang nicht mehr wiedersehen. In diesem Krieg werden sich bald fünf mächtige Staaten – Österreich, Rußland, Frankreich, Schweden sowie Sachsen-Polen – gegen ihn vereinigen. Vier Millionen Preußen gegen achtzig Millionen Verbündete! Nicht lange, und es wird sich auch das »Heilige Römische Reich Deutscher Nation« gegen ihn stellen und eine westdeutsch-süddeutsche Reichsarmee gegen ihn mobilisieren. Dieses größte Wagnis aller Zeiten kann nach menschlicher Voraussicht nur mit Friedrichs Vernichtung, nur mit Schimpf und Schande für die Preußen enden.

König Friedrich ist vierundvierzig Jahre alt und steht in voller Manneskraft. Längst hat sich der »roi charmant« in einen Feldsoldaten verwandelt. Die eleganten französischen Galaröcke von einst sind der preußischen Uniform gewichen. Auf dem Kopf, über der weißgepuderten Perücke mit dem Soldatenzopf, trägt er seinen dreieckigen schwarzen Filzhut, nun ohne Stickereien und Straußenfedern, um den Hals die weiße Kragenbinde seiner Infanterie, am Körper einen langen dunkelblauen Rock mit besponnenen Knöpfen, den der Schwarze Adlerorden ziert, an den Händen beigefarbene schweinslederne Stulpenhandschuhe, gelblich-rötliche Stulpenstiefel über schwarzsamtenen Kniehosen, an der linken Seite den Degen. Friedrich schnallt niemals, wie seine Offiziere, Sporen an. An der linken Hand, die er gern salopp in die Tasche seines Uniformrocks steckt, trägt er zwei kostbare Solitärbrillanten, am Zeigefinger seiner rechten Hand einen großen Chrysopas aus Schlesien. Seine Uniform ist vorne mit den Spuren seines spanischen Schnupftabaks besprenkelt; er achtet es nicht. Seit kurzem hat er sich einen schwarzen Krückstock mit silbernem Griff zugelegt. Ob zu Pferde oder zu Fuß, der Krückstock wird ihn immer begleiten. Mit Dreispitz und Stock, so wird er bald für Freund und Feind, ja für die ganze Welt zum Begriff werden.

Wer sind seine Mitarbeiter, seine Generale und engsten militärischen Fachberater? Es ist überaus kennzeichnend für Friedrichs Autorität wie für seine Intelligenz, daß er fast ausnahmslos Männer mit »schwierigem Charakter« um sich versammelt, eigenwillige Persönlichkeiten voller Selbstbewußtsein und Widerspruchsgeist. Keiner seiner sechs wichtigsten Befehlshaber ist ein Schmuser oder Kriecher; mit der Hälfte von ihnen hat er schon heftige Sträuße ausgefochten. Die kritische Geschichtsbetrachtung hat viel zu wenig gewürdigt, welch glückliche Hand dieser König in der Auswahl seiner engsten militärischen Mitarbeiter hatte. Caesar, Napoleon, Stalin oder Hitler, sie alle wollten zwar tüchtige, aber doch glatte und ergebene Befehlsempfänger haben. Friedrich verfährt ganz anders. Es lohnt sich, einige seiner Generale anzusehen.

Kurt Christoph von Schwerin

war Pommer vom Scheitel bis zur Sohle. Als er am 26. Oktober 1684 auf Schloß Löwitz bei Anklam geboren wurde, lebte noch der Große Kurfürst, stand ganz Europa noch im Banne des »Sonnenkönigs«. Französisches Kavalierstum, wie es Dumas so unübertrefflich in seinen *Drei Musketieren* geschildert hat, galt damals einem jungen Adligen als Lebensideal. Tapferkeit und Galanterie, den Feinden wie den Frauen gegenüber, schienen höchste Mannestugenden. Mit Degen und Menuett, so etwa mußte sich das Leben einem Junker eröffnen. Es war deshalb ganz normal, daß der dreizehnjährige Schwerin Offizier werden wollte. Sein Vater gab ihm einen Taler und eine schallende Ohrfeige mit den Worten: »Dies, mein Sohn, erdulde von keinem mehr!« Dann schickte er ihn nach Den Haag, wo ein Onkel dafür Sorge trug, daß Kurt Christoph erst einmal für drei Jahre die berühmte Hochschule von Leyden bezog, um Geschichte, Sprachen und Mathematik zu studieren. Mit siebzehn Jahren trat Schwerin als Fähnrich in die kaiserliche Armee ein und kämpfte unter Prinz Eugen und Marlborough in den Schlachten bei Donauwörth und Höchstädt im Jahre 1704. Ein Jahr später wurde er zum Hauptmann befördert.

1720 wurde das bis dahin schwedische Pommern bis zur Peene preußisch, und Schwerin wurde somit preußischer Staatsbürger. Der Soldatenkönig ernannte den erfahrenen Kriegsmann zum Generalmajor und machte ihn drei Jahre später zum Chef eines Infanterieregiments in Frankfurt an der Oder. Zwölf Jahre lang gehörte Schwerin, der 1731 zum Generalleutnant befördert wurde, zum berühmten Tabakskollegium Friedrich Wilhelms I. und zu seinen engsten militärischen Ratgebern. Dann hinterbrachte man dem sittenstrengen Monarchen, daß Schwerin, obwohl verheiratet, schon seit Jahren ein intimes Verhältnis mit der verwitweten Freifrau von Knyphausen unterhielt und daß diese Dame drei Jahre nach dem Tode ihres Mannes, des Staatsministers Knyphausen, einen kräftigen Knaben zur Welt gebracht hatte. Der Soldatenkönig tobte, er ließ die lebenslustige Witwe ihren Fehltritt mit einer Strafe von 12000 Talern büßen. Schwerin, der für die »Vorurteile des Bürgerstandes« nicht das geringste Verständnis hatte, zog sich gekränkt auf seine Güter zurück, fest entschlossen, das seiner Geliebten angetane Unrecht nicht zu vergessen.

Als 1740 Friedrich II. den preußischen Thron bestieg, ernannte er Schwerin sogleich zum Feldmarschall und erhob ihn in den Grafenstand. Von diesem Augenblick an datierte die leidenschaftliche Eifersucht der beiden preußischen Feldmarschälle, Leopold von Anhalt-Dessau und Schwerin, von denen jeder den Anspruch erhob, erster militärischer Berater des jungen Preußenkönigs zu sein. Friedrich bevorzugte entschieden Schwerin. Den Alten Dessauer hielt er für einen ungebildeten Kommißkopf, während Schwerin, der des Französischen, Italienischen und Lateinischen mächtig war, der sich ebenso als Weltmann wie als Lebemann gezeigt hatte, den Kavaliersvorstellungen des jungen Herrschers entsprach. Friedrich hatte sehr sorgfältig registriert, daß man aus Frankfurt an der Oder, wo Schwerin kommandierte, nur angenehme Nachrichten über das gute Verhältnis zwischen Militär und Bürgerschaft vernommen hatte, während aus Halle, der Garnison des Alten Dessauers, häufig Hiobsnachrichten über den Umgang des Offizierskorps mit der Studentenschaft gekommen waren.

Friedrich rückte mit Schwerin im Dezember 1740 in Schlesien ein. Der erste Sieg des jungen Monarchen, in der Schlacht bei Mollwitz, am 10. April 1741, war das ausschließliche Verdienst Schwerins. Als die preußische Kavallerie geworfen wurde und Friedrich sie vergeblich anflehte »Brüder! Kinder! Haltet euch brav! Verlaßt euren König nicht«, schickte der Feldmarschall den entnervten jungen Mann zurück nach Oppeln und übernahm auf dem Schlachtfeld das Kommando. Adjutanten anderer Generale, die heransprengten, um zu fragen, wohin der Rückzug zu nehmen sei, antwortete er: »Auf den Leib des Feindes!« Dann ritt er vor die Linien der preußischen Grenadiere und rief ihnen zu: »Ihr werdet mich immer an eurer Spitze sehen und mich, so Gott will, als brave Kameraden nicht im Stich lassen!« Er befahl dem Fahnenträger des I. Bataillons Garde, vor die Front zu treten, neben ihn und den Major Schulz, zog den Degen und kommandierte »Marsch«. So, an der Spitze des preußischen Heeres, warf er die Österreicher und erfocht den ersten glänzenden Sieg für seinen jungen König.

Friedrich II. dankte es ihm nicht. Er war lange eifersüchtig auf den Ruhm des Feldmarschalls, und das Verhältnis blieb sechs Jahre lang gestört, bis zum Frühjahr 1747. Dann ritt Schwerin nach Potsdam, um dem König seine Aufwartung zu machen. Der diensttuende Kammerhusar Deybert schilderte das Zusammentreffen so:

Schwerin kam des Morgens um acht Uhr in das Vorzimmer des Königs und sagte zu Deybert: Guten Morgen, mein Sohn; ist der König in seinem Zimmer und ist er schon angekleidet? – Jawohl, Exzellenz. – Ist er gut disponiert; habt Ihr nichts Verdrießliches an ihm bemerkt? – Nein, Exzellenz, ich werde ihm jetzt den Kaffee hineintragen. – Nun, sage Er ihm noch nicht, daß ich hier bin. – Deybert trug den Kaffee hinein und kam, nachdem der König getrunken hatte, wieder ins Vorzimmer. – Nun, mein Sohn, ist der König noch immer guten Humors? – O ja, Exzellenz. – So sage Er ihm, daß ich hier bin. – Deybert ging zum König und meldete den Feldmarschall. Der König antwortete nichts, nahm seine Querflöte, ging auf und ab und phantasierte auf derselben wohl eine Viertelstunde, legte sie alsdann eilig weg, steckte den Degen an und sagte zu Deybert: Laß den Feldmarschall hereinkommen. – Deybert öffnete die Tür und winkte Schwerin mit der Hand näher zu treten. Sobald ihn der König erblickte, rief er: Guten Morgen, Schwerin. Wie geht es? – Deybert trat ab und blieb im Vorzimmer. Hier hörte er, wie das Gespräch zwischen Schwerin und dem König immer lauter und endlich so heftig wurde, daß ihm anfing bange zu werden. Beide mäßigten die Stimme auf keine Weise. Es dauerte eine Weile, so wurde die Unterredung sanfter und zuletzt leise. Die Tür öffnete sich, Schwerin verbeugte sich gegen den König mit einer heiteren und zufriedenen Miene, und der Monarch sagte zu ihm: Exzellenz essen zu Mittag bei mir. – Das gute Verhältnis zwischen beiden war wiederhergestellt. Der chevalereske Schwerin hatte aber nicht versäumt, den König an die 12000 Taler zu erinnern, die seiner Geliebten zu Unrecht abgeknöpft worden seien.

Drei Jahre später, als während eines Feldmanövers preußische Infanterie durch einen Wald der Frau von Knyphausen marschierte, übersandte Friedrich der Dame eine zierliche Kassette mit 12000

Talern in Gold »als Entschädigung für den von meinen Soldaten in Ihrem Wald angerichteten Schaden«. Der König machte also als Kavalier das Unrecht wieder gut, ohne seinen Vater, den Soldatenkönig, zu desavouieren.

Am 2. Juli 1754 starb die Gemahlin des Feldmarschalls. Bereits dreieinhalb Monate später, also lange vor Ablauf des Trauerjahres, heiratete der siebzigjährige Schwerin ein Fräulein von Wackenitz. Diese Dame war als junges Hoffräulein in Berlin und Potsdam nicht gerade in einem tugendhaften Ruf gewesen, hatte sich dann aber als Äbtissin eines adligen Damenstifts nach Vorpommern zurückgezogen. Das Merkwürdige war nur, daß die fromme Äbtissin eine uneheliche Tochter hatte, für die der Feldmarschall die ganze Zeit mit rührender Liebe gesorgt hatte. Jetzt, durch die Heirat, wurde der Siebzigjährige zum offiziellen Vater. Ganz Berlin und Potsdam zerriß sich das Maul ob dieser »Sittenlosigkeit«, tuschelte über die galanten Sünden des alten Kriegshelden. Doch Friedrich II. reagierte nicht wie sein Vater. Er lachte und hielt Schwerin in Ehren.

Als im November 1755 zur Debatte stand, ein Abkommen mit England über Hannover zu schließen oder sich gänzlich in die Arme Frankreichs zu werfen, wurde Schwerin vom König zur Beratung in Potsdam herangezogen und plädierte entschieden für die Stärkung des preußisch-französischen Bündnisses. Als andere Generale in ihn drangen, mit dem König unter vier Augen zu sprechen und noch einmal gegen ein Abkommen mit England zu votieren, antwortete Schwerin: »Was ist zu tun? Ich habe dem König heute früh alles gesagt und hinzugefügt, daß die Verbindung mit Frankreich das einzige Mittel bleibt, sich aus der entstandenen Verlegenheit zu ziehen. Der König versicherte mir, er sei prinzipiell meiner Ansicht, doch er würde sich durch die Allianz mit Frankreich in den Fall setzen, von den Franzosen beständig als eine Macht zweiten Ranges in Europa betrachtet zu werden. Er sei es müde, diese Rolle zu spielen. Er wolle sich in die Klasse erster Mächte dieses Weltteils erheben. Was soll man hierauf antworten? Nur in der Phantasie eines Dichters kann der Gedanke aufkommen, sich als König von Preußen mit Frankreich, Österreich oder Rußland gleich zu schätzen! Aber bei einem gekrönten Poeten hat alles auf kalte Vernunft gegründete Urteil kein Gewicht.«

Doch als Schwerin am 23. Juni 1756 nach Sanssouci berufen wurde, wo der König mit ihm, Winterfeldt und General Wolf Friedrich von Retzow Kriegsrat hielt, erklärte er, nachdem er Friedrichs Argumente für einen Präventivangriff zur Kenntnis genommen hatte: »Wenn einmal Krieg geführt werden soll und muß, so laßt uns lieber heute als morgen aufbrechen, Sachsen in Besitz nehmen und in diesem kornreichen Land Vorratslager anlegen, um unsere künftigen Operationen in Böhmen zu sichern.«

Schwerin erhielt den Oberbefehl über das schlesische Armeekorps und nahm am 15. August 1756 sein Hauptquartier in Neiße.

James Keith

würde heutzutage als schottischer Nationalist gelten. Er gehörte den vornehmsten Familien seines Landes an. Am 11. Juni 1696 wurde er auf Castel Iverugie geboren, und zwar als zweiter Sohn des zweiten Earl Marishal von Schottland und der Lady Mary Drummond, Tochter des Earl von Perth. Sein Vaterland, Schottland, war 1656 – nach den Niederlagen gegen die Heere Oliver Cromwells – mit England vereinigt worden und wurde seitdem von den Briten beherrscht.

Der junge Keith studierte in Edinburgh die Rechte, »hauptsächlich aus Nachgiebigkeit für die Wünsche meiner Mutter«, wie er später berichtete. Sein wahres Ziel war von Anfang an, Soldat zu werden und »den Mündungen feindlicher Kanonen ins Auge zu schauen«. Dieser Wunsch sollte sich reichlich erfüllen. 1715 beteiligten sein älterer Bruder George und er sich an einem schottischen Aufstand gegen die britische Herrschaft über Schottland. Die schottischen Jacobiten wurden bei Dumblaine vernichtend geschlagen, und die beiden Brüder Keith – von den Siegern geächtet und zum Tode verurteilt – entkamen nur mit Mühe nach Frankreich. Dennoch schlossen sie sich 1719 einem zweiten Aufstandsunternehmen an, das genauso erfolglos endete. Bettelarm, aller Güter und Würden beraubt, flüchteten sie nach Italien, wo sich James für spanische Kriegsdienste anwerben ließ.

Wohin James Keith nun als Offizier auch kam, zeichnete er sich durch seine Tapferkeit ebenso wie durch seine Klugheit aus. 1726 bis 1727 nahm er an der spanischen Belagerung Gibraltars teil. Sein militärischer Ruf verbreitete sich in ganz Europa. 1728 rief ihn der Zarenhof nach Rußland, wo er den Rang eines Generalmajors erhielt. Fast zwei Jahrzehnte blieb er in russischen Diensten, vergaß aber niemals, daß er als freier Schotte geboren war. An den Privatlehrer seiner Kindheit schrieb er: »Ich bin in der Tat ein echter Schotte, das heißt erst klug hinterher. Denn hätte ich Ihre Lehren mehr in mich aufgenommen, so würde ich eine bessere Figur in der Welt gemacht haben.«

Dabei verlief seine Karriere in russischen Militärdiensten glänzend. Als Generalleutnant beteiligte er sich am Krieg gegen die Türken von 1736 bis 1739 und tat sich insbesondere bei der Erstürmung der Festung Otschakow hervor. Schwer verwundet trat er eine Erholungsreise nach Paris an, auf deren Zwischenstation er in Berlin den Soldatenkönig und den siebenundzwanzigjährigen Kronprinzen Friedrich kennenlernte, ohne zu ahnen, welche Bedeutung das für sein weiteres Leben haben sollte.

Keith entschied im Krieg gegen die Schweden den Sieg der Russen bei Wilmanstrand im Jahre 1741 und wurde zwei Jahre später Gesandter des Zarenhofes in Stockholm. Bei seiner Rückkehr nach Rußland, 1744, erhielt er von Zarin Elisabeth den Marschallstab und ein Jahr später den Oberbefehl über das russische Westheer in Livland. Das erweckte die Eifersucht der gebürtigen Russen. Mehr aber noch machten ihm die Intrigen des englischen Gesandten am Zarenhof, Lord Hyndford, zu schaffen, der nicht müde wurde, daran zu erinnern, daß Keith ein Aufrührer, Landflüchtiger, Verbannter und zum Tode Verurteilter sei. So nahm James Keith 1747 seinen Abschied und bewarb sich bei Friedrich dem Großen, der ihn mit größter Freude aufnahm und ihn am 18. September 1747 zum preußischen Feldmarschall ernannte.

Der Schotte war bezaubert von dem fünfunddreißigjährigen Preußenkönig. Am 28. Oktober 1747 schrieb er an seinen Bruder: »Der König besitzt mehr Witz als ich habe, um ihn Dir zu beschreiben. Er spricht sicher und wohlinformiert über alle Gegenstände, und ich halte ihn für den besten Offizier seiner Armee. Er hat einige Personen um sich, mit denen er in der ungezwungensten Freundschaft lebt, ohne daß man einen Günstling ausmachen könnte. Freundlichkeit im Umgang gegen jedermann ist ihm angeboren.«

Der ältere Bruder, Lord Marishal Keith, eilte daraufhin nach Potsdam, um ebenfalls preußische Dienste zu nehmen. Bald schon gehörten beide Brüder zum engsten Freundeskreis um Friedrich, der James 1749 zum Gouverneur von Berlin machte und den älteren Bruder 1751 zu seinem Gesandten in Paris ernannte. Friedrich II. selbst urteilte in seiner Geschichte des Siebenjährigen Krieges über den jüngeren Bruder James: »Der König machte eine gute Erwerbung an dem Marschall Keith, welchen er aus Rußland in seine Dienste zog. Er war sanft im Umgang, besaß Tugend und gute Sitte, war in seinem Fach tüchtig und verband mit dem bescheidensten Wesen zugleich die heldenmütigste Tapferkeit am Tage der Schlacht.«

Friedrich genoß die Anwesenheit der beiden weltmännischen Kavaliere an seinem Hof, deren Bildung und Umgangsformen so wohltuend von den ruppigen, provinzlerischen Manieren seiner gebürtigen Brandenburger und Berliner abstachen. Er disputierte mit James Keith über außenpolitische, staatswissenschaftliche und künstlerische Fragen, erörterte mit ihm Pläne der Brückenbauten in Berlin und ließ sich von ihm die Verhandlungen des englischen Parlaments im Extrakt mitteilen. Natürlich befragte er ihn immer wieder über die Strukturen und Qualitäten der russischen Armee. Keith, der die russischen Soldaten sehr hoch einschätzte, stellte folgenden Vergleich zwischen Preußen und Russen an: die Preußen seien von zehn bis zwölf Uhr vormittags, während des Exerzierens und der Parade, die besten Soldaten der Welt, aber danach Zivilisten wie alle anderen Menschen; die Russen dagegen, wenn sie einmal den Uniformrock angezogen hätten, seien nichts als Soldaten. Der König wollte das nicht gelten lassen und sagte: »Die Moskowiter sind ein Haufe Barbaren, Kanaille, mit denen gut disziplinierte Truppen bald fertig werden.« Keith zuckte nur die Schultern und antwortete: »Majestät dürften bald Gelegenheit finden, die Bekanntschaft mit diesen Barbaren und dieser Kanaille zu machen.«

Am 23. Juni 1756 erhielt der Feldmarschall, der gerade in Karlsbad weilte und Brunnen trank, ein Billet von Friedrich, in dem es hieß, »die Luft von Karlsbad fängt an, ungesund für die Preußen zu werden, und ich rate Ihnen, bis zum 10. des künftigen Monats zurückgekehrt zu sein«. Keith, der lebhaft für die Verlängerung des französischen Bündnisses und gegen den Vertragsabschluß mit England plädiert hatte, der überhaupt einem kommenden Krieg mit größter Besorgnis für Preußen entgegensah, kehrte auf der Stelle nach Potsdam zurück.

Als Friedrich Ende August in Sachsen einmarschiert, gehört Feldmarschall Keith zum Hauptquartier der Armee und zum engsten Beraterstab des Königs.

Hans Joachim von Zieten

war ein echter Märker, ein Brandenburger, wie er im Buche stand. Geboren wurde er am 18. Mai 1699 auf dem väterlichen Gut zu Wustrau in der Grafschaft Ruppin. Klein, krummbeinig, schwächlich, schien er zu allem geeignet, nur nicht zum Soldatenstand. Doch schon für den kleinen Hans Joachim war es das höchste Fest, wenn er zu Fuß in das Städtchen Ruppin wandern und dort dem Exerzieren der Musketiere oder der Wachtparade zusehen durfte. Sein größter Stolz war es, als ihm sein Vater vom neunten Geburtstag an gestattete, sich jeden Sonnabend in Ruppin von einem Musketier sein Haar in einen militärischen Zopf binden zu lassen.

Als Zieten vierzehn war, trat er als Junker in das Infanterieregiment von Schwendy ein, das in Frankfurt an der Oder garnisonierte. In den nächsten zehn Jahren machte er sich durch Raufhändel und Duelle einen Namen, denn der kleine Bursche ließ sich von den Größeren und Kräftigeren nichts gefallen, zog bei jeder Kränkung oder Beleidigung sofort blank. Dem Generalmajor von Schwerin, den der Soldatenkönig zum Chef des Regiments ernannte, mißfielen die ständigen Ehrenhändel des kleingewachsenen, äußerst aggressiven jungen Mannes. Er überging ihn bei der Beförderung zum Premier-Leutnant. Prompt nahm Zieten seinen Abschied und zog sich grollend auf das väterliche Gut zurück. Es schien, als wolle der Vierundzwanzigjährige schon resignieren.

Er hielt es jedoch als Zivilist nicht lange aus. Immer wieder ritt er nach Berlin, wo er eines Tages dem Soldatenkönig bei der Wachtparade auffiel. Der Monarch sprach Zieten an, der sich sofort bitter über den Generalmajor von Schwerin beschwerte. Friedrich Wilhelm lachte schallend und stellte ihn als Premier-Leutnant beim Dragonerregiment von Wuthenow ein, das in Tilsit, Ostpreußen, stand.

Kaum war Zieten in seiner neuen ostpreußischen Garnison, widersprach er vor versammelter Front seinem Rittmeister und Schwadronschef, der einen unsinnigen Befehl erteilt hatte. Zieten wurde vor ein Kriegsgericht gestellt und zu einjähriger Festungshaft verurteilt. Als er nach Tilsit zurückgekehrt war und den Rittmeister, der ihn beim König verpfiffen hatte, auf der Straße traf, kam es sogleich zu einem hitzigen Duell. Beide Offiziere drangen mit gezogenen Säbeln aufeinander ein. Als ihm die Klinge zersprang, warf Zieten dem Rittmeister geistesgegenwärtig sein Degengefäß ins Gesicht und verteidigte sich erfolgreich mit einer langen Latte. Wieder landete er vor dem Kriegsgericht, das seine infame Kassation, unehrenhafte Entlassung, aussprach. Als jedoch 1730 nach ungarischem Vorbild die erste Husarenschwadron der preußischen Armee errichtet wurde, stellte der Soldatenkönig den kühnen Reiter, über den seine Kameraden nur das beste Urteil abgaben, als Premier-Leutnant wieder ein und beförderte ihn ein Jahr später sogar zum Rittmeister.

Zieten kämpfte 1735 am Rhein gegen die Franzosen und stand unter dem Befehl des erfahrenen österreichisch-ungarischen Husarengenerals Baranyay, der die ungewöhnlichen Fähigkeiten des kleinen Preußen erkannte und darüber nach Berlin berichtete. Der Soldatenkönig ernannte den Wustrauer am 29. Januar 1736 zum Major mit dem Bemerken, »daß solches in Consideration seiner guten Qualitäten und seiner am Oberrhein rühmlichst bezeigten Vigilance und Tapferkeit« geschähe.

Das preußische Husarenregiment, das inzwischen entstanden

war, wurde dem Befehl des baumlangen Oberstleutnants von Wurmb unterstellt, der von der Infanterie kam und nun das Kommando in Tilsit übernahm. Schon während der ersten Ausmusterung der Remontepferde kam es zum Krach. Wurmb, der den kleinen Zieten um einen Kopf überragte, griff zum Säbel, beide stürzten sich wütend aufeinander, im Nu hatte Wurmb einen Hieb in der Schulter und einen im Gesicht, während Zieten der Mittelfinger der rechten Hand abgehauen wurde. Diesmal wurde die Sache vertuscht, aber Wurmb vergaß es Zieten nicht.

Im Ersten Schlesischen Krieg, 1741, nun bereits unter dem Oberbefehl Friedrichs II., kämpfte Zieten an der Spitze seiner Schwadron gegen die Österreicher. Sein Regimentskommandeur, eben jener von Wurmb, schickte ihn im Juni gegen ein feindliches Regiment vor, ohne ihm, wie er versprochen hatte, mit den anderen Schwadronen zu Hilfe zu kommen. Zieten, aufs höchste erbittert, stellte den Kommandeur nach dem Gefecht vor der Front des Regiments mit lauten Worten zur Rede, der zog sofort den Säbel, Zieten ebenfalls, und schon hatte Oberst von Wurmb einen schweren Hieb im Kopf und mußte sich krank melden. Kurze Zeit darauf, am 22. Juli, erhielt Zieten den Auftrag, mit sechs Husarenschwadronen eine Abteilung Österreicher aus Rothschloß zu vertreiben. Das machte er so geschickt, daß er ein ganzes feindliches Kavallerieregiment gefangennahm. Nur mit Mühe gelang es dem Kommandierenden General des Feindes, den Zieten-Husaren zu entkommen. Es war Baranyay, der alte Lehrmeister Zietens, der seinen Schüler während des Gefechts erkannt hatte. Am nächsten Tag schrieb er ihm: »Ich kann als Besiegter von Glück sagen, daß ich einem so gefährlichen Schüler durch rasche Flucht entgangen bin.« Friedrich ernannte Zieten zum Oberst und zum Chef eines Husarenregiments. In der Bestallung hieß es: »Ich habe es als billig erachtet, denselben als einen tapferen und braven Offizier, der bei so vielen Kriegsbegebenheiten eklatante Proben seiner besonderen Bravour gezeigt hat, zu rekompensieren.«

Als Friedrich 1742 nach Mähren eindrang, führte Zieten die Avantgarde. Er machte das glänzend. Freund wie Feind sprach bald nur noch von den »Zieten-Husaren«, vor denen selbst die berühmte ungarische Reiterei das Weite suchte. Zieten drang bis

Stockerau vor, die letzte Poststation vor Wien, und in der Hofburg wurde sein Name mit Schrecken genannt. Der Preußenkönig verlieh ihm den Orden Pour le mérite.

Während des Zweiten Schlesischen Krieges wurde Zieten zum »Generalmajor bei den Husaren« ernannt. Am 9. Oktober 1744 kämpfte er mit seinen Husaren und zwei Grenadierbataillonen bei Tein gegen 10 000 Österreicher, die er – seine Husaren zweimal durch die Moldau führend – überlegen zurückschlug. Friedrich empfing ihn im Feldlager mit allen Ehren. Die Armee mußte unter Gewehr treten, der König setzte sich persönlich an die Spitze der Zietenschen Husaren, und so ging es unter Feldmusik und Vivatrufen durch das Lager.

Schlachtentscheidend wurde Zietens Einsatz in der siegreichen Bataille bei Hohenfriedberg im Juni 1745. Sein Regiment warf das österreichische Kürassierregiment Hohenems und die Dragoner von Sachsen-Gotha, machte viele Gefangene, darunter den österreichischen Kavalleriegeneral von Berlichingen. Noch glänzender war sein Erfolg im Gefecht bei Katholisch-Hennersdorf am 23. November 1745. Gemeinsam mit den schwarzen Husaren erbeuteten die Zietenschen zwölf Fahnen und Standarten, vier Kanonen und vier Paar silberne Kavallerie-Pauken. Zieten blieb auch nach Kriegsende Regimentskommandeur.

So sehr Friedrich der Große im Krieg die Verdienste der Husaren anerkannt hatte, im Grunde konnte er diese leichte und leichtsinnige, eigensinnige und ziemlich disziplinlose Truppe nicht leiden. Zieten, ein echter »Vater seiner Husaren«, dachte nicht daran, seine flinken Husarenkinder zu drillen, mit Parade- und Exerzierdienst zu malträtieren. Er sah ihnen so manches durch die Finger, wurde nur fuchsteufelswild, wenn im Dienst Alkoholexzesse auftraten, hielt aber nichts vom Schurigeln und Dressieren. Dafür jagte er sie über Stock und Stein, lehrte sie das listige Kleingefecht ebenso wie die tollkühne Attacke. Friedrich, der immer wieder Beschwerden über das Auftreten der Husaren erhielt, richtete am 5. März 1750 an Zieten ein scharfes Schreiben, in dem er ihm die »Negligence und Unordnung im Aussehen der Offiziere wie Soldaten« vorwarf, »die daher entsteht, daß der General sich um nichts kümmert und einen jeden machen läßt, was er will«. Er schloß das Schreiben mit den drohenden Worten, er hoffe, Zieten werde sein Regiment wieder in Ordnung bringen.

Während der großen Manöver, die 1753 im Raum Spandau stattfanden, kam es zum Eklat. Friedrich war mit Zietens Regiment mehr als unzufrieden. Er bezeichnete die Husaren als plumpes, unbearbeitetes Bauernvolk, mit dem nichts anzufangen sei. Zieten stieß hochroten Kopfs seinen Säbel in die Scheide und schrie, so daß es das ganze Regiment vernahm: »Wenn wir denn jetzt nichts mehr taugen, so haben wir damals doch unsere Schuldigkeit getan! Damals, als man uns brauchte, da waren wir gut genug!« Der König riß sein Pferd herum, ritt auf Zieten zu und rief im höchsten Zorn: »Ja, damals wart ihr gut. Aber jetzt taugt ihr zu nichts!« Bei einem der nächsten Manöver wiederholte sich der Auftritt. Der König kritisierte das Regiment mit scharfen Worten und rief Zieten zu: »Schere Er sich nach Hause!« Sofort kommandierte Zieten »kehrt!« und führte sein Regiment vom Manöverplatz in die Garnison.

Der General meldete sich krank und zog sich tief verbittert vom Dienst zurück. Als im Sommer 1756 ein neuer Krieg drohte, besuchte ihn Friedrich, um ihn zu versöhnen. Der König machte eine schwere Stunde durch, denn der vergnatzte kleine Husarengeneral hielt nicht mit seinen Beschwerden zurück, beklagte sich lebhaft über all das Unrecht, das ihm angetan worden sei. Vor allem hielt er dem König vor, daß er ihn im vergangenen Jahr bei der Beförderung zum Generalleutnant übergangen habe. Friedrich lächelte und faßte seine Hand: »Höre Er, Zieten, ein so treuer und tapferer General kann unmöglich beim nahen Ausbruch eines gefährlichen Krieges seinen König und sein Vaterland im Stich lassen. Denn beide haben auf ihn ihr ganzes Vertrauen gesetzt.« Mit einem Schlage war Zieten wieder gesund. Am 12. August 1756 wurde er zum Generalleutnant befördert.

Bei Beginn des Feldzuges Ende August 1756 führt Zieten – wie eh und je – die Avantgarde der preußischen Armee.

Hans Karl von Winterfeldt

war ein hochaufgeschossener blonder Pommer, der am 4. April 1707 zu Vanselow geboren wurde. Sein Vater war der ehemalige Offizier und Rittergutsbesitzer Jürgen Friedrich von Winterfeldt, seine Mutter eine gebürtige Christine Elisabeth von Maltzahn. Der junge Bursche wuchs mit der Dorfjugend auf, was ihm später als Offizier sehr zustatten kommen sollte, da er sich auf die Sprache und die Gefühle des »gemeinen Mannes« verstand.

Mit vierzehn Jahren trat Hans Karl in das ostpreußische Kürassierregiment von Waldow ein, wo er es in den nächsten vier Jahren bis zum Standarten-Junker brachte. Bei einer Besichtigung im Herbst 1724 fiel der baumlange junge Mann dem Soldatenkönig auf, der ihn nach Potsdam versetzte und zum Garde-Leutnant ernannte. Winterfeldt stellte schon hier seine diplomatischen Fähigkeiten unter Beweis, denn er schaffte es, das Wohlwollen des Königs wie auch das des Kronprinzen zu gewinnen, die in diesen Jahren ihren fast tödlichen Vater-Sohn-Konflikt ausfochten.

Nach der Aussöhnung im königlichen Haus durfte der siebenundzwanzigjährige Leutnant von Winterfeldt 1734 den Kronprinzen in das Feldlager am Rhein begleiten. Hier schlossen die beiden jungen Männer eine enge Freundschaft, die niemals erschüttert werden sollte. Von militärischer Karriere konnte aber keine Rede sein, da der Soldatenkönig nicht gewillt war, den klugen Offizier, mit dem man über alle militärischen Fragen glänzend disputieren konnte, aus seiner engeren Umgebung zu entlassen. Als der Kronprinz seine Beförderung vorschlug, antwortete Friedrich Wilhelm: »Den Winterfeldt? Auf keinen Fall. Den kann ich auf meinen Reisen nicht missen.«

Kaum hatte Friedrich II. den Thron bestiegen, wurde Winterfeldt zum Major und zum Flügeladjutanten des Königs befördert. Friedrich schickte ihn im Dezember 1740 nach Petersburg mit dem Auftrag, das preußisch-russische Bündnis zu erneuern und das vereinbarte russische Hilfskontingent von 6000 auf 12 000 Mann heraufzusetzen. Inzwischen war der König jedoch in Österreichisch-Schlesien einmarschiert und befand sich Preußen im Kriegszustand mit dem Wiener Kaiserhof. Winterfeldt stieß in

Petersburg auf den Widerstand und die Intrigen des österreichischen Gesandten, General Marquis Botta d'Adorno. Der junge Major überwand jedoch alle Schwierigkeiten. Friedrich II. schrieb später darüber in seinen *Denkwürdigkeiten*: »Der gesunde Menschenverstand des Pommern überbot alle Schlauheit des Italieners [di Botta], und Winterfeldt erlangte durch den Beistand des Feldmarschalls Münnich nicht nur die Erneuerung des Verteidigungsbündnisses, sondern die Erhöhung der Zahl der Hilfstruppen auf 12 000 Mann.«

Wieder zurück bei der Armee, beteiligte sich Winterfeldt am 2. März 1741 beim Sturm auf die Festung Glogau, als er an der Spitze eines Grenadierbataillons durch das Proster Tor eindrang. Er zeichnete sich in der Schlacht bei Mollwitz aus und führte das Kommando während der Unternehmung auf Rothschloß, wo ihm, dem Major Winterfeldt, der Husaren-Oberstleutnant von Zieten unterstellt war. Von daher datierte eine fortwährende Eifersucht zwischen diesen beiden ausgezeichneten Offizieren.

Friedrich II. beförderte Winterfeldt bevorzugt zum Oberst. Mit diesem Dienstgrad zog er in den Zweiten Schlesischen Krieg und nahm an der Besetzung Prags teil. Winterfeldt bezog Quartier im Palast des geflüchteten Grafen Gallas. Als der Haushofmeister, der wohl eine Plünderung befürchtete, ihm ein wertvolles Gemälde und eine Rolle mit 1000 Dukaten anbot, wies ihn der junge preußische Oberst mit den Worten zurück: »Wir sind keine österreichischen Offiziere.«

Die Blitzkarriere, die ihn in wenigen Jahren vom Leutnant zum Obristen erhoben hatte, verschaffte Winterfeldt viele Neider im höheren Offizierkorps der preußischen Armee. Er galt als Günstling des Königs, ja als ein Zuträger, vor dem man sich vorsehen mußte. In der Tat verfügte Winterfeldt über einen persönlichen Draht zu dem Geheimen Kabinettsrat Eichel, mit dem er einen lebhaften Briefwechsel unterhielt, den auch der König hin und wieder einsah. Winterfeldt benutzte diese Einflußmöglichkeit jedoch nicht, um persönliche Ambitionen zu verfolgen. Seine freimütige Kritik richtete sich gegen allgemeine Zustände in Staat, Verwaltung und Heer. General Karl Ernst von Warnery, kein großer Freund Winterfeldts, urteilte über ihn: »Er sprach frei heraus zum König und war ein sehr guter Staatsbürger.« Winterfeldt hat für sich selbst in Anspruch genommen, vor Friedrich nichts verschwiegen zu haben. Im Frühjahr 1745, als die Stimmung im preußischen Offizierskorps nach dem katastrophalen Rückzug aus Böhmen auf dem Tiefpunkt angelangt war und man den Krieg schon als verloren ansah, schrieb er aus Schlesien an Eichel:

»In was für Schrecken und Furcht ich hier das ganze Land finde und was sie in Breslau für Mordsgeschichten aussprengen, ist nicht zu beschreiben. Sie stellen sich in Breslau an, als wenn der Feind schon vor der Thüre stände und sie eingeschlossen wären. Ich kann nicht begreifen, woher es kommt. Seine Majestät werden noch eine Generalordre an alle Regimenter ergehen lassen müssen, daß die Offiziere sich Mühe geben sollen, sowohl den Soldaten die Sache leicht zu machen als auch dem Landmann einen Muth zu inspirieren, als sich kein Offizier unterstehen soll, fürchterliche Zeitungen auszusprengen, oder sein Räsonnement zu geben, als ob die Sachen übel ablaufen könnten. Denn wenn nur ein jeder als ein treuer Diener des Königs gut und brav denkt und seine Schuldigkeit erweist, so kann uns nichts widerfahren, sondern es muß alles gut gehen! Und deucht mir, daß wir noch niemals mehr Gelegenheit gehabt, uns zu distinguieren und Gloire zu erwerben als eben jetzt.«

Diese unbedingte Loyalität und der übergreifende, auf das Allgemeine gerichtete Patriotismus Winterfeldts waren es, die ihn dem König so unentbehrlich machten. Dazu kam die außerordentliche Tapferkeit, die Winterfeldt am 22. Mai 1745 erneut unter Beweis stellte, als er in der Nähe von Landeshut mit einem Grenadierbataillon gegen einen von Panduren besetzten Wald vorging. Als der Angriff seiner Männer stockte, sprang der Oberst vom Pferd, stellte sich mit gezogenem Degen an die Spitze seiner Grenadiere und rief: »Bursche, schießt nicht! Wir wollen ihnen unsere Bajonette zu schmecken geben!« Die Truppe, die Winterfeldt wegen seines kameradschaftlichen Wesens zum einfachen Manne liebte, folgte ihrem Führer unter Vivatrufen. Winterfeldt erhielt im Nahkampf zwei Verwundungen, und der König ernannte ihn spontan zum Generalmajor.

Der junge General zeichnete sich auch bei Hohenfriedberg und bei Katholisch-Hennersdorf aus. Die Nachricht vom Dresdner Frieden im Dezember 1745 erreichte ihn durch Friedrich persönlich, der ihm schrieb: »Der Friede ist richtig. Also, wenn Er wird die Husaren durchgemustert haben und in Breslau wegen Lieferung der Pferde Anstalt gemacht, so kann Er zu mir nach Berlin kommen.« Der Generalmajor seinerseits schrieb an Eichel: »Gott sei gedankt für alle glorieuse Progressen und der glücklichen Endschaft und daß er dies unsern gnädigsten König hat gesund erleben lassen. Möge er die Früchte noch viele Jahre genießen, so wird es der Armee, dem Lande und allen treuen Dienern wohlergehen. Amen! Übrigens freut mich nichts so sehr als die Hoffnung, bald das Vergnügen zu haben, vor einem angenehmen Kaminfeuer in Berlin alles das, was diese Campagne vorgefallen, repetieren zu können und mit einem Glase Hochheimer abzuspülen ...«

In den folgenden zehn Friedensjahren war Winterfeldt als Generaladjutant des Königs in Potsdam stationiert. Friedrich zog den aufgeweckten Mann nicht nur in militärischen, sondern ebenso in politischen und ökonomischen Angelegenheiten zu Rate. Winterfeldt war es auch, der dem schlesischen Leinwandhandel den spanischen Markt öffnete.

Am 21. Mai 1756 erfolgte seine Beförderung zum Generalleutnant. Zugleich wurde er zum Gouverneur der Festung Kolberg ernannt. Aber daraus wurde nichts mehr; bereits im folgenden Monat begannen die Rüstungsvorbereitungen gegen Österreich. Winterfeldt unternahm eine Blitzreise nach Dresden und Karlsbad, um die militärpolitische Lage zu sondieren. Nach Potsdam zurückgekehrt, drängte er den König zum schnellen Losschlagen gegen Sachsen.

Beim Ausmarsch der Armee am 29. August 1756 befindet sich der Generalleutnant von Winterfeldt im persönlichen Stab des Königs.

Friedrich Wilhelm Freiherr von Seydlitz

wurde schon bei Lebzeiten zur Legende, zum Symbol preußischen Draufgängertums. Sein Geburtsort war Kalkar im Herzogtum Cleve. Sein Vater, Daniel Freiherr von Seydlitz, stand als Rittmeister und Schwadronschef beim Preußischen Dragonerregiment Sonsfeld, die Mutter war eine gebürtige von Ihlow. Friedrich Wilhelm wurde am 3. Februar 1721 geboren.

Als der Junge das siebte Lebensjahr erreicht hatte, wurde der Vater zum Kürassierregiment des Markgrafen Friedrich Wilhelm nach Schwedt an der Oder versetzt. Sechs Jahre lang besuchte der junge Seydlitz die Schule in Freienwalde, dann nahm ihn der Markgraf als Pagen in seine Dienste.

Der neue Dienstherr wurde allgemein nur »der wilde Markgraf« genannt. Wo immer es ging, schockierte er die Gesellschaft mit waghalsigen Unternehmungen und frechen Streichen. Sein Page übertraf ihn bald an Kühnheit und Furchtlosigkeit. Der junge Seydlitz ritt nicht nur die wildesten Remontepferde ein, er schwang sich auch auf den stärksten Vierundzwanzigender, den man im Wildpark für ihn eingefangen hatte, und jagte ihn, ohne Zaum und Sattel, über die Heide. Eine beliebte Wette war es, absichtlich Kutschpferde durchgehen zu lassen und sich aus der dahinrasenden Kalesche in verwegenem Sprung zu retten. Sein Bravourstück vollbrachte Seydlitz jedoch, als er mit seinem Pferd in gestrecktem Galopp durch die sausenden Flügel einer Windmühle sprang.

Mit siebzehn Jahren wurde Seydlitz als Kornett in das Kürassierregiment des Markgrafen aufgenommen, das in Hinterpommern unter dem Befehl des Obersten Friedrich Wilhelm von Rochow garnisonierte. Von dort zog er in den Ersten Schlesischen Krieg. 1742 schickte Rochow den neunzehnjährigen Kornett, über dessen aufmüpfiges Wesen er sich schon mehrfach geärgert hatte, mit dreißig Kürassieren auf einen verlorenen Vorposten, mit dem Befehl, sich dort zu verteidigen, bis Infanterie zur Unterstützung eintreffe. Die Hilfe kam nicht; dennoch verteidigte sich Seydlitz mit seinen Männern stundenlang gegen eine erdrückende Übermacht, so daß der Feind ihm und seinen Leuten schließlich eine ehrenvolle Gefangenschaft gewähren mußte. Der Kornett kam nach Ungarn, wo er ein Jahr lang in Gefangenschaft weilte, bis er schließlich gegen einen österreichischen Rittmeister ausgetauscht wurde. Zur Armee zurückgekehrt, mußte sich Seydlitz bei Friedrich II. melden, der ihn auf Grund seiner tapferen Verteidigung zum Rittmeister einer neuerrichteten Husarenschwadron beförderte.

Im Zweiten Schlesischen Krieg zeichnete sich die Seydlitz-Schwadron durch verwegene Streifpartien ins feindliche Hinterland aus. In der Schlacht bei Hohenfriedberg umging Seydlitz mit seiner Schwadron den linken Flügel des Feindes und nahm den sächsischen General von Schlichting gefangen. Der König ernannte den umsichtigen Rittmeister noch auf dem Schlachtfeld zum Major. In der Schlacht bei Soor warf sich Seydlitz mit seinen Husaren ungestüm auf den Feind und gab die Führung seiner Schwadron nicht ab, obwohl er einen Schuß in den Arm erhalten hatte.

Nach dem Dresdner Frieden vom Dezember 1745 bezog der frischgebackene Major mit seiner Schwadron im schlesischen Städtchen Trebnitz Garnison. In den folgenden sieben Jahren bildete Seydlitz seine Husaren zur Eliteschwadron der preußischen Kavallerie aus. Im Herbst 1752 erhob der König ihn zum Oberstleutnant und zum Kommandeur des Dragonerregiments Prinz Friedrich von Württemberg, dessen Ausbildungsstand Friedrich als »skandalös« bezeichnet hatte. Ein Jahr später befanden sich Disziplin und Einsatzbereitschaft des Regiments wieder auf voller Höhe. Friedrich II. ernannte Seydlitz zum Kommandeur des Kürassierregiments von Rochow, bei dem er als Kornett seine Laufbahn begonnen hatte. Im August 1755 wurde der vierunddreißigjährige Seydlitz zum jüngsten Oberst der preußischen Kavallerie befördert.

Als im August 1756 der neue Krieg beginnt, marschiert Seydlitz mit seinem Regiment an der Tête der Armee.

Prinz Heinrich von Preussen

war in vielem das Ebenbild Friedrichs des Großen. Am 18. Januar 1726 zu Berlin als neuntes Kind des Soldatenkönigs und der Sophie Dorothea von Hannover-Braunschweig geboren, wuchs er – wie sein vierzehn Jahre älterer Bruder – in strenger militärischer Zucht unter der Fuchtel seines Vaters, ansonsten aber gänzlich in französischem Geiste auf. Sowohl das Kindermädchen als auch die Gouvernante des kleinen Prinzen waren Französinnen. Während Friedrich II. durchaus in der Lage war, sich mit seinen Soldaten und Offizieren, Bauern und Beamten auf deutsch zu unterhalten, wußte Heinrich nur französisch zu parlieren, hat zeit seines Lebens nie ein deutsches Wort geschrieben. Frankreich blieb denn auch, selbst nach den blutigen Ereignissen der Französischen Revolution, immer das große Vorbild dieses Mannes.

Heinrich sah seinem Bruder auf den ersten Blick verblüffend ähnlich. Er war klein und von zierlicher Gestalt, die großen strahlendblauen Augen beherrschten seine Erscheinung. Aber während Friedrich als junger Mann ausgesprochen hübsch war und alle Welt bezauberte, löste Heinrichs grundhäßliches Gesicht bei den Zeitgenossen Erstaunen aus. Eine sanfte Stimme und chevalereske Umgangsformen hoben den abstoßenden Eindruck jedoch wieder auf.

Als sein Vater Friedrich Wilhelm I. starb, war Heinrich vierzehn Jahre alt. Sein Bruder, der neue König, ernannte den gebildeten Obersten von Stille zu seinem Erzieher und beförderte den jungen Prinzen sofort zum Oberst der Infanterie. In dieser Eigenschaft begleitete Heinrich den Feldmarschall von Schwerin 1742, als die preußische Armee während des Ersten Schlesischen Krieges nach Mähren eindrang. Der sechzehnjährige Prinz gehörte dem Stab des Marschalls an und studierte mit höchstem Interesse die Kunst der Heerführung.

1744, bei Beginn des Zweiten Schlesischen Krieges, bekleidete Heinrich als Achtzehnjähriger bereits den Rang eines Generalmajors. Er zeichnete sich durch die umsichtige Verteidigung der Stadt Tabor in Böhmen gegen ein österreichisches Korps unter General Franz Leopold von Nadasdy aus. Bereits hier zeigte sich, daß Heinrichs Führungsstärke im Manövrieren und in der Defensive lag. Die Schlacht bei Hohenfriedberg erlebte er in der Stellung eines Generaladjutanten in der unmittelbaren Umgebung des Königs, der ihn während des Gefechts aufmerksam beobachtete und sich von den militärischen Fähigkeiten seines Bruders überzeugte.

Die ersten sieben Jahre nach Abschluß des Dresdner Friedens blieb Heinrich, obwohl er inzwischen volljährig wurde, ständig unter der strengen Aufsicht und Kontrolle des Königs. Der Prinz hat das seinem Bruder nie verziehen. Je mehr Friedrich eine innere Zuneigung zu dem jüngeren Bruder entwickelte, desto kälter, abweisender, ja oft haßerfüllter verhielt sich Heinrich gegen ihn. Das Maß lief über, als Friedrich ihn aus Staatsraison zwang, am 15. Juni 1752 die ungeliebte Prinzessin Wilhelmine von Hessen-Kassel zu heiraten. Die Ehe wurde nie vollzogen; Heinrich kultivierte homosexuelle Neigungen, die der König immer mißbilligen sollte. Dennoch mühte sich Friedrich ab 1752, dem Prinzen ein komfortables Leben zu gewähren. Er richtete ihm einen besonderen Hofstaat ein, ließ ihm das Palais Unter den Linden errichten, das ein halbes Jahrhundert später zur Friedrich-Wilhelm-Universität wurde, und schenkte ihm sein Lieblingsschloß aus der Kronprinzenzeit, Rheinsberg.

Ganz so wie sein Bruder in Sanssouci versammelte Heinrich nun in Rheinsberg eine Gesellschaft des Geistes und der Aufklärung um sich. Der Ton in Rheinsberg war noch demokratischer, aufgeklärter, atheistischer als an der Tafel von Sanssouci. Während Friedrich letzten Endes doch immer der König blieb, gab sich Heinrich völlig zwanglos und verzichtete auf jegliche Prädominanz in seinem auserlesenen Freundeskreis von Offizieren, Künstlern und Gelehrten. Aber ganz wie es sein Bruder in der Kronprinzenzeit gehalten hatte, vernachlässigte Heinrich über allen Festivitäten und Zerstreuungen doch nie das Studium der Militärwissenschaften und die sorgfältige Ausbildung seines Regiments.

Als Friedrich im August 1756 seinen Dritten Schlesischen Krieg eröffnet, übernimmt Prinz Heinrich beim Armeekorps des Feldmarschalls Schwerin als Generalmajor das Kommando einer Infanteriebrigade.

Dies sind die Generale, mit denen Friedrich II. ins Feld zieht. Seine Soldaten sind schlachterprobt, sie haben ihm im Ersten und Zweiten Schlesischen Krieg (1740–1745) fünf spektakuläre Siege über die Österreicher und Sachsen erstritten.

Die preußische Friedensarmee von rund 75 000 Mann ist durch Mobilisation verdoppelt worden. Der König hat nun eine Feldarmee von 150 000 Mann, die sich im Laufe des Krieges mit 450 000 Feinden wird messen müssen: mit 180 000 Österreichern, 120 000 Russen, 100 000 Franzosen, 30 000 Mann Reichstruppen, 20 000 Schweden (die 18 000 Sachsen nicht gerechnet). Hinter der dreifachen feindlichen Übermacht steht die Wirtschafts- und Finanzkraft beinahe des gesamten Kontinents.

Die preußische Armee besteht aus:

50 Infanterieregimentern mit insgesamt 110 000 Mann;
25 schweren Kavallerieregimentern (Kürassieren und Dragonern) mit etwa 20 000 Reitern;
10 leichten Kavallerieregimentern mit circa 15 000 Husaren;
5 Regimentern Feldartillerie mit rund 5000 Mann.

Während die preußische Friedensarmee zu etwa vierzig Prozent aus geworbenen Söldnern bestand, sind es jetzt nur noch zwanzig Prozent. Die Masse des Heeres setzt sich aus Landeskindern zusammen, die bereits im Knabenalter in ihren jeweiligen Kantonen »enrolliert« (eingeschrieben) wurden, jedes Jahr zwei bis drei Monate in der Friedensarmee gedient haben und jetzt, für den Krieg mobilisiert, unter den Fahnen stehen.

Mit dem Gros dieser Armee marschiert Friedrich in Sachsen ein. Seine Streitmacht zählt 70 000 Mann mit 210 Geschützen. Von Schlesien geht Feldmarschall Schwerin mit 30 000 Mann und 90 Geschützen nach Böhmen vor. Nochmals 30 000 Soldaten halten sich in Ostpreußen unter dem Befehl des Feldmarschalls Hans von Lehwaldt für eine russische Invasion bereit. Knapp 10 000 Mann bleiben in Pommern, um die Provinz gegen russische oder schwedische Einfälle zu schützen. Rund 10 000 Soldaten stehen in den westdeutschen Gebieten Preußens, um eventuellen militärischen Aktionen Frankreichs zu begegnen.

Der Schwerpunkt der Operationen liegt in Sachsen. Wenn der Preußenkönig gegen Österreich Krieg führen will, hat er keine

Wahl; er muß sich des sächsischen Territoriums bemächtigen. Sachsen, das bedeutet für ihn: die fast unerschöpflichen Finanzquellen eines wohlhabenden, hochentwickelten Industrielandes; die Benutzung der schiffbaren Elbe, um das nach Böhmen vordringende Heer mit Nachschub versorgen zu können; die kürzesten und gangbarsten Verbindungswege von der Mark Brandenburg zu den schlesischen Grenzfestungen; und dazu ein hochwertiges Faustpfand für den Fall von Friedensverhandlungen.

Friedrich will sich nicht nur Sachsens, er will sich vor allem der sächsischen Armee bemächtigen. Am 1. September empfängt er auf Schloß Pretzsch, seinem zweiten Hauptquartier auf sächsischem Boden, einen Abgesandten der sächsischen Regierung, der ihn an die Verpflichtungen des Dresdner Friedens von 1745 erinnert. Man habe sich doch damals beständige Freundschaft und die Vergessenheit alles Geschehenen gelobt. Der König antwortet mit der schneidenden Frage: »Und seitdem?« Er läßt überhaupt nicht mit sich reden. Der Vormarsch in Richtung Dresden geht weiter, und Friedrich schreibt am 5. September an seinen Gesandten beim sächsischen Hof, Herrn von Maltzahn: »Um Sie über meine wahren Absichten aufzuklären, für deren Geheimhaltung Sie mir verantwortlich sind, so gehen sie dahin, die sächsischen Truppen vorher zu entwaffnen, bevor ich nach Böhmen marschiere; denn es hieße von meiner Seite sehr unklug handeln, wenn ich diese Truppen hinter mir ließe, die mir den Todesstoß versetzen könnten, wenn ich mit den Österreichern in Kampf geraten bin. Denn sich auf die Versicherungen des sächsischen Hofes, daß er strenge Neutralität beobachten wolle, zu verlassen, das wäre die äußerste Unklugheit . . .«

Schon drei Tage zuvor, am 2. September, hatte sich das sächsische Heer, auf 20000 Mann verstärkt, im Lager von Pirna versammelt. Die Armee wollte gemeinsam mit dem Kurfürsten-König August III. den Marsch über Böhmen und Mähren nach Polen antreten. Doch am Morgen des 4. September hatten Vorposten gemeldet, preußische Husaren streiften bereits beiderseits der Elbe. Daraufhin war der Marschbefehl zurückgezogen worden. Die sächsische Armee begann sich im Lager von Pirna zu verschanzen und schickt nun dringende Hilferufe an das österreichische Oberkommando in Böhmen.

Am 9. September rücken preußische Bataillone kampflos in Dresden ein. Am selben Tag enthüllt Friedrich in einem Schreiben an Schwerin seinen Feldzugsplan. Es handle sich im Herbst 1756 nur um ein Defensivunternehmen. Schwerin solle mit seinen 30 000 Mann Schlesien gegen Angriffe aus Böhmen oder Mähren decken; er könne das durchaus in taktischer Offensive tun, indem er örtlich über die Grenzen vorginge. Er, der König, werde sich auf Sachsen konzentrieren, und wenn er nach Böhmen ziehe, dann nur bis Melnik, um den Österreichern ein Drittel ihrer Kanonen abzunehmen. Die wirklich großen Offensivstöße würden erst 1757 geführt werden.

Warum nützt Friedrich nicht das Überraschungsmoment aus? Warum stößt er nicht bis Prag vor, um sich der böhmischen Hauptstadt zu bemächtigen? Die Antwort liegt in der fortgeschrittenen Jahreszeit. Der Preußenkönig weiß von den beiden ersten Schlesischen Kriegen, daß sich eine Besatzungsarmee im Winter in Böhmen nicht halten kann, daß sie binnen kürzester Frist unter Nachschubmangel leiden wird. Sein operativer Blick ist ausschließlich auf Sachsen gerichtet, vor allem auf die sächsische Armee. Und überdies befindet er sich ja bisher noch keineswegs mit den Österreichern im Kriegszustand.

Von solchen Ungewißheiten wird er am 10. September befreit, als er die Antwort Maria Theresias auf seine dritte Anfrage erhält. Es ist eine schallende Ohrfeige. Die Kaiserin-Königin erklärt lapidar, ihre Antwort auf die zweite Anfrage sei völlig eindeutig und ausreichend gewesen. Und was des preußischen Königs Vorschlag angehe, einen völkerrechtlich fixierten Frieden in eine Art von Waffenstillstand umzuwandeln – damit meint sie die von Friedrich erbetene Garantie, ihn 1756 und 1757 nicht anzugreifen –, so verbiete sich jede Verhandlung.

Friedrich bewohnt in Dresden ein Haus in einem Garten der Vorstadt. Das Schloß überläßt er der sächsischen Kurfürstin und ihrer Familie. Aus den Dresdner Geheimarchiven werden vierzig Aktenbände nach Berlin abtransportiert, wo man sie blitzschnell sichtet und auswertet. Schon nach kurzer Zeit erscheint ein offizielles Manifest der preußischen Regierung unter dem Titel *Memoire raisonné sur la conduite des Cours de Vienne et de Sax etc. avec les pièces originales et justificatives etc.* Zwar gelingt es, anhand der Dresdner Geheimakten die Einkreisungspläne gegen Preußen für die europäische Öffentlichkeit sichtbar zu machen, doch Offensivbündnisse gegen Friedrich lassen sich nicht nachweisen.

Am 13. September überschreitet die preußische Vorhut unter dem Befehl des Prinzen Ferdinand von Braunschweig die sächsisch-böhmische Grenze. Der Krieg mit Österreich ist nun auch formell im Gange. Friedrich konzentriert seine Aufmerksamkeit ausschließlich auf die sächsische Frage. Am 15. September, an dem der preußische Einschließungsring um die sächsische Armee bei Pirna endgültig geschlossen wird, empfängt er den General von Arnim als Abgesandten Augusts III. Die Unterredung verläuft peinlich. Friedrich demonstriert vom ersten Augenblick an unerschütterliche Härte. Das Schicksal Sachsens müsse an das Preußens gekettet sein, hält er dem General entgegen. Der wiederholt das sächsische Angebot, sich im Konflikt zwischen Preußen und Österreich neutral zu verhalten. »Papperlapapp«, schneidet ihm der König das Wort ab. Sachsen, so erklärt er mit schneidender Stimme, »muß dieselbe Gefahr teilen wie Preußen. Bin ich glücklich, wird der König von Polen nicht nur für alles reichlich entschädigt werden, sondern ich werde auch an seine Interessen wie an meine eigenen denken.« Friedrich tritt dicht an den General heran: »Man hat gut leugnen und sich entschuldigen. Aber ich weiß alles! Ich weiß alles, was seit 1749 in einem fort bis zum Juli dieses Jahres gegen mich verhandelt worden ist, und habe hinreichende Beweise in den Händen. Ich kann also die sächsischen Truppen nicht hinter mir lassen, ohne einen sehr schweren Fehler zu begehen.« Er geht einige Schritte durch den Raum, bleibt stehen und schlägt mit der flachen Hand auf den Tisch. »Ich muß die Truppen haben; sonst ist keine Sicherheit! Ich spiele ein großes Spiel; die Waffen sind den Wechselfällen des Tages ausgesetzt; ich brauche nur eine Schlappe zu erleiden, und Eure Truppen sitzen mir im Rücken.« Friedrich starrt dem General in die Augen: »Es gibt kein anderes Mittel: Eure Armee muß mit mir marschieren und mir den Eid leisten.« General von Arnim ringt mühsam um Fassung. Er stammelt, dafür würde es in der ganzen

Geschichte kein Beispiel geben. Friedrich ist mit wenigen Schritten bei ihm und lächelt ihn ironisch an: »Es gibt deren, mein General. Aber wenn es auch keine gäbe: Ich weiß nicht, ob Sie es wissen, daß ich mir etwas darauf zugute tue, originell zu sein.«

Am 18. September werden die Verhandlungen abgebrochen. Der Preußenkönig kann sich nicht entschließen, das schwerverschanzte sächsische Lager bei Pirna mit stürmender Hand anzugreifen. Schließlich will er ja die sächsische Armee auf seine Seite bringen. Also beläßt er es bei der Einschließung und wartet ab. Doch die Zeit arbeitet für Österreich, Feldmarschall Maximilian Ulysses von Browne kann eine Armee von 35 000 Mann aus Böhmen heranführen. Maria Theresia hat Pferde aus ihrem eigenen Marstall geschickt, damit die Kanonen und die Pontonwagen bespannt werden können. Der österreichische und böhmische Adel folgt diesem Beispiel. Friedrich schreibt an den Befehlshaber seiner Vortruppen, Prinz Ferdinand von Braunschweig: »Festgestanden und auf der Hut! Heiterkeit und Klugheit, mein Lieber! Und wir jagen den Teufel aus der Hölle – falls einer drin sitzen sollte.«

Doch der lockere Ton täuscht. In Wahrheit ist der preußische König von dem schnellen Herankommen der Österreicher peinlich überrascht. Schließlich ist ja gut die Hälfte seiner Armee noch immer vor Pirna gebunden. Die Meldungen über das Näherkommen Brownes häufen sich. Am 27. September bricht Friedrich von den Einschließungslinien vor Pirna auf, um sich jenseits des Gebirges, im Nordböhmischen, selbst von der Situation zu überzeugen. Er glaubt nicht an eine bevorstehende Schlacht und sagt zu seiner Umgebung, er werde am 1. Oktober zurück sein.

Die Österreicher haben jedoch inzwischen bereits die Elbe überschritten, und so ist ein Zusammenprall unvermeidlich. Am 1. Oktober kommt es bei dem nordböhmischen Städtchen Lobositz zur ersten Schlacht des Krieges. 30 000 Preußen stehen 35 000 Österreichern gegenüber; auf beiden Seiten feuern jeweils 100 Kanonen. Womit niemand gerechnet hat, geschieht: die Artillerie spielt eine dominierende Rolle in der Schlacht. Die Preußen haben noch niemals ein derart konzentrisches Geschützfeuer des österreichischen Gegners erlebt. Als man Friedrich bittet, sich doch um Himmels willen vor den feindlichen Granaten in Deckung zu begeben, antwortet er: »Je ne suis pas ici pour les éviter! – Ich bin nicht hier, um ihnen aus dem Weg zu gehen!«

Die Schlacht nimmt einen verworrenen Verlauf. Bis zur Mittagszeit liegen dichte Schwaden von Herbstnebel über dem Schlachtfeld, und keiner vermag die Stärke des anderen richtig einzuschätzen. Am frühen Vormittag attackiert die preußische Kavallerie zweimal das Zentrum des Feindes. Die Angriffe werden mit Tollkühnheit vorgetragen, scheitern aber an dem unübersichtlichen Gelände und an dem Feuer, das der linke österreichische Infanterieflügel hinter dem Modlbach abgibt. Die preußische Kavallerie kehrt jedesmal in Verwirrung zu den Ausgangsstellungen zurück. So todesmutig sich auch die Eliteregimenter der preußischen Reiterei auf den Feind stürzen, es mangelt völlig an Übersicht und Führung. Als die Kavallerie zum zweitenmal attackiert, ruft Friedrich aus: »Mais, mon Dieu, que fait ma cavallerie? Voilà, qu'elle attaque une seconde fois, et qui est-ce qui la ordonné? – Aber, mein Gott, was macht meine Kavallerie? Jetzt greift sie zum zweitenmal an. Wer hat ihr bloß den Befehl gegeben?«

Der König sieht einen Reiter des Regiments Garde du Corps, der blutend und ohne Hut sein Pferd wendet, um zum zweitenmal anzugreifen. »Wart Er noch einen Augenblick«, ruft er, zieht sein Schnupftuch aus der Tasche und gibt es einem Adjutanten, der den Kopf des Kürassiers damit verbinden muß. »Ich bedanke mich«, ruft der Kürassier. »Das Schnupftuch bekommen Majestät nicht wieder. Ich will es aber bezahlt machen und mich rächen!« Spricht's, wendet sein Pferd gegen den Feind und gibt ihm die Sporen. (Über das weitere Schicksal dieses preußischen Reiters sagt ein zeitgenössischer Bericht: »Nach vielem Suchen fand man ihn endlich auf dem Schlachtfeldte, von vielen Hieben und Schüssen todt und in der rechten Hand sein abgeschossenes Pistol. Des Königs Tuch hat er noch um den Kopf gehabt . . .«)

Als sich der Nebel gegen Mittag endlich hebt, befiehlt der Herzog von Bevern, der den linken preußischen Flügel kommandiert, seinen Infanteristen, den Feind mit dem blanken Bajonett anzugreifen. Einer der ausländischen Söldner bei den Preußen, der Schweizer Ulrich Bräker, berichtet in seinem Erinnerungsbüchlein darüber: »Jetzt avancierten wir bis unter die Kanonen. Potz Himmel! Wie sausten da die Eisenbrocken über unsern Köpfen hinweg – fuhren bald vor, bald hinter uns in die Erde – bald mitten ein und spickten uns die Leute weg, als wenn's Strohhalme wären. Unsere Vordertruppen litten stark, allein die hintern drangen nach, bis zuletzt alle die Höhe gewonnen hatten. Da mußten wir über Hügel von Toten und Verwundeten hinstolpern. Preußen und Panduren lagen überall durcheinander ... Und nun ging in der Ebene das Gefecht von neuem an. Aber wer wird das beschreiben wollen, wo es krachte und donnerte, als ob Himmel und Erde hätten zergehen wollen; wo das Rumpeln vieler hundert Trommeln, das Rufen so vieler Kommandeurs und das Brüllen der Adjutanten, das Zeter- und Mordiogeheul so vieler zerquetschten, halbtoten Opfer dieses Tages alle Sinne betäubte!« Friedrichs Truppen gewinnen schließlich die Oberhand. »Unsere geborenen Preußen und Brandenburger packten die Panduren wie Furien«, berichtet Bräker. Das Städtchen Lobositz wird mit Haubitzen beschossen, gegen Mittag gestürmt. Aber das Gros der Österreicher steht unerschüttert hinter dem Modlbach. Erst am nächsten Tag tritt Feldmarschall Browne einen geordneten Rückzug an.

Jede Seite hat etwa 1000 Gefallene und 2000 Verwundete zu beklagen. »Nie haben meine Truppen solche Wunder an Tapferkeit getan, seit ich die Ehre habe, sie zu kommandieren«, schreibt Friedrich noch vom Gefechtsfeld. Auch einen Tag später, am 2. Oktober, äußert er sich noch ganz euphemistisch, als er dem Generalleutnant Prinz Moritz von Anhalt-Dessau, dem Sohn des Alten Dessauers, in einem Brief berichtet: »Sie haben geglaubt, Sie kennten meine Armee. Aber nach der gestrigen Probe dürfen Sie versichert sein, daß ihr nichts mehr in der Welt unmöglich ist. Ich hoffe, daß mir auch die Offiziers das Zeugnis geben werden, daß ich vollkommen meine Schuldigkeit dabei getan habe, indem ich die Angriffe so dirigierte, daß ich den rechten Flügel der Infanterie beständig feste gehalten und nur mit dem linken, den ich rechtzeitig verstärkte, agiert habe.«

Doch der König ist sich völlig darüber im klaren, daß der Sieg nur an einem seidenen Faden hing, daß sich auch die Österreicher in der ersten Schlacht dieses Krieges glänzend geschlagen haben. Maria Theresia ist nicht müßig geblieben. In den letzten sieben Jahren ist das österreichische Heer gründlich reorganisiert und zu einer furchtgebietenden Streitmacht geformt worden. »Das sind die alten Österreicher nicht mehr«, geht es in der preußischen Armee von Mund zu Mund.

Und vor allem, was ist denn nun seit Lobositz anders geworden? Tut sich irgend etwas mit den Sachsen? Wie ungeduldig und besorgt Friedrich in Wahrheit ist, verrät sein Schreiben vom 3. Oktober an Winterfeldt: »Bei jetziger Situation möchte ich gerne wissen, was die Sachsen endlich machen werden, und ob die Bataille sie nicht timidiert hat. Ich möchte glauben, daß die Nachricht groß Schrecken im sächsischen Lager verursachen muß, worüber ich von Ihm, so bald möglich, den Rapport erwarte. – Es wäre nötig, daß nunmehro mit den Sachsen ein Ende würde. Oder ich muß besorgen, daß meine Affairen darunter leiden. Also schreibe Er mir mit guter Überlegung, wann ein Ende sein wird. Es ist absolut nötig, daß ich bald davon informiert werde.«

In der europäischen Öffentlichkeit allerdings hat Friedrichs Sieg bei Lobositz Furore gemacht. Sein Freund, der zweiundfünfzigjährige französische Schriftsteller Marquis d'Argens[1], schreibt ihm am 4. Oktober aus Potsdam: »Sire, ich weiß nicht, ob der Brief, den ich Euer Majestät zu schreiben die Ehre habe, Ihnen zu Wien eingehändigt werden wird. Denn wahrlich, nach der Art, wie Sie zu Werke gehen, muß man immer voraussetzen, daß Sie alle vierzehn Tage eine Provinz erobern. Erst vor einem Monat sind Sie von Potsdam abgegangen, und schon sind Sie Herr von Sachsen, und Ihr glorreicher Sieg über die Österreicher bringt die Hälfte des Königreichs Böhmen unter Ihre Herrschaft. Ganz Europa hallt wider von dem Rufe Ihrer glänzenden Taten, und die Zeitungen haben uns darüber belehrt, daß man die Fortschritte

[1] Jean-Baptiste Marquis d'Argens, geboren 1704 zu Aix in der Provence, gestorben 1771 in der Nähe von Toulon, diente im französischen Heer bis 1734, kam 1741 nach Berlin und erwarb Friedrichs Vertrauen. Er wurde Kammerherr und Direktor in der Akademie für die Abteilung der Schönen Wissenschaften. Er war des Königs intimster Vertrauter während des Siebenjährigen Krieges. Der erhaltene Briefwechsel umfaßt über dreihundert Briefe und mehrere poetische Episteln.

und die Siege Ihrer Armeen vornehmlich Ihrer Geschwindigkeit, Ihrem Mut und der Überlegenheit Ihres Geistes verdankt.«

Friedrich lächelt bei der Lektüre. Der gute d'Argens. Wenn der wüßte, daß sein königlicher Freund an alles andere denkt als an Eroberungen von Provinzen oder an einen Einzug in Wien. Mit den Sachsen will er fertig werden, und dann – mit dem sächsischen Faustpfand in der Hand – möglichst schnell zu Friedensverhandlungen kommen. In dieser Stimmung schreibt Friedrich am 4. Oktober an seine Lieblingsschwester Wilhelmine, Markgräfin von Bayreuth[1]: »Meine liebe Schwester, Ihr Wille ist erfüllt. Ungeduldig über die Weitläufigkeiten der Sachsen, habe ich mich an die Spitze meiner böhmischen Armee gestellt und bin von Aussig nach einem Orte marschiert, dessen Name mir, weil er der Ihrige ist, von guter Vorbedeutung schien: nach dem Dorfe Welmina (bei Lobositz). Ich habe die Österreicher hier gefunden und nach einem siebenstündigen Kampf zur Flucht gezwungen. Keiner von Ihren Bekannten ist gefallen außer den Generalen Lüderitz und Oertzen. Ich sage Ihnen tausendmal Dank für Ihre zärtliche Teilnahme an meinem Geschick. Möge der Himmel geben, daß die Tapferkeit meiner Armee uns einen zuverlässigen Frieden verschafft. Das muß das Ziel des Krieges sein.«

Einen »zuverlässigen Frieden« für Preußen, das ist es, wofür Friedrich in den Krieg gezogen ist, den er nun so schnell wie möglich beenden möchte. Er versucht, die Republik der Niederlande als neutralen Vermittler einzuschalten. Am 6. Oktober ermächtigt er seinen Gesandten in Den Haag zu der strikten Erklärung, daß der König von Preußen von niemandem Landabtretungen begehre, weder von Österreich noch von Sachsen, sondern lediglich sichere Bürgschaften für einen dauerhaften Frieden wünsche. Dem französischen Hof teilt er mit, daß er »keinen Zoll breit sächsischen Landes« erobern oder annektieren wolle.

Doch ein Echo bleibt aus. Die Zeit verrinnt, und die Sachsen denken nicht an Kapitulation. Friedrich wird immer nervöser. Am 7. Oktober äußert er sich sehr pessimistisch. Wenn in Pirna in

[1] Wilhelmine Sophie Friederike von Preußen, geboren 1709 zu Berlin, gestorben 1758, auf Wunsch ihres Vaters 1731 mit dem Markgrafen von Bayreuth vermählt.

den nächsten acht Tagen nichts geschähe, käme er in eine schwierige Lage: »Die Sachsen verderben mir die ganze Kampagne.« Immerhin, der Sieg bei Lobositz, der die Vereinigung der österreichischen und sächsischen Heere vereitelte, hat das Schicksal der eingeschlossenen sächsischen Armee besiegelt.

Vier Tage lang, vom 10. bis 14. Oktober, hungern die Sachsen; ihre Vorräte reichten nur für dreißig Tage. Schließlich, am 15. Oktober, erfolgt die Kapitulation. Für die Festung Königstein bewilligt Friedrich Neutralität, so daß Kurfürst-König August III. nicht in Gefangenschaft muß. Die Fahnen und Standarten der sächsischen Regimenter gibt er dem Dresdner Hof zurück, die Offiziere läßt er gegen ihr Ehrenwort frei, in diesem Krieg nicht mehr gegen Preußen zu dienen. Doch mit den Mannschaften macht er kurzen Prozeß: Sie werden ausnahmslos in preußische Regimenter gesteckt und müssen – ob sie wollen oder nicht – auf den Preußenkönig schwören.

Ende Oktober ist der Feldzug des Jahres 1756 zu Ende. Die preußischen Truppen, auch das Armeekorps Schwerin, räumen schrittweise Böhmen und ziehen sich nach Sachsen und Schlesien zurück. Die ganze militärische Operation hat nur zwei Monate gedauert und keinerlei strategisch-politische Entscheidung gebracht. Friedrich weiß das nur zu genau. Am 26. Oktober schreibt er aus Neudorf bei Nollendorf (Sudetenland) an seinen Freund, den Baron de la Motte Fouqué[1]: »Ich danke Ihnen, mein lieber Fouqué, für Ihre Teilnahme an den Erfolgen meines Feldzuges. Ich habe getan, was ich konnte . . . Aber dieser ganze Feldzug ist nur die Ouvertüre eines Schachspiels. Im künftigen Jahr wird die Partie beginnen, und die Aufgabe, die ich mir gestellt habe, ist

[1] Baron Heinrich August de la Motte Fouqué, geboren 1698 in Den Haag, gestorben 1774, französischem Adel entstammend, diente unter dem Alten Dessauer und avancierte im Nordischen Krieg zum Hauptmann. Während der Rheinsberger Zeit des Kronprinzen Friedrich gehörte er zu dessen engstem Freundeskreis. Er stiftete den Bayard-Ritterorden, dem auch Friedrich angehörte. Die Mitglieder dieses Ordens verpflichteten sich zu edlen Taten und kriegerischem Leben. Das Sinnbild des Ordens war ein auf einem Lorbeerkranz liegender Degen mit der Unterschrift »sans peur et sans reproche« (»ohne Furcht und ohne Tadel«). Friedrich ernannte ihn nach seiner Thronbesteigung zum Oberst und Regimentskommandeur. Im Siebenjährigen Krieg dient Fouqué als Generalleutnant.

eine sehr schwere, nämlich – immer weise zu sein. Der Vorsatz ist kühn für einen solchen Leichtfuß, als welchen Sie mich kennen! Ich werde tun, was ich kann.«

In der Zwischenzeit hat der Wiener Hof beim Reichstag in Regensburg alle Hebel gegen Preußen in Bewegung gesetzt. Man diskutiert dort den Antrag, gegen Preußen und seine deutschen Verbündeten – Hannover, Hessen-Kassel, Gotha, Braunschweig, Anhalt und Lippe – die Reichsacht zu beschließen. Dazu kommt es allerdings nicht; die protestantischen Stände verhindern das durch ihren entschiedenen Widerspruch. Aber die Mehrheit beschließt die Reichsexekution gegen Preußen. Das bedeutet die sofortige Mobilisierung einer west- und süddeutschen Reichsarmee, die im Sommer des folgenden Jahres einsatzbereit sein soll.

Friedrich verfolgt die Machenschaften des Wiener Hofes aufmerksam. Er schreibt der Markgräfin von Bayreuth am 1. November: »Teuerste Schwester. Ich sage Ihnen tausendfachen Dank, daß Sie meiner so liebevoll gedenken. Ich habe durch meine Minister von den Bemühungen der Österreicher gegen mich in den Kreisen des Reiches Kenntnis erhalten. Man erklärt mir, daß sie mit Ihrer Neutralität nicht zufrieden sind. Das heißt den Despotismus denn doch offen zur Schau tragen. Was würden sie nicht tun, wenn es ihnen gelänge, mich zu vernichten, wie sie es so gern möchten! Aber ich fürchte sie nicht und hoffe, daß die Fürsten des Reiches aufgeklärt genug sein werden, sich nicht selbst Ketten zu schmieden. Doch selbst in diesem Falle werde ich ihre Freiheit gegen ihren Willen aufrechterhalten. Es soll nicht gesagt werden, daß es Deutschland an Verteidigern fehlt, solange noch ein Preuße am Leben ist . . .«

Einen Tag später, am 2. November, erhält Friedrich eine niederschmetternde Nachricht: Der französische Gesandte in Berlin, Marquis von Valory[1], teilt mit, daß er »als Minister« vom französischen Hof den Befehl zur Abreise aus Preußen erhalten habe, so daß ihm lediglich übrigbleibe, sich als »der unglückliche Marquis von Valory« für seine Person vom König zu verabschieden. (Gleich-

[1] General Henry Louis Marquis von Valory war französischer Gesandter in Berlin von 1739 bis 1750 und vom März bis zum Oktober 1756.

zeitig hat der preußische Gesandte in Paris, Bodo Heinrich von Knyphausen, seine Pässe erhalten.) Friedrich antwortet Valory sofort: »Nach der beleidigenden Art, mit welcher sich Ihr Hof gegen mich beträgt, werden Sie es nicht befremdlich finden, daß ich dem französischen Gesandten nicht antworte, sondern meinem alten Freund. Ich bedauere Ihre Abreise, und Sie können überzeugt sein, daß ich nicht nur für Ihre Gesundheit, sondern auch für Ihr Glück beten werde. Empfehlen Sie mich in dem Lande, wohin Sie gehen, meinen Freunden, wenn ich deren dort noch habe. - Ich meinerseits sehe alle kommenden Ungereimtheiten mit kaltem Blut voraus. Seien Sie überzeugt, daß ich weit davon entfernt bin, entmutigt zu sein. Es ist mir vielmehr ein neuer Sporn, der mich antreiben wird, im nächsten Jahre das Unmögliche möglich zu machen. - Leben Sie wohl, mein lieber Valory, ich wünsche Ihnen eine glückliche Reise.«

Am 14. November zieht Friedrich wieder in Dresden ein. Er reitet an der Spitze seines I. Bataillons Garde und lüftet artig den Dreispitz, wenn sich die Dresdner am Straßenrand verneigen. Der Winter ist früh hereingebrochen, überall liegt schon fußhoher Schnee. Die preußische Armee bezieht ihre Winterquartiere, die sich in endlos langer Kette von Oberschlesien bis Plauen im Vogtland erstrecken. Der Feldzug ist definitiv beendet; hin und wieder gibt es noch leichte Scharmützel und Vorpostengeplänkel.

Sieht man davon ab, daß das »Faustpfand« Sachsen in sicherem preußischem Besitz ist, so ist die politische Bilanz der Ereignisse für Friedrich eigentlich niederschmetternd. Der Versuch, die kriegslustigen Gegner durch einen Präventivschlag zur Vernunft, zu einem glimpflichen Vergleich zu bringen, ist eindeutig gescheitert. Wäre es nicht doch besser gewesen, das Frühjahr 1757 abzuwarten? Oder hätte der König nicht, wenn er schon »zuvorkommen« wollte, einen massiven Stoß auf Prag führen und dem unterlegenen österreichischen Feldheer einen kräftigen Schlag versetzen sollen? Der Rückzug der Preußen aus Böhmen wird jedenfalls von der internationalen Öffentlichkeit als Eingeständnis der Schwäche, als ein unübersehbares Zeichen des Mißerfolgs aufgefaßt. Das Staunen über den Sieg von Lobositz, Anfang Oktober, ist längst verflogen; die Stimmung hat sich völlig gewandelt.

Der Preußenkönig gilt jetzt als ein verlorener, von allen Seiten verlassener Mann. Valory schreibt dazu: »Der König will in seinen Untergang rennen, der mir unfehlbar scheint.« Feldmarschall Browne nennt Friedrich einen Fürsten, der mehr nach Laune als nach System handelt, der zwar große Eigenschaften besitze, aber kein großer Führer sei. Im Reich erzählt man sich Schauerdinge über die riesigen Verluste, welche die Preußen bei Lobositz erlitten hätten. Friedrich spottet darüber. »Ihr werdet diesen Winter hören, daß ich verloren bin«, schreibt er nach Bayreuth, »man wird den Preußen die Leichenrede halten und die Grabinschrift setzen; aber im Frühjahr werden sie auferstehen.« So macht er sich selbst und seinen Freunden Mut. Doch er ist viel zu klug, um sich über seine Lage zu täuschen. Die Prophezeiung Voltaires, Friedrich würde mit dem Einmarsch in Sachsen seinen weltweiten Ruhm als Philosoph und Aufklärungsfürst verlieren, hat sich in wenigen Monaten erfüllt. Abgesehen von England verurteilt ganz Europa ihn als Aggressor und Friedensbrecher. Und der Einkreisungsring um Preußen, den er zerbrechen wollte, zieht sich nun stählern um ihn zusammen.

Der Ton seiner Briefe ändert sich. Der alte Übermut, die alte Spottlust blitzen noch hin und wieder auf. Doch insgesamt wird der Tenor skeptischer, düsterer. Der Tod als letzte Ausflucht tritt zum erstenmal auf den Plan. Am 30. November schreibt Friedrich an Markgräfin Wilhelmine: »Fürchten Sie nichts für mich, liebe Schwester, im kommenden Feldzug. Ich habe ein Vorgefühl, daß ich weder getötet noch verwundet werde. Ich bekenne indessen, daß ich, wenn die Sache schiefgeht, den Tod hundertmal der Lage vorziehen würde, in der ich mich dann befinden werde. Sie kennen meine Feinde und können ermessen, welche Demütigungen sie mir zu kosten geben würden . . .«

Aber noch sind die wahrhaft schrecklichen Zeiten, die dieser Krieg ihm bringen wird, sind die Stunden völliger Verlassenheit und Einsamkeit nicht gekommen. Der König, der inzwischen das Brühlsche Palais bezogen hat, führt in Dresden ein offenes, der Welt zugewandtes Leben. Häufig besucht er die kostbaren Gemäldesammlungen der sächsischen Hauptstadt. Er erfreut sich an den Oratorien und Motetten, die in der erst kürzlich fertiggestellten katholischen Hofkirche aufgeführt werden. Mehrfach wohnt er in der Frauenkirche und in der Kreuzkirche den evangelischen Gottesdiensten bei. Während er dem Publikum sein unverändert heiteres Antlitz, sein bezauberndes Lächeln zeigt, ist er sich im Innern darüber im klaren, was die Zukunft ihm bringen wird. Dem Feldmarschall Schwerin schreibt er am 13. Dezember: »Der nächste Feldzug wird sehr hart werden, und es wird ein Meisterstück sein, wenn wir uns gut aus der Affäre ziehen. Aber man muß sich durchschlagen oder untergehen! Der Wiener Hof stand im Jahre 1742 viel schlimmer da; er hat sich dennoch herausgerissen. Ich, der ich einen Schwerin und die besten Truppen in Europa habe, verzweifle an nichts. Aber es bedarf bald einer lebhaften, bald einer klugen Haltung und bei allen Gelegenheiten kühler Unerschrockenheit. Wenn man diese Gesinnung der Armee einflößt, wird man die Hölle bezwingen.«

Immer häufiger tauchen in den Briefen Begriffe wie Himmel und Hölle auf, wird die göttliche Vorsehung strapaziert. In seinem Schreiben an Wilhelmine vom 30. November heißt es zum Schluß: »Aber da die Dinge nun einmal zum Äußersten gekommen sind, muß man hoffen, daß, wenn die Vorsehung sich überhaupt in die menschlichen Jämmerlichkeiten zu mischen geruht, sie nicht dulden wird, daß der Stolz, die Anmaßung und die Bosheit meiner Feinde über meine gerechte Sache den Sieg davontragen.« Mit diesem ungläubigen Glauben zieht sich Friedrich selbst psychologische Korsettstangen ein. Sein luzider, schnellbeweglicher Verstand, der überall nach Aushilfen sucht, zugleich aber die ganze Schwere der Gefahren erkennt, bedarf der seelischen Stützung. Der Preußenkönig spornt sich zu Heiterkeit und Gelassenheit an. Es ist wie das Pfeifen im nächtlichen Walde.

Am ersten Weihnachtstag trifft ihn der schwerste Schlag. Englands Sondergesandter Mitchell, der den König auf seinem Feldzug begleitet, teilt ihm mit, daß nun kein Zweifel mehr über die kriegslüsterne Haltung Rußlands bestehe: der russische Hof sei fest in den Händen der Häuser Habsburg und Bourbon, im nächsten Jahr würden mit Sicherheit russische Heere in Deutschland erscheinen. Friedrich, nach außen ganz gefaßt, sagt zu Mitchell:

»Ich habe das, was jetzt eingetroffen ist, seit langem erwartet.« Aber kaum hat Mitchell das Gemach verlassen, setzt er sich hin und schreibt an Winterfeldt: »Jetztunder fängt es an wüster auszusehen, wie noch niemalen.« Er fühlt die Einkreisungsschlinge erdrosselnd am Hals. Gibt es keinerlei Hoffnung, keinen Silberstreif am Horizont? Er spitzt die Feder und fügt dem Brief an Winterfeldt hinzu: »Die Zarin ist gefährlich krank. Und stirbt der Drache, so stirbt das Gift mit ihm.« Gewiß, Zarin Elisabeth ist eine kranke Frau. Sie hat sich mit Ausschweifungen und Wodka fast zugrunde gerichtet. Doch der Preußenkönig wird in den nächsten fünf Jahren vergeblich auf einen Thronwechsel in Rußland hoffen.

Friedrich erkennt in diesen Weihnachtstagen die ganze Gefahr einer Lage, in die er sich selbst mit seinen schnellen Entschlüssen gebracht hat. Er macht sich selbst den Prozeß und stellt sich wiederholt die Frage, ob es nicht besser gewesen wäre, abzuwarten und die anderen kommen zu lassen, statt ihnen zuvorzukommen. Aber er weiß nur zu gut, daß sein leidenschaftliches Temperament eine solche Passivität nicht ertragen hätte. Er hat vor ein paar Monaten die Initiative ergriffen, und er wird sie auch im nächsten Jahr nicht aus der Hand geben. Am 27. Dezember erklärt er in einem Brief an Graf Algarotti[1]: »Was bis jetzt geschehen ist, ist nur ein kleines Vorspiel zu dem, was das nächste Jahr bringen wird. Ich habe nichts getan, wenn ich nicht wie Caesar einen pharsalischen Sieg erringen kann.« Was für eine Zielsetzung! Pharsalus (48 v. Chr.) war schließlich im römischen Bürgerkrieg eine Entscheidungsschlacht mit weltgeschichtlichen Folgen.

In den letzten Dezembertagen ist Friedrich in seinen Gedanken schon ganz bei den Operationen des kommenden Jahres. An Winterfeldt schreibt er am 29. Dezember: »Ich bringe künftig Jahr mit Schwerin 120 000 Mann gegen die Österreicher ins Feld. Wenn die andern 140 000 haben, so ist es der Welt Ende. Also, was das angeht, werden wir wohl mit sie fertig ...« Aber er weiß nur zu gut, daß er durchschlagende Erfolge benötigt, daß jede Schlacht,

[1] Francesco Algarotti, italienischer Gelehrter und Schriftsteller, 1712–1764, hielt sich von 1741 bis 1754 am preußischen Hof auf. Friedrich machte ihn zum Grafen und Kammerherrn.

die keine Entscheidung bringt, nur ein »unnützes Blutbad« ist. Seine geostrategische Lage inmitten einer übermächtigen Feindkoalition ist so verzweifelt, daß gewöhnliche Siege nichts helfen werden. »Jede Bataille, so wir liefern«, schreibt er Winterfeldt, »muß ein großer Schritt vorwärts zum Verderben des Feindes werden . . .«

Der Ring schliesst sich

Kampf an allen Fronten (1757)

Fortuna kann dem Gegner Hilfe senden
Und wider euch den Lauf der Dinge wenden!
Tritt der verstärkte Feind euch nun entgegen,
Dürft ihr das Heer nicht in die Eb'ne legen.
Durch Kunst ersetzt die Minderzahl der Waffen!
Sucht Stellungen, zum Widerstand geschaffen.
Im Waldesdickicht, auf der Berge Kuppen
Und hinter Flüssen sammelt eure Truppen.
Doch nicht genug! Sorgt auch, um euch zu retten,
Daß euch verborgne Rückzugsstraßen bleiben.
Dann seid ihr sicher, das Geschick zu ketten,
Vermögt dem Feinde Regeln vorzuschreiben.
. . .
So zwinget Kunst das fügsame Gelände,
Euch in der Not gewissen Schutz zu leihen.
Umsicht und Klugheit sind des Unglücks Wende;
Doch selten sind sie – und der Mut gemein.

Friedrich der Große, »DIE KRIEGSKUNST –
Ein Lehrgedicht«, 1751, 2. Gesang

Vom 4. bis 14. Januar 1757 hält sich Friedrich in Berlin auf (danach wird er seine Hauptstadt bis zum Kriegsende, also mehr als sechs Jahre lang, nicht wiedersehen). Sein erster Besuch gilt der Königin-Mutter Sophie Dorothea, die ihren Sohn weinend in die Arme schließt. Dann zieht sich Friedrich zurück und rechnet. Besorgt registriert er, daß die paar Monate Kriegführung im abgelaufenen Jahr bereits vier Millionen Taler gekostet haben. Wenn die Kriegskosten im Jahr 1757 zehn bis zwölf Millionen Taler betragen werden – wovon auszugehen ist –, dann wird Preußen finanziell gerade so zurechtkommen, der Staatsschatz aber wird dahin sein.

Im Januar verfaßt er eine geheime Instruktion für den Minister von Finckenstein, in der es heißt: »Wenn ich getötet werden sollte, müssen die Staatsgeschäfte ohne die geringste Änderung fortgeführt werden. Niemand darf bemerken, daß sie sich in anderen Händen befinden. Wenn ich das Unglück hätte, in feindliche Gefangenschaft zu fallen, so verbiete ich hiermit, auf meine Person die geringste Rücksicht zu nehmen; am allerwenigsten darf man auf das achten, was ich etwa aus der Gefangenschaft schreibe. Meine Minister und Generale mache ich mit ihrem Kopf dafür verantwortlich, daß man für meine Befreiung weder eine Provinz noch Lösegeld bietet. Man muß vielmehr den Krieg fortsetzen und alle Vorteile benutzen, ganz so, als hätte ich niemals in der Welt existiert. Zum Zeichen, daß dies mein wohlerwogener fester Wille ist, unterschreibe ich dies eigenhändig und drücke mein Siegel darauf. Den 10. Januar 1757.«

Am 29. Januar 1757 ruft Maria Theresias Mann, nominell deutscher Kaiser, die in Regensburg bewilligte »Reichshilfe« gegen Preußen zu den Fahnen. In der kaiserlichen Proklamation ist infolge eines Druckfehlers nicht von einer »eilenden Reichsexekutionsarmee«, sondern von einer »elenden Reichsexekutionsarmee« die Rede. Ganz Deutschland biegt sich vor Lachen.

Friedrich ist nicht nach Lachen zumute. Der Einkreisungsring um Preußen schnappt vollends zu. Schweden schließt sich der feindlichen Allianz an. Die schwedischen Reichsstände, von französischem Geld bestochen, beschließen, mit einer Invasionsstreitmacht von 22000 Mann, die später auf 30000 erhöht werden soll, an der pommerschen Küste zu landen. In Versailles wird nun auch formell ein Offensivbündnis zwischen Frankreich und Österreich geschlossen. Der aggressive Vertrag sieht eine totale Zerstückelung Preußens vor: Maria Theresia wird nach Kriegsende nicht nur Schlesien, sondern auch das brandenburgische Fürstentum Crossen erhalten; an Sachsen werden Magdeburg und Halberstadt gehen; an Rußland fällt Ostpreußen; Schweden erhält Teile Pommerns; die westdeutschen Herzogtümer Cleve und Mark sollen die Wittelsbacher bekommen; zum Ausgleich erhält Frankreich die österreichischen Niederlande (das heutige Belgien). Preußen wird nur Friede gewährt, wenn es zuvor seiner Zerstückelung und Entmachtung feierlich zustimmt. Dieser Vertrag ist im Grunde eine Vorwegnahme des Versailler Diktats von 1919.

Die einzige gute Nachricht kommt aus London. Dort hält William Pitt am 18. Februar eine große Rede vor dem britischen Parlament. Der neunundvierzigjährige Pitt, der aus Cornwall stammt, ist der Führer der Whig-Opposition im Unterhaus. »Amerika«, ruft er aus, »wird in Deutschland verteidigt!« Eine Niederlage Preußens würde in seinen Augen bedeuten, daß Frankreich die Hegemonie über Europa an sich reißt und daß es die Briten aus Amerika und Ostindien vertreibt. Pitt fordert 200000 Pfund Sterling zur Aufstellung einer 50000 Mann starken norddeutsch-britischen Armee, die Friedrich den Rücken gegen die Franzosen decken soll. An Mitchell schreibt Pitt über den Preußenkönig: »Ich hege die dankbarsten Gefühle der Verehrung und des Eifers für diesen Fürsten, der als das unerschütterliche Bollwerk Europas dasteht gegen das mächtigste und boshafteste Bündnis, das jemals die allgemeine Unabhängigkeit bedroht hat.«

Der Preußenkönig täuscht sich über den Ernst seiner Lage nicht. Er ist weit davon entfernt, die Dramatik des Geschehens zu bagatellisieren oder auf den Zufall zu hoffen. In seinen Briefen an Freunde und Verwandte unterstreicht er eher die Gefahren. Aber zugleich appelliert er an das Ehrgefühl und den Widerstandswillen. An Winterfeldt schreibt er am 5. März: »Es wird das Jahr stark und scharf hergehen. Aber man muß die Ohren steifhalten, und jeder, der Ehre und Liebe für das Vaterland hat, muß alles dransetzen! Eine gute Husche, so wird alles klar werden.« Friedrich ist darüber im Bilde, welcher Defätismus, welche Besorgnis in seiner Familie grassiert. Die allgemeine Miesmacherei kristallisiert sich insbesondere um die Person seiner dreiunddreißigjährigen Schwester, der Prinzessin Amalie, an die sich Friedrichs Brüder mit ihrer Schwarzseherei wenden. Am 26. März erteilt der König seiner Schwester eine klassische Lektion, als er ihr aus Lockwitz, einem Dorf bei Dresden, schreibt:

»Was uns betrifft, liebe Schwester, und unsere politische wie militärische Lage, so hat sich bis zum gegenwärtigen Augenblick nichts geändert. Alles ist gleich geblieben, abgesehen davon, daß wir Kantonnements [Unterkünfte] bezogen haben und daß der Feind auch anfängt, sich zu sammeln und zu verstärken. Ich beschwöre Sie, über den Ereignissen zu stehen! Denken Sie an das Vaterland und erinnern Sie sich, daß es unsere erste Pflicht ist, es zu verteidigen. Wenn Sie erfahren, daß jemandem von uns hier ein Unglück zugestoßen ist, so fragen Sie, ob er kämpfend gefallen ist, und wenn das so ist, dann danken Sie Gott. Für uns gibt es nur Tod oder Sieg. Eines von beidem ist uns gewiß. Jeder denkt hier so. Wie? Sie wünschen, daß jedermann sein Leben für den Staat opfert, und Sie sollten nicht wünschen, daß Ihre Brüder dazu das Beispiel geben? Ach, teuerste Schwester, in diesem Augenblick gibt es keine Schonung: entweder auf dem Gipfel des Ruhms oder vernichtet! Der nächste Feldzug bedeutet dasselbe für uns wie Pharsalus[1] für die Römer, Leuktra[2] für die Griechen, wie Denain[3] für die Franzosen oder wie die Belagerung von Wien[4] für die Österreicher. Solche Epochen entscheiden über alles und ändern das Aussehen Europas! Vor ihrer Entscheidung muß man ein schreckliches Wagnis bestehen, aber nach derselben klärt sich der Himmel auf und wird wieder heiter. So ist unsere Lage. Man braucht an nichts zu verzweifeln, muß auf jeden Ausgang gefaßt sein, mit heiterem Antlitz hinnehmen, was uns das Schicksal

[1] Pharsalus: Entscheidungsschlacht zwischen Caesar und Pompeius im römischen Bürgerkrieg 48 v. Chr.
[2] Leuktra: Entscheidungskampf zwischen Thebanern und Spartanern 371 v. Chr.
[3] Denain: Schlachtensieg der Franzosen über die Holländer am 12. Juli 1712.
[4] Wien: Belagerung Wiens durch die Türken im Jahre 1683.

zuteilt, ohne über gute Erfolge stolz zu werden oder sich durch schlechte Ereignisse niederdrücken zu lassen.«

Friedrich will die Entscheidung 1757 im Kampf gegen die Österreicher suchen, die er in Böhmen zur großen »Pharsalus-Schlacht« stellen wird. Konsequent verlegt er hinsichtlich der Truppenstärke den Schwerpunkt an die böhmische Front und zieht die 10000 Mann heran, die bislang in Pommern standen, um die Küste gegen Russen und Schweden zu decken. Feldmarschall Lehwaldt muß eben mit seinen 30000 Mann auskommen, die er in Ostpreußen hat, und sich der russischen Übermacht erwehren, so gut oder schlecht es gehen mag. Die schwedische Bedrohung ignoriert Friedrich einfach; er läßt nur ein paar Husarenregimenter in Pommern für den Kleinkrieg zurück. Im Westen bildet sich eine verbündete Armee unter dem Oberbefehl des Herzogs von Cumberland, die aus 47000 Hannoveranern, Braunschweigern, Hessen, Bückeburgern und Gothaern bestehen soll. Obwohl man mit einem französischen Invasionsheer von 100000 Mann rechnet, kann Friedrich nur 3000 preußische Soldaten beisteuern. Gegen die Österreicher aber zieht er 110000 Mann zusammen: 70000 als Hauptheer unter seinem Oberbefehl in Sachsen und 40000 Mann unter Feldmarschall Schwerin in Schlesien. Die österreichischen Streitkräfte in Böhmen und Mähren belaufen sich insgesamt auf 133000 Mann. Die Stärkeverhältnisse sind nicht sonderlich berauschend, denn eigentlich müßte der Angreifer, der die Entscheidung sucht, das Doppelte oder Dreifache an Kräften besitzen. Aber mehr hat der Preußenkönig nicht zur Verfügung; etwa 75 Prozent seines Feldheeres stehen zur Offensive gegen Böhmen bereit.

Am 18., 20. und 22. April beginnt staffelweise der Vormarsch seiner Verbände nach Böhmen hinein. Friedrich exerziert hier vor, was ihm Helmuth von Moltke neunzig Jahre später, 1866, unter der berühmten Devise »Getrennt marschieren – vereint schlagen« nachmachen wird. Sternförmig dringen die Armeekorps des Preußenkönigs von allen Seiten nach Böhmen ein, und der Gegner reagiert hilflos, weiß sich keinen anderen Rat, als seine dislozierten Verbände auf die feste Stellung bei Prag zurückzuziehen. Genau das hat Friedrich gewollt. Er hat die strategische Initiative an sich gerissen und zwingt den Österreichern eine Verteidigungsschlacht auf. Am 4. Mai steht man schon dicht vor der böhmischen Hauptstadt. Der britische Gesandte Mitchell speist abends mit dem König: »Er war sehr leutselig und sehr vergnügt und bedeutete mir, in ein oder zwei Tagen werde zwischen den Häusern Österreich und Brandenburg die Schlacht von Pharsalus geschlagen . . .«

Am Morgen des 6. Mai, gegen sechs Uhr früh, begrüßt Friedrich hart ostwärts Prag Schwerin und Winterfeldt, die auf die Stunde genau mit ihren schlesischen Truppen zur Hauptarmee stoßen. In einem Augenzeugenbericht heißt es über den König: »Mit seiner gewöhnlichen Heiterkeit rief er ›Guten Morgen, Messieurs!‹ Dann ritt er mit ihnen und einigen Adjutanten die Brositzer Anhöhe hinauf und sah nun das ganze feindliche Lager vor sich. ›Guten Morgen!‹ rief er in einer scherzenden Laune den Österreichern zu, als diese, denen das Erscheinen der Begleitung des Königs auffiel, mit einigen Kanonen nach dieser Anhöhe schossen.« Auf preußischer Seite sind 47000 Mann Infanterie und 17000 Mann Kavallerie zur Stelle, insgesamt also 64000 Mann, die von 192 Kanonen unterstützt werden. Auf österreichischer Seite stehen 48500 Mann Infanterie und 12500 Mann Kavallerie, zusammen 61000 Mann mit 177 Kanonen, in deren Rücken noch 13000 Mann als Festungsbesatzung in Prag stationiert sind.

Die preußischen Regimenter sind von Eilmärschen ausgepumpt. Friedrich und sein Berater, General von Winterfeldt, sind für sofortigen Angriff aus der fließenden Bewegung, um den Österreichern den Atem zu nehmen. Auch der greise Feldmarschall von Schwerin, der zuerst Bedenken geltend macht, stimmt schließlich zu: »Frische Eier – gute Eier!« Und so geht es mit Elan vorwärts. Doch Infanterie und Artillerie der Österreicher stehen wie eine Mauer. Die Truppen werden von Maria Theresias Schwager, Prinz Karl von Lothringen, kommandiert, den der erfahrene, umsichtige Feldmarschall Browne berät. Winterfeldt führt 14 preußische Bataillone durch knietiefe Sümpfe gegen eine Wand aus österreichischem Gewehr- und Kartätschenfeuer. Ein Anhalter Musketier berichtet: »Der so schöne und angenehme Tag wurde in eine große Finsternis verwandelt, weil sowohl der Rauch des Pulvers als der Staub von soviel Menschen und Pferden die ganze Luft verdunkelte, so daß man fast keine Menschen erkennen konnte, und war nicht anders, als wenn die Welt an diesem Tag ihr Ende erreichen sollte . . .«

Winterfeldt, an der Spitze der Stürmenden, wird am Hals getroffen und stürzt bewußtlos aus dem Sattel. Seine Bataillone weichen. Da sprengt Feldmarschall Schwerin, der Sieger von Mollwitz, heran, den seine Soldaten »Vater« nennen. Er ergreift aus der Hand eines Junkers die Fahne seines Regiments und ruft: »Heran, meine Kinder!« Alles avanciert von neuem. Nach wenigen Metern wird Schwerin von fünf Kartätschenkugeln getroffen und sinkt leblos zu Boden; das seidene Fahnentuch legt sich über ihn. Unter den Preußen breitet sich Entsetzen aus. »Schwerin ist tot!«, so geht der Schreckensruf von Bataillon zu Bataillon.

An Schwerins Stelle übernimmt General Fouqué das Kommando. Eine Kugel zerschmettert ihm die Hand. Ein schwerverwundeter Offizier, der am Boden liegt, reicht ihm seinen Degen, den sich Fouqué an die blutende Hand schnallen läßt. Dann kommandiert er: »Zum Sturm, Kameraden! Marsch.«

Friedrich, am linken Flügel der preußischen Angriffsfront, weiß noch nichts vom Heldentod Schwerins. Der Chef des Husarenregiments Nr. 3, General Warnery, berichtet über das Verhalten des Königs: »Er hielt das Fernrohr ans Auge und machte sich über unsere Besorgnis lustig. Ich fühlte mich sehr gedemütigt, denn ich war der Grund, daß er hierher gekommen war. Die Kanonenkugeln rissen um ihn herum den Boden auf, so daß sich sein Pferd in ständiger Bewegung befand, doch er schien sich darüber zu amüsieren . . .«

Während das preußische Zentrum nach dem Ausfall Winterfeldts und Schwerins fast schon geschlagen erscheint, führt Generalleutnant von Zieten auf dem linken Flügel, bei Sterbohol, 25 preußische Schwadronen zur Kavallerie-Attacke. »Werft den Feind, wo er sich zeigt«, lautet sein lapidarer Befehl. Und die preußische Kavallerie wirft den rechten Flügel der Österreicher.

In der höchsten Krisis der Schlacht erkennt Friedrich, daß auf dem linken Flügel der österreichischen Front eine Lücke klafft. Er weiß die Lage zu nutzen, faßt 18 Bataillone zusammen und schickt sie in die feindliche Bresche. (1805 wird Napoleon Bonaparte das dem Preußenkönig bei Austerlitz mit Erfolg nachmachen.) Dieser Stoß reißt die österreichische Front auseinander; ihr Zentrum wird nun rechts von Zietens Kavallerie und links von Friedrichs Stoßgruppe gefaßt. Die preußischen Musketiere stürmen die feindlichen Stellungen mit dem Ruf »Rache für Vater Schwerin!« Auf dem rechten Flügel der Preußen führt Prinz Heinrich seine Infanterie persönlich durch den tiefen Rockenitzer Bach: »Mir nach! Hoch die Knarre und die Patronen!« Eine feindliche Stellung nach der anderen wird aufgerollt. Die Österreicher fliehen in die Festung Prag, die von den Preußen gegen Abend eingeschlossen wird.

Es ist ein grandioser Sieg. Am Abend schreibt Friedrich vom Schlachtfeld an die Markgräfin von Bayreuth: »Liebste Schwester, soeben haben wir das österreichische Heer völlig geschlagen. Es ist aufgelöst; ein großer Teil hat sich nach Prag gerettet. Dort hoffe ich alle Generale und fast ihr ganzes Fußvolk kriegsgefangen zu machen. Der arme Feldmarschall Schwerin ist gefallen, fast 5000 Mann sind tot oder verwundet.«

In diesem Augenblick weiß der König noch nicht, daß die Verluste viel höher, daß sie wahrhaft grauenerregend sind. 3000 Gefallene, 8300 Verwundete und 1700 Vermißte, insgesamt also 13 000 Mann an Verlusten, werden in den nächsten Tagen gezählt. »Das ist so eine jämmerliche und erbärmliche Bataille gewesen, die kein Mensch denken kann, auch kein Mensch wieder erleben wird«, erinnert sich einer der preußischen Musketiere. Die Österreicher haben 9000 Mann an Toten und Verwundeten sowie 4500 Mann an Gefangenen verloren. So blutig ist im achtzehnten Jahrhundert noch niemals gestritten worden. »Am Tag von Prag«, klagt Friedrich später in seinen *Denkwürdigkeiten*, »stürzten die Säulen der preußischen Armee. Der Verlust an gedienten Offizieren und aktiven Soldaten konnte während des Krieges nie mehr ganz ersetzt werden. Schwerins Tod allein kam einem Verlust von 10 000 Mann gleich. So viel kostbares Blut machte den Lorbeer des Sieges welken.«

Das ist aus nachträglicher Sicht geschrieben. Jetzt, unmittelbar nach dem Sieg, sieht Friedrich sich in glänzender Lage, hofft er auf baldigen Friedensschluß. Er glaubt, daß die 50 000 Österreicher, die in Prag eingeschlossen sind, unter ihnen der Prinz von Lothringen und der schwerverwundete Feldmarschall Browne, eine Geisel in seiner Hand sind, mit der er den Wiener Hof zum Frieden zwingen kann. Am 7. Mai schreibt er an den Lordmarschall Keith: »Nach den Verlusten, die wir gehabt haben, bleibt uns als einzige Tröstung, die Leute, die in Prag sind, zu Gefangenen zu machen . . . Und dann, glaube ich, wird der Krieg beendigt sein.« Er selbst hat noch eine Streitmacht von 80000 Mann zur Verfügung. Er spielt mit dem Gedanken, sie zu teilen: mit der einen Hälfte nach Mähren vorzustoßen, die andere Hälfte auf den westlichen Kriegsschauplatz gegen die Franzosen zu werfen. Aber das alles ist graue Theorie. In Prag stehen 50000 kampfbereite Österreicher, und wenn er die ausschalten will, muß sein Belagerungsheer mindestens dieselbe Stärke haben.

Die Nachricht von der Schlacht bei Prag macht auf die europäische Öffentlichkeit den tiefsten Eindruck. Im katholischen Westen und Süden herrscht tiefe Niedergeschlagenheit, im evangelischen Norden Deutschlands veranstaltet man Dankgottesdienste, in denen man Friedrich als zweiten Gustav Adolf, als Beschützer und Retter des Protestantismus feiert. Die englische Presse stilisiert König Friedrich zum Helden des Jahrhunderts. »Unsere Bewunderung für den Heldenmut des Königs von Preußen ist auf dem höchsten Gipfel«, schreibt Lord Holderness an Mitchell und fährt fort: »Männer, Weiber und Kinder singen sein Lob. Auf allen Straßen und Plätzen geben sich ausgelassene Freudenbezeugungen kund. Der König von Preußen ist der Abgott des Volkes geworden.« Selbst Horace Walpole, einer der geistreichsten und witzigsten Schriftsteller Englands, der bisher seine Antipathie gegen Friedrich nie verhehlt hat, jubelt laut: »Was ist unser Preuße für ein König! Doppelt und dreifach übertrifft die Wirklichkeit unsere ersten Nachrichten.«

Friedrich selbst ist noch optimistisch, obwohl er sich bereits vier Tage nach Beginn der Belagerung von Prag besorgt fragt, ob nicht die Zeit gegen ihn arbeite. Am 11. Mai berichtet er an Prinzessin Amalie und an seine vierzigjährige Schwester Charlotte, Herzogin von Braunschweig: »Ich schreibe Ihnen beiden, weil ich zu zwei Briefen keine Zeit habe. Wir haben augenblicklich das Werk aus dem Groben gearbeitet; es wird noch einiger kleinerer Axtschläge bedürfen, um es zu vollenden. Mein Bruder Heinrich hat Wunder getan und sich mehr ausgezeichnet, als ich sagen kann. Meine andern beiden Brüder sind gar nicht in der Schlacht gewesen, denn sie befanden sich bei der Armee des Marschalls Keith. Wir haben den würdigen Marschall Schwerin und viele tapfere Offiziere verloren. Ich habe Freunde verloren, die ich mein ganzes Leben beklagen werde. Schließlich werden wir aber, meine lieben Schwestern, gewonnenes Spiel haben, wenn das Glück uns jetzt günstig ist.«

Am selben Tag schreibt er seiner Mutter: »Die Österreicher sind zerstreut wie der Sand im Winde. Ich werde einen Teil meiner Truppen entsenden, um den Herren Franzosen ein Kompliment zu machen, und ich werde die Österreicher mit dem Rest meiner Armee verfolgen. Ich bin mit zärtlicher Liebe und vollkommener Anhänglichkeit, gnädige Frau, Ew. Majestät ergebenster und gehorsamster Sohn.«

Während Europa ihn feiert, erwartet Friedrich ungeduldig die Kapitulation von Prag. Etwa 120 000 Menschen befinden sich hinter den Mauern der Festung; 70 000 Zivilisten und circa 50 000 Soldaten. Als Prag nach fünfwöchiger Einschließung immer noch nicht kapituliert, gerät der König in höchste Nervosität. Er weiß nicht, daß die Lebensmittelvorräte der Belagerten nur noch bis Anfang Juli reichen. Er weiß nur, daß er schnell zum Frieden kommen muß, daß jeder Tag, der vergeht, die Gefahren für ihn vermehrt. Er hat ja bereits am 7. Mai in seinem Brief an Keith die Hoffnung ausgedrückt, daß die Kapitulation von Prag zum Frieden führen werde. Mitchell, der ständig um ihn ist und ihn sorgfältig beobachtet, spürt die innere Unruhe des Königs und notiert: »Seine Angelegenheiten lassen keine langen Kriege zu, und es liegt in seinem Interesse, mitten in der Siegesfreude an Frieden zu denken. Seine Feinde sind zahlreich und mächtig und haben große Reserven, während die Überlegenheit des Königs von Preußen sich ganz und gar auf ihn allein stützt . . . Da er eine sehr rasche Auffassungsgabe besitzt, sieht er zweifellos voraus, daß er am Ende den verbündeten Mächten Österreich, Frankreich und Rußland unterliegen muß . . .«

Anfang Juni nähert sich aus dem Inneren Böhmens eine österreichische Entsatzarmee von 45000 Mann, an ihrer Spitze Graf Leopold von Daun, ein kampferfahrener Befehlshaber von einundfünfzig Jahren. Daun gilt als der »Drillmeister« des österreichischen Heeres, das er in den letzten sieben Jahren nach preußischem Vorbild reorganisiert hat. Er ist ein Methodiker, der Übereilung und Draufgängertum verabscheut. So läßt er sich auch Zeit mit seinem Vormarsch auf Prag. Am 7. Juni drängt ihn Maria Theresia zur Eile, die Belagerten könnten sich nur bis zum 20. Juni halten (was nicht stimmt, denn die Vorräte in Prag reichen noch bis zum 6. Juli). Die ungeduldige Herrscherin gibt Daun ihr kaiserliches Wort, sie werde ihm einen unglücklichen Schlachtausgang nicht zur Last legen.

Daun marschiert. Aber er kriecht eher wie eine Schnecke auf Prag zu; zu groß ist der Respekt vor dem operativen Ingenium des Preußenkönigs. Wenn Friedrich jetzt gut beraten wäre, würde er mit den ihm verbleibenden 30000 Mann eine starke Abwehrstellung zwischen Prag und Daun beziehen. Es läßt sich fast darauf wetten, daß der österreichische Feldherr keinen Frontalangriff wagen, sondern Umgehungsmärsche anstreben wird. Verlegt Friedrich ihm immer wieder den Weg, so können darüber drei bis vier Wochen ins Land gehen, und Prag muß kapitulieren. Das alles weiß der König natürlich. Aber es ist ihm unmöglich, sein ungeduldiges Temperament zu bezwingen. Er hat nur 30000 Mann zur freien Operation zur Verfügung. Aber ist er je vor einer feindlichen Übermacht zurückgeschreckt? Und hat er nicht in allen Schlachten seine Gegner immer wieder geschlagen? »Da lag es in der menschlichen Natur«, schreibt später Mitchell, »daß er von der Tapferkeit seiner Armee und von seinem eigenen Feldherrntalent die höchste Meinung hatte und mit einiger Überhebung auf seine Feinde blickt.« Ja, Hochmut kommt vor dem Fall. Und so begeht Friedrich den größten operativen Fehler des ganzen Krieges.

Am 12. Juni überträgt er seinem Bruder, Prinz Heinrich, das Kommando über das preußische Belagerungsheer vor Prag. Er selbst beschließt, am 15. Juni gegen Daun aufzubrechen. »Hier hilft nichts! Der Daun muß nach Mähren zurück; er mag stark oder schwach sein. Sonsten kriegen wir Prag nicht, können die übrigen Feinde, die ankommen, nicht resistieren, und die ganze Kampagne ist, so gut wie sie angefangen hat, verloren.«

Am 17. Juni stellen preußische Kavalleriepatrouillen fest, daß die österreichische Entsatzarmee »in fast unübersehbaren Linien« auf einer Hügelkette unweit des Städtchens Kolin, hart südlich der sogenannten Kaiserstraße, Stellung bezogen hat. Es sind 30000 Mann Infanterie mit knapp 150 Kanonen; dahinter hält eine Eingreifreserve von 15000 Reitern. Am Spätnachmittag des 17. Juni warnt Zieten seinen König vor einem Angriff auf Dauns Stellung. Friedrich fährt ihm barsch über den Mund. Bei der Abendparole klagt der Husarengeneral tieftraurig: »Ich sehe den Untergang des Königs vor Augen, weil er den sichersten Meldungen einfach keinen Glauben schenken will.«

Friedrich hat 16000 Mann Infanterie mit 75 Kanonen und 14000 Reiter zur Verfügung. Er weiß sehr wohl, daß Daun ihm an Infanterie und Artillerie doppelt überlegen ist. Er setzt einen genialen Operationsplan entgegen: Seine Armee wird auf der Kaiserstraße vor den österreichischen Linien entlangmarschieren und ihren Stoß ausschließlich auf die rechte feindliche Flanke konzentrieren, so daß ein Frontalangriff vermieden und an der »Einbruchstelle« ein Infanterieverhältnis von 1 : 1 hergestellt wird.

Die Schlacht am 18. Juni beginnt glänzend. Die preußische Avantgarde bricht in die rechte feindliche Flanke ein und erobert zwei schwere österreichische Batterien. Daun erwägt bereits den Rückzug. Doch Prinz Moritz von Anhalt-Dessau und General Karl Heinrich von Manstein lassen sich vom Störfeuer vorgeschobener Kroatendetachements provozieren, machen zu früh rechtsum und greifen frontal die Höhenstellungen an. Die Preußen stürmen in den Tod. Der achtzehnjährige Fähnrich Christian Wilhelm von Prittwitz erlebt das alles mit. Über den Anmarsch der Armee schreibt er: »Die Sonne brannte, wir lechzten vor Durst, und kein Tropfen Wasser, durch welchen wir ihn hätten stillen können, war zu haben.« Über den Beginn des Angriffs auf die Daunschen Höhenstellungen berichtet er: »Man nahm die Pferdedecken ab, die Kanonen wurden abgeprotzt, die Gewehre gehoben, die Säbel entblößt, das Treffen formiert, und dann erschallte von allen Seiten her mit brüllender Stimme das Donnerwort ›Marsch, Marsch!‹ Nachdem solches geschehen, ging es unter Trommelschlag und Musik . . . im starken Schritt gerade auf den Feind los, der uns erwartete und sich in die gehörige Fassung gesetzt hatte. Kaum hatte das Regiment seine Linien gebildet und war einige Schritte vorgerückt, so empfanden wir auch schon die Wirkung der Geschütze. Es gingen zwar eine Menge Kugeln und Haubitzgranaten über uns weg, dem ungeachtet aber fielen deren noch genug in unsere Glieder und zerschmetterten viele Menschen, woran man sich aber nicht kehrte, sondern, als wenn gar nichts vorginge, immer weiter angriff. Da wir eine ziemliche Strecke . . . zu wandeln hatten, bevor wir den Feind erreichten, so bezeichneten wir fast jeden Fußtritt, den wir taten, mit Leichen oder schwer Blessierten, die um Arm und Bein gekommen und noch nicht das geringste gegen den Feind hatten unternehmen können.«

Der Frontalangriff führt zu einem Blutbad. Die Bataillone der Preußen zerfasern im Trommelfeuer der österreichischen Artillerie. 6500 feindliche Reiter stürzen sich mit geschwungenen Säbeln auf die weichenden Regimenter des linken preußischen Flügels. Ihnen wirft sich eine preußische Kavalleriebrigade unter Führung des Generalmajors Christian Siegfried von Krosigk entgegen, über den ein Zeithistoriker des Siebenjährigen Krieges berichtet: »Zwei schwere, am Kopf durch Säbelhiebe empfangene Wunden konnten seinen Muth und Diensteifer nicht erkaltend machen. Aber eine mörderische Kartätschenkugel, die unter dem Cüras den Unterleib verwundete, warf ihn vom Pferde . . . Ein bei seinem Fall gegenwärtiger Dragoner bezeugt, daß gleich, nachdem er vom Pferde gestürzt, er noch ausgerufen: ›Kinder, ich kann nicht mehr! Ihr müßt das übrige thun!‹ . . .«

Das übrige tut Oberst von Seydlitz, er wirft sich mit zwei Kürassierregimentern immer wieder der feindlichen Übermacht entgegen. Doch alles vergeblich. Das Gros der schwachen preußischen Infanterie ist aufgerieben; von vier Mann liegen zwei auf dem Schlachtfeld. Der König sprengt zu den Resten seiner Bataillone und ruft ihnen zu: »Ihr Racker, wollt Ihr denn ewig leben?!« Einer der zurückhastenden Grenadiere antwortet ihm: »Fritze, für acht Groschen ist es heute genug!« Die Masse der preußischen

Kavallerie verharrt unbeweglich. Der König schreit ihre Kommandeure an: »Aber, meine Herren Generals, wollen Sie denn nicht attackieren? Sehen Sie nicht, wie der Feind in unsere Infanterie einhaut? In Teufels Namen, attackieren Sie doch! Allons, ganze Kavallerie, marsch, marsch!« Friedrich setzt sich an die Spitze; aber ein zusammengefaßter Artillerieschlag der Österreicher jagt die Kavallerie auseinander. Der König sammelt etwa vierzig Mann um die Fahnen des Regiments Anhalt, der Leibtruppe des Alten Dessauers, läßt das Spiel rühren und reitet voran, zum Angriff. Niemand schließt sich an; allmählich bleiben auch die Tapfersten zurück. Friedrich reitet mit gezogenem Degen, nur begleitet von Adjutanten, weiter gegen den Feind, bis Major Grant heranjagt und ruft: »Sire, wollen Sie denn die Batterie alleine nehmen?« Es ist alles umsonst.

Wohin man auch blickt, überall befindet sich die preußische Armee auf der Flucht. Daß die Verfolgung der siegestrunkenen feindlichen Kavallerie nicht recht zum Tragen kommt, ist dem I. Bataillon Garde aus Potsdam zu danken, das unter dem Kommando des Majors Bogislav Friedrich von Tauentzien stur und unerschütterlich den Rückzug der Armee deckt.

Die Niederlage ist verheerend. Die preußische Armee ist fast zur Hälfte aufgerieben. Von 16000 Mann Infanterie sind nur noch 4000 Mann übrig. Dagegen hat die preußische Kavallerie, die sich bei Kolin in ihrer Masse als schwerfällig und unbeweglich zeigte, nur zehn Prozent an Verlusten zu beklagen. Der Verlust der Österreicher beträgt insgesamt 9000 Mann.

Während die Trümmer der fritzischen Armee auf Nimburg zurückweichen, erklingt aus dem Zelt des Prinzen Heinrich, im Belagerungsring vor Prag, das Knallen von Champagnerkorken. »Phaethon[1] ist gestürzt!« ruft Prinz Heinrich triumphierend aus, als er die Kunde von Kolin erhält. Die rasende Eifersucht Heinrichs auf den älteren Bruder zeigt sich für einen Augenblick in ihrer ganzen Häßlichkeit.

[1] Phaethon, der Leuchtende, ist nach der griechischen Göttersage ein Sohn des Sonnengottes Helios. Als ihm sein Vater einmal erlaubt hatte, den Sonnenwagen zu lenken, setzte er dabei in seinem Hochmut die Erde in Brand und wurde von Zeus durch einen Blitzstrahl in den Fluß Eridanos geschleudert.

Der tiefgebeugte König schreibt in der Nacht an Lordmarschall Keith: »Die kaiserlichen Grenadiere sind eine bewunderungswürdige Truppe; sie verteidigten eine Höhe, die meine besten Infanteriebataillone nicht einnehmen konnten . . . Die Feinde hatten den Vorteil einer zahlreichen und gut bedienten Artillerie; sie macht Lichtenstein, der ihr Chef ist, alle Ehre. Nur Preußen kann ihm den Vorrang darin streitig machen. Ich hatte zu wenig Infanterie. Meine ganze Kavallerie war anwesend; aber sie blieb müßig, abgesehen von einem einzigen kräftigen Vorstoß . . . Die Feinde hatten die Höhen für sich, außerdem Befestigungen und eine ungeheure Artillerie. Mehrere meiner Regimenter sind vernichtet worden . . . Das Glück hat mir den Rücken gewandt . . . 23 Bataillone genügten nicht[1] . . . Erfolge, mein lieber Lord, machen einen manchmal zu übermütig! Ein andermal werden wir besser abschneiden. Aber was sagen Sie zu dieser Liga, die zum Zielpunkt nur den Markgrafen von Brandenburg hat? Der Große Kurfürst würde sehr erstaunt sein, seinen Urenkel im Handgemenge mit den Russen, Österreichern, mit fast ganz Deutschland und 100 000 Mann Hilfstruppen der Franzosen zu sehen! Ich weiß nicht, ob es für mich eine Schande ist zu unterliegen. Aber das weiß ich, daß wenig Ruhm darin besteht, mich zu besiegen.«

Am Spätnachmittag des 19. Juni trifft Friedrich, von Daun unverfolgt, mit den 16 500 Mann, die ihm noch geblieben sind, vor Prag ein. Am nächsten Tag schon hebt er die Belagerung der böhmischen Hauptstadt auf. Die preußische Armee rückt mit klingendem Spiel nach Norden ab.

Friedrich, der die Nachhut führt, ist tief niedergeschlagen. Er begreift, daß Kolin mehr als eine verlorene Schlacht, daß sein Nimbus der Unbesiegbarkeit für immer verloren ist. Aber vor allem wütet er gegen sich selbst. Der intellektuelle König geht mit sich hart ins Gericht. Hat er es nicht versäumt, nach der siegreichen Schlacht bei Prag die demoralisierten Österreicher energisch zu verfolgen und Daun nach Mähren abzudrängen? Andererseits, ist er nicht wieder seiner verdammten Untugend, der Ungeduld,

[1] Ein preußisches Infanteriebataillon zählt zu der Zeit durchschnittlich 650 Köpfe.

erlegen? War es nicht möglich, die Abwehrschlacht gegen Daun viel näher an Prag zu liefern, so daß er zusätzlich noch Teile des Belagerungskorps hätte einsetzen können? War er nicht überheblich? Hat er nicht die Stärke und Kampfkraft der Österreicher sträflich unterschätzt? Warum hat er geglaubt, man könne gegen befestigte Höhenstellungen eine Kavallerieschlacht schlagen? Und war es nicht letzten Endes seine eigene Schuld, wenn aus dem beabsichtigten Flankenangriff ein verlustreicher Frontalangriff wurde? Hat er seinen Generalen und Kommandeuren seine Taktik wirklich ausreichend erklärt, ihre Befehlsgebung penibel überwacht? Auf diesem schrecklichen Rückzug, der alle seine operativen Pläne, ja der alle seine Friedenshoffnungen vernichtet, macht Friedrich einen schmerzhaften Prozeß der Selbsterkenntnis durch. Während alle Welt ihn für restlos geschlagen hält, blitzt in seinem Kopf bereits das Moment der Einsicht und daraus resultierend die Kraft der Standhaftigkeit auf. Seine Gegner werden das furchtbar zu fühlen bekommen. Dieser König ist am größten und gefährlichsten in seinen Niederlagen.

Doch ihn packen auch Anwandlungen von tiefer Bitterkeit. Am 27. Juni schreibt er d'Argens aus dem Feldlager bei Leitmeritz: »Bedenken Sie, mein lieber Marquis, daß der Mensch mehr dem Gefühl als der Vernunft folgt. Das dritte Buch des Lukrez[1] habe ich gelesen und immer wieder gelesen, aber nur die Notwendigkeit des Schlechten darin gefunden sowie die Nutzlosigkeit, etwas dagegen zu tun. Der Ausweg aus meinem Kummer liegt in der täglichen, mir auferlegten Arbeit und den immerwährenden Zerstreuungen, die mir die Zahl meiner Feinde verschafft. – Wäre ich bei Kolin gefallen, so befände ich mich jetzt in einem Hafen, in dem ich keine weiteren Stürme zu fürchten hätte. Aber ich muß auf dem bewegten Meer weiterfahren, bis mir ein kleiner Fleck Erde das Glück gewährt, das ich in dieser Welt nicht habe finden können. – Leben Sie wohl, mein Lieber. Ich wünsche Ihnen Gesundheit und alle Arten von Glück, die mir fehlen.«

[1] Titus Lucretius Carus (98–55 v. Chr.) behandelte die epikureische Philosophie in seinem Lehrgedicht *De rerum natura*, dessen drittes Buch von der Sterblichkeit der Seele handelt.

In der Nacht vom 30. Juni zum 1. Juli sucht der König sich Rechenschaft zu geben über sein Handeln wie über seine Motivation. Er schreibt an Wilhelmine: »Deutschland befindet sich gegenwärtig in einer schrecklichen Krisis. Ich bin gezwungen, seine Freiheiten, seine Privilegien und seine Religion zu verteidigen. Unterliege ich diesmal, wird es darum geschehen sein. Aber ich habe gute Hoffnung! Und wie groß auch die Zahl meiner Feinde sein mag, ich vertraue auf meine gute Sache, auf die bewundeungswürdige Tapferkeit meiner Truppen und auf ihren guten Willen vom Feldmarschall bis zum geringsten Soldaten.« Er legt die Feder beiseite und greift nach einem Bogen, auf den er mit seiner schnellen, charakteristischen Handschrift ein Gedicht geworfen hat. Er überfliegt es noch einmal und schließt es dann seufzend dem Brief an Wilhelmine bei:

Und Du, geliebtes Volk, Du, dessen Not mich rührt,
Für dessen Wohl die Pflicht mich auf das Schlachtfeld führt,
Ich sehe Dich bestürmt, Dich von Gefahr umringt,
Dein banger Hilferuf mir tief zum Herzen dringt.
Nicht acht' ich Glanz und Rang für edleren Gewinn,
Dich zu erretten, geb' ich gern mein Blut dahin.
Ja, Dir gehört es an, nur Dir gehört mein Leben,
Mit Freuden sei's für Dich zum Opfer hingegeben.
Fürs Vaterland fecht' ich, laßt uns den Lorbeer brechen,
Ihr Krieger, auf! es gilt jetzt, seine Schmach zu rächen.
Vor seinen Wällen wird kein Tod uns schrecken.
Wir siegen!
Sonst solln uns Schutt und Trümmer decken.

Friedrich hat sich im bischöflichen Schloß von Leitmeritz einquartiert. Er zermartert sein Gehirn. Die Preußen sind jetzt überall in die Defensive gedrängt und wissen nicht, gegen welchen der heranrückenden Feinde sie sich zuerst wenden sollen. Es ist für Friedrich unmöglich, sich mit rund 65000 Mann auf Dauer in Nordböhmen zu behaupten. Die vereinigten Heere Dauns und des Prinzen Karl von Lothringen umfassen 86000 Mann. Ein Rückzug nach Sachsen bedeutet jedoch das öffentliche Eingeständnis, daß dem Preußenkönig der offensive Feldzugsplan gänzlich mißlungen ist. Wenn irgend möglich, will Friedrich nur schrittweise auf die sächsisch-böhmischen Grenzpässe zurückweichen.

Am Abend des folgenden Tages, des 1. Juli, ereilt ihn die Nachricht, daß seine Mutter, Königin Sophie Dorothea, in Berlin am 28. Juni im Schloß Monbijou gestorben ist; im Alter von einundsiebzig Jahren. Friedrich ist wie vom Blitz getroffen. Mit zitternder Hand und unter Tränen schreibt er der Prinzessin Amalie: »Meine liebe Schwester, alles Unglück trifft mich auf einmal. O meine liebe Mutter! O guter Gott, ich werde nicht mehr den Trost haben, sie zu sehen. O Gott, o Gott, welches Verhängnis für mich! Ich bin mehr tot als lebendig. Ich habe einen Brief der regierenden Königin [seiner Frau Elisabeth Christine] erhalten, der mir dies mitteilt. Vielleicht hat der Himmel unsere liebe Mutter hinweggenommen, damit sie das Unglück unseres Hauses nicht erlebt. – Meine liebe Schwester, ich bin unfähig, mehr zu schreiben. Ich umarme Sie von ganzem Herzen.«

Zwei Tage lang läßt Friedrich niemanden zu sich. Die Posten vor der Tür hören den König schluchzen. Er gedenkt seiner Mutter. Die Kinder- und Jugendtage ziehen an seinem geistigen Auge vorüber. Immer hat diese Mutter zu ihm gestanden, hat ihn liebkost, umschmeichelt, ist seinem jungen liebesgierigen Herzen mit offenen Armen entgegengekommen. Als der harte Vater ihn verstieß, hat sie zu ihm gehalten, hat immer an sein Genie, sein Talent geglaubt. Sie war ja sein einziger Anker im Leben. Als er sich 1741 seiner ihm vom Vater aufgezwungenen Frau gänzlich entfremdete, als seine Geschwister sich von ihm, dem Herrscher, immer weiter entfernten, in scheuer Distanz, als es selbst zu jahrelanger Mißstimmung mit seiner Lieblingsschwester Wilhelmine kam – die Mutter war immer für ihn dagewesen, hatte mit nimmermüdem Stolz die Triumphe ihres strahlenden, ruhmgekrönten Sohnes gekostet. Und er, der Sohn, war überglücklich gewesen, wenn er der Mutter die zartesten Aufmerksamkeiten, die köstlichsten Überraschungen bereiten durfte, wenn er dieser Königin, die so unendlich unter dem polternden ungeschliffenen Wesen ihres Mannes gelitten hatte, die strahlendsten Feste ausrichten durfte. Nichts war ihm, dem persönlich Anspruchslosen, zu kostbar gewesen, wenn es der Mutter zugedacht war. Er sieht sie vor sich, am 12. Januar, als er sie zum letztenmal besucht hat:

> Als ich beim Abschied Dich mit meinen Tränen netzte,
> Verriet es mir das Herz, dies Scheiden war das letzte.

Am Abend des zweiten Trauertages ruft der König Mitchell zu sich. Der britische Gesandte erlebt erschüttert mit, wie der Sohn in tiefstem Schmerz der geliebten Mutter gedenkt. Friedrich klagt ihm den Mangel einer guten Erziehung. Er macht seinen Vater, den Soldatenkönig, dafür verantwortlich, über den er ansonsten nur mit großer Pietät, mit ungeheucheltem Respekt spricht. Friedrich wird von einem Weinkrampf geschüttelt. Er gesteht dem Gesandten die ganze Leichtfertigkeit, den Hochmut und die Frivolität seiner Jugend. Er habe den väterlichen Zorn verdient, wenn der König auch in seinen Strafmaßnahmen zu weit gegangen sei. Er schildert das Ende Kattes, dessen Tod er, Friedrich, verschuldet habe. Wie glühende Lava brechen die Bekenntnisse aus ihm heraus, um immer wieder beim Tod der Mutter zu enden.

Am 3. Juli berichtet Eichel an den Minister Podewils: »Die Betrübnis Seiner Königlichen Majestät ist vorgestern und gestern sehr groß und heftig gewesen, hat sich doch aber dadurch heute in etwas gemindert, da des Königs Majestät in Erwägung genommen, was dieselbe in gegenwärtigen critiquen Umständen sich selbst, dero Staat und Armee und dero höchstgetreuen Untertanen schuldig sind, wodurch dann der Chagrin [Kummer] etwas unterbrochen worden, ob es gleich an sehr betrübten Moments und Intervalles nicht fehlet.« (Noch viele Jahrzehnte später wird Friedrich in Breslau zu Professor Christian Garve über seine Mutter sagen: »Wenn Er wüßte, was ich bei ihrem Tod zu leiden hatte, würde Er sagen, daß ich so unglücklich war wie nur ein Mensch sein kann; ja noch unglücklicher als andere, weil ich empfindsamer war.«)

Der Schmerz wütet noch, als Friedrich am 5. Juli der Prinzessin Wilhelmine schreibt: »Liebste Schwester, ich benutze einen Kurier nach Regensburg, um Ihnen das neue Leid, das uns niederdrückt, mitzuteilen. Wir haben keine Mutter mehr. Dieser Verlust ist das Schwerste, das mich treffen konnte. Ich muß handeln und habe keine Zeit, meinen Tränen freien Lauf zu lassen. Stellen Sie sich diese Lage für ein empfindsames Herz vor, das so grausam geprüft wird. Alle Verluste in der Welt sind zu ersetzen, nur der Tod vernichtet jede Hoffnung. Ich bitte den Himmel, Sie zu erhalten, sonst hätte ich in der Welt fast keine Freunde mehr.«

Wenn er nur etwas unternehmen, wenn er sich ablenken könnte! Die Passivität, zu der er verurteilt ist, zehrt an seiner Seele; sein ungestümes, offensives Temperament scheuert sich wund an der Tatenlosigkeit. Aber die militärische Lage ist so unübersichtlich, daß Friedrich vorerst nur abwarten kann, daß er zur Untätigkeit verdammt ist. Um sich gleichzeitig zu sammeln und abzulenken, um sich selbst seelische Korsettstangen einzuziehen, schreibt er aus Leitmeritz Brief auf Brief. Am 13. Juli an Wilhelmine: »Liebste Schwester, ich bin von so vielen Schicksalsschlägen wie betäubt! Die Franzosen haben sich Frieslands bemächtigt und wollen die Weser überschreiten; sie haben die Schweden aufgehetzt, sich gegen mich zu erklären, und diese lassen 17000 Mann nach Pommern übersetzen. Die Russen belagern Memel. Auch die Reichstruppen setzen sich in Marsch. Ich werde deshalb Böhmen räumen müssen, sobald alle diese Feinde sich in Bewegung setzen. Ich bin aber entschlossen, das Letzte aufzubieten, um mein Vaterland zu retten, und will es darauf ankommen lassen, ob das Glück sich mir wieder zuwenden oder mir ganz den Rücken kehren wird. Ich segne die Stunde, da ich mich der Philosophie ergeben habe. Sie allein gibt der Seele Halt . . . Handelte es sich nur um mich selbst, so wäre mein Gemüt nicht so tief erregt; aber ich habe über Heil und Glück eines mir anvertrauten Volkes zu wachen. Da wird mir der geringste Fehler zum Vorwurf, wenn ich durch Säumigkeit oder Übereilung nur das geringste Unheil verursache . . . Schließlich geht es hier um die Freiheit Deutschlands und die Freiheit des Protestantismus, für die schon soviel Blut vergossen worden ist. Die Krisis ist so schlimm, daß eine unglückliche Viertelstunde das Reich für immer der Zwingherrschaft Österreichs ausliefern kann . . . Glücklich der Namenlose, der so vernünftig ist, von Jugend an auf den Ruhm zu verzichten, der keine Neider hat, weil er unbekannt ist, und kein Vermögen, das die Habgier der Frevler reizen könnte! Doch diese Grübeleien sind nutzlos. Wir müssen das sein, wozu die Geburt uns bestimmt hat. Ich habe geglaubt, daß es mir als König gezieme, königlich zu denken, und habe mir's zum Grundsatz gemacht, daß einem Fürsten die Ehre teuerer sein müsse als das Leben. Man hat sich gegen mich verschworen; der Wiener Hof ist so weit gegangen, mich zu beleidigen; das zu dulden ging wider meine Ehre. So ist es zum Krieg zwischen uns gekommen; eine Bande von Schurken fällt über mich her. Es ist schwer, Abhilfe zu schaffen. Gegen schlimme Krankheiten helfen nur verzweifelte Mittel.«

Friedrich hat also erkannt, daß ein Vier-Fronten-Krieg entstanden ist. Aus einem »Besuch« beim sächsischen Nachbarn und einem Blitzfeldzug gegen die Österreicher ist ein Riesenkampf gegen Österreich, Frankreich, Schweden und Rußland geworden; die Reichsarmee gar nicht gerechnet. In dieser Erkenntnis schreibt er am 19. Juli an d'Argens: »Mein lieber Marquis, sehen Sie in mir eine Mauer, in die das Schicksal seit zwei Jahren Breschen geschlagen hat. Von allen Seiten bin ich erschüttert. Häusliches Unglück, geheimer Kummer, öffentliches Mißgeschick, bevorstehende Nöte – das ist meine Nahrung. Glauben Sie aber nicht, daß ich nachgebe! Und wenn Himmel und Erde zusammenstürzen, ich lasse mich unter ihren Trümmern mit derselben Kaltblütigkeit begraben, mit der ich Ihnen diese Zeilen schreibe. – In diesen fatalen Zeiten muß man sich mit einem eisernen Sinn und ehernem Herzen wappnen, um jedes Gefühl zu verlieren ... Der nächste Monat wird furchtbar werden und die endgültige Entscheidung für mein armes Land bringen. Ich für mein Teil gedenke es zu retten oder mit ihm unterzugehen und habe mir eine der Zeit und den Umständen entsprechende Denkweise zurechtgelegt ... Sie sind zu weit entfernt von mir, um sich eine Vorstellung von der Krise zu machen, in der wir uns befinden, und von den Schrecknissen, die uns umgeben. Denken Sie bitte an den Verlust meiner Liebsten, die mir Schlag auf Schlag entrissen wurden, und an all das Unglück, das ich voraussehe und das mit Riesenschritten auf mich zueilt ... Wie meine schwache Gesundheit all diesen Stürmen widersteht, weiß ich nicht, und ich wundere mich selbst, daß ich mich in Lagen aufrecht halte, bei deren Anblick ich noch vor drei Jahren geschaudert hätte. – Das ist ein wenig erfreulicher und tröstlicher Brief, aber ich schütte mein Herz aus und schreibe Ihnen mehr, um es zu erleichtern, als um Sie zu unterhalten. – Schreiben Sie mir bisweilen und seien Sie meiner Freundschaft versichert. Leben Sie wohl.« Friedrich streut Sand über das Geschriebene. Dann greift er doch noch mal zur Feder und fügt hinzu: »Die Philosophie, mein Lieber, ist recht gut zur Linderung vergangener und künftiger Leiden; aber denen des Augenblicks hält sie nicht stand.«

Um das Maß seines Unglücks voll zu machen, gehen jetzt auch noch die eigenen Operationen schief. Während Friedrich mit 50000 Mann die Übergänge von Böhmen nach Sachsen deckt, steht sein ältester Bruder, der fünfunddreißigjährige Thronfolger Prinz August Wilhelm, mit 18000 Mann vor dem Dreiländereck von Sachsen, Schlesien, Böhmen, um die Verbindungswege von Sachsen nach Schlesien zu schützen. Von österreichischer Übermacht bedrängt, beschließt der Prinz, sich über Rumburg nach Zittau abzusetzen. Diesen Marsch durchs Gebirge führt er so unglücklich durch, daß er für fünf Meilen fünf Tage benötigt und 3000 Mann an Deserteuren verliert. So kann er nicht verhindern, daß die Österreicher gleichzeitig mit ihm vor Zittau eintreffen, die blühende Stadt mit ihrer Artillerie in Asche legen und ein Magazin vernichten, das Vorräte für 40000 Mann auf drei Wochen enthielt.[1] Nur mit Mühe rettet der Prinz sein Korps vor der Einkesselung, indem er am 26. Juli den Rückzug auf Bautzen antritt. Aber die Verbindungswege nach Schlesien sind nun in feindlicher Hand.

Am 22. Juli hat sich der König nach Osten in Marsch gesetzt; außer sich vor Wut. »Wenn ich mich nicht beeile, werde ich meinen Herrn Bruder nicht mehr treffen«, schäumt er. »Ich glaube, sie werden bis Berlin laufen!« Am 29. Juli erreicht er mit den Regimentern Gensdarmes und Gardedukorps das Lager von Bautzen.

[1] Das Bombardement Zittaus erfolgt auf Vorschlag des Prinzen Xaver von Sachsen, der die protestantische Einwohnerschaft dafür strafen will, daß sie preußenfreundlich ist. Die blühende sächsische Industriestadt wird fast gänzlich eingeäschert.

»Da sah man die Prinzen und die Generale zittern«, berichtet der Husarenkommandeur Warnery, »sie hätten sicher vorgezogen, eine Bresche zu stürmen, als jetzt vor den König zu treten.« Als der Thronfolger sich ihm mit seiner Generalität nähert, wendet Friedrich sein Pferd und läßt es eine Viertelstunde lang Achten reiten. Als der Prinz endlich seine Meldung machen kann, lüftet Friedrich kaum den Hut und antwortet kein Wort. Aus seinen blauen Augen sprühen Blitze. Den Generalen läßt er durch General Karl Christoph von der Goltz sagen, sie verdienten alle, den Kopf loszuwerden. Am nächsten Tag bittet Prinz August Wilhelm um Enthebung vom Kommando. Friedrich antwortet schneidend: »Sie haben durch Ihre schlechte Aufführung meine Angelegenheiten in eine verzweifelte Lage gebracht. Wer mich zugrunde richtet, das sind nicht meine Feinde, sondern Ihre schlechten Maßnahmen. Meine Generals sind nicht zu entschuldigen, entweder weil sie Ihnen schlecht geraten oder weil sie Ihre schlechten Entschließungen zugelassen haben . . . Ihre Ohren sind nur an die Sprache der Schmeichler gewöhnt. Daun hat Ihnen nicht geschmeichelt, und nun sehen Sie die Folgen . . .«

Der Prinz ist ein gebrochener Mann. Er fragt an, ob er sich nach Berlin zurückziehen dürfe. Friedrich fragt zurück, ob er den Feiglingen im Heer ein Beispiel geben wolle. Entschuldigungsversuche beantwortet er stereotyp mit der Feststellung »Mangel an Entschluß und Mangel an Haltung, im Privatleben ebenso wie an der Spitze des Heeres«. August Wilhelm begibt sich, bis in das Herz verwundet, nach Dresden und siecht dahin.

Die Behandlung, die Friedrich seinem Bruder angedeihen läßt, ist von furchtbarer Härte. Wie? Hatte er nicht am 19. Juli an d'Argens geschrieben, man müsse alles Gefühl verlieren? Jetzt macht er diese Worte wahr. Er geht mit dem Thronfolger fast so grausam um wie einst der Vater mit ihm, dem damaligen Kronprinzen. Doch in der Sache hat der König recht. August Wilhelm hat als Heerführer versagt, er, der sich immer beklagt hatte, daß er kein selbständiges Kommando erhalte. Vor allem aber demonstriert Friedrich, daß Familienbande und prinzliches Geblüt nichts zählen, wenn die Leistung nicht entsprechend ist. Vor den Kanonen des Feindes sind in der preußischen Armee alle gleich.

In den ersten Augusttagen erreicht den Preußenkönig die nächste Hiobspost. Am 26. Juli ist es bei Hastenbeck, unweit Hameln, zur Schlacht gekommen. 75 000 Franzosen haben sich mit 36 000 Hannoveranern, Hessen, Braunschweigern und Bückeburgern gemessen. Der Herzog von Cumberland hat die Schlacht, die eigentlich schon gewonnen war, durch übereilten Rückzug verloren gegeben, und die Franzosen triumphierten. Friedrich schreibt in seiner Verbitterung an Mitchell: »Die Briten wollen weder zur See ihre Sache kräftig durchführen noch den Kontinentalkrieg. Ich bleibe als der letzte Kämpe unseres Bundes zum Schlagen bereit, und müßte auf den Trümmern meines Vaterlandes gekämpft werden.«

Ende August sieht die militärpolitische Lage folgendermaßen aus: An der Ostfront, in Ostpreußen, marschieren 90 000 Russen unter Marschall Stefan Federowitsch von Apraxin und General Wilhelm von Fermor, nachdem sie am 18. August Memel genommen haben, auf Insterburg. Ihnen stehen 30 000 Preußen unter Feldmarschall Lehwaldt gegenüber. An der Nordfront, in Pommern, sind 22 000 Schweden bei Greifswald in der Versammlung begriffen. Preußische Truppen sind nicht vorhanden. An der Westfront, in Niedersachsen, verfolgen 75 000 Franzosen die geschlagenen 36 000 Mann des Herzogs von Cumberland in Richtung Stade. Im Südwesten ist die Reichsarmee unter Prinz Joseph Friedrich von Sachsen-Hildburghausen in Stärke von 33 000 Mann am 23. August von Nürnberg nach Erfurt aufgebrochen. Dort erwarten sie seit dem 16. August 25 000 Franzosen unter Prinz Charles de Rohan-Soubise. Preußen befinden sich dort nicht. An der Südfront, der böhmisch-sächsischen Grenze, stehen sich 84 000 Österreicher unter Daun und 65 000 Preußen unter Friedrich gegenüber. Es gibt also jetzt fünf Fronten, und der Koalitionskrieg gegen Friedrich erreicht seine volle Schärfe. Die Feinde Preußens verfügen insgesamt über 325 000 Mann, Friedrich über 130 000 Mann an Preußen und norddeutschen Verbündeten. Das Stärkeverhältnis beträgt 5 zu 2 zugunsten der feindlichen Alliierten.

Am 29. August kommt Friedrich auf dem Marsch nach Thüringen durch Dresden. Der alte Eichel, der seinen Monarchen nach vier Wochen zum erstenmal wiedertrifft und noch die tiefe Depression nach dem Tod der Mutter vor Augen hat, ist überglücklich, seinen König »sowohl von Kopf als Gemüte als auch von Gesundheit« so munter zu sehen. Friedrich lächelt und sagt, das komme daher, daß er in letzter Zeit einen so guten Schlaf habe. Er fügt jedoch hinzu: »Als General habe ich den Feldzug angefangen, als Partisan werde ich ihn enden.« An den Herzog von Bevern schreibt er in seinem unbeholfenen Deutsch am 30. August: »Das seind schwere Zeiten, weiß Gott, und solche beklummenen Umstände, daß man ein grausam Glück gebraucht, um sich aus allem diesem durchzuwicklen.« Dabei weiß er noch nicht einmal, daß sein ostpreußisches Armeekorps am selben Tag bei Groß-Jägersdorf von den Russen schwer geschlagen wird.

Friedrich hat, nach langem Grübeln, einen operativen Entschluß gefaßt. Um die Bedrohungen in Ostpreußen, Pommern und Niedersachsen kann er sich aus Mangel an Kräften nicht kümmern. Er muß diese Frontabschnitte vorerst ignorieren und auf die Langsamkeit seiner Feinde rechnen. Gegen die Österreicher wird er an der Südgrenze Sachsens 43000 Mann stehen lassen. Sie müssen sehen, wie sie sich gegen die doppelte österreichische Übermacht behaupten. Dabei fürchtet er nicht so sehr um seine sächsische Operationsbasis, die durch Gebirgszüge geschützt ist, als um die Verlagerung des operativen Schwergewichts der Österreicher nach Schlesien. Er selbst wird sich jedenfalls mit einem kleinen Armeekorps von 22000 Mann gegen die neue Bedrohung durch Franzosen und Reichsarmee in Thüringen wenden. Auch hier muß er mit doppelter oder dreifacher Übermacht rechnen. Doch Friedrich hat mit scharfem strategischem Blick erkannt, daß in Thüringen der Brennpunkt seiner Defensivstrategie der inneren Linie liegt, daß alles für ihn verloren ist, wenn es dem Feind gelingt, von Thüringen aus seine sächsische Basis aufzurollen.

Beim Marsch durch Thüringen, in der ersten Septemberhälfte, hat Friedrich ein beglückendes Erlebnis. Der Jubel des Volkes schlägt über ihm und seinen Soldaten zusammen. Die Thüringer feiern den protestantischen Preußenkönig und sehen in ihm den

Beschützer vor den Franzosen. Alles Volk läuft in den Dörfern und an den Straßen zusammen. Der Vormarsch gleicht einem Triumphzug. Als Friedrich durch das Weimarische kommt, lehnt er das vorbereitete Quartier beim Herzog ab und begnügt sich mit einer dürftigen Unterkunft in einem Bauernhaus zu Neumark. Ganz Weimar strömt hinaus, um den verehrten König zu sehen. Als Friedrich durch Erfurt reitet, umdrängt ihn das Volk, küßt seine Hände, seinen Rock, seinen Degen.

In Naumburg schreibt der König am 9. September einen Brief an Voltaire, seinen einstigen Freund und literarischen Mentor. François Marie Arouet, genannt Voltaire, geboren 1694 in Paris, Dichter und Philosoph, galt seit langem schon als geistiges Oberhaupt der französischen Aufklärung. Bereits 1736 nahm Friedrich, noch als Kronprinz, den Briefwechsel mit ihm auf. 1750 war Voltaire nach Potsdam gekommen, das er drei Jahre später wegen verschiedener Skandale wieder verlassen mußte. Die Freundschaft dieser beiden geistreichsten Männer des achtzehnten Jahrhunderts hatte einen tiefen Riß erlitten. Dennoch blieben sie brieflich in Verbindung. Friedrich, der Voltaires Charakter verachtete, schätzte an ihm nach wie vor die literarisch-philosophischen Talente. Zwei Jahre lang hatte der Briefwechsel geruht.

Jetzt wendet sich der Preußenkönig auf den Rat seiner Schwester Wilhelmine wieder an Voltaire, um nicht ganz die Verbindung zur Geisteselite Frankreichs zu verlieren, denn er weiß, daß Voltaire, der bei Genf lebt, nach wie vor über exzellente Kontakte zu den Pariser Intellektuellen verfügt. Der Preußenkönig schreibt:

»Je suis homme, il suffit et né pour la souffrance
aux rigueurs du destin j'oppose ma constance.

[Ich bin bloß ein Mensch,
Dem Leide geweiht.
Mein Schutzschild ist nur
Die Standhaftigkeit.]

Aber ungeachtet solcher Empfindungen bin ich weit davon entfernt, Cato[1] oder Kaiser Otho[2] zu verdammen, für den der Tod der schönste Augenblick seines Lebens war. Wenn man kann, muß man für sein Vaterland kämpfen und dafür sterben. So man dies nicht kann, ist es eine Schande, es zu überleben . . .

Adieu. Ich würde zuviel offenbaren, wenn ich fortführe zu schreiben. Bald werden Sie von mir gute oder schlechte Nachricht haben.

P. S.

Quand on a tout perdu, quand on n'a plus d'espoir,
La vie est un opprobre et la mort un devoir.

[Hat man alles verloren,
Erlöscht das Hoffnungslicht,
Ist das Leben eine Schande,
Wird der Tod zur Pflicht.]«

Am 17. September treffen ihn drei verheerende Nachrichten Schlag auf Schlag: Am 7. September ist sein Freund, Generalleutnant von Winterfeldt, in einem Gefecht bei Moys schwer verwundet worden und einen Tag später seinen Verletzungen erlegen. »Nie werde ich wieder einen Winterfeldt finden«, hört man den König beim Empfang der Nachricht ausrufen. Am 8. September hat der unfähige Herzog von Cumberland, bis nach Stade zurückgedrängt, mit den Franzosen eine Konvention abgeschlossen, die das niedersächsische Heer praktisch auflöst und den Franzosen freies Operieren in ganz Norddeutschland gestattet. Dieses sogenannte Neutralitätsabkommen von Kloster Zeven ist in Wahrheit eine glatte Kapitulation vor Frankreich. Am 13. September haben die Schweden Anklam besetzt und die Fährschanze an der Peene gestürmt. Der Weg nach Berlin steht ihnen damit offen.

Das ist zuviel. Soviel Unglück kann selbst der zähe kleine Mann aus Berlin nicht ertragen. Zwei Tage später, am 19. Septem-

[1] Marcus Porcius, genannt »Cato von Utica«, 95–45 v. Chr., unbeugsamer römischer Republikaner, Todfeind des Tyrannen Caesar, nahm sich das Leben.
[2] Marcus Salvius, genannt »Otho«, 32–69 n. Chr., für drei Monate römischer Kaiser, gab sich nach einer militärischen Niederlage den Tod.

ber, verfaßt Friedrich eine Art Generalbeichte oder, vielleicht besser gesagt, eine Herzenseröffnung, die er an Wilhelmine richtet:

»Das Schicksal scheint seine ganze Wut und seinen ganzen Groll auf den armen Staat entladen zu wollen, den ich regiere. Die Schweden sind in Pommern eingefallen, die Franzosen haben eine für den König von England demütigende Neutralität abgeschlossen, nach welcher die Truppen gezwungen sind, sich aufzulösen und die Quartiere zu beziehen, welche die Franzosen ihnen anweisen, ohne daß die betreffenden Staaten von Kontributionen oder Lieferungen befreit wären. Die Franzosen, sage ich, befinden sich in vollem Marsch, um das Halberstädtische und Magdeburgische zu überschwemmen. Aus Ostpreußen erwarte ich jeden Tag die Nachricht von einer Schlacht; das Verhältnis der Kombattanten dort beträgt 25 000 : 80 000. Die Österreicher sind in Schlesien eingedrungen, wo der Herzog [August Wilhelm von Braunschweig-]Bevern sie verfolgt. Wenn ich mich aus Sachsen zurückziehen müßte, würde mir der ganze Schwarm von allen Seiten folgen. Ich bin deshalb fest entschlossen, über das Corps desjenigen Feldherrn herzufallen, der mir zu nahe kommt, und alles zu riskieren, was daraus auch folgen mag. Ich werde den Himmel für seine Gnade segnen, wenn er mir die Gunst gewährt, mit dem Degen in der Hand zu fallen ...

Wie kann ein Fürst seinen Staat, den Ruhm seiner Nation, seine eigene Ehre überleben? ... Nein, liebe Schwester, Sie denken zu edel, um mir so feige Ratschläge zu erteilen. Soll die Freiheit, dieses kostbare Gut, im achtzehnten Jahrhundert Fürsten weniger kostbar sein, als sie den römischen Patriziern war? ... Die Standhaftigkeit besteht darin, daß man sich dem Unglück entgegenstellt. Nur die Feigen beugen sich unter das Joch, tragen geduldig ihre Ketten und lassen sich ruhig unterdrükken. Niemals, liebe Schwester, werde ich mich zu dieser Schmach entschließen können. Die Ehre, die mich angetrieben hat, hundertmal mein Leben in der Schlacht auszusetzen, hat mich gelehrt, dem Tode um geringerer Gegenstände willen zu trotzen als die sind, um die es sich hier handelt. Das Leben ist sicher nicht wert, daß man so sehr daran hängt, besonders wenn man voraussieht, daß es immerfort nur ein Gewebe von Leiden sein wird und daß man sich von seinen Tränen nähren muß.

La douleur est un siècle et la mort un moment. [Der Schmerz währt eine Epoche, der Tod nur einen Augenblick.]

Wäre ich lediglich meiner Neigung gefolgt, so hätte ich mich nach der unglücklichen Schlacht [bei Kolin] aus dem Staube gemacht. Doch ich fühlte, daß es Schwäche wäre und daß es Pflicht ist, den entstandenen Schaden wieder zu heilen. Meine Anhänglichkeit an den Staat erwachte, und ich sagte mir: nicht im Glück, sondern im Unglück ist es schwer, Verteidiger zu finden! Ich machte es mir zu einem Ehrenpunkt, alles wieder ins rechte Gleis zu bringen, was mir noch zuletzt in der Lausitz geglückt ist. Aber kaum bin ich hierher geeilt, um mich neuen Feinden entgegenzustellen, als Winterfeldt geschlagen und getötet wird, als die Franzosen in das Herz meiner Staaten eindringen und die Schweden Stettin blockieren. Es bleibt mir nichts Gutes mehr zu tun übrig; es sind der Feinde zu viele. Selbst wenn es mir glückte, zwei Heere zu schlagen, das dritte würde mir den Garaus machen . . .

Es ist wahr, daß die Lage der Königin von Ungarn nach der Schlacht bei Prag gefährlich zu sein schien; aber sie hatte mächtige Bundesgenossen und dazu große Mittel. Ich habe weder das eine noch das andere. Ich würde von einem einzelnen Unglücksfall nicht niedergeschlagen sein. Aber ich habe deren zu viele erlebt: die verlorene Schlacht gegen General Daun bei Kolin, den unglücklichen Rückzug meines Bruders und den Verlust des Magazins in Zittau, den Verlust aller meiner westfälischen Provinzen, das Unglück und den Tod Winterfeldts, den Einfall in Pommern, im Magdeburgischen und Halberstädtischen, den Verlust meiner Bundesgenossen. Und trotz allem biete ich dem Unglück noch Trotz und glaube, daß bisher mein Verhalten von jeder Schwäche frei war. Ich bin fest entschlossen, weiter gegen das Mißgeschick zu kämpfen. Aber zugleich bin ich auch entschlossen, meine Schande und die Schmach meines Hauses niemals zu unterzeichnen! Das, meine liebe Schwester, ist es, was im Innersten meiner Seele vorgeht, und hier haben Sie ein umfassendes Geständnis dessen, was mich gegenwärtig bewegt.«

Diese Herzensklage, dieses Generalgeständnis Friedrichs eröffnet einen vollen Blick auf seine seelische Verfassung, in das Innerste seiner Gedankenprozesse. Niemals wird der König so viele Briefe und Verse schreiben wie im Sommer und Herbst 1757, in der Zeit seiner schlimmsten Krise. Die Briefe müssen ihm die Gespräche ersetzen. Denn dieser Mann hat ja keine Freunde in seiner Umgebung, verbringt seine Tage und Nächte in völliger Einsamkeit. Er geht durch ein wahres Fegefeuer der Gefühle. Ein Trommelfeuer nach Rettung suchender Gedanken martert sein Gehirn. Als Intellektueller kann er niemals abschalten. Immer wieder taucht der Gedanke an Selbstmord auf. Wenige Tage nach der Generalbeichte an Wilhelmine verfaßt er einen Scheidegruß an den Freund d'Argens: »Épître au Marquis d'Argens. Apologie du Suicide«. Es ist das schönste Gedicht, das Friedrich je geschrieben hat:

»Mein Freund, mit mir ist's aus, der Würfel fiel,
Zum Sterben müde stehe ich am Ziel.
Im Herzen Stille, schreit' ich freudig zu,
Mit festem Blick, dem Ziel der großen Ruh',
Der Friedensfreistatt, wo ich sicher bin . . .«

Er klagt, daß alle seine Helden dahin seien, daß ihm seine Siege keinen Gewinn gebracht hätten, und daß er auch die letzte Hoffnung verloren habe. Er ist nun bereit, in das große Nichts zu gehen, ja selbst auf jeden Nachruhm zu verzichten:

»D'Argens, leb wohl! Betracht es' und gestehe:
Dies Bild ist wahr, und recht ist's, daß ich gehe.
Doch denke nicht, daß aus dem großen Nichts
Des Grabes ich mich eitel sehn',
Im Schimmer des Verklärungslichtes
Zu erstehn.«

Und doch will auch dieser ungläubige König nicht auf einen letzten Gruß, einen letzten Hoffnungsschimmer über das Grab hinaus verzichten:

»Nur eine Bitte sei dem Freund vergönnt,
Das fleht mein Lied:
Solang Dir noch des Lebens Flamme brennt,
Wenn ich längst schied,
Von jedes neuen Lenzes Blütensegen
Sollst einen vollen Strauß, in Treue Du,
Von Myrten und von Rosen niederlegen,
Da, wo ich ruh'.«

Am 22. September 1757 läßt er abends seinen Vorleser, den Abbé de Prades, rufen: »Ich will Ihnen meine neuesten Verse zeigen. Vielleicht die letzten, die ich in meinem Leben gemacht habe.« Der Abbé beginnt die Verse vorzulesen, die Friedrich für d'Argens geschrieben hat. Der König, voller Ungeduld, reißt ihm das Blatt aus der Hand und deklamiert leidenschaftlich, auf und ab schreitend, seinen Text. Er bricht in Tränen aus. Der Weinkrampf zeigt, daß seine Nerven am Ende sind. Er gesteht: »Oft möchte ich mich betrinken, um meinen Kummer zu ertränken. Aber da ich keinen Geschmack am Trinken habe, so zerstreut mich nichts als Versemachen. Und solange diese Abwechslung währt, spüre ich mein Unglück nicht. Das hat mir den Spaß an der Poesie wiedergegeben. Und so schlecht meine Verse auch sein mögen, sie leisten mir in meiner traurigen Lage den größten Dienst.«

Doch schon zwei Tage später ist er wieder obenauf. Er eilt dem Abbé entgegen und ruft strahlend: »So schön meine Epistel [für d'Argens] ist, so werde ich doch den darin ausgesprochenen Vorsatz [des Selbstmords] nicht ausführen!« Als sich der Vorleser nach dem Grund dieses Sinneswandels erkundigt, teilt ihm Friedrich mit, daß die siegreiche russische Armee nicht weiter in Ostpreußen vordringt, sondern in Gewaltmärschen nach Rußland zurückkehrt. Das ist zwar richtig und bringt ihm Entlastung; aber Friedrichs Hoffnung, die Zarin sei tot, beruht lediglich auf haltlosen Gerüchten.

Die Schatten werden wieder länger. Nirgends ist ein Hoffnungsstrahl in Sicht. Friedrichs Nerven gehen im Stakkato. Die Beine sind ihm schwer, als habe man Blei in sie gegossen, in den Armen und Händen kribbelt es, als seien Ameisenheere unterwegs. Seine alte Schlaflosigkeit meldet sich wieder. In dieser Verfassung richtet er seine zweite Herzensklage an Wilhelmine, schreibt er ihr am 28. September:

»Ich verlange nur den Tod. Die Form, in der ich ihn wünschen würde, scheint sich mir entziehen zu wollen. Vielleicht wird es nicht mehr lange von mir abhängen, ihn so zu haben, wie ich ihn wünsche ... Ich habe nur eine Tür, um zu entschlüpfen. Es wäre grausam, sie mir zu verbieten. Ich sterbe täglich tausend Tode, und ein einziger kann mich von allen meinen Leiden befreien. Wenn irgend etwas fähig wäre, mich in meinem Entschluß wankend zu machen, so ist es meine Liebe zu Ihnen. Aber auf der anderen Seite wird mir die Welt so unerträglich, ist meine Lage so schrecklich und die Zukunft so grausam, daß ich mich in meinem einmal gefaßten Entschluß immer mehr bestärke.

Ich bin verpflichtet, diesen Feldzug zu Ende zu führen. Ich werde es tun, was es mich auch kostet. Aber wenn ich einmal meinem Vaterland gegenüber quitt bin, so werde ich seinem Ruin nicht müßig zuschauen, und ein und derselbe Tag wird uns zugrunde gehen sehen! Wenn man zum erstenmal einen solchen Entschluß ins Auge faßt, erscheint er schrecklich. Ich habe mich inzwischen daran gewöhnt, und jetzt erscheint mir dieser Gedanke süß und tröstlich. Ich gebe nur der Natur, was sie binnem kurzem doch von mir zurückfordern wird ...

Kurz, meine liebe Schwester, ich bemühe mich, mir die kurze Zeit, die mir noch zu leben bleibt, leichter zu machen, um das Leben so ruhig wie möglich zu beendigen. Ich beschwöre Sie zu bedenken, daß hierin mein einziges Heil liegt, daß ich nur auf diese Art noch glücklich sein kann und daß es sich nur um einen Augenblick handelt, der doch früher oder später eintreten muß, und daß, wenn wir einmal tot sind, weder Neid noch Haß noch Bosheit der Menschen uns mehr verfolgen können, ja daß selbst der Blitz der Götter, der an unser Grabmal schlägt, machtlos wird ...«

Wilhelmine erleidet das alles mit. Schon bei seiner ersten Herzensklage ist sie in eine Flut von Tränen ausgebrochen. Ihre Antwort lautete: »Ein Grab ist unser Richtpunkt. Obgleich alles verloren scheint, bleiben uns doch Güter, die man uns nicht rauben soll: die Festigkeit und das warme Herz.« Diese Prinzessin ist das weibliche Spiegelbild des Königs. Seit langem nervenkrank, von jedem Ereignis leidenschaftlich bewegt, ungeduldig, stolz, verzweifelt, von höchster Sensibilität, teilt sie die Empfindungen des Bruders, als wären es die eigenen. Sie sieht wieder den kleinen Fritz vor sich, diesen hübschen, trotzigen, verstockten Jungen, den der Vater kujonierte, der zwischen Frivolität und Melancholie schwankte, dessen liebeshungriges Herz bei ihr, der drei Jahre älteren Schwester, Schutz gesucht hatte. Bei allem Unheil, das ihr das Herz abdrückt, ist sie unendlich stolz, das heroische Schicksal ihres Bruders teilen zu dürfen. Diese zerbrechliche Prinzessin, die nicht mehr lange leben wird, ist genauso ehrliebend, hochfahrend und unüberwindlich wie ihr Bruder, der Preußenkönig.

Am 1. Oktober sagt Friedrich kühl zu seinem Vorleser: »Wir sind zugrunde gerichtet. Aber ich falle, den Degen in der Faust.« Er registriert - halb verzweifelt, halb zynisch -, daß die Reichsarmee und die Franzosen vor ihm ausweichen, daß sie sich von ihm nicht zur Schlacht stellen lassen und ihm damit das Schlimmste antun, was denkbar ist. (Der Markgräfin Wilhelmine schildert er diese Situation mit den Worten: »Ich irre umher wie ein Wanderer im Wald unter zahllosen Räubern, die sich verschworen haben, mich zu ermorden und sich in meine Habseligkeiten zu teilen.«) Am 6. Oktober analysiert er seine Situation: »Wenn ich vorrücke, so flieht der Feind. Gehe ich zurück, so folgt er mir, aber immer außer Sichtweite. Gehe ich von hier fort und suche etwa den stolzen Richelieu irgendwo bei Halberstadt auf, so wird der desgleichen tun, und hier diese Feinde, augenblicklich ruhig wie steinerne Standbilder, werden sich schnell beseelen und mich irgendwo bei Magdeburg wieder festnageln. Wende ich mich nach der Lausitz, dann nehmen sie mir meine Magazine in Leipzig und Torgau und marschieren geradenwegs nach Berlin. Kurz, ich bin in Verzweiflung . . . Die Experimente können nicht mehr lange währen. Das muß binnen kurzem enden, auf die eine oder die andere Weise.«

In diesen Tagen meldet sich Voltaire, der »Patriarch des Geschmacks«, wie ihn Friedrich nennt, mit einem Brief von seinem

Wohnsitz bei Genf zu Wort. Es ist dies seine Antwort auf den Brief des Königs vom September. Friedrich, schreibt er, dürfe sich nicht mit Cato oder Kaiser Otho vergleichen, er dürfe sich nicht aufgeben. Die Welt werde sagen, er habe aus Gewissensbissen wegen seines ungerechten Krieges Selbstmord begangen. (Der Hieb sitzt!) Er, Friedrich, habe doch in Frankreich noch einen allerletzten Rettungsanker. Der König solle sich an das Beispiel seines Urgroßvaters, des Großen Kurfürsten halten, »der deshalb nicht geringere Achtung genoß, weil er einige seiner Eroberungen wieder herausgeben mußte«. Friedrich werde auch dann noch genügend Länder behalten, »um einen sehr ansehnlichen Rang in Europa einzunehmen«.

Voltaires Antwort ist in Wirklichkeit nicht als Trost gedacht. Er hat den Rausschmiß aus Preußen nicht vergessen; seine Zeilen sind maliziös und voller Rachsucht. An einen Bekannten schreibt Voltaire gleichzeitig: »Glauben Sie wirklich, ich interessierte mich für den König von Preußen? Davon bin ich weit entfernt. Es kitzelt mein Rachegefühl, einen König zu trösten, der mich malträtiert hat. Hoffentlich verschaffen mir die Franzosen bald noch mehr Gelegenheit, ihn ›trösten‹ zu können.«

An Friedrich prallt diese Perfidie ab. Am 9. Oktober gibt er Voltaire eine Antwort in Versen, die berühmt geworden ist:

»Glaubt mir, wenn ich Voltaire wär',
Ein Menschenkind, wie andre mehr,
Säh' ich, mit schlichtem Los zufrieden,
Vom flücht'gen Glück mich gern geschieden,
Wollt' es verlachen, ganz wie er! . . .
Doch andrer Stand hat andre Pflicht . . .
Voltaire in seiner stillen Klause,
Im Land, wo alte Treue noch zu Hause,
Mag friedsam um den Ruhm des Weisen werben,
Nach Platos Muster und Gebot.

Ich aber, dem der Schiffbruch droht,
Muß, mutig trotzend dem Verderben,
Als König denken, leben, sterben.«

Voltaire ist viel zu sensibel, zu intelligent, um diese Zurückweisung mißzuverstehen. Er wird nie mehr versuchen, diesem unbeugsamen Mann in der preußischen Felduniform auf die Schulter zu klopfen.

Der König erhält am 12. Oktober zwei deprimierende Nachrichten: In Schlesien ist der Herzog von Bevern mit seinem Armeekorps von den Österreichern hinter die Oder zurückgewichen, und Stimmungsberichte aus Frankreich, die Wilhelmine vermittelt hat, lassen dort für Preußen nichts Gutes erwarten. Am Abend dieses Tages speist Friedrich in Eckartsberga mit Prinz Heinrich, Mitchell und dem Feldmarschall Keith. Er ist wie versteinert, spricht »nicht vier Worte« über den Tisch. Das lastende Schweigen ist unheimlich. Nach Tisch behält der König den Bruder zurück. Nun läßt er sich gehen. Sein Zustand, klagt er, sei nicht länger zu ertragen und schlimmer als der Tod. Heinrich hört zu, kühl bis ans Herz. Dann sagt er, daß es keinen Grund gäbe, die Sache bis auf die Spitze zu treiben. Der Bruder wäre nicht der erste, der eine Provinz abtreten müßte. Friedrichs Lage sei gewiß schrecklich, aber er brauche nur einige territoriale Opfer zu bringen, um sich ihr zu entziehen. Der König gewinnt keinen Trost aus diesen Worten. Nach Heinrichs Abgang schreibt er an Wilhelmine: »Weit entfernt, daß das Schicksal sich erweichen ließe, alle Nachrichten, die ich erhalte, alle Briefe, die ich öffne, vermehren nur das Gewicht meines Unglücks. Kurz, meine liebe Schwester, es scheint eine entschiedene Sache. Das Schicksal oder ein Dämon hat den Sturz Preußens beschlossen, und alles hat dazu zusammenwirken müssen: widernatürliche Allianzen, Haß, dem man keinen Nährstoff geliefert hat, untergeordnete Ursachen und wirkliche schwere Unglücksfälle. Ich gestehe, daß ich kaum zu schreiben vermag. Mein Gemüt ist so niedergedrückt, die Dinge stehen mir so nahe vor Augen, daß meine Anstrengungen nutzlos sind, so starke und grausame Eindrücke abzuschwächen.«

Die Wachtposten vor seinem Haus sehen und hören nachts mit Verblüffung, daß der König durch das Zimmer schreitet und mit lauter Stimme Verse aus Racines *Mithridate* deklamiert.

Friedrich hat weitere »starke und grausame Eindrücke« zu verarbeiten, denn ein Eilkurier bringt die Nachricht, daß der

Kroatengeneral Andreas Hadik am 14. Oktober mit 4000 Reitern vor den Toren Berlins erschien. Doch schon einen Tag später kommt die Nachricht, daß Hadik sich mit einer Brandschatzungssumme von 200000 Talern begnügt und dann den Rückzug in Richtung Lausitz angetreten hat.

Am 14. Oktober besucht der Preußenkönig die Stadt Leipzig und disputiert drei Stunden lang mit dem dortigen Universitätsprofessor Johann Christoph Gottsched, der als einer der führenden deutschen Aufklärer gilt, über Fragen der Literatur. Ablenkungen solcher Art hat Friedrich bitter nötig, denn seine Lage ist verzweifelt.

Er hat diesen Krieg aus strategischen Gründen begonnen, und nun sind seine Armee und er praktisch umzingelt, seine Kriegführung steht vor dem Zusammenbruch. In seiner langgestreckten Abwehrstellung, die vom Osten Thüringens über Sachsen bis Schlesien reicht, stehen ihm zur Zeit 77000 Mann an Feldtruppen zur Verfügung. Die Alliierten, deren Ring sich immer enger um ihn zusammenzieht, disponieren über das Dreifache, über 213000 Mann. Gegen Schlesien operieren 84000 Österreicher, gegen Sachsen drängen 85000 Österreicher vor, und im Westen Thüringens steht eine kombinierte feindliche Armee unter dem Befehl des französischen Prinzen de Soubise und des österreichischen Feldmarschalls Prinz von Sachsen-Hildburghausen, die aus 33000 Franzosen und 11000 Mann westdeutschen Reichstruppen besteht. Diese schwächste der feindlichen Armeen sucht der Preußenkönig in der zweiten Oktoberhälfte vergeblich zum Kampf zu stellen. Er muß von der »inneren Linie« aus operieren, er muß sehen, daß er die feindlichen Armeen vereinzelt anpacken und schlagen kann. Gelingt ihm das nicht, ist die Katastrophe unvermeidlich.

Ein Drittel seiner Streitkräfte operiert unter seinem Oberbefehl im Thüringischen, die anderen zwei Drittel, unter Befehl des Herzogs von Bevern, haben währenddessen, rein defensiv, die sächsisch-schlesische Grenze zu decken.

Am 30. Oktober ist König Friedrich wieder in Leipzig. Er findet dort einen tränenfeuchten Brief seiner Schwester Wilhelmine vor, der am 18. aus Bayreuth abgegangen ist. Die Markgräfin, vom

Unglück ihres Bruders in tiefe Verzweiflung gestürzt, hat die Ausrufe ihres Herzens in stammelnden Worten aufs Papier geschrieben: »Mein Schmerz ist ärger als Tod und tausend Qualen« – – – »komme, was da wolle, ich werde Dich, teuerster Bruder, nicht überleben« – – – »Mein Herz ist zerrissen, ich weiß selbst nicht, was ich schreibe« – – – »Habe Mitleid mit mir, Du angebeteter Bruder, ich will ja tausendmal sterben, wenn ich nur weiß, daß Du lebst und glücklich wirst« – – – »Der Schmerz erstickt mich, ich kann nur sagen, daß Dein Geschick auch das meinige ist.« Der überspannte Ton wirkt auf Friedrich nicht unangenehm; man befindet sich ja im Zeitalter der Exaltation, der Empfindsamkeit. Er ist tief gerührt. Er wird diese Zeilen seiner Schwester bis ans Lebensende nicht vergessen. Sie wirft sich ihm in die Arme, als der Augenblick des Untergangs gekommen scheint.

Die allgemeine Nachrichtenlage ist jetzt aber nicht mehr ganz so düster. Feldmarschall Lehwaldt hat seine Truppen, nachdem Ostpreußen von der russischen Heuschreckenplage befreit ist, nach Pommern geworfen und treibt dort die Schweden zu Paaren. Im Südwesten wagen sich die Franzosen und die Reichsexekutionsarmee endlich mehr in Friedrichs Nähe und setzen sich bei Weißenfels und Merseburg, an der Saale und bei Halle fest. Wenn er sie doch nur zu fassen bekäme! Der König bittet wieder Professor Gottsched zu sich, dem er noch am Abend der ersten Unterredung eine französische Ode gewidmet hatte. Gottsched erscheint und berichtet darüber: »Als der König zum zweitenmal wiederkam, schickte er gleich nach Tische um drei Uhr nach mir. Halb vier war ich da und ward gleich vorgelassen . . . Er tadelte die Art, wie man in den Schulen die alten Redner und Dichter [der Antike] lehrt, wo man nur die Redensarten als solche und die einzelnen Verben paukt, aber die Kunst im Reden und Dichten, ihre Schönheiten im ganzen, ihre Ökonomie und Strukturen, kurz, das Feine im Geschmack der Alten nicht erklärt und begreiflich macht . . . Der König erwies eine ungemeine Einsicht, wie sie tausend Gelehrte nicht haben . . . Nun war (im Vorsaal) seine ganze Generalität und alle Majors von der Armee zusammen. Man rief ihn. Er sprang sofort auf, nahm Hut und Stock und ging ins große Zimmer zur Befehlsausgabe. Nach einer Viertelstunde kam er wieder und setzte sein Gespräch fort, bis dreiviertel auf Acht, als ob er weiter nichts Wichtiges zu tun hätte ...«

Endlich, am 5. November, gelingt es dem Preußenkönig, den Feind im Thüringischen, beim Dörfchen Roßbach, zu stellen. Die kombinierte feindliche Armee, unter Befehl des französischen Prinzen Soubise und des österreichischen Feldmarschalls Prinz von Sachsen-Hildburghausen, ist mit 44000 Mann und 45 Kanonen doppelt so stark wie Friedrichs Armeekorps, das 16500 Mann Infanterie und 5500 Reiter umfaßt, zusammen 22000 Mann, die von 80 Kanonen begleitet werden. Dennoch hat Friedrich keine andere Wahl als anzugreifen. Seit Kolin befindet er sich in der strategischen Defensive, operiert er auf der »inneren Linie«. Wenn er nicht von der feindlichen Übermacht zermalmt werden will, muß er aus seiner Zentralstellung Sachsen heraus blitzartige Ausfälle machen und den Feind vereinzelt schlagen, um dessen Vereinigung zu gewaltigen Heerkörpern zu verhindern.

Friedrich setzt bei Roßbach auf seine schlachtenerprobte Kavallerie. Er faßt die imponierende Masse von 5500 Reitern unter dem Befehl seines jüngsten Generalmajors, Friedrich Wilhelm von Seydlitz, zusammen. Seydlitz hat eine Blitzkarriere gemacht, ist auf dem Schlachtfeld von Kolin General geworden. Aber niemand, so sagt ein zeitgenössischer Bericht, »neidet ihm dieses Glück, da er ein sehr anständiger Mann ist, der bereitwillig jedermann einen Dienst erweist und von seiner Beförderung mit der größten Bescheidenheit spricht. Er behauptet, daß der König hundert andere in seiner Armee habe, die eher belohnt zu werden verdienten als er.« Diese Bescheidenheit ist zwar äußerst sympathisch, aber durchaus unangebracht. Denn Seydlitz entpuppt sich in wenigen Wochen als der genialste Reiterführer des Jahrhunderts. Friedrich hat erkannt, welchen Trumpf er mit Seydlitz, der selbständig führen will, der ein Mann der kritischen Eigeninitiative ist, in der Hand hält. Nach der Instruktion durch den König hält Seydlitz den Reitergeneralen eine knappe Ansprache: »Meine Herren, ich gehorche dem König, und Sie gehorchen mir.«

Am späten Vormittag des 5. November setzt sich die verbündete Armee von Franzosen und Reichstruppen in Bewegung. In dem Wissen, daß sie um das Doppelte überlegen sind, marschieren sie siegesgewiß auf das preußische Lager zu. (So siegessicher war man im französischen Offizierskorps, daß man den Parisern angekündigt hatte, man werde das kleine preußische Häuflein umzingeln und vernichten, werde Friedrich II. als Gefangenen nach Frankreich schicken. »Na, da bekommen wir doch endlich einmal einen richtigen König zu sehen!« soll die Herzogin von Orleans bei diesen Prahlereien ausgerufen haben.) Friedrich läßt sie kommen. Als sie um vierzehn Uhr dreißig nah genug sind, werden die Zelte des preußischen Lagers so plötzlich abgebrochen, »als hätte man sie bei einer Theateraufführung mittels einer Schnur zum Einsturz gebracht«. Vierzig Minuten später eröffnen die Haubitzen der Preußen aus verdeckten Hügelstellungen das Feuer auf die Alliierten in der Ebene. Währenddessen hat Seydlitz seine 38 Schwadronen (jede Schwadron umfaßt etwa 150 Mann) hinter den Höhen unbemerkt in die Flanke des Feindes geführt. Jetzt schleudert er zum Zeichen des Angriffs seine Tonpfeife hoch in die Luft, und auf sein gebrülltes »Marsch, Marsch!« hin stürzt sich die Kavallerie wie eine donnernde Lawine auf die feindliche Avantgarde, reitet sie über den Haufen und zersprengt sie vollständig. Nun schickt Friedrich seine Infanterie vor und läßt sie unverzüglich mit dem Bajonett attackieren. Der König reitet an der Spitze seiner Soldaten. Die Magdeburger des Regiments Alt-Braunschweig rufen ihm zu: »Vater, aus dem Weg, daß wir schießen können!« Seydlitz aber hält im Kampfgetümmel seine Schwadronen so eisern in der Hand – niemand in der gesamten Kriegsgeschichte wird ihm das jemals nachmachen können –, daß er im rechten Augenblick die Verfolgung der alliierten Kavallerie abbricht, mit seinen Reitern kehrtmacht und sich in den Rücken der feindlichen Infanterie stürzt, die daraufhin, von vorn und hinten angegriffen, die Waffen wegwirft und in wilder Flucht auseinanderstiebt.

Gegen siebzehn Uhr ist alles vorbei, senkt sich die Dunkelheit auf das Schlachtfeld. Friedrich möchte Quartier im Schloß von Burgwerben nehmen, findet jedoch alle Räume mit verwundeten französischen Offizieren besetzt. Statt diese Herren aus einem Zimmer zu vertreiben, begnügt er sich, sein Nachtquartier im Dienstbotenraum eines Nebengebäudes aufzuschlagen. Er setzt sich an einen wackligen Tisch und schreibt der Markgräfin von Bayreuth: »Teuerste Schwester, endlich kann ich Ihnen eine gute Nachricht übermitteln. Sie wissen, daß die Verbündeten Leipzig erobern wollten. Ich eilte herbei und jagte sie über die Saale zurück ... Gestern rückte ich zu einer Rekognoszierung aus, konnte sie aber nicht in ihrer Stellung angreifen. Das machte sie verwegen, so daß sie heute zum Angriff gegen mich vorgingen. Ich kam ihnen jedoch zuvor. – Die Schlacht war fast ein Spaß. Auf unserer Seite sind, Gott sei Dank, nicht hundert Mann gefallen. Der einzige schlimm verwundete General ist Meinecke.[1] Mein Bruder Heinrich und der General von Seydlitz haben leichte Verwundungen am Arm. – Wir haben sämtliche feindliche Kanonen genommen. Die Niederlage ist vollständig.[2] Ich werde sie über die Unstrut zurückwerfen. – Nach soviel Angst endlich einmal, dem Himmel sei Dank, ein glückliches Ereignis! Nun wird es in der Welt heißen, daß 20 000 Preußen 50 000 Franzosen und Deutsche geschlagen haben. – Jetzt kann ich mich mit Frieden in mein Grab legen, denn Ruhm und Ehre meines Volkes sind gerettet. Wir können noch unglücklich, aber nicht ehrlos sein ...«

In nicht einmal zwei Stunden haben die preußischen Truppen einen überwältigenden Sieg erfochten. Die Preußen zählen 70 Gefallene und 438 Verwundete. Die Alliierten haben das Zwanzigfache, nämlich 10 152 Mann verloren, davon 60 Prozent an Gefangenen. Friedrich ernennt Seydlitz auf dem Schlachtfeld zum Generalleutnant und heftet ihm den Schwarzen Adlerorden an die Brust.

Der Sieg bei Roßbach hat Friedrichs düstere, verzweifelte Stimmung aufgehellt. Dennoch sieht er keinen Grund, seine Lage euphemistisch einzuschätzen. Am 15. November schreibt er an seinen Brieffreund d'Argens: »Dieses Jahr, mein lieber Marquis, ist für mich schrecklich gewesen. Ich versuche und unternehme

[1] Generalmajor von Meinecke, Chef des Dragonerregiments Graf von Truchseß.

[2] In der Tat fliehen die Franzosen in aufgelösten Scharen nach Westen. Die thüringische Bevölkerung macht regelrecht Treibjagd auf die flüchtenden Haufen, treibt sie mit Heugabeln oder Mistforken zusammen und liefert die Gefangenen bei den preußischen Regimentskommandeuren ab.

das Unmögliche, um den Staat zu retten. Aber tatsächlich brauche ich mehr denn je die Hilfe unberechenbarer Ursachen, um Erfolge zu haben. Die Affäre vom 5. November war sehr glücklich. Wir haben acht französische Generale, zweihundertsechzig Offiziere und an die sechstausend Mann gefangengenommen ... Das ist mehr, als ich erwarten konnte. Man muß sehen, was die Zukunft bringt ... Ich habe eine ungeheure Menge Verse gemacht. Wenn ich am Leben bleibe, werde ich sie Ihnen im Winterquartier zeigen; wenn ich falle, vermache ich sie Ihnen, und ich habe schon befohlen, sie Ihnen dann auszuhändigen. Im Augenblick haben unsere guten Berliner nichts von einem Besuch der Österreicher oder der Schweden zu befürchten. Doch von einer gewonnenen Schlacht habe ich nur den Vorteil, mich mit Sicherheit anderen Feinden entgegenwerfen zu müssen. Diese entsetzlichen Zeiten und dieser Krieg werden gewiß in der Geschichte Epoche machen ... Leben Sie wohl, mein lieber Marquis! Vermutlich liegen Sie zu Bett. Wachsen Sie nicht darin fest und erinnern Sie sich Ihres Versprechens, mich im Winterquartier zu besuchen. Noch haben Sie Zeit, denn bis jetzt weiß ich nicht, wo wir uns treffen werden ... Leben Sie wohl, Sie liebenswürdiger Faulenzer!«

In diesen Tagen erhält der Preußenkönig einen Brief Voltaires vom 13. November. Es ist Voltaires Antwort auf Friedrichs Schreiben vom 9. Oktober, in dem er allen Kapitulationsgedanken eine Absage erteilte. Voltaire, obwohl er noch nichts vom preußischen Sieg bei Roßbach weiß, zeigt sich tief beeindruckt vom Ethos des Heroischen in Friedrichs Schreiben und redet nur noch zwischen den Zeilen vom Frieden:

»Sie schienen mir in aller Form ein trauriges Lebewohl sagen und rasch Ihrem Leben ein Ende setzen zu wollen. Nicht nur dieser Entschluß ließ ein Herz wie das meine verzweifeln, das sich Ihnen nie genug enthüllt hat und das Ihrer Person immer verbunden gewesen ist, was auch geschehen mochte. Mein Schmerz war noch bitterer angesichts der Ungerechtigkeiten, mit denen viele Menschen Ihr Andenken bedacht hätten.

Ich halte mich an die drei letzten Ihrer Verse, die ihres Sinnes wegen ebenso bewunderungswürdig sind wie wegen der Umstände, unter denen sie entstanden:

Pour moi, menacé du maufrage,
Je dois, en affrontant l'orage,
Penser, vivre, et mourir en roi.

[Ich aber, dem der Schiffbruch droht,
Muß, mutig trotzend dem Verderben,
Als König denken, leben, sterben.]

Diese Empfindungen sind Ihrer Seele würdig, und etwas anderes will ich gar nicht vernehmen aus solchen Versen, als daß Sie sich mit Ihrem bekannten Mut bis zum Äußersten verteidigen wollen. Eine der schönsten Proben dieses über den Geschehnissen stehenden Mutes ist es, wenn schöne Verse in einer Krise geschaffen werden, in der jeder andere kaum einen Krümel Prosa zustande brächte. Urteilen Sie selbst, ob dieser neuerliche Beweis der Überlegenheit Ihrer Seele es nicht wünschenswert macht, daß Sie am Leben bleiben . . .

Sie sind über und über mit Ruhm bedeckt. Große Staaten bleiben Ihnen; der Winter bricht herein; alles kann sich wenden. Ew. Majestät wissen . . ., daß ein Gleichgewicht der Kräfte [in Europa] erforderlich ist, und daß die Politik, die dem zuwiderläuft, eine verachtenswerte Politik ist . . .

Abermals wage ich anzufügen, daß Karl XII. [von Schweden], der Ihren Mut besaß, dabei jedoch unendlich weniger Geist und Mitgefühl für seine Völker, Frieden mit dem Zaren schloß, ohne sich dabei zu erniedrigen. Es steht mir nicht zu, mehr zu sagen. Ihr überlegenes Denken wird Ihnen dazu hundertmal mehr mitteilen . . .

Ich gebe zu, eine großartige Sache ist es nicht, inmitten von Trübsal für einen Moment zwischen zwei Ewigkeiten, die uns verschlingen, zu existieren. Doch es obliegt der Größe Ihres Muts, die Last des Lebens zu tragen, und es heißt wirklich König sein, wenn man die Gefahren als großer Mann besteht.«

Aus London erreicht Friedrich frohe Kunde. Nachdem dort William Pitt[1] wieder ans Ruder gekommen ist, wird der unfähige

[1] William Pitt, Graf von Chatham (1708–1778), britischer Politiker und Staatsmann, 1756 und vom Juni 1757 bis Oktober 1761 Außenminister.

Herzog von Cumberland seines Kommandos enthoben und die schmachvolle Konvention von Kloster Zeven in aller Form widerrufen. Daraufhin stellt der Preußenkönig einen seiner begabtesten Generale, den sechsunddreißigjährigen Prinzen Ferdinand von Braunschweig, einen Bruder seiner Frau, als neuen Oberbefehlshaber einer nordwestdeutschen Armee von 50 000 Mann zur Verfügung, die aus Hannoveranern, Hessen, Braunschweigern und Bückeburgern besteht. Damit ist Friedrichs Flanke gegen die Franzosen endlich gedeckt.

Um so schlimmer sind die Nachrichten, die ihm aus Schlesien zukommen. Dort hat der Herzog von Bevern am 22. November in der Nähe von Breslau gegen dreifache Übermacht der Österreicher eine Schlacht verloren. Zwei Tage später ergab sich Breslau den Siegern. Fast die ganze Provinz Schlesien ist nun in feindlicher Hand.

Thüringen ist befreit, aber dafür ist Schlesien verloren. Es muß sofort etwas geschehen, Friedrich eilt mit einem kleinen Korps von 12 000 Mann so schnell er kann durch Sachsen nach Osten, Richtung Schlesien. Aus einem Marschquartier schreibt er an Prinz Heinrich, der mit 37 000 Mann Sachsen verteidigen soll: »All dies Unglück hat mich nicht niedergedrückt. Ich gehe geradeaus meinen Weg nach dem Plan, den ich mir vorgezeichnet habe.«

Auf dem Marsch empfängt er einen Brief Voltaires vom 22. November, der inzwischen vom Sieg bei Roßbach erfahren hat:

»Vous devez, dites-vous, vivre et mourir en roi.
 Je vois qu'en roi vous savez vivre;
 Quand partout on croit vous poursuivre,
 Partout vous répandez l'effroi.
A revenir vers vous forcez la victoire;
Général et soldat, génie universel.
 Si vous viviez autant que votre gloire,
 Vous seriez immortel.«

[Sie haben, sagen Sie, als König zu leben und zu sterben.
 Ich sehe, daß als König Sie zu leben wissen;
 Während überall man meint, zu jagen Sie,
 Verbreiten überall Sie Schrecken.

Wo Sie finden zu sich selbst, erzwingen Sie den Sieg;
Feldherr und Soldat, weltumfassendes Genie.
  Falls Sie lebten so lange wie Ihr Ruhm,
  Würden Sie unsterblich sein.]

In Niederschlesien angelangt, stößt Friedrich mit seinen Truppen auf die 21000 demoralisierten Soldaten der Bevernschen Armee, die der unerschütterliche Generalleutnant von Zieten heranführt. Es ist der 3. Dezember 1757. Friedrich gibt sich selbst und seinen Soldaten nur achtundvierzig Stunden Zeit bis zum Angriff auf die Österreicher, die an Mannschaftsstärke um das Doppelte überlegen sind. Der König beginnt unverzüglich damit, Seelenmassage zu betreiben, den Geist der tief gebeugten schlesischen Armee wieder aufzurichten. Nach dem Krieg erinnerte er sich: »Man faßte die Offiziere bei ihrem Ehrgefühl, rief ihnen die Erinnerung an frühere Siege zurück und suchte durch jede Art der Erheiterung die traurigen Eindrücke zu verwischen, die sie kürzlich empfangen; sogar des Weines bediente man sich, um die gesunkenen Lebensgeister zu wecken.«

Sofort am Abend des 3. Dezember tritt Friedrich vor seine Generalität. Er hält eine Ansprache, die weltberühmt geworden ist. Der preußische Offizier Friedrich Anton von Retzow, dessen Vater als General dabei war, hat den Wortlaut aufgezeichnet:

»Sie wissen, meine Herren, daß es dem Herzog von Lothringen gelungen ist, Schweidnitz zu erobern, den Herzog von Bevern zu schlagen und sich Breslaus zu bemächtigen, während ich gezwungen war, den Fortschritten der Franzosen und Reichsvölker Einhalt zu tun. Ein Teil von Schlesien und die Hauptstadt der Provinz mit allen Kriegsvorräten sind dadurch verlorengegangen. Meine Widerwärtigkeiten wären aufs höchste gestiegen, setzte ich nicht ein unbegrenztes Vertrauen in Ihren Mut, Ihre Standhaftigkeit und Ihre Vaterlandsliebe, die Sie bei so vielen Gelegenheiten bewiesen haben. Es ist fast keiner unter Ihnen, der sich nicht durch eine große ehrenvolle Handlung ausgezeichnet hätte, und ich schmeichle mir daher, Sie werden es auch jetzt nicht an dem mangeln lassen, was der Staat von Ihrer Tapferkeit zu fordern berechtigt ist. Die Entscheidung rückt heran. Ich würde glauben, nichts getan zu haben, ließe ich die Österreicher im Besitz von Schlesien. Lassen Sie es sich also gesagt sein: Ich werde gegen alle Regeln der Kunst die beinahe dreimal stärkere Armee des Prinzen Karl angreifen, wo ich sie finde! Es ist hier nicht die Frage von der Anzahl der Feinde noch von der Stärke ihrer auserwählten Stellung. Alles dies, so hoffe ich, wird die Herzhaftigkeit meiner Truppen und die richtige Befolgung meiner Dispositionen zu überwinden wissen. Ich muß diesen Schritt wagen, oder es ist alles verloren! Wir müssen den Feind schlagen oder uns alle vor seinen Batterien begraben lassen. So denke ich, so werde ich handeln.«

An dieser Stelle macht Friedrich eine Pause und blickt langsam in die Runde. Dann fährt er mit freundlicher Stimme fort:

»Bitte, machen Sie diesen meinen Entschluß allen Offizieren und Soldaten der Armee bekannt und schärfen Sie jedermann ein, daß ich mich für berechtigt halte, unbedingten Gehorsam zu fordern. Wenn Sie übrigens bedenken, daß Sie Preußen sind, werden Sie sich gewiß dieses Vorzugs nicht unwürdig machen wollen. Sollte aber einer unter Ihnen sein, der davor zurückschreckt, die letzte Gefahr mit mir zu teilen, der kann noch heute seinen Abschied erhalten, ohne den geringsten Vorwurf von mir zu erleiden.«

Friedrich hält inne. Alles schweigt tief betroffen, bis der Major von Billerbeck ausruft: »Das müßte ja ein infamer Hundsfott sein!« Friedrich lächelt und nimmt wieder das Wort:

»Schon im voraus war ich davon überzeugt, daß mich keiner von Ihnen verlassen würde. Ich rechne also auf Ihre Hilfe und auf den Sieg. Sollte ich fallen und Sie für Ihre Verdienste nicht belohnen können, so muß es das Vaterland tun. Gehen Sie nun in das Lager und wiederholen Sie den Regimentern, was Sie von mir gehört haben.«

Die Zuhörer sind zutiefst bewegt. Sie wollen dem König die Hand geben. Doch sie prallen wie von einem Peitschenhieb getroffen zurück, als Friedrich schneidend anfügt:

»Noch eins, meine Herren. Das Regiment Kavallerie, das sich nicht gleich, wenn es befohlen wird, unaufhaltsam in den Feind stürzt, lasse ich nach der Schlacht absitzen und mache es zu einem

Garnisonregiment. Das Bataillon Infanterie, das – es treffe, worauf es wolle – auch nur zu stocken anfängt, verliert die Fahne und das Seitengewehr, und ich lasse ihm die Litzen von der Montur schneiden. Nun leben Sie wohl, meine Herren! In kurzem haben wir den Feind geschlagen, oder wir sehen uns niemals wieder.«

Der Inhalt dieser Ansprache verbreitet sich sofort im preußischen Feldlager. Die Soldaten laufen bei den Wachtfeuern zusammen und zitieren sich gegenseitig die Worte ihres Königs. Alte Soldaten sieht man, so ein Augenzeuge, »wie Kinder weinen«. Ein anderer Zeitgenosse erzählt: »Die alten Krieger, die so manche Schlacht unter Friedrich II. gewonnen hatten, reichten sich wechselseitig die Hände, versprachen einander treulich beizustehen, und beschworen die jungen Leute, den Feind nicht zu scheuen, vielmehr, seines Widerstandes ungeachtet, ihm dreist unter die Augen zu treten.«

Am nächsten Abend reitet Friedrich durch das Lager. Zu einem pommerschen Regiment sagt er: »Nun, Kinder, wie wird es morgen aussehen? Der Feind ist doppelt so stark wie wir . . .« Die Soldaten geben zurück: »Das laß nur gut sein, Fritz. Es sind ja keine Pommern dabei! Und Du weißt doch, was die können . . .« Der König lacht: »Ja, freilich weiß ich das! Sonst könnte ich die Schlacht nicht riskieren . . . Nun schlaft wohl. Morgen haben wir also den Feind geschlagen, oder wir sind alle tot.« Das Regiment antwortet (und dreht dabei seine Worte um): »Jawohl, tot oder die Feinde geschlagen!« Dann trifft Friedrich auf westdeutsche Freiwillige und redet mit ihnen. Einer der Grenadiere verspricht: »Wir werden unseren Eid nicht brechen, sondern Gott und dem König getreu sein!«

Am 5. Dezember, um vier Uhr morgens, setzt sich die 33000 Mann starke preußische Armee in Bewegung. Die Feldmusik spielt einen Choral, und die Soldaten fallen ein:

»Gib, daß ich tu mit Fleiß, was mir zu tun gebühret,
Wozu mich Dein Befehl in meinem Stande führet,
Gib, daß ich's tue bald, zu der Zeit, da ich soll,
Und wenn ich's tu, so gib, daß es gerate wohl.«

Der Marsch der preußischen Regimenter vollzieht sich in tiefer Dunkelheit. Friedrich und Zieten reiten neben den singenden Musketieren. Der König wendet sich an den Husarengeneral: »Meint Er nicht, daß ich mit solchen Leuten heute siegen werde?!«

Als es hell wird, erblickt man endlose Linien der Österreicher in einer Breite von sechs Kilometern vor dem Dorf Leuthen. Friedrich winkt einen Rittmeister mit fünfzig Husaren zu sich: »Er und seine Leute sollen mir zur Deckung dienen! Er verläßt mich nicht und gibt acht, daß ich nicht der Kanaille in die Hände falle, versteht Er? Falle ich, so bedeckt Er den Körper sogleich mit dem Mantel und läßt einen Wagen holen. Er legt den Körper in den Wagen und sagt niemandem ein Wort. Die Schlacht geht weiter, und der Feind – der wird geschlagen.«

Die Österreicher bilden mit 66 000 Soldaten und 200 Kanonen eine geschlossene Abwehrfront. Friedrich greift sie in »schiefer Schlachtordnung« an, das heißt, sein Zentrum und sein linker Flügel verweigern sich dem Gegner, während das Gros der preußischen Armee von rechts her gegen die linke Flanke der Österreicher vorgeht. Ein Freikorporal des Avantgarderegiments von Meyerinck berichtet: »Man kann sich nichts Vortrefflicheres und Regulaireres der Welt vorstellen als den Anblick von dieser kleinen Anhöhe: Voran die ganze Kayserliche Armee, über deren Menge das forschende Auge ermüdet, und hinter uns, die Front gegen den Feind, die ganze preußische Armee in Schlachtordnung. Unsere Armee avancierte mit klingendem Spiele en Parade. Die Ordnung war ebenso vortrefflich als irgend bey einer Revue in Berlin. Die Armee bewegte sich unter den Augen ihres großen Monarchen.«

Um dreizehn Uhr bricht die preußische Infanterie in die linke österreichische Flanke ein. Gegen sechzehn Uhr kommt es zu furchtbaren Nahkämpfen im Dorf Leuthen. Um siebzehn Uhr bringt eine preußische Kavallerie-Attacke unter General Zieten die Entscheidung. Die Österreicher fliehen vom Schlachtfeld.

Friedrich hat ein Drittel seiner Armee, nämlich 11 000 Mann an Toten und Verwundeten, verloren, die Österreicher doppelt soviel: 22 000 Mann und 130 Kanonen.

Der König diktiert noch auf dem Schlachtfeld einen Tagesbefehl. Er bedankt sich bei seinen Soldaten und läßt den Regimentern für jede eroberte feindliche Kanone 100 Dukaten auszahlen. Bei sinkender Nacht reitet er mit einigen Bataillonen quer durch die feindlichen Vorpostenketten in das nächstgelegene Städtchen Lissa. Hier bezieht er im Schloß Quartier, in dem gerade zahlreiche österreichische Generale und Stabsoffiziere beim Abendessen sitzen. Der König, der von einem Adjutanten begleitet wird, zieht den Hut: »Bon soir, messieurs. Gewiß konnten Sie mich hier nicht vermuten. Kann man hier auch noch mit unterkommen? Aber ich möchte nicht, meine Herren«, setzt er lächelnd hinzu, »daß Ihre Behaglichkeit noch weiter gestört wird. Ihre Wohnungen im Schloß behalten Sie. Meine Offiziere werden schon anderweitig unterkommen.« Der König bietet seinen verblüfften Gastgebern, die ihn leicht gefangennehmen könnten, zuvorkommend aus seiner Schnupftabaksdose an. Währenddessen treten immer mehr preußische Generale ein, so daß Friedrich erstaunt fragt: »Wie kommen Sie denn alle hierher?« Sie führen ihn an ein Fenster und öffnen es: Durch die Nacht dringen Waffenklirren und der Marschtritt näherkommender Regimenter. Darüber lagern sich die Feldmusik und ein mächtiger Choral aus zwanzigtausend Kehlen. Die preußische Armee ist ohne Befehl ihrem König gefolgt und singt den Choral »Nun danket alle Gott«. Tief bewegt dreht sich Friedrich um. Doch dann zuckt es schon wieder in seinen Mundwinkeln. Er faßt den Schloßherrn, Baron Mudrach, am Arm und fragt: »Können Sie Pharao spielen?« Der Baron zögert mit der Antwort; er weiß nicht, was der König mit dieser Frage bezweckt. Der schaut ihm groß ins Gesicht: »Nun, dann wissen Sie ja, was va banque ist. Das habe ich heute gespielt.«

Noch in der Nacht schreibt Friedrich an Wilhelmine: »Wir haben soeben die Österreicher vollständig geschlagen. Ich marschiere morgen nach Breslau, um die Stadt zurückzuerobern. Wir haben eine wundervolle Menge von Fahnen und Kanonen und viele Gefangene . . . Die zärtliche Anteilnahme, die Sie an allem nehmen, was mich betrifft, veranlaßt mich zu dieser Mitteilung, meine liebe Schwester, indem ich Sie meiner herzlichen Freundschaft und Ergebenheit versichere.« Der König ist todmüde. Aber er wirft noch ein paar Zeilen an Geheimrat Eichel aufs Papier:

»Wir haben soeben eine Schlacht gegen die Österreicher vollständig gewonnen. Wir haben drei oder vier ihrer Infanterieregimenter gefangengenommen und eine große Zahl von Kanonen und Fahnen erbeutet. Ich kann keinerlei Einzelheiten angeben, weil es Nacht ist. Wir haben keinen General verloren. Krockow ist verwundet und Gefangener. Gott sei Dank, alles geht wunderbar! Ich marschiere morgen gegen Breslau, das ich binnen acht Tagen wieder zu gewinnen hoffe ...«

Am nächsten Tag, dem 6. Dezember, reitet Friedrich über das Schlachtfeld, um für die Versorgung der Verwundeten und die Beerdigung der Gefallenen zu sorgen. Der Anblick von Tod, Leid, Verstümmelung überwältigt ihn. Er fragt sich, wann diese unaufhörlichen Schrecknisse enden werden. Dennoch ist die Schlacht bei Leuthen, die beide Seiten zusammen etwa 5000 Gefallene und rund 15 000 Verwundete kostete (12 000 Österreicher wurden gefangengenommen), Friedrichs eindrucksvollster Sieg. Napoleon Bonaparte wird später urteilen: »Diese Schlacht ist geeignet, den Charakter Friedrichs unsterblich zu machen. Sie zeigt uns sein großes militärisches Talent; sie ist ein Meisterstück der Bewegungen, Anordnungen, Entschlossenheit. Sie allein würde hinreichen, Friedrich unsterblich zu machen.«

Der Preußenkönig verfolgt die geschlagenen Österreicher mit Energie. Am 9. Dezember trifft er in den Vorstädten Breslaus ein und schreibt seinem Generalleutnant von Zieten: »Ein Tag fatigue in dießen Umbständen, mein lieber Ziten, bringt uns in der Folge hundert Ruhetage. Nur immer dem Feindt in die Hacken gesessen!« Zieten bedarf eigentlich dieser Anfeuerung nicht; er treibt die Österreicher mit seinen Husaren vor sich her.

Am selben Tag richtet Friedrich einige Zeilen an den Lordmarschall Keith: »Ich danke Ihnen, mein lieber Mylord, für den Anteil, den Sie an unseren Erfolgen nehmen. Der schlechte Stand meiner Angelegenheiten in Schlesien hatte mich genötigt, dorthin zu eilen. Am 5. dieses Monats haben wir die große österreichische Armee angegriffen; das Glück war uns hold, der Feind hat eine schwere Niederlage erlitten ... Ich bin augenblicklich damit beschäftigt, Breslau zurückzugewinnen, während Zieten dem Feind auf den Fersen folgt. Quando avrai fine il mio tormento?

[Wann wird meine Qual enden?] Leben Sie wohl, lieber Mylord. Ich umarme Sie.«

Vier Tage später, am 13. Dezember abends, kommt Friedrich von einem Rundritt um Breslaus Befestigungswerke zurück, auf dem er die Stellungen der eingeschlossenen Österreicher inspiziert hat. Es herrscht klirrende Kälte; alles ist von einer weißen Schneedecke überzogen. Aber der König ist seit langer Zeit zum erstenmal wieder heiter und ausgelassen. Er rechnet fest damit, daß sich die österreichische Besatzung innerhalb der nächsten acht Tage ergeben wird. Er malt sich eine angenehme, friedvolle Zeit im Winterquartier Breslau aus und hofft, daß d'Argens ihn dann besuchen und ihm die Einsamkeit vertreiben wird. In dieser Stimmung schreibt er an den Freund in Potsdam, der sich ständig Krankheiten einbildet und der vor jedem kalten Lufthauch zittert:

»Mein göttlicher Marquis, Sie haben acht Monate lang das Bett gehütet und müssen jetzt recht ausgeruht sein. Könnten Sie sich wohl entschließen, den Winter mit mir in Schlesien zu verbringen, sobald hier alles ruhig ist? Freundschaft oder Trägheit – was wird den Sieg davontragen? Voller Ungeduld erwarte ich Ihre Antwort. Sie täten wahrlich ein gutes Werk, wenn Sie mich besuchen kämen. Ich bin ohne Gesellschaft und ohne Beistand. Wenn Sie diesen Entschluß fassen, der Ihrer großen Seele würdig ist, dann will ich Ihnen Ihre Reiseroute schicken und Sie bis Januar in Glogau in Gewahrsam lassen, um Sie dann bei mir in Breslau einzuquartieren. Das wird für Sie so viel sein wie der ganze harte Feldzug, den ich geführt habe, und ich werde vor aller Welt erklären, daß diese Anstrengung größer ist, als wenn Sie sechs Schlachten gewonnen hätten. Sie wissen, was der hochgepriesene Judenkönig[1] gesagt hat, jener weise König, der tausend Kebsweiber hatte: ›Wer sich selbst bezwingt, ist stärker denn der, der Städte gewinnt.‹ Zweifellos werden Sie dieser starke Mann sein und mir den Trost nicht mißgönnen, den ich in Ihrer Gesellschaft finde. Ich werde Ihnen jemanden zur Begleitung schicken und für Pferde und alle Ausgaben aufkommen.

[1] König Salomo. Das nachfolgende Zitat stammt aus den Sprüchen Salomos, Kap. 16, Vers 32.

Nun also, lieber Marquis, frischen Mut! Wir werden jede Zugluft fernhalten; ich werde für Watte, Pelze und Kapuzen sorgen, um Sie recht einzumummeln. Sie werden im [Breslauer] Dom das schöne Mausoleum von Bernini sehen, wenn Sie Lust haben, und alle Bequemlichkeiten finden, die Sie sich wünschen. Es steht Ihnen frei, Ihre Gemahlin mitzunehmen. Leben Sie wohl, mein lieber Marquis! Ich erwarte Ihre Antwort wie ein Missetäter sein Urteil oder seinen Freispruch.«

Am 20. Dezember ist es soweit: Breslau mit seiner Besatzung von 17000 Österreichern kapituliert. In Schlesien wimmelt es von feindlichen Deserteuren. Von der österreichischen Riesenarmee, die rund 90000 Mann umfaßte, führt Prinz Karl noch 36000 demoralisierte Soldaten über die böhmische Grenze zurück. Schlesien, bis auf die Festung Schweidnitz, ist befreit, und Friedrich bezieht in Breslau sein Winterquartier. Am 22. Dezember schreibt er an Prinz Heinrich: »Jetzt haben wir Genugtuung für alle Schmach. Die Reputation unserer Armee ist wiederhergestellt. Das war ein Feldzug, der für drei gelten kann! Aber mehr kann mein erschöpfter Körper nicht leisten. Seit acht Tagen quält mich die Kolik, mir fehlen Schlaf und Appetit. Doch trage ich Krankheit und Erschöpfung leichten Herzens, denn unsere Sachen stehen gut.«

Damit will er Optimismus und Zuversicht verbreiten. Aber in Wahrheit ist er weit entfernt vom Übermut früherer Tage. Er glaubt nicht mehr an Fortuna, zu der er nicht »galant« genug war. Er ist auf alles gefaßt: Sieg und Niederlage, Rettung und Tod. Für die Ruhmsucht seiner Jugend hat er nur mehr ein Achselzucken übrig. »Ihre Freundschaft verleitet Sie zu Übertreibungen«, hat er am 19. Dezember auf einen schmeichelhaften Glückwunschbrief von d'Argens geantwortet. »Mit Alexander dem Großen verglichen bin ich nur ein alberner Knabe und fühle mich nicht wert, Caesars Schuhriemen zu lösen. Nein, mein lieber Freund, Sie werden mich so wiederfinden, wie ich Sie verlassen habe! Denn die Dinge, die sich von weitem so glänzend ausnehmen, sind in der Nähe besehen oft sehr klein. Die Not, die Mutter aller Erfindungen, hat mich gelehrt, verzweifelte Mittel gegen verzweifelte Gefahren zu ersinnen.«

Das ist allzu wahr. Das abgelaufene Jahr 1757, das Friedrich mit so großen Hoffnungen und mit siegreicher Angriffsstrategie begonnen hat, hat schon bald für die preußische Seite »verzweifelte Gefahren« heraufgeführt, deren der König nur noch mit Anspannung aller seelischen Kräfte, mit Einsatz »verzweifelter Mittel« Herr werden konnte. Die Folge ist ein schneller Alterungsprozeß, der aus dem erst fünfundvierzigjährigen Friedrich II. bald den »Alten Fritz« machen wird. Sein Rücken krümmt sich, die Hände zittern manchmal greisenhaft, die sechs Kerben im Antlitz graben sich tiefer ein, die Lippen kennen kaum noch ein Lächeln. Die (Basedow-)Augen werden noch größer, werden immer zwingender.

Die Einkreisung Preußens besteht nach wie vor, der Vernichtungswille der Feinde ist ungebrochen. Im preußischen Staatsschatz lagern noch 1,5 Millionen Taler; das sind 10 Prozent der Kosten, die das kommende Kriegsjahr erfordern wird. Da ist es ein Trost, daß Großbritannien vier Millionen Taler Unterstützungsgelder zahlen will, die aber erst Ende Oktober 1758 verfügbar werden. So schreibt Friedrich am 28. Dezember an Prinz Heinrich: »Bei allem Ruhm, den wir geerntet haben, sind wir doch nur Bettelhelden! Wir brauchen Geld, und ich will, weil es nun mal sein muß, lieber feindliches Land als meine armen Untertanen treten. Dauert der Krieg noch lange, so muß ich Straßenraub treiben, um meine Truppen bezahlen zu können.«

So arm der Preußenkönig ist, sein Name ist nun zur weltweiten Legende geworden. Sein Ruhm fliegt von England bis Sizilien, von der Schweiz bis nach Amerika. Selbst im feindlichen Paris, berichtet ein Zeitgenosse, »gibt es mehr Preußen als Franzosen«. In Deutschland singt das Volk:

»Wohl von Berlin ein tapfrer Held
regiert nebst Gott jetzt in der Welt.«

Johann Wolfgang Goethe hat in *Dichtung und Wahrheit* dem dramatischsten Jahr in der Geschichte der Deutschen vor 1945 einen poetischen und zugleich realistischen Nachruf gesetzt:

»Das Jahr 1757, das wir noch in völlig bürgerlicher Ruhe verbrachten, wurde dessen ungeachtet in großer Gemütsbewegung verlebt. Reicher an Begebenheiten als dieses war vielleicht kein anderes. Die Siege, die Großtaten, die Unglücksfälle, die Wiederherstellungen folgten aufeinander, verschlangen sich und schienen sich gegenseitig aufzuheben. Immer aber schwebte die Gestalt Friedrichs, sein Name, sein Ruhm, in kurzem wieder oben. Der Enthusiasmus seiner Verehrer ward immer größer und belebter, der Haß seiner Feinde bitterer, und die Verschiedenheit der Ansichten, welche selbst Familien zerspaltete, trug nicht wenig dazu bei, die ohnehin schon auf mancherlei Weise voneinander getrennten Bürger noch mehr voneinander zu isolieren.«

[illegible]

Die Wut nimmt zu

Das Auftreten der Russen (1758)

Gelingt der Sturm, so halte deine Krieger
In strenger Zucht! Denn wilder als ein Tiger
Ist der Soldat, vom Siegesrausch verblendet.
Nach Beute lüstern, jeder Zucht enthoben,
Reißt seine Wut ihn fort zu blindem Toben.
Doch durch Verbrechen wird dein Sieg geschändet!
Es welkt der Lorbeer auf des Feldherrn Haupt,
Und hätt' er auch die halbe Welt bezähmt,
Wenn er sich selber nicht des Plünderns schämt
Und duldet, daß der Krieger brennt und raubt.
Der ganzen Menschheit Fluch gen Himmel gellt;
Du bist verfemt; vergessen ist der Held.
Umsonst hat Tilly[1] sich mit Ruhm bedeckt
In Kaisers Dienst. Sein Name ward entweiht
Und aus dem Buche der Unsterblichkeit
Getilgt durch eine Tat, die ihn befleckt.[2]
. . .
Kein Lorbeer soll Viktorias Stirn bedecken,
Wenn Missetaten ihren Ruhm beflecken!

Friedrich der Große, »DIE KRIEGSKUNST –
Ein Lehrgedicht«, 1751, 4. und 1. Gesang

[1] Johann Tserclaes Graf von Tilly (1559–1632), Wallone, kaiserlicher General und Feldherr im Dreißigjährigen Krieg.
[2] Tilly plünderte und zerstörte Magdeburg am 20. Mai 1631.

In den ersten Tagen des neuen Jahres rafft sich Friedrich wieder auf. Die schreckliche Ermattung an Leib und Seele fällt langsam von ihm ab. Er begreift, was er an Gefahren überstanden hat, und vergleicht sich mit einem Matrosen, der nach langer stürmischer Seefahrt endlich wieder für ein paar Tage einen ruhigen Hafen ansteuert. Er beschließt, die Pause des Breslauer Winterquartiers dazu zu nutzen, »in lieber Gesellschaft das wieder abzustreifen, womit der schreckliche Feldzug die Sitten verroht« haben mochte. Er sehnt sich nach den heiteren Kavalierstagen in Rheinsberg oder Sanssouci zurück, denkt an seine Flötenkonzerte, an seine Tafelrunde. So lädt er sich eine kleine Gesellschaft nach Breslau ein, zum Plaudern, zum Musizieren und Disputieren. Prinzessin Amalie, seine Schwester, und seine beiden Nichten, die Gemahlinnen des Prinzen Ferdinand und des Prinzen von Württemberg, bilden den Damenflor. Der Marquis d'Argens, der Minister von Finckenstein, der englische Gesandte Mitchell und Baron von Knyphausen, der ehemalige Gesandte am französischen Hof, vervollständigen den Zirkel. Mitchell, der nach der Schlacht bei Roßbach in Leipzig zurückgeblieben war und am 8. Januar, gleich nach seiner Ankunft in Breslau, zur Tafel gezogen wird, findet den König »zufrieden und glücklich, aber nicht aufgebläht nach den großen und fast unglaublichen Erfolgen seiner Waffen«. Als Friedrich der kleinen Gesellschaft von der Schlacht bei Leuthen erzählt, ist der Brite beeindruckt von der »Bescheidenheit eines Helden, dessen Hochsinnigkeit weder durch das Lächeln noch durch das Stirnrunzeln des Glücks berührt wird«. Mehrmals gebraucht der König die Sentenz: »Ich habe nur etwas kaltes Blut und viel Glück gehabt.« Als er seinem Bruder, dem Prinzen Heinrich, einen Plan der Schlacht bei Leuthen sendet, versichert er, daß dies die allerletzte Erwähnung der Schlacht sein solle, denn sonst werde er in den Ruf kommen, ebenso eitel wie Cicero[1] zu sein, der unaufhörlich von seiner Konsulatszeit gesprochen habe.

Gibt es Friedenshoffnungen? Friedrich hat Ende Dezember den österreichischen Obersten Fürst August Lobkowitz, der zu

[1] Marcus Tullius Cicero (106–43 v. Chr.), römischer Staatsmann und Konsul, Philosoph und Redner.

den Kriegsgefangenen von Breslau gehörte, freigelassen und ihm eine persönliche Botschaft an Kaiserin Maria Theresia mitgegeben, in der er ihr seine Friedensbereitschaft signalisierte. Gerüchte aus Wien besagen, daß sein Vorstoß keineswegs günstig aufgenommen wurde. Er bleibt ruhig, ist auf alles gefaßt und schreibt am 16. Januar an Voltaire: »Ich danke Ihnen für Ihre Teilnahme an den glücklichen Zufällen, die mich am Ende des Feldzugs, wo schon alles verloren schien, unterstützt haben. Leben Sie glücklich und ruhig in Genf. Das ist das Beste, was es in der Welt gibt. Und beten Sie, daß Europa bald von seinem heroischen Fieber geheilt wird, daß das Triumvirat [er meint Österreich, Rußland und Frankreich] sich auflöst und daß die Tyrannen dieses Erdballs nicht imstande sein mögen, der Welt die Ketten anzulegen, die sie ihr schmieden.« Friedrich streichelt die beiden Windspiele, die ihm Eichel aus Potsdam mitgebracht hat, und fährt in seinem Brief fort: »Ich bin nicht krank, weder an Leib noch Seele, aber ich ruhe mich in meinem Zimmer aus. Das hat zu den Gerüchten Veranlassung gegeben, die meine Feinde ausgestreut haben. Aber ich kann Ihnen sagen wie damals Demosthenes[1] zu den Athenern[2]: ›Nun wohl, wenn Philipp[3] tot wäre, was dann? O Athener, ihr würdet euch bald einen anderen Philipp machen!‹ Und ich sage: O Österreicher, euer Verlangen, über alles zu herrschen, würde euch bald andere zu Feinden machen! Den deutschen Freiheitsbestrebungen und denen Europas wird es niemals an Verteidigern fehlen.«

In Paris ist die Friedrich-Begeisterung nach dem Sieg bei Leuthen in den Kreisen der Intellektuellen und der aufgeklärten Bourgeoisie auf dem Höhepunkt. Der französische Außenminister, Kardinal François Joachim de Pierre de Bernis, nennt den Preußenkönig »den größten Kapitän unseres Jahrhunderts« und schreibt am 19. Januar an seinen Botschafter in Wien: »Ist es nicht

[1] Demosthenes (384–322 v. Chr.), berühmter griechischer Redner des Altertums.

[2] In der ersten »Philippischen Rede« (Philippika) suchte Demosthenes die Athener zum Freiheitskrieg gegen Philipp von Makedonien zu stacheln.

[3] König Philipp von Makedonien (382–336 v. Chr.), Vater Alexanders des Großen.

ein verblendeter Mut, der der Kaiserin den Wunsch eingibt, im nächsten Feldzug noch einmal einen Versuch zur Besiegung ihres Gegners zu machen? Was hat sie dieses Jahr mehr zu hoffen als im vorigen? ... Der König von Preußen wird immer derselbe sein, und die Minister und Generale, die ihm gegenüberstehen, werden ihm immer unterlegen sein ... Der Winter verstreicht, noch ist nichts vereinbart, und derweil wühlt unser Feind ganz Europa auf, setzt es in Erstaunen durch seine Erfolge, in Schwankungen durch seine Verhandlungen, in Schrecken durch seine Drohungen. Die größten Mächte der Welt sind beständig drauf und dran, ihre Heere angegriffen und beunruhigt zu sehen.«

Beunruhigt aber ist Friedrich. Am 23. Januar erfährt er zu seiner grenzenlosen Überraschung, daß sich die russische Armee mit 35 000 Mann schon in den ersten Januartagen, in Eis und Schnee, von Memel aus in Bewegung gesetzt und inzwischen bereits Königsberg, die Hauptstadt Ostpreußens, besetzt hat. An ihrer Spitze steht nun nicht mehr Apraxin, sondern General Fermor, der von der Zarin die Weisung erhalten hat, ganz Ostpreußen bis zur Weichsel in Besitz zu nehmen und sich auf 80 000 Mann zu verstärken. Alle Hoffnungen auf den so oft vorausgesagten Tod der Zarin Elisabeth haben also wieder einmal getrogen, und der Preußenbewunderer Peter, der Thronfolger und nach dem Tode Elisabeths 1762 Zar Peter III., scheint von neuem ohne jeden Einfluß auf die Petersburger Politik zu sein.

Friedrich beruhigt sich bei dem Gedanken, daß die langsamen Russen noch Monate brauchen werden, um sich Brandenburg oder Schlesien zu nähern. Er zeigt seiner Umgebung eine heitere Miene und gestattet der Breslauer Bürgerschaft Feierlichkeiten zu seinem Geburtstag am 24. Januar. Standesunterschiede sollen nicht gemacht, Beamte und Bürger sollen gleichermaßen zu Tanz und Trunk, zu Spiel und Maskerade geladen werden. An Prinz Heinrich schreibt er jedoch am Geburtstagabend, wenn das beginnende Jahr so grausam sein sollte wie das vergangene, dann wünsche er, daß es das letzte seines Lebens sein möge.

Allmählich schwinden auch die letzten Illusionen. Nirgendwo ist am Horizont ein Silberstreif von Friedenshoffnungen zu sehen. Friedrich rekapituliert in seinem Innern das Sturmjahr 1757, das sechs große Schlachten brachte: Prag, Kolin, Groß-Jägersdorf, Roßbach, Breslau, Leuthen. Drei Siege, drei Niederlagen für die Preußen. Friedrich hat etwa 16000 Mann an Gefallenen und 34000 Mann an Verwundeten errechnet, also ein Drittel seiner alten aktiven Armee. Die blutigen Verluste der Alliierten belaufen sich auf 65000 bis 70000 Mann; Gefallene, Verwundete und Gefangene zusammengezählt. Aber welche Soldatenreserven sie haben! Die Festung Schweidnitz befindet sich noch in feindlicher Hand, das ist schon unangenehm genug. Viel schlimmer ist allerdings, daß sich in Böhmen wieder eine beachtliche österreichische Streitmacht sammeln soll.

Von seiner Schwester Ulrike erfährt Friedrich, daß die schwedische Adelspartei auf eine Weiterführung des Krieges gegen Preußen drängt, daß die schwedische Invasionsarmee von 22000 auf 30000 Mann verstärkt werden soll. Die Adelspartei weiß, was sie tut. Denn im Falle eines Friedensschlusses würden die französischen Subsidien in jährlicher Höhe von sechs Millionen Livres entfallen, die natürlich nicht dem schwedischen Volk, sondern der Aristokratie zugute kommen. Dabei ist gar nicht sicher, ob die französischen Unterstützungsgelder wirklich ausgezahlt werden können. Die französischen Staatskassen sind leer, die Bevölkerung in den Provinzen leidet unter einer Hungersnot. Es sind weniger die Ausgaben für die eigenen Streitkräfte, die Frankreich in diese Krise gebracht haben, als die ungeheuren Summen an Subsidien, die an die Verbündeten beziehungsweise Satelliten gehen. Die west- und süddeutschen Kontingente der Reichsexekutionsarmee, die nach dem Debakel bei Roßbach neu formiert werden sollen, leben fast ausschließlich von französischem Sold. Selbst die finanzielle Unterstützung für Wien steht in Frage. Doch die Friedensbemühungen des Außenministers Bernis erleiden einen schweren Rückschlag, als Maria Theresia am 28. Januar dem französischen Botschafter in einer leidenschaftlichen Rede klarmacht, daß sie nicht an Frieden denke. Sie habe die ganze Nacht kein Auge zugetan, sagt sie. Nicht das Verlangen nach Schlesien reize sie zur Fortsetzung des Krieges, sondern lediglich die Ruhe Europas. Deshalb stemme sie sich gegen die Macht des »Ungeheuers« aus Berlin. Sie bete zu Gott, sie an dem Preußenkönig zu rächen, wenn schon die Menschen nichts gegen diesen Fürsten ausrichteten. Dieser Temperamentsausbruch der Kaiserin ist wohlinszeniert und vorbereitet, mit Kaunitz vorher gründlich bis ins Detail geprobt. Doch zugleich entspricht er den wirklichen Gefühlen der Kaiserin. Hatte sie doch bei Empfang der Kunde von der furchtbaren Niederlage ihrer Armee bei Leuthen erklärt, sie werde dafür Sorge tragen, daß Friedrich, dieser »Attila des Nordens«, zu Staub zermalmt werde.

Und der Erfolg ihrer Taktik ist durchschlagend. Bernis und die Friedenspartei werden in Versailles gestürzt. Madame de Pompadour, die den Preußenkönig ebenfalls vernichtet sehen will, kann triumphieren. Am 4. Februar erhält Maria Theresia ein Handschreiben des französischen Königs Ludwigs XV. mit der festen Zusage einer Kriegsfortsetzung, und Graf Kaunitz empfängt ein Billet der Pompadour mit den besten Wünschen für das Gelingen »des schönsten Planes der Welt«, der Vernichtung Preußens. Die Kaiserin umarmt und küßt ihren Mann; sie ist außer sich vor Freude.

Friedrich ist sehr bald von der Entwicklung unterrichtet. Am 8. Februar schreibt er an Wilhelmine. Er versucht, seinem tiefen Ernst eine sarkastische Note zu geben: ». . . Schließlich, liebe Schwester, zwingen mich diese Schurken von Kaisern, Kaiserinnen und Königen, noch dieses Jahr auf dem Seil zu tanzen. Ich tröste mich darüber in der Hoffnung, dem einen oder anderen mit der Balancierstange kräftige Schläge auf die Nase zu geben. Aber wenn dies geschehen ist, muß man wirklich zum Frieden kommen.« Er hält im Schreiben inne. Zum Spott ist ihm eigentlich nicht zumute. Er sieht mit Schrecken in das neue Jahr und fährt fort: »Welche Opfer an Menschen! Welche entsetzliche Schlächterei! Nur schaudernd denke ich daran.«

Er schließt: »Wie dem aber auch sei, man muß sich ein ehernes Herz anschaffen und sich auf Mord und Gemetzel vorbereiten! Man muß Vorurteile als heroisch hinstellen, die in Wahrheit schrecklich sind, wenn man sie aus der Nähe betrachtet . . .«

Der Krieg geht also weiter. Friedrich muß zu Felde ziehen, und sei es bis ans Ende seiner Tage. Am 12. März, so erfährt er, hat Feldmarschall Daun wieder den Oberbefehl über die österreichische Armee in Böhmen übernommen. Bei Königgrätz sind bereits

63000 Mann zusammengezogen. Friedrich verlegt am 15. März sein Hauptquartier von Breslau ins Gebirge, nach Kloster Grüssau, einem tristen Ort »wie in Lappland«. Noch trennen ihn »Eisbarrieren« vom Feind. Aber Ende des Monats wird er die Operationen eröffnen müssen. Das schlesische Heer wird bis dahin 84000 Mann umfassen, die Armeekorps in Sachsen und in Pommern zählen jeweils 22000 Mann, 15 Schwadronen in Stärke von 2000 Mann stehen in Westfalen auf Wacht gegen die Franzosen. Mit insgesamt 130000 Mann wird der König den neuen Feldzug beginnen.

Am 29. März trifft der neue Vorleser im Feldlager Grüssau ein: der dreiunddreißigjährige Schweizer Heinrich Alexander de Catt. Friedrich hat den jungen Mann 1755 auf einer Reise durch die Niederlande kennengelernt. »Vorleser« ist eigentlich nicht die richtige Bezeichnung für de Catt. Was der Preußenkönig sucht, ist ein liebenswürdiger, gebildeter Zuhörer, dem er seine Gedanken und Gefühle vortragen kann. Absolute Loyalität und Verschwiegenheit sind die einzigen Bedingungen, die Friedrich stellt. Er hat nichts dagegen, daß de Catt seine Erlebnisse mit dem König in einem Tagebuch festhält. Länger als zwei Jahre, vom März 1758 bis Juli 1760, sprechen sie fast täglich miteinander. Die für Preußen kritischsten beiden Jahre des Siebenjährigen Krieges werden so fortlaufend von Friedrich via de Catt kommentiert.

Das erste Gespräch, am 13. März, verläuft so:

Friedrich: »Ah, guten Abend, mein Herr! (Er nimmt den Dreispitz ab.) Guten Abend! Ich freue mich, Sie begrüßen zu können! (Beide haben sich seit drei Jahren nicht gesehen.) Hätten Sie mich wiedererkannt?«

De Catt: »Ja, Sire, sofort.«

Friedrich: »Und woran?«

De Catt: »An Ihren Augen!«

Friedrich: »Aber ich bin abgemagert . . .«

De Catt: »Das ist wahr. Aber es ist erstaunlich, wie Sie so viele Strapazen zu ertragen vermögen.«

Friedrich: »Ja, die Anstrengungen sind außerordentlich groß, mein Lieber. Ich führe ein Hundeleben . . .«

Anfang April kommen endlich gute Nachrichten, und zwar vom westlichen Kriegsschauplatz. Am 23. November 1757 hatte Prinz Ferdinand von Braunschweig, preußischer Generalleutnant und Schwager des Königs, an Stelle des unfähigen Herzogs von Cumberland im Westen den Oberbefehl übernommen. Nachdem der englische König die schmachvolle Konvention von Kloster Zeven offiziell verworfen hatte, war Ferdinand sogleich mit seinen braunschweigischen Truppen gegen die Franzosen vorgegangen, hatte sie bis zur Aller zurückgedrängt und die Festung Harburg zur Übergabe gezwungen. Das war aber nur der Auftakt gewesen. Jetzt, 1758, begann sich die Feldherrnkunst Ferdinands im großen operativen Stil auszuwirken. Unterstützt von 8000 Preußen, die er sich vom sächsischen Armeekorps des Königs auslieh, hat er im Monat März ganz Nordwestdeutschland von den Franzosen gesäubert. In den letzten Märztagen sind die französischen Truppen in drei Heerhaufen über den Rhein zurückgewichen.

Friedrich, der am 1. April die Belagerung von Schweidnitz begonnen hat, ist überglücklich. Jetzt hat er wenigstens im Westen den Rücken frei. Am 3. April abends amüsiert er sich köstlich, als sich seine beiden französischen Gäste, d'Argens und Maupertuis[1], vor seinem Quartier im preußischen Exerzierreglement versuchen. D'Argens nimmt eine Schaufel, und Maupertuis kommandiert mit schnarrender Stimme. Friedrich und de Catt biegen sich vor Lachen. Am nächsten Tag schreibt der Preußenkönig seinem Schwager: »Es lebe mein lieber Ferdinand! Das geht ja wunderbar! Sehen Sie, die Offensive ist doch besser als die Defensive! Sie bedecken den Cumberland mit Schande, der mit den nämlichen Truppen, die Sie kommandieren, nur dummes Zeug gemacht hat. Sie werden leichtes Spiel mit den Franzosen haben. Aber wenn Sie am Rhein stehen, müssen Sie ein Fabius[2] hinsichtlich der Pläne und Dispositionen, ein Hannibal[3] im Aufschneiden werden.«

[1] Pierre Louis Moreau de Maupertuis (1698–1759), französischer Physiker und Mathematiker, Tischgenosse Friedrichs, seit 1741 Präsident der Preußischen Akademie in Berlin.

[2] Fabius Maximus »Cunctator« (»Zauderer«/280–203 v. Chr.), altrömischer Politiker und Feldherr, der Hannibal mit seiner hinhaltenden Kriegführung bezwang.

[3] Hannibal (247–183 v. Chr.), karthagischer Feldherr, Sieger von Cannae.

Am 8. April beginnt das preußische Bombardement der Festung Schweidnitz. Drei Tage später, am 11., kommt es zur Konvention von London. Endlich erhält der Preußenkönig finanzielle Unterstützung von seiten Großbritanniens. Vorausgegangen waren Monate schwierigster Verhandlungen. Friedrich war nicht bereit gewesen, englische Almosen in Empfang zu nehmen und sich unzumutbare Bedingungen stellen zu lassen. Jetzt besiegeln König George II. und Friedrich in aller Form ihr Bündnis. Der preußische König wird jährlich 670 000 Pfund, umgerechnet etwa vier Millionen Taler, von der britischen Regierung erhalten, und beide Fürsten geloben, keinen separaten Waffenstillstand oder Frieden zu schließen. In einem Zusatzprotokoll verpflichtet sich die Londoner Regierung, 50 000 Mann auf britische und 5000 Mann auf hannoversche Kosten in Deutschland zu unterhalten. Das ist Pitts Werk. Das Unterhaus stimmt fast einstimmig zu.

Am 12. April abends ist de Catt eine halbe Stunde beim König. Er notiert in seinem Tagebuch: »Der König war krank; er litt so sehr, daß es ihm unmöglich war, die Augen offen zu halten. Trotzdem unterhielt er sich dauernd. Litt still vor sich hin, erzählte mir von seinen Gärten in Potsdam; daß man dort mehr Natur als Kunst sähe . . .«

Friedrich wartet sehnsüchtig darauf, daß die österreichische Besatzung von Schweidnitz endlich kapituliert. Er liest in diesen Tagen viel, Caesar, Tacitus und Plutarchs *Heldenleben*. Er korrigiert seine Geschichte der beiden ersten Schlesischen Kriege, denkt intensiv nach über Taktik, operative Führung, Strategie. Beinahe täglich ruft er abends de Catt zu sich. Er sagt zu ihm: »Ich beurteile mich selbst mit möglichster Strenge, mein Lieber. Ich weiß und gestehe es offen, daß wir alle Don Quichottes sind und schwere Fehler machen . . .« Auch über Maria Theresia spricht er: »Sie ist zwar meine Feindin und fügt mir viel Schaden zu. Aber ich muß ihr Gerechtigkeit widerfahren lassen, wie sie es verdient. Man sieht selten solche Fürstinnen wie sie.« Er plaudert mit de Catt über seine Schnupfleidenschaft: »Ich kann diesen spanischen Tabak nicht entbehren; es ist eine eingewurzelte Gewohnheit. Ich besudele mir dabei Gesicht und Kleidung. Wie widerlich das ist! Nicht wahr, ich sehe ein bißchen wie ein Schwein aus? Gestehen

Sie es nur!« Verlegen antwortet de Catt: »Ich gebe zu, Sire, daß Ihr Gesicht und Ihre Uniform stark mit Tabak bedeckt sind ...« Da muß Friedrich lachen: »Nun, mein Herr, das gerade nenn ich ›ein bißchen wie ein Schwein aussehen‹! Wenn meine gute Mutter noch lebte«, er seufzt, »ja, mein Lieber, dann wäre ich sauberer. Meine zärtliche Mutter ließ mir jedes Jahr ein Dutzend Hemden mit hübschen Manschetten nähen, die sie mir nachschickte. Jetzt, nach ihrem unersetzlichen Verlust, sorgt niemand mehr für mich – aber rühren wir diese Saite nicht an. Guten Abend, mein Herr, und gute Nacht!«

Über die Mutter spricht Friedrich nur voller Zärtlichkeit. Immer häufiger aber erinnert er sich auch seines Vaters. So meint er einmal zu de Catt: »Ich habe einen seltsamen Traum gehabt, und ich weiß nicht, wie das zugeht, ich habe sehr häufig dieselben Träume. Mir träumte also, mein Vater sei des Nachts mit sechs Soldaten in mein Zimmer gekommen. Er befahl ihnen, mich zu binden und nach Magdeburg auf die Festung zu schaffen. ›Aber, warum nur?‹ fragte ich meine Schwester von Bayreuth. ›Weil Sie Ihren Vater nicht genug lieb gehabt haben!‹ antwortete sie. Und ich erwachte schweißgebadet ...«

Durch den Traum veranlaßt, erzählt er de Catt von seinem Vater: »Welch schrecklicher Mann! Aber auch welch gerechter, kluger und sachkundiger Mann! Sie können sich nicht vorstellen, welche Ordnung er in alle Verwaltungszweige gebracht hat. Kein Fürst erreichte ihn in der Fähigkeit, in die geringsten Einzelheiten einzudringen. Und er drang in sie ein, um, wie er sagte, alle Teile der Staatsverwaltung auf den höchsten Grad der Vollkommenheit zu bringen. Nur durch seine Sorgen, seine unermüdliche Arbeit, seine von peinlichster Gerechtigkeit erfüllte Politik, seine große und bewundernswerte Sparsamkeit und die strenge Manneszucht, die er in dem von ihm geschaffenen Heer einführte, nur dadurch sind meine bisherigen Leistungen ermöglicht worden.«

Am liebsten spricht Friedrich mit de Catt über die französische Literatur, über Voltaires Schriften, vor allem aber über die Tragödien, die sein Lieblingsdramatiker Jean Racine geschrieben hat. Ganze Partien beherrscht er auswendig. Wenn seine Seele Trommelwirbel schlägt, wenn katastrophale Nachrichten militärischer oder politischer Natur sein Gemüt in Wallung bringen, zwingt Friedrich sich zur Konzentration, zur Selbstdisziplin. Er geht dann im Zimmer auf und ab, bleibt plötzlich stehen, setzt sich erneut in Bewegung und deklamiert laut in französischer Sprache aus einer Racineschen Tragödie. Der diensttuende Kammerhusar glaubt manchmal, daß der König ihn gerufen habe; stürzt er dann ins Zimmer, so wünscht Friedrich ihn ärgerlich zu allen Teufeln. »Wirklich, mein Herr«, sagt der beleidigte Kammerhusar zu de Catt, »ich war nicht wenig erschrocken! Ich glaube tatsächlich, der Verstand Seiner Majestät hat gelitten (er tippt sich mit dem Zeigefinger an die Stirn). Wenn das so weitergeht, fürchte ich sehr, daß das kein gutes Ende nimmt. Wie er umherging! Wie er geschrien hat . . .«

Friedrich bewundert Corneille[1] nicht weniger, sieht in ihm den größten Theaterklassiker der französischen Nation. Aber Racine berührt sein weiches, empfindsames Herz; in seinen Gestalten verbindet sich Größe mit Anmut. Corneille stellt heroische Willensnaturen auf die Szene. Racine läßt die Menschlichkeit des Herzens sprechen, die sich im Untergang zu leidvoller Größe erhebt. Friedrich bejaht uneingeschränkt, daß Racine die Humanisierung heroischer Konflikte durch Einführung edler Frauengestalten bewirkt.

Am 16. April kapituliert die österreichische Besatzung von Schweidnitz vor den Preußen. De Catt ist gerade bei Friedrich und berichtet: »Ich äußerte einige Bedenken über Racines *Iphigenie*. Der König ließ einige gelten, meinte aber: ›Man darf nicht so viele philosophische Überlegungen anstellen, das verdirbt den Genuß. Soll ich Ihnen noch ein Stück vorlesen? Aber nach jedem Akt nehmen wir eine Prise Schnupftabak!‹ Es war *Phädra*; der König wußte mehrere Stellen auswendig. Als er beim dritten Akt war, meldete man ihm die Kapitulation von Schweidnitz. Der König fragte den Adjutanten aus; er sprach von den Verwundeten und litt bei jeder Beschreibung.«

Voltaire hat dem Preußenkönig einen Brief geschrieben, der in

[1] Pierre Corneille (1606–1684), berühmter französischer Theaterdichter; schuf 1636 den *Cid*, von dem die Franzosen den Beginn des goldenen Zeitalters ihrer Literatur datieren.

Lausanne aufgegeben ist. Der Franzose preist darin erneut Friedrichs Heldentaten. Der König antwortet: »Im Grunde kommen mir Lobeshymnen, die zu Lebzeiten der Fürsten gesungen werden, ebenso verdächtig vor wie Votivbilder, die Götzen geopfert werden ... Und vor allem, wer sind denn die, die auf einen großen Namen erpicht sind? Oft sind die Fehler unserer Feinde unser einziges Verdienst ...«

Am 19. April verläßt Friedrich Grüssau und begibt sich auf dem Umweg über Glatz nach Neiße, wo sich sein Angriffsheer versammelt. Am 24. abends besucht ihn de Catt und schreibt über den König: »Er ließ mich merken, wie sehr ihn das Elend der Soldaten ergriff; der Tag einer Schlacht sei der Tag des Schreckens. Ich warf ein, daß er sich selbst den Gefahren aussetze. ›Wie sollte ich es nicht tun, wenn sich soviel Menschen für mich, für meinen Staat in Gefahr begeben!‹ Je häufiger ich diesen Fürsten sehe, um so mehr Grund finde ich, ihn zu lieben und zu verehren.«

Am 27. April bricht Friedrich mit seiner Armee von Neiße auf, zwei Tage später ist er in Troppau. Am 4. Mai erreicht er mit der Avantgarde das Städtchen Littau und steht damit auf der Straße von Olmütz nach Böhmen. Feldmarschall Daun ist mit seiner österreichischen Feldarmee von der mährischen Festung Olmütz abgeschnitten, um die sich nun ein preußischer Belagerungsring zieht.

Sechzehn Jahre zuvor, 1742, im Krieg, hat der Preußenkönig Olmütz handstreichartig besetzt. Inzwischen ist Olmütz zu einer formidablen Festung ausgebaut worden, die ohne eine langwierige Belagerung nicht genommen werden kann. Warum macht Friedrich die Stadt Olmütz zum Ziel seiner Operationen?

Es geht ihm kaum um die Festung selbst, obwohl er meint, eine schnelle Einnahme der Stadt könne einen psychologischen Schock in Wien auslösen (Olmütz ist quasi ein Vorposten der österreichischen Kaiserstadt) und die Bereitschaft des Hauses Habsburg zu Friedensverhandlungen fördern. Sein wahres Operationsziel ist jedoch, die österreichische Feldarmee, die ja Wien nicht preisgeben kann, in Mähren festzunageln, so daß es ihr unmöglich ist, von Böhmen aus zu operieren und sich auf Berlin zu werfen. Vor allem aber hofft er, dadurch, daß er die Österreicher vor

Wien bindet, ihre Vereinigung mit den russischen Streitkräften in Brandenburg oder in Schlesien zu vereiteln, denn er weiß, daß die »russische Dampfwalze« nach Westen rollt, daß er spätestens Ende Juni mit ihrem Erscheinen auf dem deutschen Kriegsschauplatz rechnen muß.

Dies wird nun in den nächsten drei Jahren, von 1758 bis 1761, das Hauptziel aller seiner operativen Bemühungen sein: die Vereinigung der Österreicher mit den Russen zu durchkreuzen! Denn nur wenn seine Feinde getrennt bleiben, kann er seine »Strategie der inneren Linie« betreiben, wird es ihm möglich sein, durch blitzartige Ausfälle aus seiner belagerten Festung Brandenburg-Sachsen-Schlesien die Gegner vereinzelt zur Schlacht zu stellen.

Und diesen Zweck erreicht er jetzt, bei Olmütz, denn Daun bleibt mit seiner Riesenarmee wie festgewurzelt auf ein und demselben Fleck stehen, zwischen Olmütz und Wien. Dagegen begeht Friedrich haarsträubende Fehler in der Kunst der Belagerung, indem er dem Oberst Johann Friedrich von Balbi, der gerade Schweidnitz so erfolgreich belagerte, die unsinnigsten Detailvorschriften macht. Wiederum zeigt sich, daß der Preußenkönig, dieses militärische Allroundgenie, von Belagerungsoperationen nichts versteht. So war es schon vor Pirna und Prag, jetzt vor Olmütz, und bald wird es so vor Dresden sein. Die Tugend der Geduld hat er nie erlernt.

Am 7. Mai schreibt Friedrich aus Littau an d'Argens: »Wir bestehen hier die größten Abenteuer. Ich habe Daun aus Böhmen nach Mähren gejagt. Kurz, wir werden uns so lange herumschlagen, bis unsere verfluchten Feinde sich zum Frieden bequemen.« Am Mittwoch, dem 10. Mai, ist de Catt beim König: »Gelesen wurde nicht. Er setzte mir seinen Vormarsch auseinander; wie er versucht hätte, den Feind zu täuschen. Wenn alles vorüber sei, werde es viele Wunden zu verbinden und zu heilen geben. Er selbst sei krank; er werde alt und habe nicht mehr lange zu leben ...«

Am Montag, dem 15. Mai, erzählt der König de Catt von seinen literarischen Arbeiten. Er kritisiert mit Schärfe seine eigene *Epistel an meine Muse* und berichtet seinem Vorleser: »Voltaire hat mich hart genug angefaßt: ›Dies ist keinen Heller wert‹, sagte er. Oder: ›Verflucht! Dies mag hingehen, dies muß gestrichen werden.‹ Er änderte bis zu hundert Malen. ›Wie ist es möglich, daß Sie diese vier guten Verse geschrieben haben? Der Rest taugt gar nichts!‹ So machte er das mit mir.« Friedrich und sein Vorleser müssen lachen. De Catt erzählt ihm, daß er für eine Schöne ein Gedicht verfaßt hat. Friedrich, neugierig, liest es und kritisiert: »Oh, ich will Ihnen selber eins machen. Haben Sie sie geküßt?« De Catt verneint. Friedrich verfaßt sogleich die erste Seite des Liebesgedichts und zeigt seinem Vorleser ein Reimlexikon, das er sich in den Kriegsjahren erstellt hat.

Am 19. Mai singt er de Catt Ballettmelodien vor. Am 25. Mai spielt sich folgende Szene zwischen Friedrich und seinem Vorleser ab:

Friedrich: »Ach, guten Tag, mein Lieber! (Er lüftet graziös den Hut.) Raten Sie mal, was ich gerade berechne . . .«

De Catt: »Ihre Schätze.«

Friedrich: »Ach, ich habe keine mehr. Das Wenige, was ich hatte, ist fast erschöpft. Also, raten Sie!«

De Catt: »Sie berechnen vielleicht, wieviel Sie während dieses Krieges schon ausgegeben haben . . .«

Friedrich: »Daß weiß ich nur zu genau; das brauche ich nicht zu berechnen. Also Mut, raten Sie weiter!«

De Catt: »Sie können so viele Dinge berechnen, daß man es kaum erraten kann . . .«

Friedrich: »Nun also, ich berechnete gerade, wie viele Minuten ich schon gelebt habe, und ich sitze schon eine Stunde über dieser Rechnung. Welche Summe! Und wie viele verlorene Augenblicke! Diese Zeit, die dahinflieht, ohne jemals stillzustehen, diese Zeit, die unsere Tage, Stunden, Minuten hinwegführt, diese Zeit wird mit Gleichgültigkeit hingenommen, ohne daß man ihrer so recht achtet. Und doch schreit uns die Natur bei jeder Gelegenheit ins Ohr: ›Ihr Sterblichen, nützt die Zeit! Und beschleunigt die Flucht eurer Tage nicht noch durch eitle Nichtigkeiten!‹ Nicht wahr, mein Lieber?«

Friedrich berichtet de Catt dann über sein Selbststudium als Kronprinz und König, spricht über das, was er alles in seinem Leben gelesen hat. Plötzlich wechselt er das Thema.

Friedrich: »Ich habe übrigens auch die Übungen nicht ganz vernachlässigt, die dem Körper Kraft, Geschicklichkeit und Anmut verleihen. Ich habe tanzen gelernt, und ich tanze für meine Verhältnisse ziemlich gut. Zur Not könnte ich sogar Luftsprünge machen.«

Der König führt de Catt fünf oder sechs Luftsprünge vor. Er muß sich etwas ausruhen, um zu Atem zu kommen, dann wiederholt er sie. Er fordert de Catt auf, ein paar Menuettschritte zu machen. Er reicht ihm die Hand, und beide tanzen einige vorgeschriebene Figuren.

Friedrich: »Welch ergötzliches Schauspiel für den Marschall Daun und den Prinzen Karl, wenn sie sähen, wie ihr Feind in einer Bauernstube Kreuzsprünge übt und Herrn Catt lehrt, der Vorschrift gemäß und mit mehr Anmut die Hand zu reichen!«

Der König lacht, bis ihm die Tränen in den Augen stehen.

Friedrich: »Bin ich nicht verrückt, mein Lieber? Was sagen Sie zu mir? . . .«

Anfang Juni folgt Prinz Ferdinand von Braunschweig mit seinen Truppen bei Emmerich den Franzosen über den Rhein. Friedrich, gut gelaunt, empfiehlt ihm brieflich, sie »auf ihren Ärschen mit den Initialen des Westfälischen Friedens«[1] zu verzieren. Am 10. Juni spricht er sich gegenüber dem britischen Gesandten in Den Haag, der ihn im Feldlager besucht hat, über seine politischen Grundsätze aus: »Meine Lage und meine Umstände erlauben mir nicht, Tag für Tag ins Feld zu ziehen und einen Waf-

[1] Der Friede von 1648, der das alte Reich der Deutschen faktisch entmachtete und Frankreich zur ersten Kraft in Europa erhob.

fenstillstand statt eines Friedens zu schließen. Mein Verlust an Menschen und an Einkünften ist zu schwer für ein solches System, und eben deshalb mache ich alle Anstrengungen, den Krieg abzukürzen, indem ich unseren Feinden Abbruch zu tun suche, soviel ich nur kann.« Er kommt auf Maria Theresia zu sprechen und sagt: »Ich habe kein Verlangen, mit dieser Fürstin in Zwist zu leben, vorausgesetzt, daß sie kein zu großes Übergewicht erlangt. Auf dem Fuße der Gleichheit will ich von Stund an ihr Freund sein.«

Mitte Juni – zweieinhalb Wochen nach Eröffnung der ersten Laufgräben vor Olmütz – ist Friedrich ziemlich mißvergnügt. Er hat die Festung bis zum 15. Juni nehmen wollen, und nun zieht sich die Belagerung so in die Länge, wie er es schon einmal vor Pirna und vor Prag erlebt hat. Er nörgelt an sich und seiner Armee herum: »Wir verlieren Menschen, wir verpuffen unser Pulver auf Spatzen, wir verzehren alle Fourage, und der beträchtlichste Verlust von allem ist der Zeitverlust! Schließlich wird der Feind sich in gewaltigen Stand setzen, infolge unserer unverzeihlichen Langsamkeit.«

Am 19. Juni erfährt Friedrich, daß der Thronfolger, sein Bruder Prinz August Wilhelm, im Alter von sechsunddreißig Jahren in Oranienburg verstorben ist. Die Nachricht fällt ihm schwer aufs Gewissen. Dabei weiß er noch nicht einmal, daß Prinz Heinrich und Prinzessin Amalie überall die Auffassung verbreiten, er, Friedrich, sei schuld am Tod des Bruders, weil er ihn im vergangenen Jahr so herzlos behandelt habe. Friedrich schreibt noch am selben Tag an seine Frau, Königin Elisabeth Christine: »Gnädige Frau, Sie haben sehr recht daran getan, meiner Schwägerin den großen Verlust, den sie erlitten hat, vorerst zu verheimlichen. Ich bin überzeugt, daß Sie bei der Mitteilung jede nur mögliche Vorsicht anwenden werden. Gleichzeitig wollen Sie ihr bitte mitteilen, daß niemand größeren Schmerz über dieses Unglück empfinden kann als ich, und daß ich in allem, was von mir abhängt, zu ihrem Glücke beitragen möchte. Ich werde versuchen, ihr durch meine Liebe ihren schweren Verlust zu erleichtern, soweit ein derartiger Verlust überhaupt erleichtert werden kann. Ich sehe ihre Kinder als meine eigenen an.« Und dies macht er sogleich wahr, indem er zwei Tage später an seinen ehemaligen Erzieher, den Feldmarschall von Kalckstein, schreibt: »Nach allen Schicksalsschlägen der letzten Jahre habe ich nun auch einen Bruder verloren, den ich trotz allem Kummer, den er mir bereitet hat, innig geliebt habe. Sein Tod legt mir die traurige Pflicht auf, für seine Kinder[1] zu sorgen und an ihnen Vaterstelle zu vertreten. Meine Abwesenheit und Arbeitslast halten mich ab, mich persönlich um ihre Erziehung zu kümmern. Aber bei der treuen Anhänglichkeit, die Sie, lieber Feldmarschall, meinem Vater und dem Staat so oft bezeigt haben, bei Ihrer Freundschaft für den Verewigten und, wie ich mir schmeichle, auch für mich, beschwöre ich Sie, über die Erziehung der armen Kinder zu wachen.«

Währenddessen zieht sich die Belagerung von Olmütz hin. Fünf Wochen sind bereits seit Eröffnung der ersten Laufgräben vergangen. Wie lange wird Daun noch passiv bleiben? Da, am Abend des 30. Juni, erhält Friedrich eine Hiobspost, die alle seine Pläne zuschanden macht. General Laudon, von allen österreichischen Generalen der kühnste und fähigste, hat an diesem Tag einen riesigen Nachschubtransport für die preußische Belagerungsarmee überfallen. Die Preußen, die sich gegen die Übermacht wie die Löwen zur Wehr setzten, verlieren 2400 Mann, 6 Kanonen und 3750 Wagen mit Kriegsmaterialien, Munition und Lebensmitteln. Nur mit äußerster Mühe schlagen sich 6600 Mann, stark angekratzt, zu Friedrich durch. Wenigstens haben sie die 250 Wagen gerettet, auf denen sich die Gelder der Kriegskasse befinden. Versuche Zietens, die verlorenen Wagen mit seinen Husaren zurückzuerobern, schlagen in dem gebirgigen Gelände fehl.

Friedrich ist sich sofort darüber im klaren, daß er die Belagerung von Olmütz aufheben muß, will er nicht seine Soldaten in den Laufgräben Hungers sterben lassen. Doch wie soll er den Rückzug bewerkstelligen? Die Gebirgspässe bei Troppau sind ganz offensichtlich durch Laudons wilde Pandurenscharen gesperrt. Blitzschnell entschließt sich der Preußenkönig, seine gefährdete Armee auf feindlichem Territorium nach Böhmen, nach

[1] Drei Kinder: der spätere König Friedrich Wilhelm II., Prinz Heinrich der Jüngere und Prinzessin Wilhelmine, spätere Erbstatthalterin der Niederlande.

Königgrätz zu verschieben, wo er den Österreichern die Hauptmagazine wegnehmen kann. Und diese gewagte Operation gelingt vortrefflich. Ehe Daun überhaupt begreift, haben die Preußen schon einen Vorsprung von zwei Tagen herausmarschiert. Neben dem gesamten schweren Geschützpark werden noch 4000 Wagen und 2000 Verwundete beziehungsweise Kranke in Sicherheit gebracht. Am 11. Juli steht die preußische Armee in Königgrätz; ihre neuen Verbindungslinien nach Schlesien laufen nun über Glatz. Friedrich teilt seinem Bruder Heinrich am 15. Juli aus Königgrätz mit: »Obwohl der Feind mir dicht auf den Fersen war, habe ich dennoch meine ganze Armee mit der gesamten Artillerie, allen Kriegs- und Mundvorräten, den Kranken und dem Gepäck hierhergebracht, ohne das geringste einzubüßen.«

Friedrich hat erkannt, daß ihm vor Olmütz kapitale Fehler unterlaufen sind. Wieder einmal hatte er sich von seinem ungeduldigen Temperament hinreißen lassen, alles besser wissen zu wollen. Er spricht darüber mit de Catt: »Wissen Sie, ich führe alles ins Feld, was mir an Überlegung zur Verfügung steht, um die Erregung des ersten Augenblicks zu dämpfen, die bei mir oft sehr heftig ist. Solange diese Heftigkeit des ersten Augenblicks andauert, hüte ich mich sorgfältig, Entscheidungen zu treffen über das, was ich sehe, was ich höre und was mir hat die Galle überlaufen lassen. Ungeachtet aller guten Vorsätze kann ich aber diese anfängliche Erregung nicht immer meistern, und in solchem Falle begeht der Herr zuweilen Dummheiten, deretwegen er sich dann in die Finger beißt! Nein, mein Lieber, irgend jemand hat mal gesagt, es sei eine Torheit, von seinen Fehlern zu sprechen. Ich dagegen sage, es ist eine Torheit, die eigenen Fehler nicht einzugestehen ...«

In Königgrätz erhält Friedrich die frohe Kunde, daß Prinz Ferdinand am 23. Juni die Franzosen, die wieder über den Rhein vorgegangen waren, bei Krefeld glänzend geschlagen, daß er sie auf Neuss und Köln zurückgeworfen hat. Aber zugleich erfährt er, daß Graf Fermor mit 45000 Russen in vollem Anmarsch auf die Oder ist. Jetzt rollt die Lawine aus dem Osten heran.

Es tritt nun das ein, wovor sich Friedrich seit langem fürchtet: der Mehrfrontenkrieg. Gewiß, im Westen hat ihm die Tatkraft des

Braunschweiger Prinzen Rückenfreiheit verschafft. Doch während ihn im Süden die große Feldarmee Dauns bedroht und im Südwesten die Reichsarmee manövriert, stehen nun im Osten die Russen mit ihrem Heer 100 Kilometer vor Berlin, sind dabei, in den Kernbereich seiner »Festung Preußen/Sachsen« vorzudringen. Es bleibt dem Preußenkönig nur die Strategie der inneren Linie, das heißt, er muß sehen, einen Gegner nach dem anderen zu schlagen. In diesem Sinne schreibt er an den Generalleutnant Graf Dohna, der mit einem schwachen Armeekorps auf Wacht gegen Russen und Schweden steht, am 23. Juli: »Das Schlimmste ist, daß wir beide, Sie und ich, jeder zwei feindliche Armeen zu observieren haben. Ist man mit einer fertig, muß man sogleich der anderen auf den Leib gehen!«

Das ist das ganze Geheimnis seiner künftigen Strategie.

Friedrich bricht am 25. Juli mit seiner Armee nach Schlesien auf. Am 6. August erreicht man Landeshut. Abends meldet sich de Catt bei ihm und schreibt in sein Tagebuch: »Man sprach von Poesie, von seinen Schicksalsschlägen, die ihm, wie mir schien, recht nahe gingen. Trotzdem weiß er gute Haltung zu bewahren. ›Wenn mir noch mehr Unglück beschieden sein sollte, so wäre es gut, die erste Kanonenkugel risse mir den Kopf ab. Sie können sich nicht in meine Lage versetzen . . . Mein Lieber, Sie werden bald Entsetzliches miterleben.‹«

Mit dem »Entsetzlichen« meint Friedrich den bevorstehenden Zusammenprall mit den Russen. 40 000 Mann läßt er zur Verteidigung Schlesiens stehen, 30 000 Mann decken unter Prinz Heinrich Sachsen. Graf Dohna, der mit 18 000 Mann die Schweden in Stralsund belagert, wird zur Oder abberufen, um sich den Russen entgegenzustellen. Der König selbst wird mit 14 Bataillonen und 38 Schwadronen, zusammen etwa 18 000 Mann, nach Norden aufbrechen und Dohna zu Hilfe eilen. Am Abend des 10. August setzt sich das Armeekorps in Bewegung.

Am 12. August erreicht man Liegnitz, eine hübsche Stadt, die vom Leinenhandel existiert. Von sechzehn bis achtzehn Uhr ist de Catt beim König: »Er sprach von Kriegen und Märschen; erzählte mir, wie gern er sich mit Bauen und Ausschmücken beschäftigte, aber daß er das alles von seinen Ersparnissen täte, so daß der Staat nicht darunter zu leiden habe. Über seine Salinen, die ihre Erzeugnisse nach Böhmen schickten; daß er 62 Dörfer hätte bauen und bevölkern lassen und sie dann zu Handelsplätzen gemacht hätte; daß die Einkünfte seines Landes gerade sehr gestiegen waren, als der Krieg ausbrach; daß Schlesien fünf Millionen Taler einbrächte; daß er eine Aufstellung über Export und Import in seinen Ländern gemacht hätte; ... daß es in Schlesien einfache Bauern gäbe, die bis zu 60000 Talern besäßen.«

In den nächsten acht Tagen treibt Friedrich seine Armee in Eilmärschen voran. Der britische Gesandte, der ihn begleitet, kann sich nicht vorstellen, daß andere Truppen auch nur annähernd so schnell marschieren könnten. Die Bauern eilen in hellen Scharen herbei, um ihren König zu sehen, drehen ehrfürchtig die Hüte in den Händen, und manche Frauen weinen vor Ergriffenheit, wie de Catt berichtet. Am Freitag, dem 18. August, ist der Vorleser wieder abends bei ihm: »Er hatte einen Brief erhalten; das Blut stieg ihm zu Kopf. ›Fühlen Sie, wie heiß meine Stirn ist‹, sagte er. ›Sie sehen, ich bin machtlos gegen den ersten Augenblick; es ist wohl auch natürlich. Für mich selbst fürchte ich nichts; mein Entschluß steht fest. Wenn ich sterben muß, soll es mir recht sein. Ich habe immer epikuräisch gelebt. Aber um meine armen Leute sorge ich mich.‹ Er erklärte mir, wie man einen Angriff macht. ›Ein furchtbarer Anblick. Es wird Ihnen vorkommen, als ob die Erde einstürzt.‹ Ich verabschiede mich.«

Am 20. August erreicht man die Universitätsstadt Frankfurt an der Oder. Der König nimmt bei einer Pastorenwitwe Quartier. Als er vor die Haustür tritt, hört man das Donnern der russischen Festungsgeschütze, die Küstrin beschießen. Ein Offizier aus seinem Gefolge erzählt: »In der Zeit, da die Truppen vor dem König vorbeidefilierten, hörte man jeden feindlichen Schuß auf Küstrin. Ich bemerkte, daß der König bei jedem Schusse eine Prise Tabak nahm, und man sah selbst durch die seltene Standhaftigkeit, welche den Charakter dieses unbegreiflichen Helden auszeichnet, die Empfindungen des Mitleidens über das Schicksal der unglücklichen Stadt und bange Ungeduld, ihr zu helfen, hervorschimmern ...«

Die Beschießung Küstrins durch die russische Feldartillerie ist seit fünf Tagen im Gange. Da Fermor mit glühenden Kugeln schießen läßt, ist die brandenburgische Provinzstadt, 100 Kilometer nordostwärts von Berlin, inzwischen in einen Aschenhaufen verwandelt. Küstrin ist Festung; also ist die Beschießung kein völkerrechtswidriger Akt. Aber sie ist militärisch sinnlos und insofern doch eine Barbarei, denn angesichts des Dohnaschen Korps können die Russen an eine Belagerung gar nicht denken. Die Bewohner der niedergebrannten Stadt irren halbnackt im Oderbruch umher, wo sie zu Opfern der entmenschten russischen Soldateska werden.

Am 22. August vereinigen sich bei Maschnow, südwestlich von Küstrin, die Truppen Dohnas mit denen des Königs. »Ihre Leute haben sich ja fein rausgeputzt«, knurrt Friedrich Dohna an. »Ich bringe welche mit, die sehen aus wie die Grasteufel. Aber sie beißen!« Als ihm gefangene Kosaken und Baschkiren vorgeführt werden, droht er mit dem Krückstock: »Mit solchem Gesindel muß ich mich herumschlagen!« Friedrich, der zwei Jahre lang seine Gegner ohne Emotionen, eher mit heiterer Gelassenheit betrachtet hat, gerät angesichts der russischen Greuel an der Zivilbevölkerung außer sich. Und die Wut nimmt zu.

Am 23. August überschreitet Friedrich mit seiner Armee bei Güstebiese die Oder. Kavallerie-Aufklärung ergibt, daß die Russen drei bis vier Kilometer nördlich von Zorndorf in derart festen Verschanzungen stehen, daß sie weder frontal noch von der Flanke her zu fassen sind. Insgesamt sind sie 45000 Mann stark, mit 135 Geschützen. Der Preußenkönig verfügt über 36000 Mann und 180 Kanonen.

Am 24. August marschieren die Preußen, jetzt schon auf der östlichen Seite der Oder, näher an die russischen Stellungen heran. Der neunzehnjährige Seconde-Lieutenant von Prittwitz, der mitmarschiert, berichtet: »Es war ein sehr heißer Tag. Menschen und Vieh verschmachteten auf den Wegen und fielen in Mengen verendet auf den Boden. Mancher Mensch und manche Kreatur fanden dabei ihren Tod, denn die Hitze war so penetrant, daß sogar die Achsen an den Kanonen zu rauchen und zu brennen anfingen. Doch dessen ungeachtet ging der Marsch von nachts ein Uhr bis abends sechs oder sieben Uhr ununterbrochen fort. Wer also fiel, der fiel, worauf weiter keine Rücksicht genommen werden konnte, wie denn auch kein Mittagessen, Füttern der Pferde und dergleichen Notwendigkeiten geduldet werden konnten. Daher dem Hungrigen nichts anderes übrigblieb, als sich von seinem Brot im Marsch zu nähren und seinen Durst aus einer Pfütze zu stillen . . .«

Am Abend, gegen zwanzig Uhr, findet sich de Catt beim König ein, der in einer Windmühle untergekommen ist: »Ich blieb bis elf Uhr bei ihm. ›Nun, morgen sollen Sie etwas erleben! Finden Sie mich nicht sehr ruhig? Ein Tag, an dem eine Schlacht geliefert wird, ist etwas Furchtbares. Ich habe meine Anordnungen so getroffen, daß ich nicht zuviel Leute verlieren werde und der Feind vertrieben wird. Aber vielleicht werden Sie es erleben: ein Nichts kann alles umstoßen, und man wird den Führer für etwas verantwortlich machen, was er nicht verschuldet hat. Gute Nacht! Schlafen Sie wohl.‹ Ich ging mit Bewunderung im Herzen für den Monarchen. Ich legte mich in einer Scheune auf ein Strohlager und schlief zwei Stunden.«

Friedrich läßt seine Armee nachts um ein Uhr alarmieren und führt sie in aller Stille, durch Wälder, um die Ostflanke des russischen Heeres herum. Er will Fermor, der ihn von Norden erwartet, düpieren und plötzlich von Süden angreifen. Doch der russische General läßt seine Armee morgens kehrtmachen und erwartet den preußischen Angriff wohlvorbereitet.

Der Preußenkönig ist unangenehm überrascht. Er beschließt, wie bei Kolin und Leuthen mit der »schiefen Schlachtordnung« zu operieren. Der linke preußische Flügel, unter seinem persönlichen Befehl, soll zur Attacke vorgehen, während der rechte Flügel unter Graf Dohna und Prinz Moritz von Anhalt-Dessau nur einen Scheinangriff vortäuschen soll. Die Schlacht wird jedoch durch ein beiderseitiges heftiges Artillerieduell eröffnet. Mitchell, in der Umgebung des Königs, erinnert sich: »Was den Horror dieses Schauspiels noch vergrößerte, war der Umstand, daß die Kosaken und Kalmücken die Dörfer ringsum in Brand gesteckt hatten und daß eine große Anzahl von russischen Pulverwagen in den Wäldern in die Luft flog . . .«

Der linke preußische Angriffsflügel setzt sich in Marsch. Ein protestantischer Pfarrer auf russischer Seite sieht die Preußen kommen: »Majestätisch schön, und dabei in stiller ruhiger Ordnung zogen sie heran. Das entsetzliche Lärmen der preußischen Trommeln hörten wir schon, ihre Feldmusik konnten wir noch nicht unterscheiden. Aber in feierlichem Marsche kommen sie immer näher. Jetzt hören wir ihre Hautboisten, sie spielen ›Ich bin ja, Herr, in Deiner Macht‹. Wer fühlen kann, wird es nicht unglaublich finden, daß in meinem nachherigen Leben diese Melodie stets die innigsten Regungen der Wehmut hervorgebracht hat.«

Ein Augenzeuge auf preußischer Seite bestätigt diese Schilderung: »Bei dem Aufmarsch der Regimenter in die Schlachtordnung bemerkte Friedrich, daß das Musikcorps des einen Regiments einen etwas auffallenden, aber äußerst feierlichen Marsch blies. ›Was ist das?‹ fragte Friedrich einen der neben ihm haltenden Generale, der in ernsthafter Rührung die Musik des vorbeimarschierenden Regiments anhörte. ›Es ist die Melodie des Chorals Ich bin ja, Herr, in Deiner Macht‹, erwiderte der General. Bewegt wiederholte Friedrich diese Worte und hörte mit der gespanntesten Aufmerksamkeit der sich immer mehr entfernenden und verhallenden Musik zu . . .«

Dann treffen die Preußen auf die feindlichen Stellungen, doch die russischen Grenadiere halten stand. Fermor wirft starke Reserven auf seinen rechten Flügel und erweist sich als flexibler Taktiker. Die Russen kämpfen wie die Berserker. Ein solcher Widerstand ist noch nicht dagewesen. Die preußische Infanterie, vom langen Anmarsch ermüdet und an den russischen Massen verzweifelnd, beginnt zu weichen. Friedrichs linker Flügel wird von russischer Kavallerie umfaßt, sein Zentrum steht kurz vor dem Zusammenbruch. Soll sich die Tragödie von Kolin wiederholen? Der König springt vom Pferd und ergreift die Fahne des Regiments von Bülow. Aber niemand hört in dem Schlachteninferno seine Stimme. Zum erstenmal muß er auf dem Gefechtsfeld bei seinen Preußen eine Panik erleben.

Seitlich hinter dem linken preußischen Flügel, der nun in Auflösung zurückweicht, hält Seydlitz mit seinen 38 Schwadronen. Der König jagt einen Adjutanten nach dem anderen zu ihm, um ihn zum Einhauen aufzufordern. Seydlitz rührt sich nicht, zieht kalt und gleichmütig an seiner Tonpfeife. Der Generaladjutant des Königs jagt heran: Der General soll sofort attackieren, oder er wird seinen Kopf verlieren! Seydlitz klopft seine Pfeife aus: »Sagen Sie dem König, *nach* der Schlacht steht ihm mein Kopf zur Verfügung. *In* der Schlacht aber muß er mir erlauben, von demselben noch Gebrauch zu machen.«

Erst als Fermors Reserven am frühen Nachmittag erschöpft sind, wirft Seydlitz sich mit seinen Schwadronen auf den Feind. Genau im richtigen Augenblick. Es wird ein Blutbad sondergleichen. Die Russen lassen sich niedersäbeln, ohne einen Schritt zu weichen.

Friedrich ist kurz vorher zu seinem Zentrum geritten. Mitchell, der keinen Überblick über die Schlacht hat, gratuliert ihm zum Sieg: »Er nahm meine Komplimente freundlich entgegen und flüsterte mir, während ich neben ihm ritt, mit großer Gelassenheit zu: ›Mon ami, les affaires vont bien mal à ma gauche, je vais y mettre ordre, mais ne me suivez point! – Mein Freund, die Dinge stehen schlecht auf meiner Linken. Ich werde dort für Ordnung sorgen, doch folgen Sie mir nicht!‹« Friedrich sprengt aber zum rechten Flügel, den er eigentlich zurückhalten wollte. Dort hält Prinz Moritz vor der Front. Als er den König herangaloppieren sieht, wirft er den Hut in die Luft und schreit mit entschlossener Miene: »Es lebe der König! Die Schlacht ist gewonnen!« Friedrich lächelt und flüstert ihm zu, daß der linke Flügel fliehe. Prinz Moritz und General von Bülow rufen ihren Leuten zu: »Kameraden, die Leute, die ihr dort weggehen seht, das sind russische Gefangene, die man abführt. Vorwärts! Es lebe der König! In Gottes Namen, marsch!« Der rechte preußische Flügel avanciert unter Trommelwirbel, mit gefälltem Bajonett, unterstützt von Seydlitz' siegreichen Dragonern und Kürassieren. Verbissen kämpfen sich die preußischen Grenadiere vor. Die russische Infanterie weicht auf der ganzen Linie zurück. Die russischen Kanoniere aber schießen bis zum letzten Augenblick, lassen sich teilweise an den Geschützen niederhauen. Ein preußischer Leutnant berichtet: »Ich traf jetzt auf eine Batterie von 12 Kanonen. Die Russen flohen, was sie konnten, und die Leute, die bei den Kanonen waren, krochen unter dieselben und ließen sich massakrieren. Nur ein einziger schöner Kerl hielt eine mit dem russischen Adler bestickte Fahne in der Hand und stand unbeweglich. Ich rief ihm ›Pardon‹ zu, und da er mit dem Kopf schüttelte, hob ich meinen Säbel, um ihm einen gewaltigen Hieb zu versetzen, als er plötzlich die Fahne stecken ließ, unter die Kanone kroch und nun auch massakriert wurde. Ich nahm jetzt die Fahne und rief ›Victoria, Burschen! Victoria! In Gottes Namen immer weiter. Es wird bald ein Ende haben!‹ Und so ging es fort.«

Erst bei Anbruch der Dämmerung endet die Schlacht. Die Preußen haben 3700 Gefallene und 7300 Verwundete, 1960 Gefangene sowie den Verlust von 25 Kanonen zu beklagen. Die Verluste der Russen betragen 6600 Gefallene, 11500 Verwundete, 2500 Gefangene sowie 103 Kanonen, 24 Fahnen und Standarten.

Am Abend der Schlacht meldet sich de Catt beim König, der ihm lebhaft entgegenkommt: »›Nun, habe ich zuviel gesagt? Ist es nicht ein schrecklicher Anblick? Ruhen Sie sich aus, wickeln Sie sich in Ihren Mantel! Ich habe es Ihnen vorausgesagt: Ein General kann an alles denken, und Sie sehen, es geht doch nicht so, wie er gedacht hat.‹ Ich lege mich nieder, über meine Beine hinweg gehen Pferde; ein verwundeter Russe, der im Sterben lag, jammerte die ganze Nacht und ließ mich nicht schlafen.«

An Wildheit und Brutalität haben die Kämpfe bei Zorndorf alles bisher Dagewesene in den Schatten gestellt. Die Schlacht glich, wie Friedrich an Voltaire schreibt, »einer der Schauertragödien, wo niemand am Leben bleibt als der Lampenputzer«. Leutnant von Prittwitz erhält am nächsten Morgen den Befehl, mit einem Suchtrupp verwundete Preußen und Russen zu bergen. Er berichtet:

»Als ich dem Schlachtfeld näher kam, welch ein Anblick! Schauder und Entsetzen waren bei der Wanderung durch dieses Jammer- und Todestal meine Begleiter. So wie ich die Lebenden in ihren Reihen hatte stehen sehen, so sah ich nun auch die Toten niedergestreckt, in ähnlicher Ordnung daliegen. Rechter Hand Preußen und linker Hand Russen. Letzteren sah man es an, daß sie sich aus dem Fett des Landes gemästet hatten, nicht minder den ersteren den ausgestandenen Hunger nebst Strapazen aller

Art. Die Leichen unterschieden sich so bedeutend, daß man auch die Entkleideten zu bestimmen wußte, zu welcher Armee sie gehört hatten. Zwischen diesen ehemaligen Kriegern ritt ich der Länge nach hin, paßte dabei aber außerordentlich auf, welche Gefahr war, von einem der Blessierten erschossen zu werden. Dieselben hatten sich von ihren toten Kameraden separiert und hinter ihnen freie Plätze eingenommen, wo sie sich zu Tausenden sammelten. In dieser Beschäftigung traf ich sie. Sie kamen von allen Richtungen, teils auf Händen und Füßen gekrochen, teils mit Krücken unter den Armen, welche Musketen waren, deren Kolben sie unter die Schulter genommen hatten. Die hin und wieder existierenden, mit Wasser angefüllten Schlammpfützen dienten ihnen dazu, ihren Durst zu stillen ... Alle Augenblicke präsentierten sich mir neue Anblicke des Entsetzens. Ich sah Stellen, wo die Kavallerie gemetzelt hatte und Menschen und Pferde untereinander lagen, wobei mir die Wut, die in den Gesichtern der Gebliebenen noch zu bemerken war, am meisten auffiel ... Endlich gelangte ich in das dem größten Teil nach in Asche gelegte Zorndorf, wo mir vollends Hören und Sehen verging über den greulichen Anblick, der sich mir bot. Hier hatten die Kosaken und Kalmücken als Unmenschen gerast und alle hierher geflüchteten preußischen Verwundeten ermordet, daß keine einzige noch lebende menschliche Seele mehr aufzufinden war. Alle Gassen, Plätze und Winkel des Dorfes enthielten nichts als Leichen ...«

Die russische und preußische Armee stehen sich noch immer in der Nähe des Zorndorfer Schlachtfeldes in gespannter Aufmerksamkeit gegenüber. Die Russen lecken ihre Wunden, und Fermor überlegt, wie er den Rückzug nach Polen bewerkstelligen kann, ohne dem Preußenkönig während des Abmarschs eine Angriffsfläche zu bieten. Am Sonntag, dem 27. August, wird das königliche Hauptquartier nach Schloß Tamsel verlegt, das der Generalin von Wreech gehört, die Friedrich als Kronprinz anschwärmte. Das Schloß ist ausgeraubt, der Verwalter ist getötet, im Park findet man über hundert vergewaltigte und ermordete Frauen.

Am 31. August tritt General Fermor endlich den Rückzug nach

Polen an. Friedrich atmet auf. Zorndorf ist nicht umsonst geschlagen worden, die schweren Verluste waren nicht vergebens. Für dieses Jahr ist die russische Bedrohung beseitigt. Am nächsten Abend meldet sich wieder de Catt: »Der König sprach vom Aufbruch. Er habe dem Feind einige Truppen in die Flanke geschickt, das hätte sie veranlaßt, sich ein wenig zu beeilen. Klagte darüber, wie beschwerlich das Leben sei; daß das jetzige weder seinem Charakter noch seinem Geschmack entspräche. ›Ich mag gern ein faules Leben führen.‹ . . .«

Am 2. September beginnt Friedrich mit seinem Armeekorps den Marsch nach Süden, um sich mit den Österreichern auseinanderzusetzen. Er ist darüber unterrichtet, daß Feldmarschall Leopold Daun, den er gern »die dicke Exzellenz von Kolin« nennt, seit dem 17. August sein Hauptquartier in dem kurfürstlichen Lustschloß Pillnitz aufgeschlagen hat, nur drei Marschstunden von Dresden entfernt. Friedrich dankt Gott, daß der österreichische Feldherr seit vierzehn Tagen nichts unternommen hat. Aber wenn er verhindern will, daß Daun Dresden angreift, die wichtigste Operationsbasis der preußischen Feldarmee, dann muß er sich sputen. Und so treibt er denn seine ausgepumpten Regimenter in der glühenden Augusthitze zu Höchstleistungen. Mitchell, der ihn begleitet, notiert staunend: »Die Schnelligkeit, mit der die Märsche durchgeführt wurden, grenzt beinahe ans Unglaubwürdige. In fünfmal vierundzwanzig Stunden marschierte die vom König von Preußen geführte Armee 20 Meilen.« Das entspricht einer Entfernung von 160 Kilometern. Die Preußen marschieren also im Tagesschnitt, mit Kanonen und Gepäck, auf den Sandwegen Brandenburgs watend, 32 Kilometer.

Am 3. September schreibt de Catt in sein Tagebuch: »Ich sagte zum König: ›Wenn alles zu Ende ist, wird es nicht einen einzigen Menschen geben, der nicht König von Preußen sein möchte.‹ – ›Ach, zum Teufel, das ist ein schöner Ruhm, siegen und sterben . . . Ein schöner Ruhm, Städte eingeäschert, Dörfer verbrannt und Einwohner unglücklich gemacht zu haben! Sprechen wir nicht mehr darüber. Mir sträuben sich die Haare.‹ Heute fünf Meilen zurückgelegt.«

Am 5. September trifft das Armeekorps in Lübben ein. De Catt berichtet von dem abendlichen Gespräch: »Der König war sehr ermüdet. Er sprach von Berlin und von der Art und Weise, wie die Menschen dort leben. ›Es gibt sehr viel Liebeleien in der vornehmen Gesellschaft‹, sagte er. ›Ich lasse sehr vieles durchgehen, aber einmal ging es mir doch über den Spaß. Ich sagte also eines Tages: ›Meine Damen, Sie tun, was überall getan wird. Aber etwas mehr Anstand ist doch nötig! Die Intrigen, die einer Leidenschaft entspringen, mögen hingehen; stammen sie aber aus Gewinnsucht, so ist das abscheulich. Ich mag sehr viel lieber eine, die sich frei hingibt, als eine, die dafür bezahlt wird.‹«

Am 6. September schreibt er an d'Argens: »Ihren Brief aus Hamburg, mein lieber Marquis, habe ich erhalten. Ich habe nicht daran gezweifelt, daß Sie an der Niederlage der Russen Anteil nehmen würden . . . Aber, mein Lieber, die Menge meiner Feinde hindert mich, meine Erfolge gründlich auszunutzen . . . Ich sehe mich auf das Leben eines fahrenden Ritters beschränkt. Ich ziehe hin und her und finde auf allen Straßen neue Feinde, die ich schlagen muß. Auf Einzelheiten gehe ich nicht ein; wenn Sie aber von einer neuen Schlacht hören, wundern Sie sich nicht. Schließlich gewöhnen wir uns an Schlachten; das wird unser täglich Brot. Ich wünsche sehnlichst das Ende von alldem herbei, aber ein gutes Ende! Solange es dazu nicht kommt, müssen wir uns herumschlagen. Leben Sie wohl, mein Lieber. Meine Lage und das Leben, das ich führen muß, sind den Musen nicht hold. Ich sage mit Lukrez: ›Mächtige Venus, Du, die Du in Deinen Armen den grausamen Kriegsgott hältst, der, in Deine Reize verliebt, sein furchtbares Haupt in Deinen Schoß bettet, geruhe ihn zu erweichen, auf daß die Schrecken des Krieges, die die Erde verheeren, endlich den Segnungen des Friedens Platz machen‹; auf daß das preußische Volk – fahre ich fort – nach so viel Angst und Not wieder aufatmen und d'Argens ruhig wieder nach Berlin zurückkehren kann, um mit mir in den Armen der Philosophie die Ruhe zu genießen, deren die Musen bedürfen, um noch einige Lorbeerblätter zu pflücken, die Apollon seinen Jüngern schenkt. Das, mein Lieber, ist meine Gebetsformel. Beten Sie mit mir, damit unser Flehen erhört werde, und zweifeln Sie nicht an meiner Freundschaft. Vale!«

Am 11. September trifft Friedrich in Dresden ein. Keinen Augenblick zu früh, denn am Tag zuvor hat Daun beschlossen, endlich die sächsische Hauptstadt anzugreifen. Als er jedoch erfährt, daß der Preußenkönig in der Stadt ist, nimmt er sofort von allen Angriffsplänen Abstand. Friedrich wütet, daß »Monsieur Léopolde« zu keinem Waffengang zu bewegen ist, sondern sich unangreifbar in den Bergen der Sächsischen Schweiz hält. Jeder Tag ohne Entscheidung ist für Friedrich verlorene Zeit.

Am 18. September meldet sich de Catt wieder bei ihm: »Wir sprachen über Moral. ›Man klagt darüber, daß die Könige die Leute ihrer Umgebung nicht sorgfältiger auswählen. Aber es ist sehr schwer, sie zu durchschauen; sie verstellen sich und zeigen erst ihr wahres Gesicht, wenn sie erhalten haben, was sie wollten. Außerdem ist ein ehrlicher Mensch nicht immer zugleich ein brauchbarer Geschäftsmann . . . Die Menschen sind merkwürdige Wesen; sie sind recht schlecht. Ehrliche Menschen, die das Herz auf dem rechten Fleck haben, sind seltene Pflanzen.‹ Er liebte es, solche Vergleiche zu ziehen. ›Wäre es eigentlich sehr schwer gewesen, uns etwas weniger unvollkommen zu machen? Vollkommenheit bei den Menschen suchen heißt Wein aus einem Brunnen schöpfen wollen! Man muß zufrieden sein, wenn sie unseren Wünschen nur annähernd entsprechen. Ich habe viele Menschen kennengelernt, und ich habe viele Schurken gesehen.‹ . . . ›Sehen Sie her, wieviel ich heute gelesen habe, und beurteilen Sie danach, wieviel ich in Friedenszeiten lese. Ich habe über die Römer gelesen. Sie waren in Wirklichkeit nicht andere Menschen als wir, wie überhaupt zu jeder Zeit und überall die Menschen dieselben gewesen sind, mit denselben Leidenschaften!‹«

Friedrich, der erfahren hat, daß seine Lieblingsschwester Wilhelmine schwer erkrankt ist, schickt ihr am 18. und 20. September aus Schönfeld, einem Dorf bei Dresden, zu Herzen gehende Briefe, in denen er die Schwester im Tone eines Liebhabers beschwört, sich ihm zu erhalten. Am 24. abends besucht ihn wieder de Catt: »Der König las die ganzen *Gedanken* von Pascal[1]

[1] Blaise Pascal (1623–1663), französischer Religionsphilosoph, Mathematiker und Physiker.

und die Kritik und formulierte sein Urteil. Wir sprachen über Metaphysik. Er blieb dabei, daß Gott die Art erhalte, nicht das Individuum. Ich bestritt es. ›Wie eitel Sie sind‹, sagte er. ›Sie glauben, daß Gott sich um Sie kümmert? Er kümmert sich nicht im geringsten um Sie und um mich! Mein Gebet lautet so: Mein Gott, wenn Du wirklich existierst, sei meiner Seele gnädig, falls ich eine habe ... Nun, mein Lieber, gehen Sie zu Bett und schlafen Sie wohl‹ ... Am nächsten Abend kommt der König auf das Thema zurück: ›Nun, haben Sie über unsere Unterhaltung nachgedacht? Sie wollen meine Ideen nicht teilen? Sie können gern bei den Ihren bleiben.‹ Sein Hündchen kam und wollte spielen. ›Geh, du Närrchen, warum willst du einen Philosophen unterbrechen, der sich über derart ernsthafte Dinge unterhält? Sie stecken‹, fuhr er zu mir gewendet fort, ›noch in den Anschauungen der Kindheit.‹ Dann folgten militärische Gespräche. ›Man muß alle seine Anordnungen treffen und den Rest dem Zufall überlassen.‹« Als de Catt sich verabschiedet hat, begibt sich Friedrich an seinen Schreibtisch und wirft einige Zeilen für den Lordmarschall Keith aufs Papier. Er schildert ihm die Schlacht bei Zorndorf und fährt fort: »Seitdem haben die Bewegungen Dauns und der Reichsarmee mich genötigt, hierher zu eilen, wo ich bis jetzt von den feindlichen Postierungen festgehalten werde. Man sollte meinen, der Kaukasus, der Pic Teneriffa oder die Kordilleren hätten die österreichischen Offiziere zur Welt gebracht: sobald sie einen Berg sehen, sind sie oben drauf! Sie sind wahnsinnig verliebt in Felsen und Defileen. Das macht den Krieg mühsam und langwierig, was mir beides nicht zusagt. Ich werde noch sechs Monate auf dem Seil tanzen müssen. Wenn der Winter gekommen ist und Sie das Ende des Schauspiels erfahren haben werden, will ich Ihnen gern eingehender auf alles antworten, wonach Sie fragen. Leben Sie wohl, mein lieber Freund; ich umarme Sie.«

Am 28. September nimmt der König an einem fliegenden Kommandounternehmen gegen die Österreicher teil, bei dem Gefangene gemacht und Bautzen sowie Bischofswerder besetzt werden. Am Abend schreibt Friedrich aus Ramenau, einem Dörfchen bei Bautzen, an Voltaire: »Ich bin Ihnen sehr verbunden für den Anteil, den Sie an den Abenteuern des nordischen Don Quichotte nehmen. Dieser Don Quichotte führt die Lebensart herumziehender Komödianten und spielt bald auf dieser und bald auf jener Bühne, wo er zuweilen ausgepfiffen und mitunter beklatscht wird ... Obgleich ich ständig auf der Landstraße liege, höre ich doch hin und wieder etwas von dem, was in der Gelehrten-Republik vorgeht. Aber die Fama, die hundertzüngige Plauderin, sagt nicht, was Sie machen. Ich hätte Lust, Ihnen in die Ohren zu schreien: du schläfst, Brutus![1] Da sind drei Jahre vergangen, und noch ist keine neue Ausgabe Ihrer Werke erschienen. Was machen Sie denn? Falls Sie etwas Neues verfertigt haben, so bitte ich Sie, es mir zu schicken. Und im übrigen wünsche ich Ihnen all die Muße und Ruhe, deren ich nicht genieße. Leben Sie wohl!«

Der König ist krank und niedergedrückt. Allerlei körperliche Beschwerden, insbesondere Unterleibskrämpfe, Augenschmerzen, Neuropathien, verdüstern ihm die Stimmung. Am 1. Oktober meldet sich de Catt wieder bei ihm: »Man hatte den König zur Ader gelassen; dreimal war die Wunde wieder aufgegangen. Er ging hinaus und gab Befehle wie immer. Wir sprachen über die *Tusculanen* von Cicero, die er ein wenig lang, aber gut durchdacht fand. Das brachte uns auf die Vorsehung. Ich sagte, daß der König mir durch sich selbst bewiese, daß es eine gäbe, denn von seiner Erhaltung hinge die Existenz eines ganzen Volkes ab. ›Ach, das sagt man den Herrschern immer‹, antwortete er. ›Mein Lieber, wenn ich eines Tages nicht mehr bin, werden Sie mein Land ebenso regiert und mein Heer ebenso geführt sehen wie bisher.‹ Damit erklärte ich mich nicht einverstanden.«

Endlich, am 5. Oktober, kommt in Dauns Armee, die sich seit sieben Wochen nicht vom Fleck gerührt hat, etwas Bewegung. Die Österreicher marschieren in Richtung Osten ab, in den Raum Bautzen, Zittau, Görlitz. Zwei Tage später folgt ihnen Friedrich. Es geht um die Beherrschung der Verbindungsstraßen zwischen Sachsen und Schlesien. Auf dem Marsch erhält der König eine Hiobsnachricht aus Pommern. Graf Fermor hat sich zwar mit dem Gros der russischen Armee, 25000 Mann, auf den Weg nach Königsberg gemacht und bereits bei Thorn die Weichsel erreicht,

[1] Das Zitat stammt aus Plutarchs *Caesar* (Kapitel LXII).

aber ein Korps von 8000 Mann hat er nach Kolberg abgezweigt, um sich dieser wichtigen pommerschen Hafenstadt zu bemächtigen. Gelingt ihm das, kann er aus Ostpreußen wieder vorrücken und seine Winterquartiere in Pommern aufschlagen. In Kolberg stehen keinerlei preußische Truppen. Es gibt dort lediglich 860 Invaliden, 120 gefangene Sachsen, 14 Kanoniere, 3 Unteroffiziere und 2 pensionierte Hauptleute. Auch der Kommandant der Stadt, Major von der Heyde, ist ein Invalide. Am 1. Oktober haben die Russen mit zehnfacher Übermacht die Belagerung begonnen.

Friedrich verfolgt Daun, sucht vergeblich, ihn zur Schlacht in ebenem Gelände zu bewegen. An Prinz Heinrich schreibt er: »Wäre nicht der point d'honneur, ich hätte längst getan, was ich Ihnen im vorigen Jahr oft gesagt habe. Nun, Hiob[1] und ich sind verpflichtet, Geduld zu üben. Derweil verstreicht das Leben, und alles betrachtet und erwogen ist es nichts als Not, Mühsal, Sorge und Trübsal gewesen.« Ist sich Friedrich bewußt, daß er fast wörtlich die Erkenntnis seines Vaters, des Soldatenkönigs, wiederholt, der einst an den Alten Dessauer geschrieben hatte: »Parol' auf dieser Welt ist nichts als Müh und Plage«?

Am 10. Oktober erreicht Friedrich mit seinen Truppen das Dorf Hochkirch, und wieder steht er vor unangreifbaren Höhenstellungen des »Monsieur Léopolde«. Er beschließt, sich mit seiner Armee zwischen Daun und Görlitz zu plazieren, muß aber aus Verpflegungsrücksichten den Flankenmarsch auf den 15. verschieben. Bis dahin will er sich nicht von der Stelle rühren.

Friedrichs Armee umfaßt nur 30000 Mann mit 200 Kanonen; er hat ein Viertel seiner Streitkräfte unter General von Retzow detachiert. Feldmarschall Daun steht auf den Höhen mit einer geradezu überwältigenden Streitmacht: fast 80000 Mann mit 340 Kanonen. Das preußische Lager befindet sich in einer sehr exponierten Stellung: bei Hochkirch, nur 450 Meter von den feindlichen Vorposten entfernt. Feldmarschall Keith warnt bei der Besichtigung der Stellungen eindringlich: »Wenn uns die Öster-

[1] Held des nach ihm benannten Lehrgedichts im Alten Testament. Hiob bekennt, daß der Mensch unfähig ist, die Rätsel des Schicksals mit dem Gottesgedanken zu versöhnen. Es bleibe nur unbedingte Unterwerfung.

reicher hier in Ruhe lassen, verdienen sie gehängt zu werden.« Übermütig spottet Friedrich: »Wir müssen hoffen, daß sie sich mehr vor uns als vor dem Galgen fürchten.« Zieten, Seydlitz, Prinz Moritz, alle bestürmen den König, das Lager zu wechseln. Vergeblich. Als Seydlitz den König in seiner kühlen Art bittet, die Armee doch etwas zurückzuziehen, ruft Friedrich erregt aus: »Aber, Seydlitz, mit Rückzügen kann ich den Krieg nicht gewinnen!« Seydlitz zuckt gleichmütig die Schultern und geht mit den Worten weg: »Nun, mögen Ew. Majestät die Schlacht gewinnen . . .« Seydlitz ist fest davon überzeugt, daß sich die Österreicher die einmalige Gelegenheit nicht entgehen lassen werden, die Preußen von ihren Höhenstellungen aus umfassend zu packen. In der Tat ist es Launs Generalstabschef, der hochbegabte österreichische Generalleutnant Franz Moritz Graf von Lacy, der unablässig darauf drängt, dem leichtsinnigen Preußenkönig eine blutige Lektion zu erteilen. Bei Friedrich sind es zwei Momente, die dafür den Ausschlag geben, daß er seine gefährdete Stellung nicht preisgibt: einmal der tiefeingewurzelte Hochmut, die »dicke Exzellenz von Kolin« würde sich niemals zum Angriff entschließen, zum anderen seine Absicht, am 15. Oktober in aller Heimlichkeit die österreichische Ostflanke zu umgehen und den Feind damit von Görlitz abzuschneiden. Diese Operation will er durch keinerlei Bewegung verraten oder gefährden. Am 14. Oktober sollen die Wagen mit Brot für die Truppen kommen. In der Nacht zum 15. wird dann der Umgehungsmarsch beginnen; so jedenfalls plant es Friedrich.

Doch in der Nacht zum 14. Oktober kommt alles anders. Um drei Uhr morgens (die Glockenschläge vom Kirchturm des Dorfes Hochkirch sind das Angriffssignal) fallen die Österreicher bei Nacht und Nebel in dichten Kolonnen über die schlafenden Preußen her. »Die Österreicher, gleichsam wie aus der Erde hervorgestiegen, mitten unter den Fahnen der Preußen, im Heiligtum ihres Lagers! Einige hundert wurden in ihren Zelten erwürgt, noch ehe sie die Augen öffnen konnten; andere liefen halbnackt zu ihren Waffen«, berichtet ein Zeitgenosse.

Ein fünfstündiger Kampf wütet nun in den engen Gassen von Hochkirch. Die Preußen wehren sich wie die Teufel gegen die feindliche Übermacht. Feldmarschall Keith fällt im Straßenkampf,

Prinz Moritz gerät schwerverwundet in die Hände der Österreicher, dem jüngsten Bruder der Königin Elisabeth Christine reißt eine Kanonenkugel den Kopf ab, Friedrichs Pferd wird getroffen, direkt neben ihm sinkt Major von Haugwitz verwundet zu Boden. Die preußische Infanterie zahlt im Nahkampf einen blutigen Preis, sie wird von den eroberten preußischen Geschützen, die die Österreicher umgedreht haben, in ganzen Kolonnen niedergestreckt. Das zweite Bataillon des Regiments Markgraf Karl hat sich auf dem Friedhof von Hochkirch eingeigelt und wehrt stundenlang österreichische Infanteristen ab. Schließlich befiehlt der Bataillonskommandeur, Major Simon von Langen, den Ausbruch mit dem blanken Bajonett. Fast alle fallen. Der Major, mit dem Degen in der Hand, wird elfmal verwundet, bevor er zu Boden stürzt und in Gefangenschaft gerät.[1]

Über das Drama von Hochkirch besitzen wir ein einzigartiges Dokument, den Augenzeugenbericht des Stabsfeldpredigers Daniel Küster. Er soll hier, fast ungekürzt, zu Wort kommen:

»Es war den 14. Oktober, des Morgens um drei Uhr, als ich durch das Feuer des kleinen Gewehrs aus meinem Schlaf geweckt wurde. Ich hielt es erst für einen Traum. Als ich mich aber ermunterte und deutlicher hörte, daß es ein irreguläres Scharmützelfeuer war, glaubte ich, daß es eine Pandurenattacke sei, deren wir fast alle Nächte gewohnt waren. Ich weckte indessen den mir gegenüberliegenden Hauptmann von Katolynski. Er hielt es auch nur für eine Pandurenattacke. Da aber auch bei kleinen nächtlichen Überfällen die Kompanien auf ihren Alarmplätzen antreten mußten, so sagte mir dieser wachsame Offizier, ich möchte, weil mein Bett am Fenster stände, dieses öffnen und dem Feldwebel sagen, daß er die in der Scheune liegende Kompanie wecke, damit sie, wenn Order käme, sogleich das Gewehr aufnehmen und nach dem Kirchhof marschieren könne. Ich bestellte dies, da das Feuer schwächer wurde, mit großer Gelassenheit. Auf einmal hörte das Feuer ganz auf. Indessen sagte der Hauptmann mit ruhigem Gesicht: ›Es ist doch wohl gut, daß wir aufstehen, denn man hat im

[1] Major von Langen stirbt sechs Tage später. Friedrich setzt ihm nach dem Krieg in seinen Schriften ein ehrendes Denkmal.

Lager schon mit den kleinen Glocken zum Morgengebet geläutet. Wenn nur die großen Glocken nicht auch anfangen zu läuten!‹ Kaum war dies gesagt, als das große Geschütz vor und hinter dem Dorfe mächtig zu donnern anfing und das Kleingewehrfeuer nur so prasselte. Ich fuhr mit Eile aus dem Bett und hatte nur eine Minute nötig, um mich anzuziehen. Der Hauptmann war indes schon geschäftig, seine Kompanie aufzustellen. Das Feuer ward von allen Seiten heftiger, und es fielen schon Granaten in das Dorf.

Mit dem Letzten der Kompanie ging ich auf den Platz vor dem Bauernhof, wo der Hauptmann gerade seine Leute bei zunehmendem Feuer ermahnte, in Ordnung zu bleiben. Ich drückte ihm die Hand mit dem Wunsche göttlicher Bewahrung. Er eilte mutig mit seinen Leuten zum Kirchhof. Indessen bebte die Erde vom Krachen des schweren Geschützes und der feindlichen Mordschlünde. Die pechdunkle Nacht wurde durch ein unaufhörliches, blitzähnliches Licht so erleuchtet, daß man das Gemenge der feindlichen weißen Röcke und Bärenmützen von den freundlichen blauen Röcken und blanken Grenadiermützen [der Preußen] gut unterscheiden konnte. Plötzlich aber hörte das Feuer auf, und ich fühlte mich in der Finsternis in einem Gedränge, daß Ersticken drohte. Denn der Rest der über dem Dorf gestandenen preußischen Bataillone stürzte sich in unsere Dorfgasse, um sich da wieder zu setzen und das Dorf zu verteidigen. Die Luft ertönte von dem Rufen braver Offiziere und Soldaten, die schrien: ›Kinder, steht! Kameraden, haltet! Es wird Sukkurs [Verstärkung] kommen!‹ Ich vereinigte meine Stimme mit ihnen und rief: ›Kinder, tut eure Pflicht! Gott wird uns helfen, und der König wird bald Sukkurs bringen!‹ . . . Das alles geschah zu dem Zeitpunkt, da der brave General Zieten hinter dem Dorfe auf den aus dem Walde kommenden Feind einhieb und einen großen Teil der feindlichen Sieger zu Gefangenen machte.

In der Dorfstraße ging nun die Infanterie wieder vorwärts, und je näher sie an den Ausgang der Dorfstraße zur großen Batterie hinkam, desto mehr mußte man schon über Tote hinwegsteigen und hörte das Ächzen der Verwundeten, weil das Feuer von beiden Seiten jetzt kleiner wurde. Schon waren wir unserer Batterie wieder nahe und, wie es schien, der Sieg über die [österreichischen] Nachtgeister gewiß. Freude und Mut belebten uns. Aber diese kurze Stille und die Freude wandten sich plötzlich. Denn da die Zietensche Kavallerie, so unbeschreiblich brav sie sich auch gezeigt hatte, doch zu schwach gewesen war, die nun vordringende ganze feindliche Macht zurückzuhalten, so wurde die Batterie uns entrissen, und der Feind avancierte wieder auf der Dorfstraße, teils mit Feuer, teils mit dem Säbel in der Hand, ohne jedoch weiter etwas auszurichten, als daß das Zurückdrängen etwas stärker wurde. Viele Grenadiere des ersten Bataillons vom Regiment Karl standen als brave Leute. Das Zurufen der Offiziere ›Kinder, steht als brave Preußen, wir kriegen Sukkurs!‹ tat wieder seine gute Wirkung. Als aber der Feind in der Dorfstraße weder durch Gewehrfeuer noch mit Säbel oder Bajonett vordringen konnte, so führte er Kartätschen und schwere Kanonen von unserer früheren großen Batterie vor den Eingang des Dorfes und streckte nun mit einer einzigen Lage von den in der Straße gedrängt Stehenden Hunderte zu Boden. Aber erst als der dichte Haufen durch Tote, Verwundete und Fliehende merklich dünner geworden war, ging der Rest der braven Grenadiere zurück ...

Ich schloß mich dem dicht unter dem Dorfe stehenden Regimente von Geist an, auf das eine feindliche, gegenüberstehende Batterie heftig mit Haubitzgranaten feuerte, aber wenig Schaden tat, weil sie zu hoch schoß. Jede Geschützsalve machte es aber auf einige Momente so hell, daß man in der dunklen Nacht einander sehen konnte. Und so ward ich von dem Major von Gelsdorff und einigen reformierten Soldaten erkannt. Diese beklagten mich, und einer sagte: ›Hier müssen die Schafe und nicht der Hirte kämpfen!‹ ... Der brave Feldmarschall von Keith kam an das Geistsche Regiment heran und befahl, es sollte auf seinem jetzigen Platz fest stehenbleiben. Darauf wandte er sein Pferd und befahl dem Adjutanten, er solle das Regiment von Itzenplitz rufen. Dieses ganz vortreffliche Regiment kam und ging mutig mit aufgepflanztem Bajonett in das Dorf. Es wurde aber durch die am Eingang des Dorfes postierten feindlichen Kanonen in weniger als zehn Minuten niedergestreckt, ehe es zwei Drittel der Dorfgasse zurückgelegt hatte. Es kam nur ein kleiner Rest dieses Heldenregiments wieder zurück und schloß sich an das von Geistsche Regiment an. Der Feind, der dies bemerkte und nun, da es inzwischen hell geworden war, sah, daß er zu hoch geschossen hatte, richtete seine Kanonen kürzer, und nun fielen die Haubitzkugeln gerade wie Hagelkörner und schlugen rottenweise die Soldaten nieder. Ich stand neben dem Hauptmann von Vittighofen. Er und ich redeten den Leuten zu, fest zu stehen, bis wir abberufen würden. Ein junger Soldat sagte: ›Wir müssen doch alle einmal sterben und bitten ja täglich im Vaterunser: Herr, Dein Wille geschehe!‹ Kaum hatte er dies gesagt, so sank er, von einer Kugel tödlich getroffen, neben uns nieder.

Um nicht weiter Menschen nutzlos totschießen zu lassen, befahl der Kommandeur von Gelsdorff, das Regiment solle einige zwanzig Schritt vorrücken. Dies geschah, und wir kamen dadurch glücklich aus dem Strich der feindlichen Kanonen, die nun wieder über uns wegschossen. Währenddessen kam das Regiment Prinz von Preußen unter Anführung seines mutigen und freundlichen Kommandeurs, des Grafen von Lottum, mit starken Schritten anmarschiert, um durch die Dorfgasse zur Wiedereroberung der Batterie jenseits Hochkirch zu eilen. Da der Graf von Lottum von meiner Gemeinde war, so redete er mich an. Ich sagte ihm, daß er schwerlich durch die Dorfgasse zur Batterie kommen könne, wenn er nicht um das Dorf herumgehen würde. Er antwortete: ›Ich habe Ordre, geradewegs in das Dorf zu gehen. Des Herrn Wille geschehe!‹ Er wandte sich mit einem Gesicht voll Mut, übersah das aufmarschierte Regiment noch einmal und kommandierte mit lauter Stimme ›Marsch!‹ Das feindliche Feuer vervielfachte sich, die Erde bebte, als ob eine Erderschütterung ihren Anfang nähme, und wo man hinter uns sah, da fielen Helden, die zur Wiedereinnahme des Dorfes zu Fuß und zu Pferde anrückten. Eben war der Feldmarschall von Keith wieder eingetroffen, den Fortgang der Attacke des Regiments ›Prinz von Preußen‹ auf das Dorf zu sehen. Er hielt wenige Schritte diesseits des Dorfes. Da nun er und der Graf von Lottum die zwei Personen waren, die meine größte Aufmerksamkeit auf sich zogen, so waren meine Blicke zwischen dem Feldmarschall und der Dorfgasse geteilt, in der der Graf von Lottum mit seinen Soldaten ziemlich weit avanciert war. Der Feldmarschall näherte sich etwas, vermutlich, um den Angriff besser beobachten zu können. Da sah ich ihn im Sattel wanken und dann vom Pferde stürzen, wobei ich mich des Ausrufs nicht enthalten konnte: ›Mein Gott, da fällt der Feldmarschall!‹ Ich würde zu ihm gelaufen sein, wenn nicht in diesem Augenblick der kleine Rest des Regiments Prinz von Preußen unter einem furchtbaren Kugelregen aus dem Dorfe herausstürzend sich so gesetzt hätte, daß ich den gefallenen Marschall nicht mehr sehen konnte. Zu eben dieser Zeit kam der Markgraf Karl, von einer Abteilung Garde du Corps begleitet, und brachte die königliche Ordre, sich zusammenzuziehen und abzumarschieren. Zugleich fügte der Markgraf hinzu, daß der König mit dem linken Flügel zum Sukkurs käme. ›Das ist brav‹, sagten die Grenadiere. ›Es fehlt uns nicht an Mut, sondern an Leuten, die Nachtgespenster wieder bei Tage anzugreifen. Wenn die Österreicher brave Kerls wären, dann würden sie aus ihren Bergen und aus dem Dorf ins Freie kommen!‹ Die Haubitzgranaten flogen häufig auf die abmarschierenden Züge, und ich eilte, zum Markgrafen an die Spitze zu kommen, um, wie ich hoffte, unter den ersten zu sein, die aus dem Strich des feindlichen Feuers kämen ...

Mutig war alles noch, aber gleichwohl sehr betrübt im Hinblick auf das Schlachtfeld und die großen Verluste. Die Armee war fast aller Bagage, allen Proviantes und so vieler Artillerie beraubt. Von den Unsrigen hatten nur wenige Soldaten ihre Tornister und fast kein Offizier des rechten Flügels seine Bagage gerettet. Eines jeden Reichtum bestand in dem Rock, den er auf dem Leibe hatte. Ich fragte einen Bekannten, ob er von dem braven, so hart mitgenommenen Regiment Markgraf Karl nichts gesehen hätte? Denn die vielen guten Freunde, die ich bei diesem Regiment hatte, lagen mir sehr am Herzen; auch hoffte ich, Nachricht von ihnen über meine Bagage zu bekommen. Er wies mich zu den Karlschen Grenadieren, wo ich die Freude hatte, Hauptmann von Hombold lebend und gesund anzutreffen. Wie hoch wurde aber mein Herz erfreut, als ich unter diesem Trupp von Offizieren ganz unvermutet unsern Heldenkönig erblickte, so leutselig mit den ihre Regimenter suchenden Offizieren und Soldaten sprechend, daß ich erstaunte. Hier traf ich auch den Markgrafen Karl und den General Zieten unverwundet und gesund.

Es kam eben eines von den zusammengeschmolzenen Grenadierbataillonen vorbei, das kaum 80 oder 100 Mann stark sein mochte. Man konnte die Wehmut des Königs bei diesem Anblick in seinen Augen lesen. Aber auf einmal erheiterte sich sein Gesicht. Er fragte die vor dem Bataillon hergehenden Kanoniere mit lauter, aber nicht ungnädiger Stimme: ›Kanoniers, wo habt ihr eure Kanonen gelassen?‹ Einer von ihnen antwortete: ›Der Teufel hat sie bei Nachtzeit geholt.‹ Der König erwiderte: ›So wollen wir sie ihm bei Tage wieder abnehmen! Nicht wahr, Grenadiere?‹ – ›Ja‹, sagten diese im Vorbeigehen, ›das ist recht. Sie sollen uns auch Zinsen dazu geben.‹ Der König lächelte. ›Ich werde dabei sein‹, rief er . . .«

Daß drei Viertel der preußischen Armee der Falle von Hochkirch entkommen konnten, ist nicht zuletzt das Verdienst des unermüdlichen Generalleutnants von Zieten, der seine Husaren nachts bei gesattelten Pferden schlafen ließ und sie sofort zu heftigen Gegenattacken auf die Österreicher führte. Doch gegen neun Uhr morgens räumen die Preußen das brennende Dorf Hochkirch, immer noch in wilde Nahkämpfe mit dem Gegner verbissen. »Viele alte Officiere dieses sieggewohnten Haufens«, heißt es in einem zeitgenössischen Bericht, »hatten so hohe Begriffe von kriegerischer Ehre, daß sie durchaus der Übermacht nicht weichen wollten, und unter dem Schwerdt des Feindes fielen. Andere mußte man halb mit Gewalt vom Schlachtfeld schleppen, weil sie einen so unglücklichen Tag nicht zu überleben, sondern lieber zu fallen wünschten.«

Gleich hinter dem Dorf stellt sich die preußische Armee, die in den wenigen Stunden 8000 Mann verloren hat, erneut zum Kampf. Feldmarschall Daun, ganz siegesbewußt, zieht seine Truppen ins Lager zurück. Ihm genügt der errungene Erfolg. Seiner Kaiserin schreibt er vom Schlachtfeld: »Ich halte den König nun in der Lausitz fest. Er ist ganz von Schlesien abgeschnitten. Und wollte er einen Angriff wagen, so soll er gewiß geschlagen werden.«

Daun entnimmt diese Gewißheit der Tatsache, daß seine Armee der des Preußenkönigs um das Dreieinhalbfache überlegen ist (70000 : 20000). Friedrich sieht das kaum anders. Zwar verbreitet er in seinem Stab Optimismus und erklärt immer wieder: »Daun hat uns aus dem Schach gelassen. Das Spiel ist noch nicht verloren!« Aber das ist Seelenmassage an den anderen; Pessimismus darf er in seinem Offizierskorps nicht aufkommen lassen. Unter vier Augen, wenn er mit de Catt allein ist, äußert er sich ganz anders: »Wie viele brave Leute verliere ich, mein Freund, und wie verabscheue ich dieses Handwerk, zu dem der blinde Zufall mich von Geburt an verdammt hat. Aber ich habe etwas bei mir, um das Stück zu beenden, wenn es unerträglich werden sollte.« Er zeigt de Catt, daß er auf der Brust eine ovale vergoldete Dose trägt, in der sich achtzehn kleine Kugeln befinden. »Diese Pillen sind Opium. Die Menge reicht völlig hin, um einen zu jenem düsteren Gestade zu befördern, von dem es keine Rückkehr gibt.«

In dem Gemetzel von Hochkirch ist einer der engsten Freunde des Königs gefallen: Feldmarschall James Keith. Friedrich schreibt an Lord Keith, dem er den Heldentod seines Bruders meldet. Er schließt mit den Versen:

»Oft wähnt' ich Reich und Leben zu verlieren,
Doch niemals je vermochte das Geschick,
Das soviel Fürsten gegen mich vereint,
Zum Gegenstand des Mitleids mich zu machen.
Doch löset es der Freundschaft heilig' Band,
Dann, teurer Lord, schlägt es mich grausam nieder!
Achill selbst war nicht gänzlich unverwundbar.«

Zwei Tage darauf erhält Friedrich die Nachricht, daß Wilhelmine, seine Lieblingsschwester, am Tag von Hochkirch an Lungenschwindsucht gestorben ist. Als de Catt sich beim König meldet, ist dieser vor Kummer außer sich. Einige Minuten lang kann er nicht einmal sprechen. Dann zieht er de Catt an sich und sagt: »Meine Schwester ist verloren für mich, ohne Wiederkehr, mein Lieber. Ich werde sie niemals wiedersehen! Das ist der entsetzlichste Schlag, der mich treffen konnte. Ich verliere alles, was mir teuer ist. Meine Verluste folgen Schlag auf Schlag; ein Verlust fällt stets mit einem anderen zusammen. Ach, wie bald werde ich weder Freunde noch Verwandte haben! Der Tod nimmt mir alles. Mein Leben ist sehr unglücklich.« De Catt verabschiedet sich tief betroffen.

Der Tod der Markgräfin von Bayreuth ist für Friedrich der schwerste Verlust seines Lebens. Niemanden hat er so innig geliebt wie seine Schwester »Mine«, die in den frühen Morgenstunden des 14. Oktober sterben mußte. Nicht, daß er sie idealisiert hätte. Er kannte all ihre Fehler, wie er seine eigenen kannte. Aber immer hatte er ihren Stolz und ihre Standhaftigkeit bewundert, wenn sie ihn gegen den rasenden Vater in Schutz genommen oder wenn sie nach dem Unglück von Kolin an Voltaire geschrieben hatte: »Der Zustand, in dem ich mich befinde, ist schrecklicher als der Tod. Ich sehe den größten Mann des Jahrhunderts, meinen Bruder, meinen Freund, in der entsetzlichsten Lage. Ich sehe meine Familie allen Gefahren ausgesetzt, mein Vaterland von unversöhnlichen Feinden zerrissen, mein eignes Land von gleichem Unheil bedroht. Möchte es doch dem Himmel gefallen, mich mit diesem Unglück ganz allein zu belasten. Ich würde es gewiß mit Festigkeit ertragen.«

Die todkranke Wilhelmine hat ihren letzten Brief an den geliebten Bruder Fritz in seinem Feldquartier gerichtet: »Seit sechs Monaten liege ich zu Bett. Ich leide an einem heftigen trockenen Husten; meine Beine, meine Hände und das Gesicht sind angeschwollen. Ich habe mich in mein Schicksal ergeben. Ich werde zufrieden leben oder sterben, wenn nur Du glücklich bist! Mein Herz sagt mir, daß der Himmel noch Wunder für Dich tun wird. Deine Feinde sind dem Untergang nahe. Wenn sie einen kleinen Erfolg erringen, dann macht ihr Dünkel sie anmaßend und verführt sie zu den größten Torheiten . . . Meine Brust ist so schwach, daß ich kaum sprechen kann.« Wilhelmine konnte den Brief nicht zu Ende diktieren.

Der Kriegsrat Köper, der Friedrichs Finanzen verwaltet und ihm die Unglücksnachricht aus Bayreuth überbringen mußte, nennt die Wirkung seiner Mitteilung auf den König unbeschreiblich. Er vermöchte sich nicht vorzustellen, daß ein Schmerzausbruch noch schlimmer sein könnte. Zu de Catt sagt der tiefgebeugte Monarch am 20. Oktober: »Ich habe keine Zeit, den Tod meiner Schwester zu beweinen ... Ich will von all unserem Unglück erst wieder sprechen, wenn der Winter da sein wird, und jetzt nur an das denken, was ich zu tun habe ... Die Masse des Unglücks stumpft schließlich unsere Empfindung ab. Ich glaube, es könnte der Himmel die Erde erdrücken und der Boden unter meinen Füßen einsinken, ohne daß ich es groß achten würde.«

Am 25. Oktober besetzt Friedrich blitzschnell Görlitz. Daun hat einen schwerwiegenden Fehler begangen, als er sich dieser Stadt mit ihren großen preußischen Magazinen nicht bemächtigte, denn die Magazine in Torgau und Dresden hätten für Friedrichs Feldarmee nicht ausgereicht. Nun ist Daun von Schlesien abgeschnitten, nicht der Preußenkönig. Der österreichische Feldmarschall könnte die Sache nur durch eine offene Feldschlacht wiedergutmachen. Darauf wartet Friedrich geradezu. Statt dessen verschanzen sich die Österreicher auf der Landeskrone.

Während Prinz Heinrich die Gebirgsstraßen nach Schlesien sperrt, bricht der König mit dem Gros der Armee nach Schlesien auf, über Jauer und Schweidnitz, um die belagerten Festungen in Oberschlesien zu entsetzen. Schon am 4. November erfährt er, daß die Österreicher auf die Nachricht von seinem Herannahen das Hasenpanier ergriffen und die Belagerungen von Neiße und Kosel abgebrochen haben. Das ist eine großartige Nachricht: Ganz Schlesien ist wieder frei. Gleichzeitig wird bekannt, daß die Russen am 29. Oktober die Belagerung Kolbergs aufgegeben haben; die patriotische Bürgerschaft und eine Handvoll Invaliden haben ihnen vier Wochen lang standgehalten. Am Abend tritt de Catt bei Friedrich ein: »Der König sagte, wie sehr er seine Schwester beweint hätte, und daß er in ruhigen Augenblicken, wenn er an sie dächte, noch immer weinen müßte. Er sprach sehr lobend über seinen jüngsten Bruder, den Prinzen Ferdinand, und seine Herzensgüte; über den Prinzen August Wilhelm; zitierte Stellen aus *Iphigenie*, aus dem Ende des 1. Akts, die Beziehung auf seine Lage hätten. Das brachte uns auf das Schauspiel. Er nannte mir verschiedene Opern und sang mir daraus vor ...«

Friedrich beschließt, am 9. November den Rückweg nach Sachsen einzuschlagen, um sich dort wieder mit »Monsieur Léopolde« zu befassen. Während Friedrich auf dem Rückmarsch ist, handeln seine Befehlshaber in Sachsen konsequent. Generalleutnant Karl Christoph von Schmettau, der Kommandant von Dresden, läßt am 10. November einen Teil der Vorstädte abbrennen und vereitelt so Daunsche Überrumpelungspläne. Auch die preußischen Kommandanten von Leipzig und Torgau zeigen sich wohlgerüstet und entschlossen, als der Feind vor den Wällen der Städte erscheint. Und schon kommt von allen Seiten Hilfe. Am 12. November treffen Christoph Dohna und Karl Heinrich Wedell mit ihren Truppen in Sachsen ein. Inzwischen ist Friedrich in Löwenberg angekommen, wo ihn de Catt abends aufsucht: »Der König war sehr ermüdet und versuchte seit drei Stunden vergebens, wieder warm zu werden. ›Ich komme mir vor‹, sagte er, ›wie jemand, der den Schluß zu einem Epigramm sucht und ihn nicht finden kann. Ich sehe nicht, wie ich das Ende meines Feldzuges finden werde. Ich bin so müde! Ich bin für nichts mehr gut als für den Schindanger.‹«

Am 16. November zieht Daun, als er von Friedrichs Annäherung hört, in aller Eile von Dresden ab. Er verläßt mit seiner Riesenarmee von 72000 Mann das sächsische Territorium, geht nach Böhmen, bezieht Winterquartiere und begibt sich selbst zur Berichterstattung nach Wien. Am 20. November reitet Friedrich in Dresden ein, umarmt freudestrahlend vor allem Volk seinen General Schmettau und bezieht diesmal die prunküberladenen Zimmer König Augusts im Dresdner Schloß. »Wohlan, mein Lieber, bald in den Hütten der Armen und bald in den Palästen des Königs«, empfängt er gutgelaunt am Abend seinen Vorleser. »Hier ist, glaub' ich, noch nie eine Tragödie gelesen worden.«

Doch in Wahrheit ist ihm weder nach Spott noch Triumph zumute. Am 23. November schreibt er an Lordmarschall Keith: »Unser Feldzug ist zu Ende. Auf beiden Seiten ist kein anderer Erfolg zu verzeichnen als der Verlust vieler braver Männer, das Unglück vieler armer Soldaten, die für immer Krüppel geworden sind, der Ruin so mancher Provinzen, die Beraubung, Plünderung, Niederbrennung einiger blühender Städte. Derartige Taten, lieber Lord, flößen dem menschlichen Gefühl Entsetzen ein.«

Er muß sich nun sogleich seiner notleidenden, kriegsgeschädigten Provinzen annehmen. Am 5. Dezember antwortet er dem Präsidenten der Pommerschen Kammer, Georg von Aschersleben, auf ein Schreiben vom 30. November. Es sei ihm wohlbekannt, wie sehr die Provinz Hinterpommern unter der russischen Invasion gelitten habe, und es täte ihm von Herzen leid. Man müsse jedoch bedenken, daß auf seine Kassen unter den gegebenen Umständen nicht zu rechnen sei. »Was ich aber tun kann, ist, daß ich eine Summe von 100 000 Talern für die armen und notleidenden Untertanen an die dortige Kriegs- und Domänen-Kammer auszahlen lassen will, damit dadurch die möglichste Hilfe an Getreide geschehe, auch etwas Vieh angekauft werden kann.« Er schärft jedoch dem Präsidenten »auf Ehre, Reputation und Pflicht« ein, daß diese Summe unverzüglich und »bis auf den letzten Groschen« den notleidenden Untertanen zugute kommen müsse, wobei er darauf pocht, daß »die größte égalité« bei der Hilfszuteilung zu beachten sei.

Jetzt, im Winterquartier zu Dresden, bricht der Schmerz um Wilhelmine erneut in ihm auf. Am 6. Dezember schreibt er an Voltaire:

»Es gibt Unglücksfälle, die durch Standhaftigkeit und ein wenig Mut wettzumachen sind. Doch es gibt andere, gegen die alle Festigkeit und alles Reden der Philosophen nichts als vergebliche und unnütze Hilfe sind. Diese sind es, mit denen mein unseliger Stern mich in den bedrängtesten Augenblicken meines Lebens überhäuft.

Ich war nicht krank, wie Ihnen zugetragen wurde. Meine Leiden bestehen nur aus Hämorrhoidenkrämpfen und Nierenkoliken. Wäre es von mir abhängig gewesen, hätte ich mich freiwillig dem Tod, zu dem derartige Leiden ohnehin über kurz oder lang führen, überantwortet. Ich hätte dadurch gern die Tage derjenigen gerettet oder verlängert, die nun das Licht nicht mehr sieht. Verlieren Sie sie nie aus dem Gedächtnis! Und sammeln Sie, ich bitte darum, all Ihre Kräfte, um ihr zu Ehren ein [literarisches] Denkmal zu errichten. Sie brauchen ihr nur Gerechtigkeit widerfahren zu lassen, ohne sich von der Wahrheit zu entfernen, und Sie werden das schönste und unerschöpflichste Thema finden . . . Ich wünsche Ihnen mehr Glück und Frieden als ich habe.«

Friedrich ist am Ende seiner Kraft. Der Feldzug hat ihn völlig ausgelaugt. Am 22. Dezember erwidert er dem Marquis d'Argens, der sich in Hamburg aufhält, auf ein Gratulationsschreiben: »Ich danke Ihnen für die Lobsprüche, die Sie mir hinsichtlich meines Feldzuges übermittelten. Wenn ich auch, ebenso wie meine Soldaten, entsetzliche Anstrengungen auszustehen hatte, so haben wir doch kein Lob verdient. Die Sache ging soso, und die Entscheidung, die mitnichten erfolgt ist, bleibt weiterhin der Zukunft vorbehalten. Ich habe dieses Leben satt. Der ewige Jude kann nicht müder geworden sein als ich. Ich habe alles verloren, was ich auf Erden am meisten liebte und achtete. Ich bin von Unglücklichen umgeben, denen ich nicht helfen kann. Noch immer stehen mir das Elend unserer blühendsten Provinzen sowie die schauderhaften Taten vor Augen, die eine Bande, nicht von Menschen, sondern von Bestien verübt hat. In meinen alten Tagen bin ich fast zu einem Theaterkönig herabgesunken! Essen Sie Austern und Taschenkrebse in Hamburg, leeren Sie die Pillenkästen der Apotheken, schließen Sie Ihr Zimmer hermetisch ab, und vergessen Sie einen armen, von Gott verwünschten Mann nicht, der dazu verdammt ist, bis in alle Ewigkeit Krieg zu führen . . .«

Aus dieser Verdammnis scheint es in der Tat keinen Ausweg zu geben. Eine Kriegsentscheidung ist nicht in Sicht. Friedrich hat sich in seiner belagerten Festung Brandenburg-Sachsen-Schlesien behauptet. Aber der feindliche Einkreisungsring ist nicht zerbrochen. In den vergangenen achtundzwanzig Kriegsmonaten haben neun furchtbare Schlachten stattgefunden. Der preußische Gesamtverlust an Gefallenen, Verwundeten und Vermißten beläuft sich etwa auf 80000 Mann, der der Gegner auf 120000. Dieses Verlustverhältnis ist an sich erstaunlich, wenn man bedenkt, daß der gegnerischen Koalition das Dreifache an Soldaten zur Verfügung steht und daß die Preußen auf den Schlachtfeldern durchschnittlich im Verhältnis 1 zu 2 kämpfen müssen. Dennoch, der Preußenkönig hat inzwischen etwa die Hälfte seiner alten Friedensarmee eingebüßt. Und wenn es ihm schon schwer genug fällt, die Quantität seiner Streitkräfte zu erhalten, so steht doch außer Frage, daß die Qualität der preußischen Armee, mit der sie den Gegnern so haushoch überlegen war, nun, Ende 1758, dahin ist.

Die allgemeine Kriegslage ist gekennzeichnet von einem unbefriedigenden Patt, von einem Unentschieden gegenseitiger

Erschöpfung. Der König analysiert den Zustand Preußens sorgenvoll. Es gibt keine Friedenshoffnungen, und die Zeit scheint gegen Friedrichs ausgepowerten Staat zu arbeiten. Seine Verbündeten, die Briten, haben in Amerika und Afrika beträchtliche Erfolge erzielt. Aber was hat er schon davon? Prinz Ferdinand von Braunschweig mußte über den Rhein zurückweichen und hat mit seiner Armee eine Defensivstellung im Raum Soest bezogen. Was Westfalen und Hannover angeht, sind den Franzosen die Anmarschwege verlegt. Aber das hessische Land liegt ihrem Zugriff offen, so daß der Weg nach Thüringen und Sachsen, in den Rücken des Preußenkönigs, nicht gedeckt ist. Frankreich ist zwar finanziell fast bankrott. Man weiß in Paris nicht, wie man die Subsidiengelder für die 10 000 Bayern und Württemberger der Reichsexekutionsarmee aufbringen soll. Die jährlichen Unterstützungssummen für Österreich müssen von 10 auf 3,6 Millionen Livres gekürzt werden. Aber Kaunitz bringt einen neuen Vertrag zwischen den beiden Mächten zustande, der am 30. Dezember 1758 paraphiert wird und das Ziel der Vernichtung Preußens neu festschreibt. Die Russen haben zwar sämtliche Gebiete westlich der Weichsel geräumt, doch in Ostpreußen setzen sie sich fest, als wenn es für alle Ewigkeit sein sollte. Auch die Schweden, die schon bis zum historischen Schlachtfeld von Fehrbellin vorgedrungen waren, haben sich wieder an die Ostseeküste zurückziehen müssen; die schwedischen Besatzungen von Anklam und Demmin mußten mit 2700 Mann kapitulieren. Dennoch, die Schweden stehen in Stralsund wie auf Rügen bereit, im kommenden Jahr wieder gegen Berlin vorzubrechen. Und daß sich die gewaltige Streitmacht Maria Theresias 1759 erneut auf Schlesien und Sachsen stürzen wird, steht so fest wie das Amen in der Kirche.

Am 22. Dezember spielt Friedrich zum erstenmal nach langer Zeit wieder auf seiner Querflöte; ein sanftes Adagio. Er legt das Instrument beiseite, ruft den Geheimrat Eichel und diktiert einen Brief an den Minister von Finckenstein: »Unglücklicherweise scheint es so, daß wir noch nicht am Ende unserer Arbeiten sind. Wir haben zu viele Feinde, als daß wir gegen sie eine Überlegenheit gewinnen könnten. Ganz Europa stürzt sich auf uns. Es scheint Mode, unser Feind zu sein, und ein Ehrentitel, zu unserem

Verderben beizutragen ... Wenn wir auch noch einige Schläge, die man gegen uns führt, abwehren können, so werden wir am Ende doch unterliegen. Eine traurige Mutmaßung, von der ich wünsche, daß sie sich nicht erfüllen werde.«

Am Heiligabend und am ersten Weihnachtsfeiertag liest Friedrich, der sich außer de Catt alle Besucher verbeten hat, mehrere klassische Tragödien. Er schreitet im Zimmer auf und ab und rezitiert. Manchmal vergießt er Tränen der Begeisterung oder Wehmut, manchmal bleibt er stehen, lächelt vor sich hin und nimmt eine Prise Schnupftabak. Seinem Vorleser gegenüber gesteht er seine Fehler ein, vor allem in der Schlacht bei Hochkirch, und äußert die Erwartung, daß die Historiker Gutes wie Schlechtes über den Feldzug von 1758 schreiben werden. Immer wieder sagt er, das Leben des Menschen sei wie ein Rauch, der verweht.

Am zweiten Weihnachtsfeiertag liest der König *Zaire*, eine Tragödie Voltaires aus dem Jahre 1732. Er sieht den eintretenden de Catt an: »Gestehen Sie, bin ich nicht ein einsamer Mann?«

Am Rande des Abgrunds

Die Tragödie von Kunersdorf (1759)

Der Feuerschlund, entflammt von Blitzesglut,
Schickt Tod um Tod in die entsetzten Reih'n;
In kleinen Haufen fliehn sie querfeldein;
Haupt, Ordnung, Fahnen, alles ist dahin!
Vollenden will der Sieger den Gewinn.
. . .
Ja, wenn das falsche Glück euch so verrät
Und zu des Feindes Fahnen übergeht,
So zeigt dem Unheil eine heitre Stirn!
Durch kluges Walten macht den Schaden gut,
Befeuert des besiegten Heeres Mut
Und findet Mittel in dem eignen Hirn!
Die Nacht erhöht der Sterne lichten Schein,
So sollt ihr groß und stark im Unglück sein.
Dann wird ein Fehlschlag eures Ruhmes Glanz
So gut vermehren wie der Siegerkranz.
Verzweifelt nie! Vertraut auf eure Kunst:
Klugheit erzwang noch stets Fortunens Gunst!

Friedrich der Große, »DIE KRIEGSKUNST –
Ein Lehrgedicht«, 1751, 6. Gesang

Nach zweieinhalb Jahren Krieg ist die Volksstimmung in Deutschland zutiefst aufgerührt. Propreußische und antipreußische Tendenzen spalten die Landschaften, die Städte, ja selbst Familien. Obwohl die Fürsten, an der Spitze Friedrich, als aufgeklärte Monarchen reine Kabinettskriege führen, spielt die religiöse Problematik in den Reihen der Bevölkerung eine nicht unerhebliche Rolle. In den katholischen Gegenden des Reiches, insbesondere in Österreich und Bayern, gilt der Preuße schlechthin als Ketzer. In den Gassen der süddeutschen Städte singt man den Spottvers:

»Laß halt gut sein, mein Herr Preuße,
Und den Pfaffen mir in Ruh',
Wer dem Papst tut Ehr' erweisen,
Den bedrücket nie der Schuh.
Und wer's mit der Kirche hält,
Niemals auf die Nase fällt!«

Ganz anders zeigt sich die öffentliche Meinung in den protestantischen Gebieten. Der Oberkommandierende der Reichsarmee klagt bitter darüber, daß er sich höchstens auf seine katholischen Mannschaften verlassen könne. In den württembergischen Regimentern gärt es; sie sehen im Preußenkönig ihr heimliches Idol, wollen so schnell wie möglich nach Hause. In den Städten und Dörfern Frankens ist die Reichsarmee aufs äußerste verhaßt, dort gilt Friedrich als Inkarnation des protestantischen Freiheitsstrebens gegen das katholische Habsburg, gegen den schwarzen Klerikalismus. Thüringen, mit Ausnahme des katholischen Eichsfeld, ist ohnehin propreußisch. Und selbst auf die gepreßten Rekruten aus Mecklenburg und Sachsen kann sich der Preußenkönig, wenn es ernst wird, verlassen, weil er von den Soldaten als evangelischer Glaubensschützer betrachtet wird.

In der preußischen Feldarmee herrscht zwar religiöse Toleranz, und in diesem Punkt wird Friedrich nie mit sich spaßen lassen. Dennoch hat das preußische Heer einen protestantischen Gesamtcharakter; die katholischen Mannschaften machen nur einen Bruchteil aus. Und die Soldaten sehen das auch so. Als das Gerücht die Runde macht, der Papst habe Feldmarschall Daun einen geweihten Hut verehrt, entsteht im preußischen Feldlager eine improvisierte Bühne, auf der kostümierte Grenadiere ein ironisches Streitgespräch zwischen Harlekin und Daun aufführen. Es ist dies vielleicht das erste »Fronttheater« in der Militärgeschichte; der Zulauf der Soldaten, die sich vor Lachen auf die Schenkel schlagen, ist enorm.

Die protestantische Frömmigkeit der preußischen Soldaten ist vielfach bezeugt. Immer wieder erklingt auf den Märschen oder abends im Lager das alte Luthersche Streitlied »Ein feste Burg ist unser Gott«, aus dem Tausende Trost und Hoffnung schöpfen. Die Feldgottesdienste, die vor einem Altar stattfinden, den zwei Trommeln bilden, sind den Soldaten ebenso wie den Offizieren ein unentbehrliches Bedürfnis. Die Feldprediger, die auf dem Marsch, im Lager und während der Schlacht die Geschicke ihres jeweiligen Regiments teilen, sind hochgeachtete Persönlichkeiten. Als Friedrich den späteren Feldpropst Kletschke zum Seelsorger der Garde ernennt, fragt er ihn: »Hat Er auch ein Herz? Wird Er unter Umständen wohl auch ein feindliches Pelotonfeuer aushalten können?« Die Soldaten, die die Schlacht bei Leuthen mitgemacht haben, wollen sich nicht ausreden lassen, daß dort, wo ihr König sich aufhielt, ein heller Glanz über dem Schlachtfeld gelegen habe. Jetzt, in den Winterquartieren 1758/59, heißt es in einem ihrer liebsten Lieder:

»König Friedrich, du mußt siegen,
Weil dein Gott stets mit dir ist!
Wer sollt' sich vor dir nicht schmiegen?!
Denn du kämpfst als Held und Christ.«

Dem Preußenkönig ist die Stimmung seines Heeres wohlbekannt. Da er beinahe ununterbrochen zu Pferde ist, an fast allen Bewegungen und Unternehmungen seiner Truppen teilnimmt, hat er einen ausgezeichneten Kontakt zum Offizier wie zum einfachen Mann. Oft zeigt er sich bewegt vom tiefen Gottvertrauen seiner Grenadiere und Musketiere. Das hält ihn nicht davon ab, sich sehr kritische Gedanken über den Qualitätsstandard seiner Streitkräfte nach mehr als zweieinhalb Kriegsjahren zu machen. Er läßt es sich aber vor seinen Soldaten niemals anmerken, wie ernst er die Situation Preußens beurteilt.

Immer wieder bricht jedoch der Sarkasmus bei ihm durch, meldet sich seine unausrottbare Spottlust zu Wort. Um sich von dem schier unerträglichen seelischen Druck zu befreien, verhöhnt er seine Gegner mit den kräftigsten Worten: König Ludwig XV. von Frankreich, der für seine Mätressenwirtschaft bekannt ist, bezeichnet er als »Vielgeliebten«; die fromme Maria Theresia von Österreich tituliert er als »apostolisches Rabenaas«; Zarin Elisabeth von Rußland, die dem Wodka und den Mannskerlen lebt, nennt er »die griechisch-orthodoxe Hure«. Den Franzosen, denen er nicht verzeihen kann, daß sie zu seinen Feinden übergegangen sind, dichtet er ins Stammbuch:

»Bis in seine tiefste Quelle
Schäumt der alte Rhein vor Groll,
Flucht der Schmach, daß seine Welle
Fremdes Joch ertragen soll!«

Führt Friedrich den Franzosen gegenüber eine Anwandlung von deutschem Reichspatriotismus ins Feld, hat er für die Russen, die er seit Zorndorf als »Barbaren« betrachtet, nur Verachtung übrig:

»O möchten sie ins Schwarze Meer
Mit einem Sprunge sich versenken,
Köpflings, den Hintern hinterher;
Sich selber und ihr Angedenken.«

Am 2. Januar 1759 schreibt Friedrich an Lord Keith: »Sollte durch die Eifersucht Spaniens und Österreichs ein Krieg in Italien entstehen, so hilft mir das wenig. Ich muß mich allein auf meinen Degen und meine gerechte Sache verlassen. Vielleicht bringt der Zufall, der so oft unerwartete Dinge herbeiführt, auch mir irgendein glückliches Ereignis. Geschieht das nicht, so muß ich dennoch meine Schuldigkeit tun.«

Auf irgendeine Art von »Zufall« verläßt sich der preußische König aber nicht. Er arbeitet unaufhörlich an der Neuformierung seiner Feldarmee. Die feindliche Koalition wird im Frühsommer 1759 mindestens über 360000 Mann verfügen. Friedrich kann ihnen höchstens 120000 entgegenstellen. Mehr als die Unterzahl bedrückt ihn die mangelnde Qualität mancher seiner Truppenteile. Nach Lobositz, Prag und Kolin hatte er die zusammengeschmolzenen Kader an Berufssoldaten durch ein freiwilliges Aufgebot von Landeskindern ersetzen können, mit dem er bei Roßbach und Leuthen gekämpft hatte. Nun, nach Zorndorf und Hochkirch, sind die Verluste kaum noch auszugleichen. Der Ersatz besteht aus Gepreßten und Geworbenen, nicht zuletzt aus sächsischen, österreichischen und russischen Kriegsgefangenen, deren Kampfmoral gering ist. Mit einer solchen Armee ist keine Angriffsstrategie zu betreiben. »Bisher haben meine Feinde niemals gemeinschaftlich gehandelt«, schreibt der König an d'Argens, »so daß ich den einen nach dem anderen schlagen konnte. In diesem Jahr wollen sie gleichzeitig losbrechen. Wenn ihnen das gelingt, dann können Sie meine Grabschrift anfertigen.« Friedrichs Operationskunst reduziert sich also auf den Versuch, die feindlichen Armeen auseinanderzuhalten.

Hat er schon kaum neue Soldaten, so ist die Knappheit seiner Finanzmittel noch besorgniserregender. Immerhin sind die britischen Subsidien im Wert von vier Millionen Talern eingetroffen, und Friedrich läßt aus den Goldbarren die doppelte Summe schlagen. Aber das deckt die geschätzten Kriegskosten für 1759 nicht einmal zur Hälfte. So greift er zum zweischneidigen Mittel der Münzverschlechterung. Aus einer Mark feinen Silbers werden 20 statt 14 Taler, bald 33 und schließlich sogar 45 Taler geschlagen. Das hat negative volkswirtschaftliche Folgen, läuft letztlich auf eine Ausplünderung der wohlhabenden Schichten hinaus. Der Preußenkönig bleibt aber immer »flüssig«.

Um zu den 18 Millionen Talern zu kommen, die er für 1759 benötigt, muß er die besetzten Gebiete in Sachsen, Thüringen und Mecklenburg schröpfen. Besonders in Leipzig und Dresden stöhnt man unter der Kriegslast. Ein sächsisches Dokument stellt aber ausdrücklich fest, »daß die Bedrückung der Österreicher und Reichstruppen« von den Sachsen verflucht werde, »daß man lieber die ordentliche Last der Preußen als den abscheulichen Druck der

Befreier tragen will«. Denn die Preußen halten »überall strengste Manneszucht« und gehen bei Eintreibung der Kontributionen »mit gewissenhafter Pünktlichkeit und möglichster Berücksichtigung der Vermögensverhältnisse des einzelnen« zu Werk.

Friedrich verbringt die einsamen Wintertage im Februar 1759 in Breslau. Am 1. März schüttet er d'Argens sein Herz aus: »Ich weiß nicht, welches Schicksal mich erwartet und welche Wendung die Dinge nehmen werden. Alles, was von mir abhängt, werde ich tun, um mich zu behaupten. Unterliege ich, so soll der Feind es teuer bezahlen ... Dieser Krieg ist furchtbar; er wird von Tag zu Tag unmenschlicher und barbarischer. Unser gebildetes Jahrhundert ist noch sehr roh, oder besser gesagt, der Mensch ist eine unbezähmbare Bestie, sobald er sich der Wut seiner zügellosen Leidenschaften überläßt.

Ich lebe in meinem Winterquartier wie ein Kartäuser. Ich esse allein zu Mittag, verbringe meine Zeit mit Lesen und Schreiben und speise nicht zu Abend. Wenn man traurig ist, fällt es auf die Dauer schwer, seinen Gram immerfort zu verbergen. Es ist besser, mit seinen Gedanken allein zu sein, als seinen Kummer unter die Leute zu tragen. Nichts bringt mehr Linderung außer der Anspannung, wie sie steter Fleiß und Aufmerksamkeit erfordern. Diese Ablenkung zwingt uns, solange sie währt, die trüben Gedanken zu verscheuchen; aber ach, sobald die Arbeit getan ist, kehren die schlimmen Vorstellungen zurück, und zwar ebenso lebhaft wie zuvor. Maupertuis hatte recht: Auch ich bin davon überzeugt, daß die Summe des Leids die des Glücks überwiegt! Aber mir ist es gleich, ich habe fast nichts mehr zu verlieren, und die kurze Frist, die mir noch bleibt, gilt mir zu wenig, um mich noch ernstlich darum zu bekümmern.

Leben Sie wohl, mein lieber Marquis. Seien Sie nicht so schreibfaul ... Ich überlasse Sie ihrem Bett, Ihrem Apotheker und der Obhut des Schicksals, das hier unter dem Monde alles bestimmt und lenkt und Sie und mich, die Staatsmänner und die Heerführer, die Weisen und die Narren gleichermaßen zum besten hält. Vale!«

Friedrich schreibt am 21. März an Voltaire und bedankt sich sehr herzlich für eine Neubearbeitung der Ode auf Prinzessin Wilhelmine: »Die neuen Strophen sind sehr schön, und ich wünschte mir, daß alles bereits gedruckt wäre.« Er amüsiert sich über Gerüchte in den Pariser Intellektuellenkreisen, seine *Histoire de Brandebourg* sei in Wahrheit von Voltaire verfaßt worden. Das sei doch eher Lob denn Schande für ihn, das Buch müßte dann ja sehr gut geschrieben sein. Das literarische Geplauder mit dem französischen Dichter hält ihn aber nicht davon ab, den preußischen Generalen die Sporen zu geben. »Er soll gegen Naumburg und Bunzlau vorgehen«, schreibt er am 3. April dem Generalmajor von Puttkamer, »um den Feind dort wegzujagen. Ob Er meinet, daß Er mit 1500 Pferden nur dastehe, um sich in die Hosen zu kratzen? Er soll um sich greifen und nicht faulenzen!« Am 6. April heißt es in einem Schreiben an Seydlitz: »Mir nur von allem berichtet, mein lieber Seydlitz. Ich lauere wie eine Katze auf die Maus!«

Der Preußenkönig verlegt sein Hauptquartier von Breslau nach Landeshut. Von dort schreibt er am 28. April an Voltaire: »Ich hoffe, daß Sie bald Gelegenheit bekommen werden, für den Frieden zu arbeiten, und ich verspreche Ihnen, daß ich jedes Werk, das zu diesem Zweck geschrieben wird, vorzüglich finden werde! Es hat ganz den Anschein, als würden wir ohne weitere Schlächterei diesen glücklichen Tag nicht erleben . . . Sie glauben, daß Mut nur aus dem Ehrgefühl erwächst. Ich wage Ihnen zu antworten, daß es mehr als nur eine Art von Mut gibt: den, der vom Temperament kommt, was beim einfachen Soldaten bewundernswert ist; den, der aus dem Denken rührt, was für den Offizier angemessen ist; den, welchen die Liebe zum Vaterland einflößt und den jeder gute Bürger haben sollte; schließlich jenen, der seinen Ursprung in der Ruhmbegierde hat und den man an Alexander, Caesar, an Karl XII. und Condé bewunderte. Dies sind die verschiedenartigen Instinkte, die den Menschen in Gefahr bringen. Die Gefahr als solche hat weder etwas Anziehendes noch Angenehmes; doch an das Risiko denkt man kaum, wenn man sich erst einmal darauf eingelassen hat . . .«

Friedrich liegt den ganzen Monat Mai, wie er Seydlitz geschrieben hat, als Katze auf der Lauer, um die »Maus« Leopold Daun zu fassen.

Am 12. Mai schreibt er an d'Argens: »Meine Feinde machen

mir viel Mühe, aber ich versichere Ihnen, daß ich mit höchster Vorsicht und Wachsamkeit zu Werke gehe. Ich lag die ganze Nacht im Hinterhalt, habe aber nichts gefangen. Vielleicht ist mir Fortuna ein andermal gnädig. Daun steht zwischen Marklissa und Lauban. Sobald er ernsthaft in Schlesien einfallen will, werden wir handgemein; und dieser Tag wird viel entscheiden.«

Zum erstenmal während des Krieges verzichtet Friedrich auf die strategische Initiative. Zwar hat er auch 1758 schon einen Verteidigungskrieg der »inneren Linie« geführt, aber mit seinem Stoß auf Olmütz hat er doch die operative Initiative an sich gerissen. Jetzt »lauert« er nur, wartet ab, welcher seiner Gegner sich als erster in die Reichweite seiner Prankenhiebe begibt. Daun steht in seinem festen Lager von Münchengrätz, in Böhmen, und drillt unablässig seine Rekruten. Maria Theresia hat ihn im Oberbefehl belassen, obwohl sie den Marschall seit Leuthen für langsam, ängstlich und unentschieden hält. Sie wisse keinen anderen, der geeigneter wäre, hat sie ihrer Umgebung erklärt. Obwohl Kaunitz und sie ihm ständig »Moral predigen« und wiederholt fordern, er solle doch endlich dem Mann aus Berlin auf den Leib gehen, denkt Daun gar nicht daran, sich zu rühren. Er wartet auf die russische Armee, die sich bei Posen sammelt. Friedrich liegt ihm jenseits der schlesischen Berge bei Landeshut gegenüber und verzehrt sich vor Ungeduld. »Das sind die Folgen eines Defensivkrieges«, klagt er. »Wir stehen uns wie die Hammels gegenüber, und keiner will beißen.« Oder er spottet: »Ich hatte mir 20 Pfund Blei hinterwärts beigesteckt, aber Daun hat mindestens 60 Pfund dort zu sitzen.«

So oft er auch über Daun seine Witze reißt, Friedrich weiß, daß es auf den Feldmarschall im Grunde nicht ankommt, daß es einzig und allein Maria Theresia ist, die den feindlichen Kriegswillen aufrechterhält. Ohne die eiserne Energie dieser Frau hätte Österreich längst mit ihm Frieden geschlossen. Am 13. Mai urteilt er in einem Gespräch mit de Catt über sie: »Ungeachtet allen Ärgers, den sie mir zugefügt hat, muß ich zugeben, daß diese Fürstin sehr achtenswert ist durch ihre Sittenreinheit. Es gibt wenig Frauen, welche ihr in dieser Hinsicht gleichen. Die meisten sind Huren. Maria Theresia verabscheut die Huren; sie läßt sie einsperren, besonders wenn sie sie im Verdacht hat, daß sie es auf ihren

Mann abgesehen haben. [Diese Bosheit kann er sich nicht verkneifen!] Maria Theresia ist sehr strebsam und hat Talente auf mehr als einem Gebiete; ich muß ihr darin Gerechtigkeit widerfahren lassen.«

Im Mai liest Friedrich gleich viermal den Voltaire-Roman *Candide*, und er meint zu de Catt: »Das Böse trägt in dieser Welt über das Gute den Sieg davon!« In seinem Innern vollzieht sich eine tiefgreifende Veränderung. Noch hält er nach außen die Fassade des temperamentvoll-interessierten Fürsten aufrecht. Doch wie es wirklich in ihm aussieht, schildert er am 28. Mai dem Marquis d'Argens: »Meine Lage mag von ferne noch halbwegs glänzend aussehen, aber aus der Nähe betrachtet ist es nichts als dicker Rauch. Ich weiß fast nicht mehr, ob es auf Erden noch ein Sanssouci gibt. Wo der Ort auch liegen mag, für mich paßt der Name nicht mehr . . . Kurz, mein lieber Marquis, ich bin alt, traurig und grämlich. Hin und wieder leuchtet meine alte Fröhlichkeit wohl noch auf, aber es sind nur Funken, die mangels einer nährenden Kohlenglut verglimmen; es sind Blitze, die durch dunkle Wetterwolken flammen. Ich schreibe die Wahrheit; wenn Sie mich sähen, fänden Sie die Spuren dessen, was ich einst war, nicht mehr. Sie sähen einen alt und grau gewordenen Mann, der die Hälfte seiner Zähne verloren hat, einen Mann ohne Heiterkeit, ohne Feuer und ohne Phantasie . . . Solche Betrachtungen machen mich höchst gleichgültig gegen das Leben und bringen mich in die rechte Stimmung eines Mannes, dem es bestimmt ist, auf Tod und Leben zu kämpfen. Ist man mit dem Leben erst so weit fertig, dann schlägt man sich tapfer und scheidet ohne Bedauern aus dieser Welt.«

Den ganzen Monat Juni geschieht nichts. Daun drillt seinen Ersatz und rührt sich nicht, Friedrich lauert auf der anderen Seite des Gebirges. Es gibt für ihn keine Abwechslung als die abendlichen Gespräche mit de Catt.

Zu ihm sagt er am 12. Juni: »Man hat mich erzogen, als ob man einen Theologus aus mir machen wollte. Ich habe alle Systeme studiert und das gewählt, das mir am wenigsten töricht erschien. Aber es bleibt immer wahr: Um glücklich zu leben, muß man die Sitten wahren, seinen Platz im Leben erkennen und ihn gut ausfüllen, mäßig leben und das Dasein nicht zu hoch einschätzen.«

Am 17. Juni: »Wenn ich tüchtig gearbeitet habe, gehe ich in meinem Zimmer spazieren und frage mich: ›Was werden die Feinde tun?‹ Man muß an alles denken! Wir werden ja sehen, was sich ereignet. Ach, wenn ich vor zehn Jahren gewußt hätte, was noch kommt, wieviel bittere Erfahrungen ich noch machen würde . . .«

Am 22. Juni: »Wir sind nicht mehr im Jahrhundert der Künste und Talente. Unser Jahrhundert ist heruntergekommen in der Kriegskunst. Sehen Sie, wie selten heute Genies in der Kriegführung sind. Es ist ja auch eine schwere Kunst: Erraten, welches der Plan des Feindes sein könnte, versuchen, ihn aus der Fassung zu bringen, so geschickt manövrieren, daß er immer einen neuen General vor sich zu haben glaubt und weder den Sinn noch die Art begreift. Ja, mein Lieber, sollte ich den Krieg durchhalten: Einmal wird der Friede wohl kommen! Aber nicht die Humanität wird ihn diktieren, sondern der Mangel an Geld.«

Ende Juni landen 10 000 britische Soldaten in Emden, darunter zwei Regimenter Schotten. Mit seiner nordwestdeutschen Armee und den 5000 Preußen, die Friedrich ihm geschickt hat, ist Ferdinand von Braunschweig jetzt in der Lage, den heranrückenden französischen Truppen nachhaltig Widerstand zu leisten. Das ist eine höchst erfreuliche Nachricht. Aber an der Front nach Süden gegen Böhmen und im Osten gegen Polen ist noch immer nichts geschehen. Gerüchte besagen zwar, die Russen hätten endlich ihre Versammlung bei Posen vollendet und seien dabei, sich gegen die Oder in Marsch zu setzen, aber es besteht keinerlei Klarheit darüber, ob sie sich nun gegen Brandenburg oder gegen Schlesien wenden werden. Seit zweieinhalb Monaten ist der Preußenkönig zur strategischen Passivität verdammt, und der Juli wird ein weiterer Monat nervösen Abwartens werden.

Friedrich sagt zu de Catt am 12. Juli: »Ich zeige mich meinen Feinden als ein ganz anderer General als vorher. Ich bin jetzt auch ein wenig Fabius Cunctator und versuche, auf diese Weise weiterzukommen. Wenn diese Menschen vernünftig wären, hätten sie den Kriegsschauplatz nach Oberschlesien verlegt. Sie haben da einen großen Fehler begangen.«

Am 18. Juli: »Diese Welt ist nicht ein Werk des Zufalls; sie ist zu geordnet. Ich kenne Gott nicht, aber ich verehre ihn jeden Tag ganz aufrichtig.«

Am 23. Juli: »Die beste Regierungsform wird immer die sein, wo es einen König gibt und wo dieser König nichts gegen die Gesetze unternimmt, sich nicht durch irgend jemand, wer es auch sei, leiten läßt, und sich nur mit dem Wohlergehen seiner Untertanen beschäftigt. Die anderen Regierungsformen sind viel eher Schwierigkeiten ausgesetzt.«

Am 24. Juli: »Ich bin auf die größten Schicksalsschläge vorbereitet. Ich bin darauf gefaßt; sie werden mich nicht überraschen.«

Am nächsten Tag trifft ihn ein solcher Schicksalsschlag. Er erfährt, daß ein preußisches Armeekorps unter dem Befehl des Generalmajors von Wedell, das mit 28000 Mann die langsam heranmarschierende, 45000 Mann starke russische Armee bei Kay angegriffen hat, am 23. Juli schwer geschlagen wurde. Die Preußen haben 800 Gefallene und 5600 Verwundete zu beklagen, die Verluste der Russen betragen insgesamt 5000 Mann. Der König nimmt die Unglücksbotschaft sehr gefaßt auf. Er tröstet am 25. den unglücklichen Wedell und teilt ihm seinen Entschluß mit, selbst gegen die Russen aufzubrechen: »Halte Er sich nur unbeschädigt, bis wir heran sind. Dann wird Zahlwoche gehalten werden und der Feind sich nicht lange seines Glücks zu freuen haben.«

Am 30. Juli kehrt Friedrich Daun den Rücken und marschiert mit 21000 Mann nach Norden. Prinz Heinrich wird die Aufgabe übernehmen, die Gebirgspässe gegen die Österreicher zu decken. General Friedrich August von Finck wird mit seinem Detachement von 7000 Mann ebenfalls zum Vereinigungspunkt mit Wedell heranbefohlen. Friedrich vollzieht die größtmögliche Konzentration seiner Truppen gegen die Russen, um gegen sie die Entscheidung zu erzwingen. Dafür nimmt er in Kauf, daß Sachsen und Berlin ungedeckt sind.

Auf dem Weg nach Norden meldet ihm am 4. August ein Kurier, daß Prinz Ferdinand von Braunschweig drei Tage zuvor mit 35000 Soldaten eine französische Armee von 45000 Mann bei Minden geschlagen und ihr Verluste an Toten, Verwundeten und Gefangenen in Höhe von 20 Prozent beigebracht hat. Im erbeuteten Gepäck hat man den Befehl des französischen Kriegsministers

Belle-Isle gefunden, daß ganz Hessen und Westfalen in Sand und Asche zu legen seien. Jetzt müssen die Franzosen Fersengeld geben und diese Landstriche räumen.

Friedrich nimmt die Kunde erleichtert und doch gelassen auf. Der Kampf gegen den östlichen Gegner ist ungleich schwerer. Er hat die Russen im vorigen Jahr bei Zorndorf kennengelernt. Er schreibt an Minister von Finckenstein, daß Saltykows Artillerie »hundertmal mehr wert« sei als die der Franzosen und fügt hinzu: »Ich muß vorsichtiger und zugleich unternehmender sein denn je. Binnen kurzem werdet Ihr entweder ein De profundis oder ein Te Deum singen.« Zwischen dem 6. und 9. August vereinigen sich die preußischen Armeekorps bei Müllrose in der Mark Brandenburg. Friedrichs Heer, das sich den Russen in den Weg werfen soll, zählt nun 48 000 Mann mit 140 Kanonen.

Die Russen stehen inzwischen unmittelbar vor den Stadttoren von Frankfurt an der Oder, 80 Kilometer von Berlin entfernt. Friedrich muß, wenn er die russische Armee packen will, mit seinen Truppen die Oder überschreiten. Das bedrückt ihn wenig; dies komplizierte Manöver hat er schon vor einem Jahr gegen Fermor mit Erfolg exerziert. Viel schlimmer ist, daß in der Zwischenzeit ein österreichisches Armeekorps von 20 000 Mann und 50 Kanonen unter General Laudon bei Saltykow eingetroffen ist. Die Preußen müssen sich nun mit einer Übermacht von 60 000 Soldaten und 250 Geschützen auseinandersetzen. Friedrich schreibt am Abend des 10. August, während seine Armee den Flußübergang beginnt, an Finckenstein: »In zwei Tagen werdet Ihr eine kleine Hymne an Fortuna richten müssen. Ich glaube, daß General Hadik es auf Berlin abgesehen hat, und ich bin deshalb genötigt, mich hier zu beeilen, um seinen Streich dann parieren zu können. Ein Verdammter im Fegefeuer ist in keiner abscheulicheren Lage als ich.«

Am Nachmittag des 11. August unternimmt der König, bereits auf dem rechten Oder-Ufer, einen Erkundungsritt. Er betrachtet durch sein Fernrohr von Trettin aus, einem Dörfchen fünf Kilometer nordostwärts von Frankfurt an der Oder, die russischen Verschanzungen, die sich drei Kilometer weit südlich, bei Kunersdorf, hinziehen. Sein Blick schweift über das weite Oderbruch. Er muß feststellen, daß ein Angriff von Norden, von Trettin aus unmöglich ist, weil nur zwei schmale Knüppeldämme durch das Bruch nach Kunersdorf führen. So beschließt er, mit dem Gros seiner Armee während der Nacht einen Umgehungsmarsch zu machen und am nächsten Morgen die Russen von Süden her anzugreifen. Es ist dieselbe taktische Situation wie vor einem Jahr bei Zorndorf.

Die preußische Infanterie zieht in der Nacht vom 11. zum 12. August schweigend durch den Wald, der sich ostwärts von Kunersdorf erstreckt. Musketier Dominicus, ein Westfale vom Infanterieregiment von Puttkamer, berichtet über diesen Marsch: »Wie wir ohngefehr zwei Stunden marschiert sind, da hielt der König, fragte uns im Vorbeimarschieren, sagte ›Guten Morgen, Kinder!‹ und hernach auf plattdeutsch ›Wollt ihr bald grotte Bohnen wieder essen?‹ Wir sagten ›ja!‹ Er darauf: ›Habt noch ein wenig Gedult, so sollt ihr's wieder gut haben!‹ . . .«

Der Aufmarsch der Preußen zieht sich sehr viel länger hin, als der König vermutet hat. Sobald die Sonne am Himmel steht, brennt sie mit erbarmungsloser Glut auf die preußischen Regimenter, die sich an den Waldrändern und auf den Wiesen zu beiden Seiten des Baches Hühnerfließ sammeln. Die Erinnerung eines Teilnehmers lautet: »Die Hitze und der Staub waren schrecklich . . . Die Soldaten hatten ihre Waffen bestens gereinigt und schußbereit gemacht. Jetzt lagen sie im Gras oder im glühendheißen Sand und versuchten Schlaf zu finden. Ringsum hatten sich auch die Pferde ausgestreckt. Sie wurden von Mücken und Stechfliegen drangsaliert und waren ebenso verausgabt und erschöpft wie ihre Reiter.«

Und wieder dieselbe Lage wie bei Zorndorf: General Saltykow, der den Umgehungsmarsch der Preußen rechtzeitig erkannt hat, läßt seine kombinierte russisch-österreichische Armee auf der Stelle kehrtmachen und steht nun mit seiner Front den aufmarschierenden Preußen gegenüber. Seine Truppen haben Verschanzungen aufgeworfen, die einer Festung gleichkommen, und ihre Artillerie zu Mammutbatterien zusammengefaßt.

Um elf Uhr dreißig eröffnet Friedrich mit 60 schweren Geschützen, die er in drei Batterien massiert hat, ein Trommelfeuer auf den linken feindlichen Flügel, der auf dem Mühlberg, hart nördlich Kunersdorf, steht. »Die Hitze war gräßlich, die Sonnenstrahlen brannten wie Flammenschlünde, und Staubwolken und sengender Sand ließen die Qualen vollends unerträglich werden«, berichtet ein Augenzeuge. Die 40 schweren Kanonen der Russen auf dem Mühlberg werden eine nach der anderen von der preußischen Artillerie niedergekämpft. Der König beschließt, seinen linken Flügel vorerst zurückzuhalten und mit dem rechten den Mühlberg zu stürmen. Der zwanzigjährige Leutnant von Prittwitz, der schon Zorndorf mitgemacht hat, ist auch diesmal wieder dabei:

»Wir marschierten dem Feinde entgegen. Als wir ihm nahe kamen, wurde haltgemacht und die Linie formiert. Ich sah den König neben meinem Zuge mit einigen Generalen sprechen. Auf einmal zog er den Degen, und wir rückten ins Freie, wo wir dann die Russen, umgeben mit Verschanzungen, worauf sogar wie bei einer Festung Schanzkörbe standen, vor uns sahen . . . Der König stellte dic Grenadiere auf seinen rechten Flügel und rückte mit denselben gegen die feindliche linke Flanke. Diese war, wie ich glaube beobachtet zu haben, mit dreifachen Batterien umgeben. Aber die Grenadiere erstiegen die feindliche Stellung mit Mut und Entschlossenheit in großer Ordnung. Nun drangen sie weiter und machten dem Feinde seine Linien zuschanden . . .«

Der Leutnant von Prittwitz hat den Verlauf der Schlacht richtig beobachtet. Um die Mittagszeit ist der Mühlberg von den Preußen erobert, ist auch Kunersdorf in ihrer Hand. Die Russen haben ein Drittel ihrer festen Stellungen und ein Drittel ihrer Artillerie (86 Geschütze aller Kaliber) verloren. Ihre blutigen Verluste sind bedeutend, ihre Infanterie weicht aufgelöst auf den Kuhgrund, eine stellenweise zwölf Meter tiefe Schlucht am Westrand von Kunersdorf, zurück. Die preußischen Verluste sind gering: etwa 140 Gefallene und 280 Verwundete. Die Schlacht scheint gewonnen. Friedrich fertigt auf dem Mühlberg einen Eilkurier nach Berlin ab mit der Meldung an seine Frau: »Madame, wir haben soeben die Russen aus ihren Verschanzungen geworfen. In zwei Stunden erwarten Sie die Nachricht von einem glorreichen Sieg.«

Der König hat allen Grund zu dieser optimistischen Beurteilung der Lage. Wie gesagt, ein Drittel des feindlichen Lagers und ein Drittel der feindlichen Artillerie sind bereits in preußischer Hand. Etwa 10 000 Mann der feindlichen Infanterie sind vom Mühlberg geworfen und derart mitgenommen, daß sie für einen weiteren Einsatz nicht in Betracht kommen. Doch das Bild täuscht. Von den 50 000 Mann Infanterie, die Saltykow und Laudon zur Verfügung haben, sind 40 000 noch gar nicht in den Kampf geraten. Die Kavallerie in Stärke von 10 000 Mann steht noch unangefochten in Reserve. Friedrich hat zwar 28 000 Mann Infanterie und 10 000 Mann Kavallerie unter seinem Kommando (7000 Mann Infanterie und 3000 Mann Kavallerie hat er unter den Generalleutnanten Ludwig Wilhelm von Schorlemer und Friedrich August von Finck bei Trettin stehen lassen, um den Russen den Rückzug nach Norden zu sperren), doch seine Truppen sind durch den langen Umgehungsmarsch, zuletzt in glühender Sonnenhitze, völlig ausgepumpt. Überdies steht der Feind hinter dem Kuhgrund in einer vorzüglichen Abwehrstellung; die von Batterien gekrönten Judenberge zwei Kilometer hinter der Front dienen als festungsartiger Rückhalt. General von Seydlitz sprengt heran und rät dem König dringend, die Schlacht abzubrechen: Bis jetzt sei es ein strahlender Sieg, was danach komme, sei fraglich. Seydlitz rät gut. Wenn der Preußenkönig jetzt den Angriff abbricht und seine Verbände auf dem Mühlberg wie in Kunersdorf konzentriert und seine schwere Artillerie spielen läßt, dann kommt Saltykow – eingeklemmt zwischen der preußischen Armee und Frankfurt an der Oder – in eine unhaltbare taktische Lage; Friedrich braucht ihm nur noch goldene Rückzugsbrücken nach Süden zu bauen, und die Russen müssen schwer zerzaust abmarschieren. Aber gerade das will Friedrich nicht. Was nützt ihm schon die Erstürmung des Mühlbergs, wenn die russische Armee in ihrer Masse intakt bleibt? Er will mit allen Mitteln die Entscheidungsschlacht, will erreichen, daß er wenigstens für dieses Jahr von der russischen Bedrohung befreit wird. Und so befiehlt er seiner Armee, den Angriff am Nachmittag von drei Seiten zu erneuern.

Über den zweiten Teil der Schlacht bei Kunersdorf berichtet Leutnant von Prittwitz: »Bald nachher fing sich das Blatt an zu wenden. Die Unsrigen fanden noch starke Batterien bei dem Judenkirchhof vor, und zu gleicher Zeit kam der österreichische General Laudon den Russen mit 30000 Mann zu Hilfe. Diese unterstützten die fliehenden Feinde dermaßen, daß sie wieder zum Stehen gebracht werden konnten. Holland war nun in Not, und die Reserve, zu der auch wir gehörten, bekam Order, nachzurücken. Wir schlugen den nämlichen Weg ein, den unsere leidenden Waffenbrüder genommen hatten und der mit ihren Toten und Verwundeten bezeichnet war. Wir überstiegen gleichfalls die bereits eroberten Batterien, deren Gräben mit Toten ausgefüllt waren, und kamen an ein tiefes Defilee, welches wir passierten, und bald darauf bei den schon genannten Judenbatterien haltmachten. Aus diesen erhielten wir ein starkes Kartätschenfeuer ... Manche der Unseren fanden auf dieser Stelle entweder ihren Tod oder die Verstümmelung ihrer Glieder, zu welchen letzteren auch ich gehörte.«

Der lineare Kampf spielt sich nun hauptsächlich am Kuhgrund ab. Zwar hat die preußische Infanterie ihn durchschritten beziehungsweise erklommen, doch gleich dahinter geraten die Bataillone unter ein vernichtendes Feuer der feindlichen Batterien auf den Judenbergen. Ein Teilnehmer des Kampfes berichtet: »Am Kuhgrunde ward ... von beiden Seiten auf das grausamste gemordet; dieser Theil des Schlachtfeldes war mit Leichen bedeckt ... Unsere Infanterie, die bei glühender Hitze durch den Sand marschiert war, starb fast vor Durst und schleppte sich nur noch dahin. Es waren immer dieselben Bataillone, die in Aktion traten, während der Feind uns ständig frische Truppen entgegenwarf.«

Über Friedrichs Engagement während der Schlacht berichtet als Augenzeuge Leutnant von Retzow: »Ein Pferd war ihm schon unter dem Leibe erschossen worden, ein zweites bekam einen Schuß in die Brust und war im Begriff zu stürzen, als der Flügeladjutant von Götz nebst einem Unteroffizier ihm noch vom Pferde halfen, ehe es fiel. Götz gab ihm das seinige. Kaum hatte der König es bestiegen, als ihn eine Flintenkugel traf, zwischen seinem Kleide und der Hüfte in die Tasche fuhr und nur durch ein goldenes Etui, welches er bei sich führte, in ihrer Wirkung aufgehalten wurde ...« Als Offiziere seines Stabes ihn anflehen, sich außer Schußweite zu begeben, schreit Friedrich sie an: »Ich muß hier so gut wie jeder andere meine Schuldigkeit tun!«

Die Schlacht, die am Kuhgrund und westlich Kunersdorf unentschieden hin und her wogt, nimmt plötzlich eine dramatische Wendung, als General Laudon mit seiner Kavallerie attackiert, die Preußen in Flanke und Rücken faßt. Seydlitz kann nicht helfen; eine feindliche Kartätschenkugel hat ihm den Degengriff tief in die Hand getrieben, er muß das Schlachtfeld verlassen. Die Laudonsche Kavallerie wütet mit geschwungenen Säbeln. Das ist zuviel für die fritzischen Grenadiere. Seit zwei Uhr morgens auf den Beinen, in glühender Augustsonne stundenlang marschierend und fechtend, nun von allen Seiten angegriffen, schmilzt ihr Widerstandswille dahin. Es gibt kaum noch einen unverletzten Offizier. Die Preußen weichen auf der ganzen Linie.

Der König versucht, den Rückzug aufzuhalten. Er sammelt auf dem Mühlberg mehrere Bataillone und Schwadronen zum Konterangriff um sich. Der Musketier Dominicus, der das alles in vorderster Front miterlebt, berichtet: »Der König ist allzeit vorn gewesen und hat gesagt: ›Kinder, verlaßt mich nicht‹, und hat noch zuletzt eine Fahne von Prinz Heinrichs Regiment genommen und gesagt: ›Wer ein braver Soldat ist, der folge mir‹ . . .« Friedrich schreitet mit zwei Bataillonen vom schlesischen Regiment von Lestwitz, einiger Reiterei und einer sechspfündigen Batterie zum Gegenangriff. Ein russischer Gefechtsbericht sagt, daß »seine Attacke unter entsetzlichem Artilleriefeuer den Anfang nahm« und daß die russische Infanterie, die sich verschossen hatte, zurückwich. Doch der Stoß ist zu schwach. Nur stärkere Kavallerietruppen könnten das Blatt noch wenden. Friedrichs Gegenangriff zerflattert im Feuer der feindlichen Artillerie. Der König wendet sich verzweifelt zu seiner Umgebung: »Gibt es denn heute keine verwünschte Kugel für mich?!«

Wohin das Auge blickt, fliehen die Preußen. Die siegreiche Kavallerie Laudons beherrscht die Ebene um Kunersdorf. Friedrich steht auf einem Sandhügel und blickt stumm auf das Schlachtfeld. Er hat den Degen vor sich in den Sand gestoßen, die Arme über der Brust gekreuzt; neben ihm hält eine Ordonnanz sein Pferd. Kosakenpulks umschwärmen den einsamen Preußenkönig. Der Husarenunteroffizier Velten ruft seinem Schwadronschef, Rittmeister von Prittwitz, zu: »Herr Rittmeister, da steht der König!«

Als Prittwitz heransprengt, sagt Friedrich zu ihm: »Prittwitz, ich bin verloren.« Der schreit zurück: »Nein, Sire, das soll nicht geschehen, solange noch ein Atem in uns ist!« Prittwitz schießt mit der Pistole einen Kosakenkommandeur vom Pferd, dann bricht die kleine Schar von 200 Mann, den König in der Mitte, durch die siegestrunkene feindliche Kavallerie und entfernt sich nach Norden.

Die Schlacht bei Kunersdorf ist keine Niederlage, sondern eine Katastrophe.[1] Auch die Alliierten haben schwere personelle Verluste erlitten: 13000 Russen und 2000 Österreicher (davon jeweils ein Drittel an Gefallenen). Aber Friedrich hat praktisch seine ganze Armee verloren: 6000 Mann an Gefallenen, 13000 Mann an Verwundeten. Etwa 26000 Mann haben sich »verkrümelt«, haben sich in Nichts aufgelöst. Der gesamte Geschützpark ist verloren. Der König erreicht mit 3000 Mann die Oder und begibt sich auf das westliche Ufer, wo er die Nacht im Dammhaus von Reitwein in tiefer Verzweiflung verbringt. Mit fliegender Hand wirft er einen Bericht für Minister von Finckenstein aufs Papier: »Diesen Morgen um elf Uhr habe ich den Feind angegriffen. Wir haben ihn auf den Judenkirchhof von Frankfurt zurückgeworfen. Alle meine Truppen haben Wunder getan, aber dieser Kirchhof kostete uns unzählige Opfer. Unsere Leute gerieten in Verwirrung. Dreimal habe ich sie gesammelt. Endlich war ich selbst in Gefahr, gefangen zu werden, und mußte retirieren. Mein Rock ist von Kugeln durchlöchert, zwei Pferde wurden mir erschossen. Mein Unglück ist, daß ich noch lebe . . . Unsere Niederlage ist sehr beträchtlich: von einer Armee von 48000 Mann sind mir knapp 3000 verblieben. In dem Augenblick, wo ich dies berichte, flieht alles, ich bin nicht Herr meiner Truppen. Man wird in Berlin gut daran tun, an seine Sicherheit zu denken . . . Es ist ein grausamer Fehlschlag, den ich nicht überleben werde. Die Folgen der Schlacht werden schlimmer sein als die Schlacht selbst. Ich

[1] In der Schlacht wird auch der preußische Dichter Ewald von Kleist als Bataillonskommandeur schwer verwundet. Kosaken plündern ihn aus und werfen ihn in einen Sumpf. Am nächsten Tag finden ihn russische Offiziere und bringen ihn nach Frankfurt an der Oder, wo er am 24. August stirbt und von den Russen mit militärischen Ehren begraben wird.

habe keine Ressourcen mehr, und ich glaube, offen gestanden, daß alles verloren ist. Ich werde den Untergang meines Vaterlandes nicht überleben. Adieu pour jamais! [Adieu auf ewig!]«

Es steht zu vermuten, daß Friedrich in den ersten schrecklichen Tagen nach Kunersdorf mit Todesgedanken spielte. Vielleicht hat er immer wieder jene kleine goldene Dose mit den achtzehn Opiumkugeln betrachtet. Gewißheit gibt es darüber nicht, denn der schreibselige König verfällt für vier Tage in völliges Schweigen; es hat ihm die Sprache verschlagen. Er überträgt General von Finck den Oberbefehl über die kümmerlichen Reste seiner Oder-Armee, ernennt Prinz Heinrich zum »Generalissimus« aller seiner Streitkräfte und ist drei Tage lang für niemanden zu sprechen. (Allerdings hat er sofort verfügt, daß ein Geschütztrain von 50 schweren Kanonen, der in Berlin steht, seiner Oder-Armee zugeführt wird.) Der Preußenkönig ist wie vom Blitz gefällt. Tränenlos starrt er vor sich hin. Er kehrt am nächsten Morgen auf das östliche Oder-Ufer zurück, um die Fliehenden und Versprengten zu sammeln. In der Nacht vom 13. auf den 14. August sieht ihn ein Augenzeuge in einem zerstörten Bauernhaus der Ortschaft Ötscher auf einem Strohbündel schlafend, den Hut halb über dem Gesicht, den blanken Degen an seiner Seite, neben seinen Stiefeln die schnarchenden Adjutanten. Am 14. überschreiten die preußischen Heerestrümmer die Oder nach Westen. Friedrich reitet schweigend inmitten seiner Soldaten. Er hängt mehr auf seinem Pferd, als daß er sitzt.[1] Es ist ein regelrechter Kollaps; Körper und Geist weigern sich, die endlose Marter nervlicher Belastungen länger zu ertragen. Abends läßt er sich vom Pferd fallen und versinkt in Lethargie. Was der schreckliche Vater zu Küstrin 1730 nicht vermocht hat, das bewirkt 1759 Kunersdorf: Friedrich liegt am Boden. Er scheint zur Aufgabe bereit.

Doch bereits vier Tage nach der Schlacht, am 16. August, erhebt er sich wieder. Fast alle seine versprengten und zerstreuten Solda-

[1] Oberst Moller sagt auf diesem Marsch zum König: »Die Ursache der verlorenen Schlacht ist wohl im Mangel an Frömmigkeit zu suchen, der im Heer herrscht. Seit langem werden im Lager weder Betstunden noch Predigten abgehalten.« Friedrich ordnet zwei Tage später an, daß wieder Gottesdienste im Lager stattzufinden haben.

ten haben sich um ihn gesammelt. Nirgendwo in der Geschichte zeigt sich die Treue und Anhänglichkeit der Frontsoldaten zu ihrem Anführer glänzender als in den Tagen nach Kunersdorf. Der Preußenkönig steht schon wieder kampfbereit in der Nähe von Lebus, mit 32000 Mann und 50 Kanonen.

Am 16. schreibt Friedrich aus Mladitz, in der Nähe von Lebus, wo er sich auf dem Gut des Generals von Finck aufhält, an seinen Bruder Heinrich: »In dem Augenblick, da ich Ihnen unser Unglück mitteilte, schien alles verzweifelt. Nicht, daß die Gefahr nicht auch jetzt noch sehr groß wäre. Aber rechnen Sie darauf, daß ich, solange ich die Augen offen habe, den Staat aufrechterhalten werde, wie es meine Pflicht ist. Ein Etui, das ich in der Tasche hatte, hat das Bein vor einem Kartätschenschuß geschützt, der das Etui zertrümmert hat. Wir sind alle zerlumpt; fast niemand, der nicht zwei oder drei Schußlöcher im Rock oder Hut hätte. Wir würden gern unsere Garderobe opfern, wenn es nur das wäre . . . Der Feind hat sich ein wenig von Frankfurt entfernt und kampiert in den Wäldern zwischen der Oder und der Reppener Straße . . . Stellen Sie sich vor, was mein Geist alles in dieser schrecklichen Krise leidet, und Sie werden leicht verstehen, daß die Qual der Verdammten der meinigen nicht gleichkommt. Glücklich die Toten.«

Und gleich anschließend greift er nochmals zur Feder und schreibt an den Marquis d'Argens: »Alles, was ich von meinen Trümmern zusammenraffen konnte, beläuft sich auf 32000 Mann. Mit ihnen werde ich mich dem Feind in den Weg werfen und mich abschlachten lassen oder die Hauptstadt retten. An Standhaftigkeit, denke ich, fehlt es mir nicht. Nur für den Ausgang kann ich nicht bürgen. Hätte ich mehrere Leben, ich würde sie alle für mein Vaterland opfern! Wenn mir aber dieser Schlag mißlingt, glaube ich, genug getan zu haben, und es wird mir dann wohl erlaubt sein, an mich selbst zu denken. Alles hat seine Grenzen. Ich ertrage mein Unglück, ohne mich entmutigen zu lassen. Aber ich bin fest entschlossen, wenn dieser Schlag fehlgeht, mit mir ein Ende zu machen, um nicht ewig der Spielball des Zufalls zu sein . . . Ich weiß weder, wo Sie sind, noch was aus Ihnen werden soll. Wenn ich Ihnen aber raten darf, warten Sie in Potsdam oder

Brandenburg den Ausgang der Sache ab. Und was auch geschehen mag, gedenken Sie eines Freundes, der Sie liebt und der Sie hochschätzen wird bis zum letzten Seufzer. Leben Sie wohl.«

Der Kollaps ist also vorüber. Friedrich ist, ungeachtet aller Todessehnsucht, wieder der alte. Er steht mit gezogenem Degen zwischen den Russen und Berlin, und sein Brief an d'Argens zeigt, daß er seine Hauptstadt mit Zähnen und Klauen verteidigen wird. Das alliierte Heer, unter Saltykow und Laudon, ist 45 000 Mann stark und verfügt über 166 Kanonen. Die Österreicher rücken mit 55 000 Mann aus Sachsen an und breiten sich in der Lausitz, bei Cottbus, aus. Wenn Prinz Heinrich nicht rechtzeitig herankommt, um sich mit Friedrichs entmutigtem Heer zu vereinen, müssen die Preußen gegen eine dreifache Übermacht fechten, können sie sich nur noch zermalmen lassen. An demselben Tag, dem 22. August, an dem sich Daun und Saltykow in Guben treffen, um eine gemeinsame Operation gegen Berlin zu besprechen, schreibt Friedrich an den Marquis d'Argens: »Ich werde mich gewiß schlagen, aber machen Sie sich keine Illusionen über den Ausgang! Ich verspreche mir nichts Gutes davon. Meine unwandelbare Treue gegen mein Vaterland und das Gebot der Ehre heißen mich alles wagen; aber mit dieser Gesinnung geht die Hoffnung nicht Hand in Hand. Nur ein glücklicher Zufall kann uns retten.«

Und dieser »glückliche Zufall« ereignet sich tatsächlich. Am 1. September schreibt Friedrich an den Prinzen Heinrich: »Ich verkünde Ihnen das Mirakel [Wunder] des Hauses Brandenburg! Während der Feind bereits über die Oder gegangen war und nur noch eine zweite Schlacht zu wagen brauchte, um den Krieg zu beenden, ist er über Müllrose nach Lieberose marschiert!« Also in 15 Tagen ganze 30 Kilometer; und zwar weg von Berlin, in Richtung auf Cottbus.

Das ist unbegreiflich. Das ist wirklich ein Mirakel, ein militärisches Wunder. Die siegreichen alliierten Armeen, die insgesamt 100 000 Mann umfassen, stehen bereits westlich der Oder und in der Lausitz und haben nur 32 000 deprimierte Preußen vor sich, die kaum noch über Geschütze verfügen. Saltykow, Laudon und Daun müssen sich nur vereinigen, sie müssen die Preußen nur beiseite fegen und Berlin besetzen, das sie im Handstreich, ohne

Blutvergießen nehmen können. Dort könnten sie sich – gestützt auf die umfangreichen Vorräte der preußischen Hauptstadt – für den Winter einrichten und abwarten; weiter nichts als abwarten. Dann bliebe Friedrich nur noch die Kapitulation. Statt dessen zieht die verbündete Armee nach Süden ab, in Richtung Schlesien.

Am 4. September schreibt der König an d'Argens: »Ich glaube, mein lieber Marquis, daß Berlin nun in Sicherheit ist. Sie können also dorthin zurückkehren. Die Barbaren sind in der Lausitz, und ich bleibe ihnen zur Seite, so daß für die Hauptstadt nichts zu befürchten ist. Die unmittelbare Gefahr ist vorüber, aber es bleiben noch so manche Schwierigkeiten zu überwinden, ehe wir den Feldzug beenden können.«

Der Brief zeigt, daß Friedrich sich wieder gefangen, daß er den Todesgedanken den Abschied gegeben hat. Aber er zeigt auch, daß er sich nur zu gut der unerhörten Gefahren bewußt ist, die ihn immer noch umgeben. Die Russen denken ja noch keineswegs daran, sich wieder in die Weiten des Ostens zurückzuziehen. Soeben erreicht Friedrich das Gerücht, General Saltykow plane, nach Niederschlesien zu marschieren und die Festung Glogau zu stürmen. Wenn ihm das gelingt, ist ganz Schlesien für Friedrich verloren, können Russen und Österreicher gemeinsame Winterquartiere in Schlesien aufschlagen. Die Partie des Jahres 1759 ist also noch nicht beendet. In diesem Bewußtsein schreibt der König am 5. September aus Waldow, im Kreis Lübben, seinem jüngsten Bruder, dem Prinzen Ferdinand[1]: »Sie nehmen aus Freundschaft Anteil an meiner Erhaltung. Aber, mein lieber Bruder, der preußische Staat hat vor mir bestanden und wird auch nach meinem Tode, wenn es Gott gefällt, erhalten bleiben. Sie können sich wohl denken, daß ich, empfindsam wie ich bin, während dieser drei Wochen Märtyrerqualen ausgestanden habe! Unsere Lage ist weniger verzweifelt als vor acht Tagen; aber ich sehe mich von Klippen und Abgründen umringt. Meine Aufgabe ist sehr schwierig, und ohne ein Wunder oder die göttliche Eselei meiner Feinde wird es unmöglich sein, den Feldzug gut zu beendigen . . . Grüßen

[1] Friedrichs jüngster Bruder; geboren 1730; Oberst 1750; Generalleutnant 1757; verläßt die Armee infolge einer schweren Krankheit unmittelbar nach Kunersdorf und begibt sich nach Berlin.

Sie alle unsere Verwundeten! Sagen Sie Seydlitz, daß ich mehr leide als er; meine Seele ist schwerer krank als seine Hand. Meine Lage bleibt unaufhörlich gefährdet . . . Das Mißgeschick, das uns zu Boden drückt, ist nicht durch unsere Schuld entstanden; also müssen wir uns nicht darüber grämen . . . Die guten wie die schlechten Zeiten gehen vorüber, und schließlich führt unsere Laufbahn uns zum Grabe hin. Das Leben ist zu kurz für langdauernde Betrübnisse. Eine schöne Moral, was? Handele ich danach? Ach, nein! Die ersten Augenblicke des Schmerzes sind zu heftig; der Mensch hat mehr Empfindung als Vernunft . . .«

Als Friedrich diesen Brief an Prinz Ferdinand schreibt, weiß er noch nichts von dem schweren Rückschlag, der sich am Tag zuvor ereignet hat. Die Reichsarmee, verstärkt durch ein österreichisches Armeekorps, hatte Sachsen unverteidigt vorgefunden und war am 26. August vor Dresden erschienen. General Graf Schmettau, der die sächsische Hauptstadt im Jahr zuvor so energisch geschützt hatte, befand sich in einer schwierigen Lage. Er hatte nur 3700 Mann zur Verteidigung der ausgedehnten Befestigungsanlagen. Am 14. August, gleich nach Kunersdorf, hatte Friedrich es ihm brieflich anheimgestellt, wenn er die Stadt nicht halten könne, zu kapitulieren. Wörtlich: »Ich bin außerstande, Ihnen Hilfe zu senden. Wenn der Feind etwas gegen Dresden unternehmen sollte, müssen Sie sehen, ob es Mittel für Sie gibt, sich zu halten. Geht es nicht, so sehen Sie zu, daß Sie eine vorteilhafte Kapitulation erhalten . . .« Schmettau, der nur auf das Wort »vorteilhaft« starrte, verhandelte mit den Alliierten und übergab die Stadt, nachdem man ihm sehr großzügige Bedingungen angeboten hatte. Seine kleine Besatzung erhielt einen ehrenvollen Abzug mit Fahnen und Standarten. Er rettete dem König große Vorräte an Lebensmitteln und Munition, brachte auch den Staatsschatz von 5600000 Talern in Sicherheit. Am 4. September war so die Übergabe Dresdens erfolgt.

Friedrich ist außer sich. Er empfindet den Verlust Dresdens schlimmer als Kunersdorf. An seinen eigenen Rat an Schmettau erinnert er sich nicht. Gewiß hat der General übereilt gehandelt. Einen Tag nach der Übergabe, am 5. September, erscheint Generalmajor Johann Jakob Wunsch mit 5000 Preußen, die genügt hätten, die Stadt erfolgreich zu verteidigen. Schmettau hat zu wenig Nerven besessen; aber er hat ja nichts Unehrenhaftes getan. Der König entläßt ihn jedoch ungnädig aus seinen Diensten und schreibt ihm zum Abschied: »Es ist Ihnen ergangen, wie es meinen Generalen gewöhnlich geht: In dem Augenblick, wo ihnen Haltung nottut, verlieren sie sie.«

Friedrich läßt sich in seiner Bitterkeit hemmungslos gehen. »Dieser Feldzug ist um so schrecklicher«, ruft er aus, »als meine eigenen Leute mir ebenso viel und mehr Not machen als meine Feinde. Unsere Sachen hängen Tag für Tag an einem Haar. Die Zahl unserer Feinde erdrückt uns, weil unsere Braven im Kriege umgekommen sind und ich nur noch Kujone zu kommandieren habe.« Ein andermal sagt er: »Hätte ich zehn Bataillone von 1757, so würde ich mich vor nichts fürchten. Aber der grausame Krieg, den man gegen uns führt, hat unsere besten Verteidiger umkommen lassen, und was uns bleibt, kann sich nicht einmal mit dem Schlechtesten, was wir früher hatten, messen.«

Die Schlußfolgerung ist ohne Zweifel richtig. Die preußische Feldarmee von 1759 ist qualitativ auch nicht annähernd mit denen der vorhergehenden Jahre zu vergleichen. Aber ist das die Schuld der Soldaten? Haben sie die Niederlage von Kunersdorf zu verantworten? Ist von ihnen der Entschluß gefaßt worden, Dresden kampflos zu übergeben? Friedrichs persönliche Verbitterung hat ihren Grund in den Erfahrungen von Kunersdorf, als die preußische Infanterie in Panik geriet, sich die Hälfte der Armee einfach für zwei, drei Tage »verkrümelte« und als es – am Abend nach der Schlacht – zu drastischen Unmutsäußerungen der Grenadiere und Musketiere auf dem Rückzug gekommen war.

Friedrich schreibt am 12. September dem Prinzen Ferdinand von Braunschweig aus Waldow: »Dieser Feldzug ist der schwierigste von allen; aber man muß gegen den Strom schwimmen und gegen diese sich ständig erneuernde Hydra von Feinden kämpfen, bis wir den letzten ihrer Köpfe abgeschlagen haben.« Das klingt kampfentschlossen. Und in der Tat erringt die preußische Strategie der »inneren Linie« jetzt überall Erfolge. Im Norden drängt General Heinrich von Manteuffel mit einem winzigen Kontingent von 4 Bataillonen Infanterie und 10 Schwadronen Kavallerie (zusammen 3500 Mann) die schwedischen Eindringlinge, die von den Preußen verächtlich als »Hottentotten« bezeichnet werden, bis an die Peene zurück. In Sachsen operiert Prinz Heinrich mit seinem schwachen Armeekorps so glänzend, daß Feldmarschall Daun mit seiner großen Armee keine Gelegenheit findet, vorteilhafte Angriffspositionen einzunehmen. Der Prinz erweist sich wiederum als ein Meister in der Kunst des Manövrierens. Friedrich selbst, nachdem er erfahren hat, daß Saltykow und Laudon nun wirklich Glogau einnehmen wollen, kommt ihnen auf dem linken Oder-Ufer zuvor und liegt ihnen bei Neustädtel gegenüber, so daß die Alliierten auf dem Ostufer des Flusses bleiben müssen. Dabei hat er nur 20000 Mann zur Verfügung, während die Verbündeten über 50000 Mann gebieten.

So steht man sich vier Wochen lang an der Oder unbeweglich gegenüber. Friedrich kann es recht sein; für ihn arbeitet die Zeit. Er, der die schöne Jahreszeit der Flora über alles liebte und den Winter immer scheute, sieht jetzt den Tagen, an denen der erste Reif fällt und die Pferde der Armeen auf den Weiden kein Futter mehr finden, wie einer Erlösung entgegen. Der Winter wird seine Rettung sein, vielleicht sogar den Frieden bringen. Der König hat einen Brief von Voltaire erhalten, der unbestimmte Friedenshoffnungen eröffnet und sich zugleich nach seinem Zustand erkundigt. Friedrich vermutet, daß Voltaire im Auftrag der französischen Regierung vorfühlt, daß er seine Antwort nach Versailles weiterleiten wird. In dieser Überzeugung schildert er ihm am 22. September seine Lage weit besser, als sie tatsächlich ist, während der unbedingte Widerstandswille, den er formuliert, seinen wahren Intentionen entspricht.

»Meine Lage ist nicht so verzweifelt, wie meine Feinde sie darstellen. Ich werde meinen Feldzug noch gut beendigen, und ich bin nicht niedergeschlagen. Aber ich sehe, daß es sich darum handelt, ob wir Frieden erhalten oder nicht. Über diesen Gegenstand kann ich Ihnen mit Bestimmtheit nur das eine sagen, daß ich Ehrgefühl für zehn habe . . . Wenn Frieden geschlossen werden soll, so gibt es zwei Bedingungen, von denen ich niemals abgehen werde: erstens schließe ich ihn nur in Verbindung mit meinen treuen Bundesgenossen (er meint England und Hannover); zweitens muß er ehrenvoll und rühmlich sein. Sie sehen, es bleibt mir nur die Ehre, und ich werde sie mit meinem Blute verteidigen ... Wenn man den Frieden wirklich will, so mache man mir keine Vorschläge, die meinem Ehrgefühl widerstreiten ... Ich habe das Glück mehr als einmal gezwungen, zu mir zurückzukommen wie eine unbeständige Geliebte. Ich habe mit so dummen Leuten zu tun, daß ich am Ende notwendigerweise den Vorteil über sie erlangen muß. Aber mag alles kommen, wie es Seiner Majestät dem Zufall gefällt, ich beunruhige mich nicht darüber ... Ich verlange nichts weiter als Frieden, aber ich will keinen entehrenden. Nachdem ich mit Erfolg gegen ganz Europa gekämpft habe, würde es für mich eine große Schande sein, durch einen Federstrich zu verlieren, was ich mit dem Degen in der Hand behauptet habe.«

Der Brief ist ein Meisterstück an Psychologie und Diplomatie. Er hat den Wert einer gewonnenen Schlacht. Durch die internationalen Verbindungen Voltaires erfährt alle Welt von seinem Inhalt. Und der besteht aus zwei Botschaften: erstens stellt Friedrich keinerlei Bedingungen, die über den »Status quo ante«, den Stand vor dem Krieg hinausgehen; und zweitens ist über schlechtere Konditionen überhaupt nicht mit ihm zu reden. In den Kabinetten und der Öffentlichkeit Europas verbreitet sich langsam, aber unaufhaltsam die Auffassung, daß der König von Preußen jederzeit friedensbereit, aber niemals kapitulationswillig ist.

Am 26. Oktober kann Friedrich aufatmen. Saltykow zieht mit seinem Heer nach Polen ab, und Laudon, den Friedrich spöttisch »des Heiligen Römischen Reiches Erzbärenführer« nennt, muß sich mit seinem isolierten Armeekorps, da alle Wege durch Schlesien versperrt sind, in einem weiten Umweg über Kalisch und Krakau nach Ungarn davonstehlen. Die tödliche Bedrohung des Jahres 1759 ist vorbei. Doch der König mußte dafür einen hohen Preis an Körper und Seele zahlen. Sein Brief vom 26. Oktober aus Sophiental, bei Köben an der Oder, an d'Argens sagt genug darüber:

»Ich erhalte Ihren Brief, mein lieber Marquis, in den Qualen der Gicht. Mir ist eingefallen, daß der Philosoph Poseidonios[1], als Pompeius[2] durch Athen kam und ihn fragen ließ, ob er ihn hören

[1] Poseidonios (135–51 v. Chr.), griechischer Philosoph, wichtigster Theoretiker der mittleren Stoa, Lehrmeister von Pompeius und Cicero.
[2] Pompeius (106–48 v. Chr.), römischer Staatsmann und Feldherr.

könne, ohne ihm zur Last zu fallen, zur Antwort gab: ›Man soll nicht sagen, daß ein so großer Mann wie Pompeius mich hören wollte und daß Krankheit es verhindert habe.‹ So hielt er dem Pompeius einen wunderbaren Vortrag über die Verachtung des Schmerzes und rief dabei hin und wieder aus: ›O Schmerz! Was du auch tust, du wirst mich nicht zu dem Geständnis bringen, daß du ein Übel bist.‹ Ich ahme diesen Philosophen nach und antworte Ihnen, lieber Marquis, auf Ihre Fragen. Also, Sie wollen wissen, was mir fehlt, mein Lieber: Lähmung am linken Arm, an beiden Füßen und am rechten Knie.[1] Das einzige Glied, das ich noch gebrauchen kann, ist meine rechte Hand. Ich benutze sie jetzt, um Ihnen zu schreiben und Sie zu bitten, nach Glogau zu kommen. Morgen lasse ich mich nach Köben bringen, eine halbe Meile von hier. Nehmen Sie all die verschiedenen Arten von Unglück zusammen, als da sind Mißgeschick, Krankheit, Verlust von Freunden, Unfähigkeit zum Handeln, und Sie werden zugeben, daß das kein Spaß ist! Sie haben nichts zu befürchten, Marquis. Die Russen marschieren nach Posen und von da nach Thorn. Die Straße von Berlin über Frankfurt und Crossen bis hierher ist sicher . . . Leben Sie wohl, mein Lieber; bei meiner großen Schwäche kann ich nicht weiterschreiben.«

Der Abmarsch der Russen ändert die gesamte strategische Lage. Mit Ausnahme Dresdens ist Sachsen wieder in preußischer Hand, dazu ganz Schlesien, die Mark Brandenburg, Pommern und Mecklenburg. Wie läßt sich das russische Verhalten erklären? General Saltykow zeigte sich schon seit September besorgt um die Verproviantierung seiner Armee. Als Daun ihm finanzielle Unterstützung versprach, antwortete er unmutig: »Meine Soldaten essen kein Geld!« General Laudon regte sich vergeblich auf, als die russischen Generäle am 25. Oktober beschlossen, am nächsten Tag den weiten Weg an die Weichsel anzutreten, sich also für 1759 vom Kriegsschauplatz zurückzuziehen. Die russische Heerführung leidet ständig unter den viel zu weiten Entfernungen zu ihren Versorgungsbasen, die sich in Thorn und Tilsit befinden. Das ist es, was die russischen Feldherren strategisch lähmt.

[1] Die moderne medizinische Wissenschaft würde wahrscheinlich auf »Polyneuropathie« diagnostizieren: schmerzhafte Auswirkungen geschädigter Empfindungsnerven.

Friedrich hat sein Hauptquartier in Köben, einem winzigen Flecken an der Oder. Hier liegt er in einem ärmlichen Zimmer wochenlang im Bett und krümmt sich vor Schmerzen. Das hindert ihn nicht daran, den Prinzen Heinrich per Eilkurier anzutreiben, in Sachsen offensiv zu werden und der Daunschen Armee auf den Hals zu gehen. Der Prinz antwortet ihm am 16. Oktober, er könne wegen der ungünstigen Terrainverhältnisse gegen den überlegenen Feind nichts unternehmen, ja er zweifle, ob er sich in Sachsen überhaupt halten könne. Schwer gereizt schreibt ihm Friedrich am 20. zurück: »Wenn Sie niemals etwas riskieren wollen, dann können wir allerdings nichts ausrichten! – Zu weit getriebene Vorsicht gleicht der Zaghaftigkeit, und die kann uns nur ins Unglück stürzen. Nehmen Sie sich gefälligst zusammen und behalten Sie um Gottes willen bei den jetzigen Umständen den Kopf oben . . .« Der Prinz antwortet tief gekränkt: »Ich tue meine Schuldigkeit, wie zahlreiche Zeugen bekunden können. Und ich fühle mich stark genug, jeder Verleumdung zu trotzen.«

Die Verstimmung zwischen den beiden Brüdern erreicht einen neuen Höhepunkt. Militärisch ist Heinrich völlig im Recht; Daun steht in unangreifbaren Stellungen. Friedrich jedoch denkt primär in politischen und psychologischen Kategorien. Er will mit allen Mitteln den niederschmetternden Eindruck, den die Katastrophe von Kunersdorf in der Öffentlichkeit hinterlassen hat, ausbügeln. Vor allem aber will er die Stimmung seiner deprimierten Armee heben, in der das Gerücht die Runde macht, der König, den man seit Wochen nicht mehr zu Gesicht bekommen hat, sei schwer krank oder liege im Sterben. So läßt er seine Generale an sein Bett kommen. Sie finden ihn bleich und elend, an den Beinen und an der linken Hand dicke weiße Umschläge. Friedrich lächelt sie jedoch an und sagt mit heiterer Stimme: »Messieurs, ich habe Sie gerufen, um Sie davon zu überzeugen, daß meine Krankheit keine gemachte ist. Sagen Sie bitte meinen tapferen Soldaten, daß – wenn ich auch in dieser Campagne viel Malheur gehabt habe – ich doch nicht ruhen werde, bis alles wiedergutgemacht ist! Ich verlasse mich auf den Heldenmut meiner Armee. Und nichts als der Tod soll mich von ihr trennen.«

Die psychologische Wirkung dieser Szene ist gewaltig; so wie einst, vor zwei Jahren, als der König vor der Schlacht bei Leuthen zu seinen Generalen sprach. In der ganzen Armee verbreiten sich seine Worte wie ein Lauffeuer und heben schlagartig die Motivation der Truppe.

Friedrich läßt sich nach Glogau bringen und schreibt Anfang November an d'Argens: »Ich bin krank. Aber das hindert mich nicht, meine Pflicht zu tun, solange ich überhaupt noch Kräfte habe.« Er teilt dem Marquis mit, daß er an einem militärwissenschaftlichen Essay über den Schwedenkönig Karl XII. arbeite. »Ist der Krieg irgendwann mal zu Ende, so erbitte ich mir einen Platz im Invalidenhaus; denn so weit bin ich herunter . . . Noch steht ein schwerer Monat bevor, um diesen Feldzug zu enden . . . Gedenken Sie Ihres Freundes, der im Fegefeuer sitzt . . .«

Von Ende September bis Ende Oktober hat der König, in all seinen Qualen und Schmerzen, eine hochinteressante schriftstellerische Arbeit vollendet: *Réflexions sur les talents militaires et le caractère de Charles XII., roi de Suède (Betrachtungen über die militärischen Talente und den Charakter Karls XII.).* Gegenstand seiner Darstellung ist der fabulöse Schwedenkönig Karl XII., 1682 bis 1718, der als der kühnste Feldherr seiner Zeit galt, unter dem Schweden seine größte Machtausdehnung erreichte, aber schließlich auch seinen Großmachtstatus für immer verlor. Bezeichnend für Friedrich ist, daß er diese Untersuchung vornehmlich zur eigenen Vergewisserung verfaßt. So sagt er einleitend: »Zu meiner eigenen Belehrung habe ich mir von den militärischen Talenten und dem Charakter des Schwedenkönigs Karl XII. ein deutliches Bild machen wollen. Ich urteile weder nach den übertriebenen Schilderungen seiner Lobredner noch nach den Zerrbildern seiner Tadler. Ich halte mich nur an Augenzeugen und an Tatsachen, die in allen Büchern übereinstimmen.«

Als wenn er sich selbst und der Ruhmbegierde seiner ersten Königszeit den Spiegel vorhalten wollte, schreibt Friedrich über den Schwedenkönig: »Seine Nachbarn kannten ihn nicht und unterschätzten ihn wegen seiner Jugend. Solange er Glück hatte und furchtgebietend schien, beneidete ihn Europa. Sobald aber das Glück ihn verließ, fielen die verbündeten Mächte über ihn her, um ihn auszurauben. Hätte unser Held ebensoviel Mäßigung wie Mut besessen, dann hätte er seinen Triumphen ein Ziel gesetzt . . . Doch Karl war in seiner Leidenschaft keiner Mäßigung fähig. Er wollte alles ertrotzen und über andere Herrscher despotisch schalten. Er wähnte, Könige bekriegen und entthronen sei eins.« Ganz gewiß hat Friedrich, als er diese Zeilen schrieb, an die Jahre 1740 bis 1742 gedacht, als er selbst in Schlesien einmarschierte, zum »Rendezvous des Ruhms«, wie er sich in seinem Eigendünkel ausdrückte. Doch er konnte sich auch sagen, daß er schon damals, 1742, nach den ersten siegreichen Schlachten, zur Einsicht kam und daß – anders als bei Karl XII. – bei ihm Maßhalten an die Stelle der Leidenschaft trat. Und so wird er nicht müde, in seiner Charakterstudie das hohe Lied der Mäßigung, der Selbstbescheidung zu singen:

»In allen Büchern über Karl XII. finde ich prachtvolle Lobpreisungen seiner Genügsamkeit und Enthaltsamkeit. Dennoch hätten zwanzig französische Köche, tausend Konkubinen in seinem Gefolge, zehn Schauspielerbanden bei seiner Armee seinem Lande nicht ein Hundertstel soviel geschadet wie sein brennender Rachedurst und die ihn beherrschende maßlose Ruhmbegierde . . . Faßt man die verschiedenen Charakterzüge dieses eigenartigen Königs zusammen, so findet man, daß er mehr tapfer als geschickt, mehr tätig als klug, mehr seinen Leidenschaften unterworfen als seinem wahren Vorteil zugetan war.«

Für Friedrich ist dies Anlaß, sich selbst und seine Leser vor blindem Mut zu warnen. Wie hatte er 1751 in seinem Lehrgedicht über die Kriegskunst geschrieben? Auf »Umsicht und Klugheit« käme es an; sie seien sehr selten, der Mut dagegen sei gemein. Und so preist er auch jetzt wieder die Klugheit als vornehmste Tugend eines Feldherrn, wenn er über Karl XII. schreibt: »Welchen Glanz auch die Taten unseres berühmten Helden verbreiten, man darf ihn doch nur mit Vorsicht nachahmen. Je mehr er blendet, desto geeigneter ist er, die leichtfertige, brausende Jugend irrezuführen. Ihr kann man nicht genug einschärfen, daß Tapferkeit ohne Klugheit nichts ist und daß Nachdenken auf die Dauer über Verwegenheit siegt.«

Friedrich II. ist nicht der Mann, der Kritik mit Überheblichkeit oder Besserwisserei verwechselt. Kritik an anderen, vor allem an Unglücklichen oder Toten, ist billig. Friedrich geht es um die

Selbstkritik, darum, aus Fehlern anderer zu lernen, ohne deshalb über sie den Stab zu brechen, weil er weiß, daß es keine Seriosität des Menschen gibt, daß der Irrtum ein unwandelbarer Weggenosse aller Individuen ist. Und so gibt er seinem kritischen Essay über Karl XII. einen anrührenden Schluß, indem er schreibt: »Aber, wird man sagen, mit welchem Rechte wirfst du dich zum Richter der berühmtesten Feldherren auf? Hast du, großer Kritiker, denn selbst die Lehren befolgt, die du so freigebig erteilst? Ach nein! Ich kann hierauf nur das eine antworten: Fremde Fehler fallen uns ins Auge, die eignen übersehen wir.«

Am 13. November trifft Friedrich beim Armeekorps des Prinzen Heinrich in Sachsen ein. Er ist beinahe übermütiger Laune, denn kurz zuvor haben diplomatische Abgesandte der Königreiche Großbritannien und Preußen in Rijswijk bei Den Haag den Vertretern von Frankreich, Österreich, Rußland und der Niederlande eine offizielle Deklaration überreicht, in der London und Berlin ihre Bereitschaft zur Beendigung der Kriegshandlungen bekunden. Dieser Schritt ist vom Preußenkönig angeregt und – nach Absprache mit Pitt – sorgfältig vorbereitet worden.

Als Friedrich hört, die Österreicher machten Anstalten, sich über die Berge nach Böhmen zurückzuziehen, ruft er triumphierend aus: »Ha, ha! Sie riechen mich schon! Nun soll den Daun der Teufel holen!« Prinz Heinrich spricht sich entschieden gegen eine preußische Offensivaktion aus; angesichts der Witterungsverhältnisse würden sich die Österreicher ohnehin zurückziehen. Friedrich fehlt es aber an Geduld, er will dem Feind keine goldenen Brücken bauen. So beauftragt er General von Finck, mit einem kleinen Korps von 12 000 Mann nach Maxen zu marschieren, in den Rücken der Daunschen Armee, um ihr die Rückzugspässe nach Böhmen zu sperren. Am 19. November richtet er aus Wilsdruf ein langes Schreiben an Voltaire, das in Wahrheit für den französischen Hof bestimmt ist:

»Die Österreicher ziehen nach Böhmen ab, wo ich zwei ihrer großen Magazine in Flammen aufgehen ließ, um ihnen die Brandschatzungen in meinen Ländern zu vergelten. So weit mir möglich erschwere ich den Rückzug des gebenedeiten Helden[1], und ich

[1] Ironische Anspielung auf Feldmarschall Daun.

hoffe, daß ihm innerhalb der nächsten Tage einige böse Abenteuer widerfahren werden.

An der Haager Deklaration mögen Sie erkennen, daß der englische König und ich friedliebend sind. Dieser ungewöhnliche Schritt wird der Öffentlichkeit die Augen öffnen und sie zwischen Europas Brandstiftern und denen unterscheiden lehren, die Menschlichkeit, Ruhe und Frieden lieben. Die Tür ist aufgeschlossen. Nun soll, wer mag, in den Empfangsraum treten ... Es kommt auf die Aufrichtigkeit an, die jeder in die Verhandlungen mitbringen wird. Ich bin überzeugt, daß sich Temperamente finden werden, die einen Vergleich erzielen könnten. An der Spitze der englischen Staatsgeschäfte steht ein maßvoller und umsichtiger Minister.[1] Alle Seiten müssen übertriebene Pläne verbannen und eher die Vernunft denn die Einbildungskraft zu Rate ziehen. Ich für mein Teil folge dem Beispiel des sanftmütigen Erlösers, der, als er das erstemal in den Tempel ging, sich damit zufriedengab, den Pharisäern und Schriftgelehrten zu lauschen ...

Ich bin gerade dabei, mich mit den Russen zu verständigen.[2] So bleiben für das kommende Jahr nur noch die Königin von Ungarn[3], die Erzhalunken des Heiligen Reiches[4] und die Räuberhorden Lapplands[5] übrig. Unsere Demarche wurde vom Herzen diktiert, von einem Gefühl für Humanität, das die Blutströme, die fast den ganzen Erdball überschwemmen, versiegen lassen, das den Massakern, den Barbareien, den Brandschatzungen ein Ende bereiten möchte, all den Ungeheuerlichkeiten, die von Menschen begangen werden, deren unheilvolle Gewohnheit, sich in Blut zu baden, sie von Tag zu Tag immer wilder werden läßt. Zieht sich dieser Krieg noch ein wenig in die Länge, so wird unser Europa zurück in den Nebel der Unwissenheit sinken, und unsere Zeitgenossen werden wilden Tieren ähnlich werden. Es ist an der Zeit, diesen Greueln ein Ende zu setzen! All

[1] Gemeint ist William Pitt.
[2] Davon konnte im Ernst keine Rede sein.
[3] Maria Theresia.
[4] Die deutschen Reichsfürsten, die sich an der Reichsexekutionsarmee beteiligten.
[5] Die Schweden.

diese Katastrophen sind Folgen österreichischen und französischen Ehrgeizes. Mögen beide ihren weit ausgreifenden Plänen Grenzen stecken. Mögen, wenn schon nicht die Vernunft, so doch ihre erschöpften Finanzen und ihre üble Lage sie klüger machen ...

Das ist alles, was ein müder, gejagter, zerkratzter, zerbissener, hinkender und erschöpfter armer Löwe Ihnen sagen kann. Ich habe noch viel Arbeit vor mir, und erst nach meinem Eintreffen in Dresden werde ich Ihnen mit ausgeruhtem Kopf schreiben können ...«

Die Hoffnung, bald in Dresden »eintreffen« zu können, erweist sich als Trugschluß. Schon zwei Tage nach Absendung des Briefes an Voltaire, am 21. November, ereignet sich eine neue Katastrophe für die preußische Armee. Fincks Armeekorps wird bei Maxen von einer dreifachen österreichischen Übermacht eingeschlossen und muß die Waffen strecken.

Der Vorleser de Catt schildert uns in seinen Tagebuchnotizen das Eintreffen der Unglücksnachricht: »Man blieb ohne Nachricht, bis endlich zwei Bauern kamen und berichteten, daß Finck angegriffen und sein ganzes Korps gefangengenommen sei. Welch ein Schlag! ›Mein Gott‹, seufzte der König, ›ist das möglich? Verfolgt mich mein Unglück bis nach Sachsen? Was halten Sie davon? Wenn es wahr ist, ist es ein furchtbarer Schlag. Aber hat denn nicht einer entweichen können?‹ Er ging von mir zu Oberst Krusemarck: ›Ich kann es nicht glauben, es ist entsetzlich.‹«

Am folgenden Tag, dem 22. November, ist de Catt von fünfzehn Uhr dreißig bis einundzwanzig Uhr beim König: »Er war sehr niedergeschlagen und kam immer wieder auf den gestrigen Gedanken zurück. ›Also bis nach Sachsen verfolgt mich mein Mißgeschick!‹ Ich versuchte ihn zu zerstreuen, aber jene Vorstellung kehrte immer wieder. ›Sehen Sie, ich bin immer unglücklich gewesen. Ich bin von meinem Vater hart behandelt worden. Man schloß mich für drei Monate allein in ein Zimmer ein.[1] Mittags schob man mir mein Essen durch ein kleines Fenster, zugleich mit

[1] Nach seinem Fluchtversuch als Kronprinz am 4. August 1730 in der Festung Küstrin.

einem Hemde. Nachher brach ich alles wieder aus. Zu lesen hatte ich nur Bossuets *Variationen*[1] und Basnage[2]. Immer hat mich das Unglück verfolgt; nur in Rheinsberg bin ich glücklich gewesen.[3] Ob man mich wohl tadeln kann, wenn ich, gibt es endlich Frieden, ein wenig für mich leben will, wenn ich mich zurückziehe, um in Ruhe zu leben? . . . Ich sitze wie auf Kohlen. Ich habe heftige Anwandlungen von Ungeduld, Empörung und Zorn. Es ist mir, als ob ich in Fesseln wäre und diese zerbrechen müßte . . . Es ist elendes Zeug, was ich hier anfertige, aber wenigstens zerstreut es mich. Wozu nützt uns die Philosophie? Kann man ein Unglück ändern? Aber es ist schwer zu ertragen, man kann sagen, was man will.‹« De Catt notiert in seinem Tagebuch als Kommentar: »Wenn der König geschickten Generalen gegenübersteht, hat er immer Glück gehabt, und bei Daun hat er immer Unglück. Vielleicht gibt es eine sehr einfache Erklärung dafür: Wenn er mit geschickten Generalen zu tun hat, trifft er alle Vorsichtsmaßregeln; aber Daun gegenüber ist er nachlässig, weil er ihn zu sehr unterschätzt.«

Als der Vorleser gegangen ist, greift Friedrich zur Feder und schreibt an den Marquis d'Argens: »Ich bin so betäubt von dem Unglück, das dem General Finck zugestoßen ist, daß ich mich noch gar nicht davon erholen kann. Das wirft alle meine Maßregeln um und trifft mich bis ins Mark! Das Unglück, das mich in meinem Alter verfolgt, hat mich aus der Mark nach Sachsen begleitet. Ich werde dagegen ankämpfen, so gut ich kann . . . Ich bin von all den Schicksalsschlägen und Katastrophen, die mir zustoßen, so unendlich müde, daß ich mir tausendmal den Tod wünsche. Ich habe es von Tag zu Tag mehr satt, einen verbrauchten, zum Leiden verdammten Körper zu bewohnen . . . Ich schreibe Ihnen im ersten Aufruhr meines Schmerzes. Bestürzung, Kummer, Entrüstung, Verdruß, das alles zerreißt mir die Seele. Warten wir also das Ende dieses verwünschten Feldzuges ab, dann schreibe ich Ihnen, was aus mir selber wird, und das übrige wird sich finden. Haben Sie Mitleid mit meinem Zustand

[1] Jacques Bénigne Bossuet (1627–1704), berühmter französischer Kanzelredner; sein Hauptwerk: *Geschichte der Variationen der protestantischen Kirchen.*
[2] Jacques Basnage (1653–1723), französischer Schriftsteller.
[3] In den Jahren 1736 bis 1740 als Kronprinz auf Schloß Rheinsberg.

und machen Sie kein Aufhebens davon, denn die schlimmen Nachrichten verbreiten sich von selbst schon zur Genüge. Quando avrai fine il mio tormento [Wann wird diese meine Qual ein Ende haben]?«

In der Tat verbreitet sich die Kunde von Kunersdorf, Dresden und Maxen jeweils mit Windeseile über ganz Europa, fügt dem Prestige des Preußenkönigs nachhaltigen Schaden zu. Dresden und Maxen gehen eindeutig auf sein Konto. Die Armee weiß das. Wie reagiert sie? De Catt erlebt es am 23. November, als Feldmarschall Daun mit seiner Armee heranrückt, beide Heere sich in Schlachtordnung gegenüberstehen und die Artilleristen zu feuern beginnen: »Als ich durch die erste Linie eilte, hörte ich ein allgemeines Schreien. Ich fragte den Grafen Henckel, einen sehr angesehenen Offizier des Regiments Prinz von Preußen, was das zu bedeuten hätte. ›Das sind Freudenausbrüche‹, rief er, ›es ist das Verlangen zu kämpfen. Wenn sie doch nur herankämen! Wir werden sie als gute Preußen empfangen. Heute muß sich alles entscheiden. Wir müssen unsere Rache haben. Siegen oder sterben, für unseren Fritz!‹ Ja, siegen oder sterben – das war der allgemeine Ruf.«

In den folgenden Tagen spricht Friedrich wiederholt mit de Catt, der darüber Tagebuchnotizen anfertigt.

Am 23. November: »Er war noch immer recht reizbar. ›Ich muß es Ihnen geradezu sagen: Wenn ich Sachsen verlasse, bin ich verloren!‹«

Am 24. November: »Wir sprachen darüber, wie man sein Leben glücklich gestalten könne ... ›Ein paar gute Freunde möchte ich haben; kein Militär, denn ich will keinen Ehrgeiz; auch in einer Stadt soll es nicht sein, denn dort wäre ich immer der König, man würde mir mit zuviel Respekt begegnen. Ich will aber, daß jeder sich frei fühlen soll und daß man ganz als Freunde zusammenlebt. Jeder Fremde, wenn er bekannt ist als Mann von Geist, würde gut aufgenommen werden; aber jemand, der nur aus Neugier käme, würde nicht zugelassen werden. Die Lebensweise würde sehr einfach sein: 12 000 Taler im Jahr für den Tisch, 20 000 für Liebhabereien; der Rest gäbe die Pension für meine Kampfgefährten, damit sie manchmal an mich denken.‹«

Am 26. November: »›Sie finden mich recht traurig, ich bin noch immer in Ungewißheit.‹ Er sprach über die Beschaffenheit der Seele, sagte, er könne nicht erkennen, ob es einen Gott gäbe. Ich sagte, daß der, der davon überzeugt sei, glücklich wäre. ›Vielleicht. Aber dessen bin ich sicher, nach dem Tode kann mich nichts mehr beunruhigen.‹«

Zwei Tage später, am 28. November, schreibt Friedrich an den Marquis d'Argens: »Wir kantonieren hier dem Feind gegenüber in den Dörfern. Das letzte Bund Stroh und das letzte Stück Brot werden den Ausschlag geben, wer von uns beiden in Sachsen bleibt. Da die Österreicher sehr eng zusammenliegen und aus Böhmen nichts beziehen können, hoffe ich, sie werden zuerst abziehen. Also Geduld bis zum Schluß! Warten wir das Ende dieses höllischen Feldzuges ab. Ich brauche dieses Jahr meine ganze Philosophie ... Seit vier Jahren mache ich nun mein Fegefeuer durch. Gibt es ein anderes Leben, so muß der ewige Vater mir anrechnen, was ich in diesem gelitten habe! Aber jeder Beruf bringt Verdrießlichkeiten und Unglück mit sich. Also muß auch ich mein Päckchen tragen wie jeder, so schwer es ist, und mir sagen: ›Auch dies wird vorübergehen, so gut wie unsere Freuden und Neigungen, unsere Schmerzen und unsere glücklichen Stunden.‹ Leben Sie wohl, mein lieber Marquis! Meine Briefe werden Ihnen recht düster vorkommen. Doch ich schwöre Ihnen, ich könnte keine anderen schreiben. Wenn der Geist beunruhigt und bekümmert ist, sieht man nicht rosenrot. Ich umarme Sie und wünsche ein baldiges Wiedersehen.«

In den ersten Dezembertagen begreift Friedrich widerwillig, daß er die Hoffnung begraben muß, in diesem Jahr noch Dresden zurückgewinnen zu können. Er beschließt, am 6. Dezember sein Winterquartier in dem kleinen Städtchen Freiberg zu nehmen.

Mit de Catt führt er jeden Abend Gespräche. So beispielsweise am 3. Dezember: »›Immer neue Schwierigkeiten. Man muß von einem Ort zum anderen laufen. Habe ich es Ihnen nicht immer gesagt: Glücklich, wer in Ruhe leben kann und sich mit einem kleinen Vermögen begnügt.‹ Er schickt Wedell ab, um den Rückzug von der Höhe zu decken. ›Was ist das Leben beschwerlich!‹ Wir versuchen durch bloßes Lesen von Texten, den Verfasser zu erraten. ›Ich weiß wirklich nicht, wie alles dies enden soll. Ich bin alt, und wenn man alt ist, hat man kein Glück mehr. Nichts ist mir in diesem Feldzug geglückt.‹«

Am 4. Dezember: »Der König erinnert sich an die Schlacht bei Kunersdorf und die schrecklichen Tage nach der Katastrophe. ›Wenn die Truppen sich damals geweigert hätten zu kämpfen, hätten ich und meine Offiziere allein gekämpft; und nur über unsere Leichen wäre man in die Hauptstadt gelangt. Mein Lieber, Sie kennen mein Herz: es ist zu stolz, um Beschimpfungen zu ertragen! In die Hände des Feindes fallen, muß entsetzlich sein ... Was für ein Leben! Ich zittere, wenn ich einen Brief öffnen muß. Ich gerate in Aufregung, wenn die Tür aufgeht. Wann werde ich endlich in Frieden leben können?‹ Ich sprach über den Ruhestand. Er erwog hin und her und wiederholte dann, was er mir früher schon gesagt hatte: ›Voltaire dürfte mich nur selten besuchen, und ich würde ihn daran hindern, Klatschereien zu machen.‹ Er zeichnete den Plan eines Hauses, wie er es haben möchte. ›Überflüssigen Luxus soll es dort nicht geben.‹«

Am 5. Dezember: »›Wollen Sie es glauben‹, sagte er, ›daß es Menschen gibt, die meinen Zustand beneidenswert finden?‹ Ich sagte, daß es sogar sehr viele davon gäbe. ›Die sind sehr töricht! Sagen Sie selbst, ob ich etwa glücklich bin? So viel Mißgeschick! Schon sechs Jahre, ehe der Krieg ausbrach, war ich in Unruhe, weil ich den Sturm voraussah. Und was für Beängstigungen seitdem! Da braucht man schon einen gut Teil Philosophie. Ich könnte so billig leben; ich würde einen Truthahn kaufen und drei Tage davon essen ... Ach, wozu Pläne machen? Wer weiß, ob ich morgen noch lebe.‹«

Die diplomatischen Sondierungen in Den Haag treten währenddessen auf der Stelle. Preußen und England haben einen allgemeinen Friedenskongreß angeregt, der noch im Dezember 1759 beginnen soll. Die Franzosen winden sich. Für sie ist 1759 ein Katastrophenjahr gewesen. Zuerst die Niederlage gegen Ferdinand von Braunschweig bei Minden, dann der Verlust der kanadischen Hauptstadt Quebec, nicht zu vergessen zwei bittere Niederlagen zur See gegen die britische Flotte. Mit London würde man sich in Versailles gern vergleichen. Vor einem Arrangement mit Berlin schreckt man jedoch zurück, denn man möchte einen offenen Bruch mit Wien vermeiden. Von dort sind nur kriegerische Töne zu vernehmen. Den englisch-preußischen Konferenzvorschlag hat Maria Theresia in verletzender Form mit einer einfachen Empfangsbescheinigung quittiert. Die unnachgiebige Dame ist sich nach Kunersdorf, Dresden und Maxen des Sieges sicher. Es kommt hinzu, daß Zarin Elisabeth in Petersburg unnachsichtig zur Kriegsfortsetzung treibt, um dem Preußenkönig, diesem »Feind der öffentlichen Ruhe«, den Todesstoß zu versetzen. Da Briten und Preußen sich während der Verhandlungen nicht auseinanderdividieren lassen, stehen sich Mitte Dezember die Fronten unverändert gegenüber, die Friedenshoffnungen drohen zu welken. Geht dieser Krieg denn endlos weiter?

Friedrich registriert die Entwicklung mit zusammengebissenen Zähnen. Von Dresden ausgesperrt, hat er nun sein Hauptquartier in dem Städtchen Freiberg aufgeschlagen. Von dort schreibt er am 16. Dezember dem Marquis d'Argens: »Schwierigkeiten, Verlegenheiten und Gefahren umringen mich von allen Seiten. Wenn ich nun die Treulosigkeit des Glücks, von der ich in diesem Feldzug so viele Beweise erhalten habe, dazu rechne, so darf ich mich in meinen Unternehmungen nicht auf Fortuna verlassen; auf meine Kräfte auch nicht. Also bleibt nur der Zufall übrig, und meine Hoffnung gründet sich allein auf die Verkettung entfernter Ursachen . . .«

In der deutschen öffentlichen Meinung gilt der Preußenkönig als verlorener Mann. Vorbei sind die Tage der Begeisterung von Ende 1757, als der ganze protestantische Norden Deutschlands von seiner Standhaftigkeit und Unbesiegbarkeit geschwärmt hatte. Jetzt – nach den Unglücksdaten von Kay, Kunersdorf, Dresden und Maxen – triumphieren überall die Preußenfeinde, und die Anhänger des Potsdamers üben sich in Mutlosigkeit.

Friedrich sieht dem Jahr 1760 ohne Hoffnung entgegen. In der Silvesternacht schreibt er an seinen Freund d'Argens: »Vorweg wünsche ich Ihnen, mein lieber Marquis, ein glückliches neues Jahr. Glauben Sie, daß von allen guten Wünschen, die man Ihnen übermittelt, keine aufrichtiger sind als die meinigen! Was mich angeht, habe ich jedes Vertrauen in mein Glück verloren. Ich habe, soweit es von mir abhängt, alles Menschenmögliche getan, um den Feind aus Sachsen zu vertreiben; mit List, Ablenkungsmanövern und Drohgebärden. Ohne den geringsten Erfolg. Es bleibt mir nur, Winterquartiere im Angesicht des Feindes zu beziehen, ohne mich zu rühren. Vor mir liegen schauderhafte Aussichten für die Zukunft . . . Verfahren Sie mit meinem Essay[1] nach Belieben; er verdient kaum Aufmerksamkeit. Ich bin des Lebens überdrüssiger denn je. Sie mögen mir Hypochondrie oder sonstwas vorwerfen; ich gebe es zu. Aber die vergangenen und gegenwärtigen Übel und vor allem die Aussichten, die sich mir bieten, lassen jeden, der eine derart verzweifelte Lage durchstehen muß, lebensmüde werden. Ich will die Phantasie nicht noch dunkler einfärben, doch ich sehe schwarz und muß meinen Kummer ertragen, muß ihn für mich behalten. – Ich stöhne schweigend.«

[1] Der König hat dem Marquis im November seinen Essay über Karl XII. geschickt. Er soll ihn in Berlin in zwanzig Exemplaren drucken lassen.

Phönix aus der Asche

Die Korrektur des Unglücks (1760)

Am Tag darauf, o Gott! welch grauses Bild!
Von Leichenhügeln strotzt das Schlachtgefild.
Dein bester Freund liegt blutend mit dem Feind,
Den er bezwang, in einem Grab vereint.
Schaut, wie der Tod der Tapfren Aug umnachtet,
Die euer Ehrgeiz grausam hingeschlachtet!
Seht ihr der Eltern Gram, die Tränenflut
Der Witwen? Fluch gellet euch im Siegesglanze.
Nein! eh' ihr ruchlos fließen laßt das Blut
Und als ein Mörder kommt zum Lorbeerkranze,
Laßt lieber all die Siegesmale schwinden,
Die euren Ruf an Freveltaten binden!
. . .
Drum bildet euren Geist, die Urteilskraft!
Baut nur auf euch; vom Glück erwartet nichts.
Langsam und kühl besonnen seid im Rat,
Doch kühn entschlossen zeigt euch bei der Tat.
Und ohne Gründe – gebt wohl acht! –
Führt nie das Heer zur mörderischen Schlacht.

Friedrich der Große, »DIE KRIEGSKUNST –
Ein Lehrgedicht«, 1751, 6. Gesang

Als das Jahr 1760, das fünfte Kriegsjahr, beginnt, laufen noch immer Friedensverhandlungen, die England und Preußen im November 1759 in Gang gesetzt haben. Noch immer steht ein allgemeiner Friedenskongreß zur Debatte. Vordergründig hält sich der Preußenkönig bedeckt. Er überläßt die Verhandlungen mit Versailles den Briten, der energischen und erfahrenen Hand Pitts. Im Hintergrund aber sucht er allerlei Fäden zu den Franzosen anzuknüpfen, um den Friedensprozeß zu beschleunigen. Seine Hoffnungen sind nicht hochgespannt, denn er ahnt, daß mit Maria Theresia über keinerlei Ausgleich zu reden ist. Zu groß sind die Siegeshoffnungen in Wien, seitdem sich das Kriegsglück bei Kay, Kunersdorf, Dresden und Maxen gegen ihn gekehrt hat. Doch innerlich verzehrt sich Friedrich vor Unruhe, geht er durch ein Wechselbad von Hoffnungen und Enttäuschungen.

Am 8. Januar sucht der Marquis d'Argens seinen königlichen Freund zu ermuntern. Er schreibt ihm aus Berlin: »Sire, ich habe die Ehre, Euer Majestät ein glückliches Jahr zu wünschen, das Sie ruhmreich, zufrieden und bei vollkommener Gesundheit Ihren Untertanen wiederschenke . . . Sie mögen sich noch so sehr über die Glücksgöttin beklagen, so bleibt sie Ihnen meiner Meinung nach doch immer zugetan, auch wenn sie Sie zuweilen zu verlassen schien. Die Affäre von Maxen ist ärgerlich, das gebe ich zu. Aber bedenken Sie, daß sie sich am 20. jenes Monats ereignete, in welchem am 21. Admiral Hawke die französische Flotte vernichtete, am 22. Prinz Ferdinand Münster genommen und am 25. Ihr Neffe die Württemberger geschlagen hat . . .«

Einen Tag zuvor sind die Franzosen in der Tat bei Dillenburg geschlagen worden. Doch Friedrich, der am 11. Januar den Brief seines Freundes liest, kann daraus wenig Trost für seine Lage schöpfen. Am nächsten Tag trifft de Catt im königlichen Winterquartier von Freiberg ein und meldet sich beim König, der ihm ernst die Hand reicht: »›Sie werden es sehr kalt hier gehabt haben. Haben Sie denn schon gespeist? Nein? Dann gehen Sie etwas essen und kommen Sie wieder. Sie sehen, daß ich immerhin noch auf den Beinen bin. Die Franzosen sind geschlagen. Ob ihre Verluste sehr groß sind? Ich mag nicht, daß sie leiden; aber wenn das den Frieden herbeiführt . . .‹«

Ständig denkt er an Friedensverhandlungen. Nachts quälen ihn Alpträume. Am 15. Januar erzählt er de Catt, er habe geträumt, daß er sich auf einem Gartenbeet befunden hätte, auf dem so viel Porzellan lag, daß er nicht gewagt habe, sich zu bewegen, in der Angst, etwas zu zertreten.

Diese Träume sind der Ausdruck der ungewissen, angespannten Nervenlage, in der sich Friedrich befindet. Dementsprechend schreibt er am Abend desselben Tages aus Freiberg an den Marquis d'Argens: »Der Friede ist alles andere als gesichert. Man hofft, man macht sich Illusionen; das ist alles. Ich kann weiter nichts tun als standhaft gegen das Mißgeschick ankämpfen. Aber ich kann das Glück nicht herbeizwingen noch die Zahl meiner Feinde verringern. Und weil das so ist, bleibt meine Lage stets die gleiche. Noch ein Fehlschlag, und das wäre dann der Gnadenstoß. Wahrlich, das Leben wird völlig unerträglich, wenn man es in Kummer und tödlichem Verdruß hinschleppen muß.«

Am 24. Januar wird der König achtundvierzig Jahre alt. Nach dreieinhalb Jahren Krieg ist er kaum noch wiederzuerkennen. Im Sommer 1756 war Friedrich noch ein gutaussehender, eleganter Kavalier in den besten Jahren. Jetzt ist er von Sorgen und Schmerzen krummgezogen; für seine Soldaten ist er der »alte Fritz«. Es quält ihn die Gicht, fast am ganzen Körper leidet er unter Gelenkschmerzen. Beinkrämpfe plagen ihn ebenso wie Neuralgien in den Händen und Unterarmen. Das sind Auswirkungen seiner Polyneuropathie. Man sieht ihn nie mehr ohne Krückstock.

Auch das Erscheinungsbild seiner Armee ist lädiert. Nach zwölf blutigen Schlachten, die keine Entscheidung gebracht haben, herrscht Resignation bei Mannschaften wie bei Offizieren. Der britische Gesandte Mitchell schreibt am 25. Januar nach London, an Staatssekretär Lord Holderness: »Der König von Preußen wird alles Menschenmögliche tun. Aber sein Land ist erschöpft, die Kriegsmittel gehen aus. Die besten Offiziere sind gefallen oder in Gefangenschaft, und ich muß im tiefsten Vertrauen gestehen, daß im ganzen preußischen Heer allgemeine Mutlosigkeit herrscht, von derem verhängnisvollen Einfluß vielleicht nur der König selbst nicht berührt wird.«

Vor allem das preußische Offizierskorps ist regelrecht dezimiert worden. Von den 5600 aktiven Offizieren, die bei Kriegsausbruch Dienst taten, sind circa 1400 gefallen und etwa 2800 verwundet. Vierzig Generale beziehungsweise Feldmarschälle verzeichnet die Verlustliste. Ein Infanterieregiment hat statt 52 etatmäßiger Offiziere nur noch 12, 13, höchstens 14. Aber selbst das ist nur möglich, indem man Vierzehn- oder Fünfzehnjährige aus den Kadettenhäusern holt und sie nach einem Jahr Felddienst zu Leutnants macht. Es geht jetzt also bei den Preußen wie bei den Briten zu, auf deren Kriegsschiffen zwölf- oder dreizehnjährige Midshipmen (Fähnriche) Offiziersdienst tun. Ein Augenzeuge urteilt über die preußischen Kinder-Offiziere: »Ungeachtet ihrer edlen Geburt unter der Muskete erzogen, an grobe Kost gewöhnt, durch Wachtdienst in Frost und Hitze abgehärtet, waren sie mit allen Teilen des Dienstes vertraut und voll hoher Begriffe von kriegerischer Ehre.«

Friedrich tut alles, seine schwer mitgenommene und tief demoralisierte Armee im Winter 1759/60 zu reorganisieren. Doch an seinen einsamen Abenden ist er sich dessen bewußt, wie gering seine Mittel sind. In dieser Stimmung schreibt er am 19. Februar an d'Argens: »Ich führe hier das Leben eines Benediktiners. Sobald meine Geschäfte erledigt sind – das ist soviel für mich wie das Messelesen –, vergrabe ich mich in meine Bücher, speise mit ihnen und gehe mit ihnen zu Bett. Wie recht hatte doch Cicero, wenn er sagte, die Wissenschaften seien die Zierde und der Reiz des Lebens, in jedem Stande und in jedem Alter! Welch starken Rückhalt sie gewähren, das habe ich erst jetzt erfahren. Sie helfen mir, mein gegenwärtiges Unglück zu ertragen, und lenken mich von den Gedanken an die Zukunft ab.«

Der Marquis d'Argens ist erschüttert über den pessimistischen Ton, der aus den Briefen des Königs spricht. Friedrich hat sich in seinen Episteln immer wieder eigener Fehler bezichtigt, insbesondere im abgelaufenen Jahr 1759. Der Marquis widerspricht ihm in einem Brief vom 16. März aus Berlin: »Sie glauben, Fehler begangen zu haben. Ich denke im Gegenteil, daß Sie die Fehler anderer wiedergutgemacht haben. Dafür habe ich den einsichtigen Teil des Publikums für mich, und die Nachwelt wird dereinst entscheiden, wer von uns beiden recht hat . . . Aber, Sire, wir werden mit diesem Thema niemals fertig werden. Darüber wollen wir uns in Sanssouci unterhalten, nach dem Frieden, der vielleicht früher da sein wird, als Sie erhoffen.«

Der König läßt sich von den freundlichen Worten nicht beeindrucken. Er antwortet am 20. März: »Ja, mein lieber Marquis, es bleibt dabei, ich habe Fehler gemacht; und ich werde noch andere machen. Wer weise werden will, ist es noch lange nicht. Wir bleiben unser Leben lang in etwa so, wie wir geboren wurden. Das Ärgste in der gegenwärtigen Lage ist, daß alle Fehler sogleich zu Kapitalfehlern werden; der bloße Gedanke daran läßt mich schon schaudern. Stellen Sie sich die Zahl unserer Feinde vor, die durch meinen Widerstand gereizt sind, die Verdoppelung ihrer verderblichen Anstrengungen und die Erbitterung, mit der sie mich erdrücken möchten. Und bedenken Sie schließlich, daß das Schicksal des ganzen Staates nur an einem einzigen Haar hängt . . .«

In diesen Tagen, Ende März 1760, verfaßt der Preußenkönig eine »Ode an die Deutschen«. Er klagt die Nation der Deutschen wegen ihrer ewigen Uneinigkeit an, verflucht den innerdeutschen Zank und Bruderkrieg:

»Ihr unsel'gen deutschen Stämme, stets in Bruderkampf entzweit,
Ihr beseßnen Unruhgeister, seid dem Untergang geweiht!
Ewig' Wehgeschrei erschüttert eure Lüfte allerenden,
Langer Kämpfe Schreckensmale euren Heimatboden schänden,
Eure Fluren Wüsteneien, eure Städte Haufen Schuttes,
Unter eurer Waffen Wüten rinnen Ströme roten Blutes.
Gottverflucht eure Triumphe!
Denn sie stürzen unser Land
Nur zurück in wüste, dumpfe
Barbarei, wo doch dem Sumpfe
Längst die Vorwelt sich entwand.«

Sieht denn der Preußenkönig in den Deutschen seine Brüder? Gibt es bei Friedrich überhaupt so etwas wie ein Nationalbewußtsein? Sein Deutschlandbild ist geprägt von den Schrecken und

Erfahrungen des Dreißigjährigen Krieges, in dessen Gluten die altberühmte deutsche Kaisermacht zugrunde ging. Seitdem existiert das Reich der Deutschen nur auf dem Papier, bestenfalls als eine lose Sammlung unzähliger deutscher Territorialstaaten. Friedrich akzeptiert den bestehenden Zustand, der ja erst die Voraussetzung für den Aufstieg Preußens und Österreichs als moderne Großmächte schuf. Und niemals, bis zum Ende seines Lebens, wird er davon abgehen, das Gleichgewicht Preußens mit Österreich als Basis der nationalen Existenz des deutschen Volkes zu betrachten. Das schließt jedoch nicht aus, daß er das Reich als völkerrechtlichen Zusammenschluß aller Deutschen bejaht. Sein Kampf richtet sich niemals gegen das Reich selbst, sondern ausschließlich gegen den Herrschaftsanspruch des Hauses Habsburg in Deutschland. Was ihn erbittert, ist das Zusammenspiel so vieler deutscher Fürsten mit dem Ausland, ist die Tatsache, daß Teile der deutschen Öffentlichkeit im Westen und Süden des Reiches sich nicht entblöden, Siege fremdländischer Heere über die preußische Armee zu bejubeln. Diese Deutschen schmieden in seinen Augen an ihren eigenen Ketten, indem sie sich zu Satelliten des Auslands erniedrigen und ihr Vaterland den Fremden als Kampfpreis bieten:

»Ihr trätet gern Borussia [Preußen] in den Staub,
Frankreich und Schweden muß euch Hilfe senden,
Dem wilden Russen bietet ihr's zum Raub;
Ihr Armen grabt das Grab mit eignen Händen.
Ihr gebt dahin das Land und seine Rechte,
Fremdlingen dienet ihr als deutsche Knechte!
Wie werdet ihr es einst beweinen,
Daß ihr der stolzen Feinde Heer
Mit eigner Hand geschärft den Speer.
Der Fremde wird's nie redlich meinen!«

Friedrich benutzt also als Waffe im Kampf gegen seine Feinde den Appell an den Reichspatriotismus der Deutschen. Doch dieser Ruf verhallt ungehört. Der König von Preußen schreibt französisch; er kann mit seiner Sprache das eigene Volk nicht erreichen.

Auch die neunundvierzigjährige Herzogin Luise-Dorothea von Sachsen-Gotha benutzt, wenn sie zur Feder greift, die französische Sprache, das damalige Verständigungsmittel der Gebildeten in Deutschland. Aber ihr Herz schlägt für die Deutschen, schlägt für den König von Preußen. Sie befindet sich mit ihrem kleinen thüringischen Ländchen in einer schwierigen politischen Lage. Als Reichsfürstin muß sie gegen den vom Reichstag verurteilten »Friedensbrecher« Friedrich zu Felde ziehen. Sie lebt und webt auch – ganz wie der Preußenkönig – in französischem Geiste und französischer Kultur. Als jedoch 1757, im Vorfeld der Schlacht bei Roßbach, die französische Armee in ihr Land kam, entdeckte sie ihr deutsches Bewußtsein und schlug sich entschieden auf die preußische Seite, als sie Friedrich persönlich kennenlernte. Seitdem gibt es einen regelmäßigen Briefwechsel zwischen beiden, der erst 1767 mit dem frühzeitigen Tod der Herzogin endet. Friedrich, der nichts mehr schätzt als geistreiche, philosophische Frauen, schreibt ihr am 26. März aus Freiberg:

»Wenn das Buch des englischen Philosophen[1] mich lehren sollte, mich selbst zu schulmeistern, so flehe ich Sie an, Frau Herzogin, es mir zu nennen. Ich kenne es leider nicht; aber ich halte es für gut, da es Ihre Anerkennung findet. Ja, es ist das Unglück, das die Menschen zu Philosophen macht! Meine Jugend ist die Schule des Leidens gewesen, und obwohl ich nunmehr in einer angeblich so beneideten Stellung bin, die dem Volk durch ihre Aufgeblasenheit Ehrfurcht einflößt, hat es mir nicht an Schicksalsschlägen gefehlt. Mir ist das traurige Los geworden, meine liebsten Freunde zu verlieren. Das schlägt Wunden, an denen das Herz lange blutet. Die Philosophie schafft wohl Linderung, aber sie vermag sie nicht zu heilen. Das Unglück macht weise. Es öffnet uns die Augen über die Vorurteile, die den Blick verdunkeln, und lehrt uns die Nichtigkeit der Dinge zu erkennen. Das ist ein Segen für die anderen, aber ein Fluch für uns. Denn die Welt ist voller Trugbilder, und diejenigen, die sich ihrer erfreuen, sind in der Tat glücklicher als die, die ihren Unwert erkennen und

[1] David Hume (1711–1776), schottischer Philosoph; stand dem Deismus nahe, wirkte maßgeblich auf die französische Aufklärung und beeinflußte die Wendung Kants zum Kritizismus.

sie verachten. Man könnte der Philosophie zurufen, was jener Wahnsinnige, der sich im Paradiese glaubte, dem Arzt zuschrie, der ihn geheilt hatte und sein Honorar forderte: ›Unglücklicher, willst du, daß ich dich für das Übel bezahle, das du mir angetan hast?! Ich war im Paradies, und du rissest mich heraus!‹

Das, Frau Herzogin, ist ein Bekenntnis, das dem Verstand kaum Ehre macht; aber es ist die reine Wahrheit. Der Stoizismus ist das letzte Ziel, das der menschliche Geist erreichen kann. Doch anstatt uns glücklich zu machen, macht er uns fühllos; und der Mensch ist mehr ein fühlendes als ein denkendes Wesen ... Ich fürchte sehr, Frau Herzogin, daß Ihnen dies moralische Gefasel nur Langeweile bereitet. Benutzen Sie es einfach als Schlafmittel und springen Sie so mit mir um wie der Abt Terrasson mit einem Priester seiner Gemeinde. Abt Terrasson litt an Schlaflosigkeit, die seine Gesundheit untergrub und ihn langsam an den Rand des Grabes brachte. Eines Tages ließ er jenen Geistlichen holen. Der Mann mit der Tonsur erschien; er war voller Triumph, eine schöne Bekehrung vor sich zu haben. Da sagte der sterbende Abt zu ihm: ›Herr Pfarrer, könnten Sie mir nicht irgendeine der Predigten wiederholen, die ich einst von Ihnen hörte? Ich erinnere mich, daß ich dabei immer so gut schlief. Die Ärzte haben mich aufgegeben; predigen Sie, und Sie werden mir das Leben wiederschenken.‹ Möchten Sie, verehrte Frau Herzogin, für lange Zeit weder Predigten noch Briefe von meiner Hand für Ihre Gesundheit nötig haben!«

Am selben Tag, an dem er die Herzogin von Sachsen-Gotha in seine philosophischen Gedanken einweiht, erhält er einen Brief von Voltaire, der Friedrichs Kompromißbereitschaft im Auftrag der französischen Regierung testen soll. Voltaire schreibt, daß Étienne François, Herzog von Choiseul-Stainville, der seit 1758 Minister des Auswärtigen in Paris ist, als Vorbedingung für einen Friedensschluß mit Preußen die Abtretung des Cleveschen Landes mit der Festung Wesel an Frankreich verlangt. Voltaire rät Friedrich ironisch, auf diese Bedingungen einzugehen, denn Cleve sei ja doch nur von lauter Dummköpfen bewohnt. Am 7. April erteilt ihm der Preußenkönig eine schroffe Antwort: »Sie kommen wieder auf den Frieden zu sprechen. Aber welche Bedingungen! Offenbar haben die Leute, die solche Vorschläge machen, gar nicht ernsthaft die Absicht, ihn wirklich zu schließen. Denn welch eine Logik! Ich soll Cleve abtreten, weil es angeblich von Dummköpfen bewohnt ist. Was würden diese Leute sagen, wenn man die Abtretung der Champagne verlangte, wo es doch sprichwörtlich heißt: 99 Hammel und 1 Champagner machen 100 Stück Vieh?! Ach, lassen wir alle diese lächerlichen Projekte! Wofern die französischen Minister nicht von 10 000 österreichischen Teufeln besessen sind, müssen sie endlich Frieden schließen . . .«

Es ist ein zermürbendes Feilschen und gegenseitiges Abtasten zwischen den kriegführenden Mächten, das den ganzen Monat April anhält. Das Gezerre, das Geschiebe geht um die Einberufung eines Friedenskongresses, und sämtliche Parteien üben sich im Pokern. Friedrich, der heißer als alle anderen den Frieden herbeisehnt, hält sich bewußt zurück, läßt aber immer wieder durchblicken, daß er keinen einzigen Quadratmeter seines Landes abtreten wird.

Am 25. April verlegt er das königliche Hauptquartier nach Schlettau, einem Dorf dicht bei Meißen. Am nächsten Nachmittag notiert de Catt in seinem Tagebuch: »Ich war beim König. Wir sprachen über Religion. ›Was ich glaube, mein Lieber, das glaube ich aufrichtig. Ich bin keineswegs überzeugt von der Unsterblichkeit der Seele; die Welt dagegen halte ich für ewig . . . Jedenfalls ist sicher, daß man das beste Teil erwählt, wenn man sich als anständiger Mensch beträgt. Mein Schifflein ist reisefertig; wenn alle Umstände mir günstig sind, wird es gut ablaufen, und ich kann vor den Unterhändlern[1] ein wenig den Prahler spielen. Man muß seine Karten verdeckt halten.‹ – Der König sagte: ›Nach meiner Meinung ist Bayle[2] der erste Dialektiker. Ich lese ihn immer mit neuem Vergnügen. Es gibt augenblicklich recht wenig große Männer oder Männer von Geist, und wenig wirkliche Feldherren; gute Minister nur zwei: Pitt und Kaunitz. Aber so viele ungebildete

[1] Friedrich hofft immer noch, daß es in Kürze zu einem Friedenskongreß kommt.

[2] Pierre Bayle (1647–1706), französischer Philosoph. Führender Denker der Aufklärung; bekämpfte jeden Dogmatismus und verteidigte die unbedingte Glaubensfreiheit sowie die Trennung von Kirche und Staat.

Patrone, mein Lieber! Der Mensch ist doch ein recht unvernünftiges Tier.‹ – Wir sprachen über die Freundschaft. ›Ja, sie ist das größte Gut. Ich habe meine Freunde verloren, und das ist schmerzlich. Nirgends muß man über so vieles hinsehen wie in der Freundschaft. Haben wir nicht alle unsere Fehler? Lebte ich mit guten Freunden zusammen, sie sollten mich schon lieb haben.‹«

Am Abend desselben Tages erzählt der König seinem Vorleser eine bezeichnende Geschichte: »Ich bin heute morgen viel umhergelaufen. Ich habe alle meine Truppen ordnungsgemäß untergebracht. Was haben sie doch leiden müssen während des ganzen vorigen Feldzuges und besonders seit vergangenem November bis zu diesem Augenblick! Mich haben ihre Leiden lebhaft gerührt . . . Bei diesem Rundgang bin ich einem ganz kleinen Offizier begegnet. ›Sie sind noch recht jung‹, habe ich zu ihm gesagt, ›sind Sie denn schon trocken hinter den Ohren?‹ Ohne die Fassung zu verlieren, antwortete mir dieses Endchen Mann, indem er mir fest in die Augen blickt: ›Sire, an Jahren bin ich jung; aber mein Mut ist alt.‹ Diese Antwort hat mir gefallen. Ich glaube, er wird ein tüchtiger Mann werden.« Während der König das erzählt, sieht er vor seinem Fenster ein paar Kinder-Offiziere Versteck spielen. Er ruft de Catt: »Kommen Sie schnell, mein Lieber! Sehen Sie nur diese kleinen Buben! Welche Kinderei!«

Ende April schwinden alle Hoffnungen auf einen Friedenskongreß. Die französische Politik, die Frieden so dringend nötig hätte, hatte lange unentschlossen geschwankt. Immer wieder hatte man über Voltaire Friedensfühler zum Preußenkönig ausgestreckt. Doch im Grunde war das ganze sechsmonatige Hin und Her für die Katz, denn am Vernichtungswillen der Zarin Elisabeth und der Kaiserin Maria Theresia war niemals zu zweifeln gewesen. Man kann sich in Petersburg und in Wien einfach nicht vorstellen, daß Preußen sich aus seinen furchtbaren Niederlagen noch einmal erheben könnte.

Friedrich, zutiefst enttäuscht, zeigt nach außen keinerlei Schwäche. Grimmig, hochfahrend, zu äußerster Wut gereizt, schreibt er am 1. Mai an Voltaire: »Augenblicklich muß ich alle Segel der Politik und der Kriegskunst entfalten. Diese Spitzbuben, die mich bekriegen, haben mir Beispiele gegeben, die ich bestens befolgen werde. Es wird keinen Friedenskongreß geben, und ich werde die Waffen erst nach drei weiteren Feldzügen niederlegen. Diese Gassenbuben sollen sehen, daß sie meine guten Gesinnungen enttäuscht haben, und wir werden den Frieden nicht anders unterzeichnen als der König von England in Paris und ich in Wien ... Ja, man hat mich in Zorn versetzt! Ich habe alle meine Kräfte gesammelt. Und alle diese Schlingel, die sich so unverschämt gebärden, werden noch erfahren, wen sie zum besten gehabt haben.«

Der Zorn, der aus diesen Sätzen spricht, ist echt. Drei Jahre lang hat Friedrich Krieg ohne Haß geführt, als aufgeklärter Absolutist, der die fremden Interessen wie die eigenen objektiv einzuschätzen wußte. Die unvorstellbaren russischen Greuel in Pommern und in der Neumark, die bittere Niederlage von Kunersdorf und die enttäuschten Friedenshoffnungen haben nun seine Stimmung vergiftet. Der arrogante Ton indessen, mit dem er Voltaire bedeutet, er werde nur in Wien Frieden schließen, ist künstlich, ist für die Regierung in Paris berechnet, die er mit verbissener Kampfentschlossenheit beeindrucken will. In Wahrheit ist er pessimistisch.

Ja, Friedrich ist tief enttäuscht. Enttäuscht vor allem von Frankreich, auf dessen Verständigungswillen, auf dessen Vernunft er gerechnet hat. Er läßt es Voltaire spüren, als er ihm am 12. Mai aus Meißen schreibt:

»Der Frieden ist mit den Schmetterlingen entfleucht; es ist überhaupt keine Rede mehr davon. Auf allen Seiten werden neue Anstrengungen unternommen, und wir werden uns in *saeculo saeculorum* bekriegen ... Im Juni wird der Feldzug beginnen. Es wird nichts zum Lachen geben; eher zum Weinen ... Ihre Nation ist die inkonsequenteste von ganz Europa! Sie besitzt viel Esprit, doch keinerlei Begabung dafür, folgerichtig zu denken. So erscheint sie im Verlauf ihrer ganzen Geschichte. Es muß sich um einen unauslöschlichen Wesenszug handeln, der ihr eingeprägt ist. Eine Ausnahme in der langen Abfolge von Regentschaften bilden einzig einige Jahre unter Ludwig XIV. Die Herrschaft Heinrichs IV. war weder ruhig, noch währte sie lange genug, um viel

Aufhebens davon zu machen. In der Amtszeit Richelieus findet man einiges an Identität von Projektierung und Realisierung. Doch sind das im Grunde kurze Epochen der Umsicht im Vergleich zu einer so langen Geschichte von Torheiten.«

Zwei Tage später, am 14. Mai, schüttet Friedrich in einem Privatbrief an d'Argens sein Herz aus: »Wie Sie sehen, sind alle Friedenshoffnungen zerronnen . . . Es ist also leicht einzusehen, daß ich da, wo ich am schwächsten bin und der erdrückenden Übermacht nichts entgegensetzen kann, notwendig zugrunde gehen muß. Mir bleibt nur noch ein Hilfsmittel[1], und dessen bin ich nicht sicher. Wenn es damit aber nichts wird, so muß ich mich auf das gefaßt machen, was die Ereignisse mir ankündigen und was eine einfache Überlegung mir beweist. Mir dreht sich regelmäßig drei-, viermal täglich der Kopf, und ich quäle mich fast zu Tode, um Auswege zu finden, und komme doch nicht zum Ziel . . .«

Hat Friedrich denn Grund zu so düsterer Analyse? Im Westen, an der Abwehrfront gegen Frankreich, stehen die Zeichen eher günstig. Durch ein verstärktes Engagement der Briten, die bislang nur 11000 Mann auf dem Kontinent unterhielten, aber nun dabei sind, ihre Streitkräfte im Hannöverschen und in Westfalen zu verdoppeln, sieht sich Generalfeldmarschall Prinz Ferdinand von Braunschweig in der Lage, den Franzosen ein Heer von beinahe 100000 Mann entgegenzustellen. Denn neben Schotten und Engländern befinden sich noch 37000 Hannoveraner, 23000 Hessen und 10000 Mann aus Braunschweig und Schaumburg-Lippe unter seinem Kommando. Damit läßt sich ein aussichtsreicher Defensivkrieg führen.

Verzweifelt steht es allerdings im Osten, auf dem sächsisch-schlesischen Kriegsschauplatz. Friedrich verfügt in Sachsen über 70000 Mann, wovon er 10000 Mann unter General Fouqué nach Landeshut detachiert hat, um die Verbindungswege zum schlesischen Armeekorps zu sichern. Prinz Heinrich, an der Spitze dieses Korps, rochiert an der Oder auf und ab, um die Zugänge nach Schlesien und nach Brandenburg zu decken. Ihm stehen 40000

[1] Friedrich setzt seine letzten Hoffnungen auf einen Kriegseintritt der Türkei gegen Rußland; jedoch vergeblich.

Mann zur Verfügung, von denen er 5000 Mann unter General von Stutterheim nach Vorpommern geworfen hat, um die Schweden zu bekämpfen. Alles in allem ist die preußische Feldarmee noch 110000 Mann stark und hat die Aufgabe, sich gegen 230000 Österreicher, Russen und Schweden zu behaupten.

Das ungünstige Kräfteverhältnis würde den Preußenkönig wenig schrecken, ist er doch seit drei Jahren gewohnt, gegen eine doppelte Übermacht zu kämpfen. Es ist die außerordentliche Qualitätseinbuße seiner Armee, die ihn so deprimiert sein läßt. Er sagt, daß er einen Teil seiner Truppen dem Feind nur noch »von weitem« zeigen kann. Insbesondere bedrückt ihn die hoffnungslose Stimmung in den Regimentern des preußischen Feldheeres. Er weiß sehr gut, daß kaum einer seiner Offiziere noch mit einem glücklichen Ausgang des Krieges rechnet. Und er selbst fühlt sich physisch am Ende. »Ich bin sehr ermattet«, sagt er im Lager zu Meißen. »Ich spüre das Alter und seine Schwächen, die mich ganz anders belästigen als früher. Der Krieg benötigt einen alten Kopf voller Erfahrung auf einem jungen, elastischen Körper. Wenn das Leben so weitergeht wie bisher, werde ich weder das eine noch das andere haben.«

Seine strategische Situation ist kompliziert. Mit seinen begrenzten Kräften muß er einerseits Sachsen gegen die Armee Dauns decken, ohne andererseits Schlesien an Laudon, Brandenburg und Berlin an die Russen, Stettin und die Oder-Mündung an die Schweden zu verlieren. Er befindet sich also wieder, wie schon im Herbst 1758 und 1759, in dem »strategischen Dreieck«: in der rechten Flanke Daun, vor sich Laudon und die heranmarschierenden Russen, in der linken Flanke die Schweden. Wenn er auch die schwedische Gefahr verächtlich negiert, so muß er doch immer noch mit 210000 Österreichern und Russen rechnen. Er würde gerne – wie er es in den bisherigen Feldzügen getan hat – mit seinem Hauptheer nach Schlesien gehen, um größere Operationsfreiheit zwischen Österreichern und Russen zu haben. Doch der Verlust Dresdens, das nun zum zentralen Rückhalt Dauns in Sachsen geworden ist, hat die Lage verändert. So schreibt er am 6. Juni an General Fouqué, der mit seinem kleinen Häufchen in Landeshut steht: »Nach Schlesien kann ich nicht eher kommen, als ich mich mit den Österreichern geschlagen. Sie hier stehen zu lassen, geht gar nicht an, und würde ich auf der einen Seite verderben, was ich auf der anderen gut machte.«

Wochenlang liegt der Preußenkönig wie festgenagelt bei Meißen. Daun rührt sich nicht. Er wartet auf die herankommenden Russen. Am Nachmittag des 16. Juni sagt Friedrich zu de Catt, er habe keine Hoffnung mehr. Aber dann, am Abend, kommt endlich die Nachricht, daß General Franz Moritz Graf von Lacy sich mit einem österreichischen Armeekorps in Bewegung gesetzt hat, daß er dabei ist, sich vom Daunschen Hauptheer zu entfernen. Sofort faßt der König den Entschluß, Lacy überfallartig von Daun zu isolieren und ihn dann allein zu packen. Er gibt seiner Armee für drei Uhr morgens den Marschbefehl. Über die Ereignisse am 17. und 18. Juni notiert de Catt in seinem Tagebuch:

»Der König wollte einen Bauern, den man ihm zuführte, auf die Probe stellen. ›Du mußt in das Lager der Österreicher gehen und mir Nachrichten bringen.‹ – ›Nein‹, sagte der Bauer, ›dann hängen sie mich.‹ – ›Gut, wenn du nicht gehen willst, dann lasse ich dein Haus niederbrennen.‹ – ›Die Majestät kann tun, was sie will, aber ich will nicht gehängt werden.‹ – Der König schickte ihn wieder weg. ›Der Schlingel ist standhaft und entschlossen! Er hat ja recht.‹ – Wir marschierten los. Jeder glaubte, daß es zu einer Schlacht kommen würde, und hatte sich darauf eingerichtet. Der König führte die Vorhut und kam bis auf Sichtweite an Lacys Lager, das jenseits von Berbisdorf lag und reichlich von Posten umstellt war . . . Niemand war mit dieser Schlacht einverstanden, weil jeder sich sagte, daß die Bodenverhältnisse schwierig seien, und weil jeder glaubte, Marschall Daun aus seinem Lager bei Reichenberg anrücken zu sehen. Der König blieb fest. Ich sagte ihm, ich hoffte, ihn an den Toren Dresdens beglückwünschen zu können. ›Wie können Sie erwarten, daß mein böser Stern ein solches Glück zuläßt?!‹ Am nächsten Tag wurde um drei Uhr alarmiert. Während die Truppen sich aufstellten, kam die Nachricht, daß der Feind abgerückt wäre.«

Friedrich ist tief gebeugt. Der Versuch, ein Kontingent der Österreicher isoliert zu schlagen, ist mißglückt. Am Abend des 19. Juni meldet sich de Catt beim König: »›Mein Handstreich ist mißlungen‹, sagte er, ›ich bin traurig. Ich hätte große Lust, mich aufzuhängen. Haben Sie nie diese Lust verspürt?‹ – ›Nein, Sire, und ich werde sie niemals spüren.‹ – ›Mein Lieber, ich habe eben Pech, es verfolgt mich überall. Lacy abgerückt! Ich hätte ihn geschlagen. Wir sind ihm mit der Vorhut zu nahe gekommen.‹ – ›Wer mich um mein Schicksal beneidet, ist recht töricht. Wozu dient mir der Ruhm? Wenn ich wirklich ein großer Mann bin, was habe ich davon, wenn ich tot bin? Und ein großer Mann wird doch erst nach seinem Tod als solcher anerkannt.‹ Ich sagte, daß es einen gäbe, der schon bei Lebzeiten als solcher anerkannt würde. Er stieß einen tiefen Seufzer aus. ›Leben Sie wohl, mein Lieber. Bringen Sie mir morgen einen Strick mit!‹ Dabei lächelte er.«

Für Friedrich ist das Hinauszögern einer militärischen Entscheidung die Hölle. Die Zeit arbeitet schließlich gegen ihn, denn mit dem Erscheinen des russischen Heeres auf dem Kriegsschauplatz muß sich seine ohnehin mißliche operative Lage entscheidend verschlechtern. Die österreichische Heerführung weiß das. Daun, wenn auch von Wien ständig bedrängt, zögert den Beginn größerer Operationen planmäßig hinaus.

Unter Dauns Oberbefehl operiert auch ein 32000 Mann starkes österreichisches Armeekorps, das von dem dreiundvierzigjährigen Gideon Ernst Freiherr von Laudon kommandiert wird. Laudon, baltendeutscher Abstammung, seit 1742 in österreichischen Diensten, ist nach der Schlacht von Kunersdorf, in der seine Kavallerie eine dominierende Rolle spielte, von Maria Theresia zum Feldzeugmeister ernannt worden und hat von Feldmarschall Daun weitgehende Operationsfreiheit für sein Armeekorps bekommen. Der rothaarige, äußerst wortkarge Mann, der für jeden Vorgesetzten ein schwieriger Untergebener ist, verficht seit langem die Ansicht, man müsse dem Preußenkönig offensiv auf den Leib gehen, mit reiner Ermattungsstrategie sei einem so zähen Gegner wie Friedrich nicht beizukommen. Und so beschließt er, von sich aus aktiv zu werden und den Krieg nach Schlesien hineinzutragen.

Bei dem mittelschlesischen Städtchen Landeshut steht der zweiundsechzigjährige General Heinrich August de la Motte Fouqué, der persönliche Freund Friedrichs, mit einer kleinen Streitmacht von 10000 Mann, um – auf ausdrücklichen Befehl des Königs – diesen wichtigen Straßenknotenpunkt bis aufs äußerste zu verteidigen und die Verbindung zwischen den preußischen Armeen in Sachsen und Schlesien aufrechtzuerhalten. Am 23. Juni greift ihn General Laudon mit 32000 Mann von mehreren Seiten zugleich an. Acht Stunden lang setzen sich die hoffnungslos unterlegenen Preußen zur Wehr, bis sie ihr letztes Pulver verschossen haben, 600 Mann gefallen und 1800 Soldaten verwundet sind. Lediglich die 16 Schwadronen preußischer Kavallerie, etwa 1500 Mann, können sich durch den Einkreisungsring schlagen. Die österreichische und sächsische Reiterei wütet gräßlich unter der preußischen Infanterie, die sich nicht mehr wehren kann. Fouqué liegt unter seinem Pferd, hat zwei Wunden am Kopf und eine in der Schulter. Sein Reitknecht Trautschke wirft sich über ihn, fängt die Säbelhiebe der rasenden Feinde auf und schreit: »Wollt ihr denn den kommandierenden General umbringen?« Oberst Voit von den österreichischen Dragonern sprengt heran und rettet den schwerverwundeten Fouqué. Er läßt sein bestes Pferd bringen und bittet den preußischen General, es zu besteigen. Fouqué: »Ich werde das schöne Sattelzeug mit meinem Blut beschmieren ...« Obrist Voit: »Dann wird es mit dem Blute eines Helden gefärbt!« Ein einziger österreichischer Offizier beleidigt den preußischen General. Das gesamte Laudonsche Offizierskorps entschuldigt sich vielmals bei Fouqué. Der zuckt die Schultern: »Lassen Sie ihn sprechen, meine Herren. Das geht so im Kriege. Heute mir, morgen dir!« Fouqué wird nach Wien gebracht, wo man ihn mit größter Auszeichnung behandelt. Er spricht dort jedoch mit solcher Begeisterung von seinem König, daß man ihn auf die Festung Karlstadt in Kroatien transportiert, wo er bis zum Friedensschluß bleiben muß.

Vorleser de Catt schildert in einer Tagebuchnotiz das Eintreffen der schlimmen Nachricht von Landeshut: »Am 25. Juni gegen acht Uhr abends verlangte ein Offizier der feindlichen Vorposten einen unserer Offiziere zu sprechen. ›Es tut mir leid‹, sagte er, ›ich habe eine schlechte Nachricht für Sie: General Fouqué ist bei Landeshut mit seinem ganzen Korps gefangen genommen. Morgen werden wir Viktoria schießen.‹«

Am nächsten Abend tritt Friedrich de Catt mit den Worten entgegen: »›Was ist das für eine Nachricht, die ich gestern abend empfangen habe! Bin ich nicht wirklich unglücklich?! Das Schicksal verfolgt mich in meinem Alter. Wenn mir jetzt nicht etwas Großes gelingt, weiß ich nicht, wie ich mich herausziehen soll! Und doch muß ich die Fassung bewahren. Das tue ich auch immer. Als ich jung war, entschied ich mich zu schnell; ich war feurig. Jetzt kann ich in diesem leidenschaftlichen Ringen keine Entscheidung treffen, denn in solchem Zustand weiß man nicht, was man tut. Sie können sich überhaupt nicht vorstellen, was man nach einer verlorenen Schlacht wie der bei Kunersdorf leidet. Wie alles sich in uns empört und wie man vor Schmerzen stöhnt, wenn man die ehrenvolle Pflicht, das Vaterland zu verteidigen, ernst nimmt.‹ – Er kam noch einmal auf das Vergnügen, das einem das Bewußtsein geben soll, für einen großen Mann zu gelten. ›Es ist gleich Null‹, sagte er, ›wenn man nicht daneben sicher ist, Freunde zu besitzen, die einen lieben und achten. Vielleicht, mein Lieber, wird mir all dieses Unglück geschickt, damit ich mich nicht zu fest ans Leben klammere. Aber das habe ich nie getan. Von Jugend an bin ich durch die Schule der Widerwärtigkeiten gegangen . . . Ich habe wohl einige schöne Augenblicke gehabt, aber sie sind schnell vergangen!‹«

Am selben Abend erzählt der König de Catt, daß ihm wieder einmal sein Vater nachts im Traum erschienen sei, im Schloß Charlottenburg und im Beisein des Alten Dessauers. Schweißgebadet sei er, Friedrich, in seinem Bett hochgefahren und habe gerufen: »Habe ich es gut gemacht, Vater?« – »Ja, sehr gut«, habe der Soldatenkönig gesagt. »Dann bin ich zufrieden«, habe er weinend geantwortet. »Ihre Anerkennung ist mir mehr wert als die des ganzen übrigen Weltalls.«

In den nächsten zweieinhalb Wochen ist der Preußenkönig ständig schlechter Laune. Er kann es nicht verwinden, daß ihm der Schlag gegen Lacy so gründlich danebenging. Die Niederlage von Landeshut, obwohl strategisch bedeutungslos, wurmt ihn. So hatte er sich den Beginn des Sommerfeldzuges von 1760 nicht gedacht. Er zweifelt daran, daß die Pechsträhne, die ihn seit eineinhalb Jahren, seit Hochkirch verfolgt, jemals abreißen könnte. Als ihm am 12. Juli gemeldet wird, daß die Umgebung von Dresden feindfrei ist, beschließt er hastig, sich auf die Stadt zu stürzen und eine Belagerung zu beginnen, obwohl das Unternehmen wenig Aussicht auf Erfolg bietet, wenn es nicht in zwei, drei Tagen abgeschlossen ist, da die Heere Dauns und Lacys viel zu nahe stehen. Aber Friedrich will unter allen Umständen einen Prestigeerfolg erringen. Er glaubt, daß die Eroberung Dresdens starken Eindruck auf die französische Öffentlichkeit machen könnte. Und so beginnt er am 13. Juli die Belagerung der sächsischen Hauptstadt.

Zu de Catt sagt der König: »Wenn ich die Stadt nehmen kann, würde es gute Ordnung in meine Geschäfte bringen und meine Sorgen beschwichtigen. Ich habe zu viel durchgemacht ... Ja, mein Lieber, der Zufall spielt eine zu große Rolle im Krieg. Was wird es für Verheerungen geben, wenn die Leute in Dresden sich nicht ergeben! Wieviel Elend bringen wir über Sachsen! ... Ich gebe zu, der Starrsinn der Königin [er meint Maria Theresia] und mein eigener richten viel Unheil an. Was für ein grausamer Krieg! Alles wird verheert.«

Leider zieht der Preußenkönig aus diesen Erkenntnissen keine Konsequenzen. Er läßt die österreichische Besatzung, die aus 26 Bataillonen besteht, zur Übergabe auffordern und beginnt, als diese verweigert wird, mit der Beschießung einer der schönsten deutschen Barockstädte. Das Ergebnis ist fürchterlich. Ein Zeitgenosse berichtet: »Viele der vornehmsten Straßen brannten von einem Ende bis zum anderen, und wo man hinblickte, stürzten die Häuser ein ...« Die Preußen bemerken, daß österreichische Offiziere von der berühmten Kreuzkirche aus mit Ferngläsern beobachten. Friedrichs Artillerie beschießt den Turm, und die Kreuzkirche stürzt in Flammen nieder. Bald liegen 6 Kirchen in Trümmern, 416 Häuser und öffentliche Gebäude brennen aus, 115 werden beschädigt. Die österreichische Besatzung bricht in die Keller ein und plündert. Die alliierten Befehlshaber lehnen auch eine zweite Aufforderung zur Kapitulation ab.[1]

[1] Der weltberühmte »Große Garten« von Dresden wird völlig verwüstet, da der umsichtige österreichische Kommandant James S. Macquire, um Feuersbrünsten vorzubeugen, die uralten Bäume fällen läßt.

Völkerrechtlich gesehen macht sich der König von Preußen keines Kriegsverbrechens schuldig. Dresden wird militärisch verteidigt, also darf die Belagerungsarmee die Stadt berennen und beschießen. Die Österreicher werden es in Kürze mit Breslau genauso halten. Dennoch wirft das Bombardement Dresdens einen Schatten auf Friedrichs Namen als Feldherr. Wie hatte er selbst 1751 in seinem Lehrgedicht über die Kriegskunst geschrieben: »Kein Lorbeer soll Viktorias Stirn bedecken / Wenn Missetaten ihren Ruhm beflecken.« Eine Missetat ist es ohne Zweifel, das herrliche Elbflorenz mit Bomben und Granaten anzugreifen. Die einzige Erklärung, wenn auch keineswegs Entschuldigung ist, daß Friedrich unter unerhörtem Zeitdruck steht, denn Dauns und Lacys weit überlegene Armeen rücken von zwei Seiten heran.

Bei einem Ausfall der österreichischen Besatzung verliert das Regiment Bernburg, das schon vom Alten Dessauer aufgestellt und gedrillt wurde, ein paar Kanonen, die der Feind vernagelt. Friedrich rast vor Wut und belegt das Regiment mit einer Strafe, die in der preußischen Militärgeschichte kein Beispiel hat: den Soldaten wird das Seitengewehr, das Bajonett genommen, den Offizieren werden die Silbertressen von den Hüten geschnitten. Das gesamte Offizierskorps des Regiments verlangt tief gekränkt den Abschied, den der König ungnädig verweigert.

Friedrich sagt zu de Catt: »Wenn ich Fehler gemacht habe, so bin ich eben ein Mensch. Um über einen Menschen richtig zu urteilen, muß man sich die ganze Lage, in der er sich befindet, wohl vergegenwärtigen.« Der junge Schweizer hat aufrichtiges Mitleid mit dem König und schreibt in sein Tagebuch: »Es ist wahr, daß er seit einiger Zeit das qualvollste Leben führt. Die Art, wie er sein Unglück trägt, seine Aufmerksamkeiten für seine Umgebung, seine geringe Sorge für seine Gesundheit, seine Aufregungen: das alles hätte einen Erfolg verdient.«

Am 23. Juli ist sich Friedrich klar darüber, daß die Einschließung von Dresden keinen Erfolg gebracht hat. Es ist schon die dritte Belagerung, die ihm mißglückt: Prag, Olmütz, und jetzt Dresden. Am 28. Juli erfährt er, daß General Laudon zwei Tage zuvor die schlesische Festung Glatz erobert hat. Friedrich, innerlich tief bestürzt, quittiert die Nachricht mit den Worten: »Na, sei's drum! Im Frieden werden sie es uns ja wohl wiedergeben müssen . . .« Einen Tag später zieht die preußische Armee mit hängenden Flügeln von Dresden ab. Friedrich sagt abends zu seinem Vorleser: »Ich habe heute den ganzen Tag gegrübelt. Wenn ich mich nicht an meiner Pflicht festklammerte, so würde ich alles preisgeben. Als einfacher Privatmann würde ich viel glücklicher leben. Ich bin am Rande des Abgrunds!« Zwei Tage später kampiert die preußische Armee in Schieritz. Der König übernachtet in einer Gartenlaube. Zu de Catt sagt er: »Meine Lage wechselt oft genug. Bald lebe ich in Palästen, bald in Hütten. Aber immer die Seele voller Unruhe.«

Am folgenden Tag verlegt er das preußische Hauptquartier nach Dallwitz. Friedrich versucht, de Catt an der Karte seine künftigen Operationen zu erläutern. Er hofft auf eine Entscheidungsschlacht im Raum Bunzlau, an der Grenze zwischen Sachsen und Schlesien. »Ich habe dem Marquis geschrieben, wenn alles gut geht, werde ich es ihm mitteilen, wenn nicht, schreibe ich ihm einen Abschiedsbrief.« Er lächelt und lüftet seinen Dreispitz gegen de Catt: »Leben Sie wohl, mein Lieber! Ich gehe schlafen. Nichts sieht dem Tode ähnlicher als Schlaf.«

Wovon der König noch nichts weiß, das ist das stürmische Vorgehen des kühnen Laudon in Schlesien. Nachdem er erst vor einer Woche im Handstreich die Festung Glatz genommen hat, erreicht er mit seiner siegestrunkenen Armee in der Nacht vom 31. Juli zum 1. August die schlesische Hauptstadt Breslau. Er ist fest entschlossen, jeden Widerstand sofort zu überrennen. Wenn ihm diese operative Überraschung gelingt, dann ist der Feldzug entschieden, dann hat er mit Breslau einen festen Brückenkopf an der Oder gewonnen, dann ist die russische Armee in der Lage, ungehindert den Fluß zu überschreiten und sich mit den Österreichern zu vereinigen. Die Schachpartie steht kurz vor dem Matt für den Preußenkönig! Und der glänzendste Kopf auf alliierter Seite, Graf Kaunitz in Wien, schreibt denn auch triumphierend an Laudon: »So machen wir noch eine wunderbare Kampagne, und der König dürfte sein Vorgehen gegen Dresden bitter bereuen.«

General Laudon schließt mit seiner Armee von 32000 Mann die schlesische Hauptstadt ein, in der sich 3000 Preußen befinden.

Von diesen können jedoch nur die circa 1000 Mann des I. Bataillons Garde als zuverlässig gelten; die 9000 österreichischen Kriegsgefangenen dürfen sich nahezu frei in der Stadt bewegen. Kommandant von Breslau ist der Generalmajor Bogislav Friedrich von Tauentzien, ein querköpfiger Pommer, der bereits unter dem Soldatenkönig gedient hat und sich bei Kolin auszeichnete, als er stur und unerschütterlich den Rückzug der Armee deckte. Sein späterer Sekretär Gotthold Ephraim Lessing schrieb über ihn: »Wäre der König so unglücklich geworden, den Rest seiner Armee unter einem Baum versammeln zu müssen, General von Tauentzien hätte gewiß unter diesem Baum gestanden.« Laudon fordert ihn mehrfach vergebens zur Übergabe auf. Sein Plan, die Stadt in drei oder vier Tagen zu überrumpeln, muß gelingen! Schließlich läßt er dem preußischen Kommandanten ausrichten, er werde bei der Erstürmung der Stadt nicht einmal das Kind im Mutterleib verschonen. Tauentzien antwortet: »Ich bin nicht schwanger, und meine Soldaten sind es auch nicht!« Am 1. August wird Breslau mit Brandbomben und Granaten beschossen. Gleichzeitig stürmt Laudons Armee. Tauentzien hält fünf Tage lang stand. Dann kommt Prinz Heinrich mit einer Entsatzarmee der schlesischen Hauptstadt zu Hilfe.

Prinz Heinrich hatte in den letzten zweieinhalb Wochen den Anmarsch des russischen Heeres von Posen her verzögert. Als unbestrittener Meister des Manövrierens hatte er sich dem überlegenen Feind immer wieder vorgelegt, so daß die ohnehin langsam marschierenden Russen nur mühsam Boden gewonnen hatten. Laudon resigniert bei Ankunft des Prinzen und marschiert zu Daun ab.

Zwar ist das kühne Überraschungsunternehmen der Österreicher auf Breslau mißlungen, doch in den ersten Augusttagen spitzt sich nun die strategische Situation für den Preußenkönig auf dramatische Weise zu. Er selbst befindet sich mit 30000 Mann auf dem Marsch von Sachsen nach Schlesien, während Prinz Heinrich mit weiteren 30000 Preußen am 5./6. August Stellungen im Raum Breslau bezieht. Um diese 60000 Mann formiert sich ein alliierter Einkreisungsring von 150000 feindlichen Soldaten: Nordwestlich von Breslau, bei Auras, steht General Saltykow mit 40000 Russen an der Oder und schlägt mehrere Pontonbrücken über den Fluß, um jederzeit übersetzen und die Vereinigung mit den Österreichern vollziehen zu können; rund um Friedrichs Armee vereinigen sich 90 000 Österreicher unter den Generalen Daun, Lacy, Laudon und begleiten auf Kanonenschußweite den Marsch der preußischen Regimenter; ein russisches Armeekorps von 20 000 Mann unter Graf Tschernyschew hat in aller Heimlichkeit den Oderfluß überschritten und nähert sich der österreichischen Riesenarmee.

Es ist die gefährlichste operative Situation des ganzen bisherigen Krieges. Friedrichs Heer ist praktisch im Raum zwischen Bober und Oder eingekreist. Die europäische Öffentlichkeit nimmt die Nachrichten vom schlesischen Kriegsschauplatz atemlos auf. Ein Zeitgenosse berichtet: »Alle Menschen glaubten, nun sey das Ende der schlesischen Tragödie da, die halb Europa mit Friedrich dem Großen spielte.«

Der Marsch der preußischen Armee in diesen Augusttagen ist in der internationalen Militärgeschichte beispiellos. Friedrich bewegt sich mit seinen 30 000 Mann Richtung Osten auf Liegnitz zu, und vor, seitlich, hinter ihm marschieren insgesamt 90 000 Österreicher. Der Preußenkönig hat diese denkwürdige Operation später so beschrieben: »Ein Fremder, der die Bewegungen dieser Armeen beobachtete, hätte sie gut für eine einzige halten können: österreichische Avantgarde, preußisches Gros, österreichische Nachhut.«

Obwohl die Gefahr riesengroß ist und es keinen Ausweg mehr zu geben scheint, ist Friedrich merkwürdig gut gelaunt. Er hat erfahren, daß die feindlichen Generale auf einer gemeinsamen Konferenz verkündet haben: »Der Sack ist aufgemacht! Wir brauchen ihn nur zuzuschnüren, und der König und seine ganze Armee sind gefangen.« Friedrich kommentiert die Prophetie lachend: »Sie haben nicht unrecht, die Herren! Aber ich werde ein Loch in den Sack machen, und sie werden Mühe haben, es wieder zuzunähen.« Die bittere Depression der vergangenen Wochen ist offensichtlich vorüber und der König wieder in Hochform. Er muß nicht mehr die Qualen des Abwartens, der Passivität ertragen. Wenn sich das Geschehen zur dramatischen Entscheidung zuspitzt, dann wächst dieser Mann über sich hinaus, fließen ihm ungeahnte Kräfte zu, wird er für seine Gegner besonders gefährlich.

In der Nähe von Liegnitz beschließen Daun, Lacy und Laudon, den Sack zuzumachen und den Preußenkönig mit seiner gesamten Armee zu vernichten. Das soll am 15. August geschehen. Friedrich mit seinen Soldaten ist an der Katzbach von drei Seiten umzingelt, das Stärkeverhältnis beträgt 3 zu 1 zugunsten der Österreicher. Laudon soll das preußische Lager von Osten her angreifen, während Daun und Lacy von Südwesten her die Vernichtung vollenden werden. Mit alldem rechnet Friedrich, aber er weiß nicht, daß Laudon sich einen nächtlichen Überfall à la Hochkirch ausgedacht hat.

Die Nacht vom 14. zum 15. August 1760 ist kühl und sternenklar. Die preußische Armee lagert auf den Höhen von Pfaffendorf, drei Kilometer nördlich Liegnitz. Nach Westen deckt sie das Flüßchen Schwarzwasser, nach Südosten die Katzbach. Der König, der schon seit zweieinhalb Tagen nicht mehr geschlafen hat, steigt dort, wo die Rathenow-Grenadiere lagern, vom Pferd, hüllt sich in einen dunkelblauen Feldmantel und lehnt sich mit dem Rücken an einen Baum. Vor ihm brennt ein kleines Wachtfeuer. Friedrich, der seine Truppen durch die beiden Flüsse für diese Nacht gesichert glaubt, will am nächsten Morgen mit seiner Armee nach Norden abmarschieren, um endlich die alliierte Einkreisung abzuschütteln. Total erschöpft schläft er ein. Was wenige Stunden danach, um drei Uhr früh, geschieht, schildert ein Augenzeugenbericht:

Der Major Hundt (von den Zieten-Husaren) kam herangesprengt und rief laut: »Wo ist der König, wo ist der König?« – Der Generalmajor von Schenkendorf, der vom Pferde abgesessen war und das Feuer, wo der König lag, mit dem Stock zusammenschürte, rief ihm leise zu: »Hier ist er!« – »Was ist, was ist los?« rief der König. – Major Hundt: »Ihro Majestät, hol mich der Teufel, der Feind ist da! Er hat alle meine Vorposten zurückgeworfen!« – »Halt Er ihn so lange wie möglich ab«, antwortete der König und rief dann: »Ein Pferd her!«

General Laudon hatte in aller Stille, vor Tau und Tag, die Katzbach überschritten und steht jetzt unmittelbar vor dem preußischen Lager. Friedrich alarmiert blitzschnell seine Armee, läßt 18 000 Mann unter Zieten am Schwarzwasser gegen Feldmarschall Daun stehen und wendet sich mit 12 000 Mann gegen Laudon, der ihn mit 24 000 Mann anpackt. Der König mustert, nachdem er sich in den Sattel geschwungen hat, das neben ihm stehende Infanterieregiment und fragt: »Wie wird es gehen, Schenkendorf?« – »Ich will mal die Burschen fragen«, antwortet der und ruft seinem Regiment zu: »Grenadiere, was meint ihr? Werdet ihr wie ehrliche Kerls fechten?« Die Grenadiere schreien: »Na klar, wenn Sie uns anführen!« Schenkendorf läßt avancieren.

Es entwickelt sich ein wütender Nahkampf Mann gegen Mann. Dreimal führt Laudon seine Armee gegen die preußischen Linien. Dreimal wird er zurückgeworfen. Der britische Gesandte, der dabei ist, schreibt in seinen Erinnerungen: »Bei diesem Gefecht setzte der König von Preußen seine Person den größten Gefahren aus. Ein Kartätschenschuß durchlöcherte seine Rockschöße; das Pferd, das er ritt, wurde von einer Musketenkugel verwundet; einer seiner Pagen verlor sein Pferd durch eine Kanonenkugel, und sein Stallmeister sowie einer seiner Pferdeknechte erlitten tödliche Wunden.«

Die letzte Entscheidung bringt das gedemütigte Regiment Bernburg. Ohne Befehl setzt es zum Gegenangriff an. General von Bülow ruft noch dem Regimentskommandeur zu: »Gnädiger Herr, wo will Ihr Regiment hin? Um Gottes willen, halten Sie doch Ihre Leute in Ordnung!« – »Aber«, berichtet ein Fähnrich, »da halfen kein Rufen und Befehlen mehr. Die drei Bataillone Bernburg stürzten sich vorwärts und betäubten sich selbst, die Generalität und die Feinde mit dem schrecklichen Geschrei ›Ehre oder Tod!‹ Die Bernburger durchbrachen die österreichischen Linien.«

Der König hat den Sturmangriff der Bernburger mitangesehen. Als Laudon geschlagen ist, reitet er langsam an das Regiment heran. Ein Zeitgenosse schildert die Szene: »Die Officiere schwiegen in der stillen Hoffnung auf des Monarchen Gerechtigkeit. Vier alte Soldaten aber fielen ihm in den Zügel, umfaßten seine Knie, beriefen sich auf ihre gethane Pflicht und flehten um die verlorene Gnade. Friedrich antwortete gerührt: ›Ja, Kinder! Ihr sollt sie wiederhaben, und alles soll vergessen seyn . . .«

Nach dem Kampf trifft Friedrich de Catt. Er erzählt ihm, daß er die Infanteristen des Regiments Bernburg angesprochen habe, und de Catt notiert: »Der König sagte zu ihnen: ›Ihr habt euch tapfer gehalten!‹ – ›Wie hätten wir es anders machen sollen, Majestät? Wir kämpfen für unsere Religion, für unseren König, für unser Vaterland.‹ Der König schluchzte und wiederholte mir unter Tränen diese Antwort.«

Noch am selben Tag gibt der König der Armee bei der Parole bekannt, das Regiment Bernburg habe sich tapfer geschlagen und erhalte sofort seine Ehrenzeichen wieder.

Friedrich läßt auf dem Schlachtfeld Viktoria schießen. Daun und Lacy, die zu spät angegriffen haben und gegen Zietens elastische Verteidigung nichts auszurichten vermochten, brechen die Operation ab. Laudon hat 8500 Mann, mehr als ein Drittel seiner Streitmacht, verloren. Die preußischen Verluste belaufen sich auf 1000 Gefallene und circa 2400 Verwundete.

Einige Tage später vereinigt sich Friedrich bei Breslau mit dem Armeekorps des Prinzen Heinrich; er ist siegreich der feindlichen Einkreisung entkommen. Die Russen ziehen ihre Verbände eilig auf das östliche Oder-Ufer zurück. Einer ihrer Generale ruft bestürzt aus: »Das muß ja wie bei Zorndorf gewesen sein!« Der Schock ist allen in die Glieder gefahren. Daun, Lacy und Laudon bringen sich mit 80 000 Mann im Grenzgebirge bei Schweidnitz in Sicherheit.

Die Kunde von der Schlacht bei Liegnitz wirkt auf die europäische Öffentlichkeit sensationell. Man hatte für Friedrichs Schicksal keinen Pfifferling mehr gegeben, und nun – nach der Vereinigung mit Heinrich – steht dieser sagenhafte Feldherr wieder in Positur, zwei Schwerter in der Hand. Die britische Regierung erklärt am 9. September öffentlich über ihren Verbündeten, den Preußenkönig: »Das überlegene Genie dieses großen Fürsten erschien nie in einem strahlenderen Licht als während des jüngsten Feldzuges in Schlesien. Die gesamte Operation wird als Meisterstück militärischen Könnens angesehen.« Und der französische Sondergesandte im österreichischen Lager, Montazet, stöhnt verzweifelt drei Tage nach der Schlacht: »Man hat gut reden, daß der König so gut wie vernichtet sei, daß seine Truppen nicht mehr die alten seien, daß er keine Generale habe. Das mag ja alles wahr sein. Aber sein Geist, der alles belebt, ist immer derselbe, und der unsere bleibt unglücklicherweise auch immer derselbe ...«

Friedrichs Feldherrngenie leuchtet wieder so strahlend wie einstmals bei Roßbach und Leuthen. Aber was besagt der taktische Sieg von Liegnitz schon für die strategische Gesamtlage? Gewiß, für dieses Jahr scheint sich der Preußenkönig die russische Gefahr vom Halse geschafft zu haben. Aber der Einkreisungsring um Preußen hat sich nicht gelockert. Friedrich täuscht sich darüber nicht. Am 27. August schreibt er aus Hermannsdorf bei Breslau an d'Argens: »Ehemals, mein lieber Marquis, würde die Schlacht vom 15. den Feldzug entschieden haben; jetzt ist es nur eine Schramme. Nur ein großer vollständiger Sieg kann unser Schicksal wenden ... Ich bin fest entschlossen, meine Pflicht zu tun. Aber es ist eine Herkulesarbeit, die mir auferlegt wird, noch dazu in einem Alter, in dem die Kräfte abnehmen, meine Gebrechlichkeit zunimmt und sogar die Hoffnung mich oft verläßt. Sie können sich von den Gefahren, die den Staat bedrohen, keine rechte Vorstellung machen. Ich kenne sie; aber ich verberge sie.« Drei Wochen später, am 18. September, schreibt er aus Reußendorf in tiefem Ernst die unvergeßlichen Worte, die in die Geschichte eingehen werden: »Ich werde am langsamen Feuer gebraten. Man behandelt mich wie einen Körper, den man verstümmelt, indem man ihm täglich ein Glied abhaut. Der Himmel stehe uns bei. Wir bedürfen seiner Hilfe. Und bitte, reden Sie nicht von meiner Person. Es ist nicht nötig, daß ich lebe, wohl aber, daß ich meine Pflicht tue.«

Nach der Liegnitzer Schlacht hatten sich die beiden Armeegruppen des Preußenkönigs und seines Bruders bei Breslau vereinigt. Friedrich steht nun wieder ein Heer von 60000 Mann zur Verfügung. Ebenso stark ist General Saltykow, der Tschernyschews Armeekorps wieder an sich gezogen hat, auf dem anderen Oder-Ufer. Prinz Heinrich ist nicht der Ansicht, daß sich die Russen schon in so früher Jahreszeit nach Polen zurückziehen werden. Er plädiert dafür, die Streitkräfte wieder zu teilen, um Russen wie Österreichern preußische Beobachtungsarmeen an die Seite zu stellen. Der König dagegen wünscht einen operativen Schwerpunkt gegen die Österreicher zu bilden. Es kommt zu einer scharfen Auseinandersetzung zwischen den beiden Brüdern. Heinrich legt verstimmt sein Kommando nieder und zieht sich grollend nach Breslau zurück. Friedrich faßt 50 000 Mann zusammen und marschiert in die Schweidnitzer Gegend, um Daun eine Schlacht anzubieten. Die Russen, die am Ostufer der Oder langsam nach Norden ziehen, in Richtung Frankfurt und Küstrin, läßt er durch 10 000 Mann beobachten, die er unter das Kommando des Generalleutnants von der Goltz stellt.

Ende September kommt die Nachricht, daß ein Handstreich der Russen und der Schweden auf die Festung Kolberg in Hinterpommern gescheitert ist. Major von der Heyde hat mit den Bürgern der Stadt einem russischen Streifkorps von 8000 Mann und einer kombinierten russisch-schwedischen Flotte von 30 Linienschiffen erfolgreich Widerstand geleistet. Die Tatsache, daß das preußische Volk zu den Waffen greift und sich selbst verteidigt, löst in der öffentlichen Meinung großes Erstaunen aus.

Wie zum Ausgleich dafür, fällt nun Friedrichs Hauptstadt, Berlin, in feindliche Hand. Am 3. Oktober steht eine russisch-österreichische Armee von 42 000 Mann in den Vorstädten der preußischen Residenz. Die schwache preußische Garnison von 14 000 Mann zieht sich nach fünftägigem Widerstand in die Feste Spandau zurück, so daß Berlin kampflos von den Alliierten besetzt wird.

Während in Berlin der russische Stadtkommandant, Brigadier Bachmann, ein Deutscher in russischen Diensten, auf strenge Manneszucht hält, kommt es in den Schlössern Charlottenburg und Schönhausen zu schlimmen Plünderungen der österreichischen Soldateska unter Befehl des Generals Lacy. In Potsdam dagegen sorgt der österreichische General Esterházy dafür, daß Sanssouci und das Potsdamer Stadtschloß völlig intakt bleiben. Nach zweieinhalb Tagen rücken die Österreicher schnell ab, als es heißt, der Preußenkönig eile heran. Einen Tag später folgen ihnen die Russen, nachdem ihnen die Stadt Berlin 1,5 Millionen Taler Kriegskontribution bezahlt hat.

Eine Woche nach Abzug der Alliierten aus Berlin, am 19. Oktober, schildert der Marquis d'Argens als Augenzeuge dem König die Ereignisse, die sich um die preußische Hauptstadt abgespielt haben:

»Gegen Ende des Monats September kam ein Advokat namens Sack aus Glogau nach Berlin, der vom General Tottleben geschickt war, um seine Geschäfte mit dem Bankier Splitgerber zu erledigen. Nachdem dieser Mann eine persönliche Unterredung mit unserem Kommandanten gehabt hatte, war dieser wie vom Blitz gerührt; zwei Tage lang schien es, als habe er die schrecklichste Nachricht erhalten. Sein Schrecken teilte sich ganz Berlin mit, und da man die Ursache nicht wußte, verbreitete sich das Gerücht, Eure Majestät wäre tödlich verwundet. Diese falsche Nachricht versetzte die ganze Stadt in die größte Bestürzung. Ich selbst bekam ein heftiges Fieber mit Konvulsionen ... Endlich erhielt der Herr Kriegsrat Köppen einen Brief von Ihnen, datiert vom 21. September; da legte sich der Sturm. Am folgenden Tage versammelten sich alle Generals, und man erfuhr, daß das, was den Kommandanten so erschreckt hatte, die Furcht vor einem Einfall der Russen in die Mark war. Drei Tage später erschien ein General Tottleben vor unseren Toren und forderte die Stadt zur Übergabe auf. Da er nur irreguläre Truppen bei sich hatte, beschloß man, sich zu verteidigen. Er beschoß die Stadt von fünf Uhr abends bis früh um drei Uhr mit glühenden Kugeln und mit Bomben und ließ an zwei Toren angreifen, wurde aber jedesmal von unseren Garnisonsbataillonen mit Verlust abgewiesen. Ich muß hier, Sire, dem General Seydlitz und dem General Knobloch die Gerechtigkeit widerfahren lassen, die alle Bürger von Berlin ihnen schuldig sind. Diese Männer, obwohl beide verwundet, verbrachten die ganze Nacht bei der Batterie der angegriffenen Tore und retteten Ihre Hauptstadt. Auch der alte Feldmarschall Lehwaldt tat alles, was sein hohes Alter ihm zu tun erlaubte.

Am Tage nach dem Bombardement traf der Prinz von Württemberg[1] mit seinem Korps ein. Die Truppen waren aber so ermüdet, daß man die Russen erst am folgenden Tag angreifen konnte. Man trieb sie bis Köpenick und beschloß, sie am folgen-

[1] Prinz Friedrich Eugen von Württemberg diente als General in der preußischen Armee.

den Tag erneut anzugreifen. Als man aber hörte, daß die Feinde durch das Tschernyschewsche Korps und durch das Korps des Generals Lacy verstärkt worden waren, beschloß man, sich zurückzuziehen und die Stadt kapitulieren zu lassen, die sonst gewiß von den Österreichern eingenommen und geplündert worden wäre, während unsere Truppen die Russen angriffen. Verbände des Prinzen von Württemberg und des Generals Hülsen zogen während der Nacht durch die Stadt, um sich nach Spandau zu begeben ...

Der Prinz von Württemberg setzte seinen Weg nach Brandenburg fort und ließ den Hauptmann Zechlin mit einem Bataillon Verwundeter in Spandau. Die Russen wagten aber nicht, die Festung anzugreifen. Während die Feinde in unserer Stadt waren, hat Graf Reuß, der einzige Ihrer Minister, der es wagte, in Berlin zu bleiben, der Stadt viele Dienste erwiesen, indem er gemeinsam, so oft es nötig war, mit den feindlichen Generalen verhandelte, ohne zu fürchten, als Geisel abgeführt zu werden. Er wollte sich bis zuletzt als guter Bürger zeigen. Wenn ich Eurer Majestät diejenigen nenne, die wahren Eifer für Ihren Dienst bewiesen haben, dann darf ich den holländischen Gesandten, Herrn von Verelst[1], nicht vergessen. Wenn ich Eure Majestät wiedersehe, werde ich die Ehre haben, Ihnen alles zu berichten, was er tat ...

Im Schloß Charlottenburg wurden Tapeten und Gemälde geplündert; doch dank einem sonderbaren Zufall hat man die drei schönsten zurückgelassen, zwei Gemälde von Watteau[2] und das Bildnis der Frau, die Pesne zu Venedig gemalt hat.[3] Die antiken Statuen[4] hat man bloß umgeworfen, die Köpfe und Arme von einigen sind zwar zerbrochen, aber da man sie neben den Figuren fand, wird es leicht sein, sie wieder zu restaurieren ... Da der Kastellan genötigt war, im Hemd und halbtot nach Berlin zu

1 Friedrich dankte dem holländischen Gesandten in einem Schreiben vom 22. Oktober 1760. Er widmete ihm zwei Elogen und erhob ihn 1767 in den Grafenstand.
2 Bei einem der beiden Watteau-Gemälde handelt es sich um das berühmte »Ladenschild des Kunsthändlers Gersaint«.
3 Die Tänzerin Reggiana.
4 Aus der berühmten Sammlung des Kardinals Polignac und des Barons Stosch, die Friedrich erworben hatte.

flüchten, schickte ich, sobald die Russen abgezogen waren, einen meiner Diener mit dem Galeriedirektor Euer Majestät nach Charlottenburg. Alles wurde wieder in Ordnung gebracht . . .

Ehe ich diesen Brief schließe, muß ich noch der ganzen Stadt Berlin Anerkennung zollen. Während der Belagerung und nach der Unterwerfung der Stadt hörte ich von den Bürgern, von Volk und Adel: ›Was wird unser lieber guter König sagen!‹ Tatsächlich hörte ich nicht einen einzigen, der sich über sein eigenes Schicksal beklagte; es ging immer um das Wohl ihres lieben guten Königs. Erhalten Sie sich daher, Sire, für so brave und gute Leute wie Ihre Untertanen! Solange Sie an ihrer Spitze stehen, werden sie sich glücklich schätzen. . . . Möge doch ein ehrenhafter Friede all den Schrecken ein Ende machen und unseren lieben guten König wieder nach Berlin zurückbringen!«

Während die Russen und Österreicher ihren Überfall auf Berlin ausführten, der strategisch keinerlei Wirkung zeitigte, marschiert Friedrich mit seinen Männern von Schlesien in nordwestlicher Richtung, über die Grenze der Mark Brandenburg. Mitte des Monats erfährt er, daß die russische Armee ostwärts Frankfurt an der Oder feste Stellungen bezogen hat; von dort droht also keine Gefahr mehr. Sofort schwenkt er nach Westen, nach Sachsen ab, wo sich immer stärkere Kräfte der Österreicher konzentrieren. Die Stimmung der marschierenden Truppe ist nach dem Sieg bei Liegnitz so gut wie schon lange nicht mehr. Friedrich, der neben den Kolonnen reitet, tut alles, die Soldaten bei Laune zu halten. Er wechselt derbe Scherzworte mit ihnen, und die Grenadiere amüsieren sich köstlich, wenn der König mit den mitziehenden Soldatenfrauen, die sich um das Wäschewaschen und die Mahlzeiten kümmern, wie mit seinesgleichen spricht. Als ihm eine der Soldatenfrauen, die einen Kessel mit Kartoffeln über dem Feuer kocht, Glutfunken ins Gesicht sprüht, lacht er und schlägt seinen Mantelkragen hoch. Eine andere Frau steigt in einer Marschpause vom Pferd, geht in eine Scheune, bringt dort ohne fremde Hilfe ein Kind zur Welt, schwingt sich mit dem Neugeborenen, einem Jungen, im Arm wieder in den Sattel, reitet an den König heran und verkündet, daß sie ihr Kind ihm zu Ehren »Fritz« nennen wird. Friedrich lüftet schmunzelnd den

Dreispitz, und die Grenadiere lassen ihn und den Neugeborenen hochleben.

Ende Oktober stehen die Preußen an der Elbe. Es sind wieder Tage des Abwartens, des gegenseitigen Belauerns. Die Reichsarmee hat nach Westen Fersengeld gegeben, sobald sich Friedrich ihr näherte. Die Frage ist, ob es gelingen wird, die Österreicher zur Schlacht zu stellen. Der König ärgert sich über die Briefe seines Freundes d'Argens, der die Verwüstungen in den Schlössern Charlottenburg und Schönhausen in seinen Briefen offensichtlich geschönt hat und der ihm mit seinen gutgemeinten Appellen auf die Nerven geht, doch nicht alles so schwarz zu sehen, seine Todesgedanken zu verbannen und auf einen baldigen Frieden zu hoffen. Er antwortet ihm am 28. Oktober aus Kemberg, einem Städtchen knapp fünf Kilometer südlich von Wittenberg. Es ist dies einer seiner berühmtesten Briefe. Friedrich sitzt in seinem Feldquartier und schreibt: »Nie wird ein Augenblick kommen, der mich nötigt, einen nachteiligen Frieden zu schließen. Keine Beredsamkeit der Welt soll mich dahin bringen, meine eigene Schande zu unterzeichnen. Entweder lasse ich mich unter den Trümmern meines Vaterlandes begraben, oder wenn auch dieser Trost dem Schicksal, das mich verfolgt, noch zu süß erscheint, so werde ich meinem Unglück ein Ziel setzen, sobald ich nicht mehr die Kraft fühle, es zu ertragen. Nach diesen Grundsätzen habe ich gehandelt und werde ich handeln. Die Ehre soll mein einziger Leitstern bleiben! Nachdem ich die Jugend meinem Vater, die männlichen Jahre meinem Vaterland geopfert habe, glaube ich berechtigt zu sein, über mein Alter selbst zu verfügen. Ich bin, mein lieber Marquis, fest entschlossen, in diesem Feldzug alles zu wagen und die verzweifeltsten Dinge zu unternehmen, um zu siegen oder ein ehrenvolles Ende zu finden. Wir rechnen, soviel ich weiß, fünftausend Jahre seit Erschaffung der Welt (ich glaube persönlich allerdings, die Welt ist viel älter als diese Berechnung angibt). Die Mark Brandenburg hat in der ganzen Zeit vor meiner Geburt bestanden; sie wird auch nach meinem Tod weiter bestehen und wird etwas schlechter oder etwas besser regiert werden. Alle meine Freunde, meine liebsten Verwandten habe ich verloren; das Unglück verfolgt mich in jeglicher Gestalt.

Ich habe nichts zu hoffen, meine Feinde werden mich verhöhnen, und schon denkt ihr Stolz mich unter die Füße zu treten. Aber ich rufe mit dem Dichter aus:

›Quand on a tout perdu, quand on n'a plus d'espoir,
La vie est un opprobre, et la mort un devoir.
[Verlor man alles, lischt der Hoffnung Licht,
So ist das Leben Schmach, und Tod ist Pflicht.‹«][1]

In den nächsten beiden Tagen marschiert die preußische Armee die Mulde aufwärts nach Eilenburg. Die Fernaufklärung der Zieten-Husaren bringt keine greifbaren Ergebnisse. Wann, wie und wo wird man Feldmarschall Daun endlich zur Schlacht stellen können? Ein erfolgreicher Schlagabtausch ist unbedingt notwendig. Fast das gesamte sächsische Territorium ist inzwischen in den Händen der Österreicher. Wenn es dem König von Preußen nicht noch vor Wintereinbruch gelingt, diesen Zustand zu ändern, dann wird er mit seinen Soldaten in der Gegend um Magdeburg Winterquartiere beziehen müssen, und dann hat er nicht nur Sachsen, sondern praktisch auch Schlesien und den südlichen Teil Brandenburgs verloren, dann ist er nicht einmal mehr der »Marquis de Brandebourg«, zu dem ihn seine Feinde degradieren wollen, dann ist er nur noch eine Art Festungskommandant von Magdeburg.

Was denkt Friedrich in diesen spannungsreichen Tagen? Wir erfahren es sehr ausführlich aus einem Brief, den er am 31. Oktober an Voltaire schreibt:

»Ich danke Ihnen für den Anteil, den Sie an einigen flüchtigen Erfolgen nehmen, welche ich dem Zufall abgerungen habe. Seitdem haben die Russen einen Raubzug ins Brandenburgische unternommen; ich bin hinzugeeilt, und sie retteten sich sogleich durch die Flucht. Dann wandte ich mich nach Sachsen, wo die Lage der Dinge meine Gegenwart erheischt. Wir haben noch zwei lange Monate in diesem Feldzug vor uns. Der diesjährige ist der härteste und anstrengendste von allen gewesen. Mein Körper fühlt es, meine Gesundheit wird schwächer . . .

[1] Aus Voltaires *Mérope* II, 7.

Ich kenne den Herzog von Choiseul[1] weder von Eva noch von Adam her. Es kümmert mich wenig, ob er friedfertige oder kriegerische Gesinnungen hegt. Wenn er den Frieden liebt, warum schließt er ihn nicht? Ich bin mit meinen Angelegenheiten so sehr beschäftigt, daß ich keine Zeit habe, an die anderer zu denken. Aber reden wir nicht mehr von allen diesen erlauchten Bösewichtern, diesen Geißeln der Erde und der Menschheit!

Sagen Sie mir, ich bitte Sie, wie kommen Sie auf den Einfall, die Geschichte der Wölfe und Bären Sibiriens zu schreiben?[2] Und was werden Sie vom Zaren berichten können, das sich nicht schon im Leben Karls XII. findet?[3] Ich werde die Geschichte dieser Barbaren nicht lesen. Am liebsten wüßte ich gar nicht, daß sie unsere Erdkugel bewohnen.

Ihr Eifer entbrennt gegen die Jesuiten und gegen den Aberglauben jeder Art. Sie tun wohl daran, den Irrtum zu bekämpfen. Aber glauben Sie wirklich, daß die Welt sich ändern wird? Der menschliche Geist ist schwach. Mehr als drei Viertel der Menschen sind für die Sklaverei des absurdesten Fanatismus geboren. Die Furcht vor dem Teufel und vor der Hölle macht sie blind, und sie verwünschen den Weisen, der sie aufklären will. Der große Haufen unseres Geschlechts ist dumm und boshaft. Vergebens suche ich in ihm jenes Ebenbild Gottes, von dem es nach der Versicherung der Theologen den Abdruck an sich tragen soll. Jeder Mensch hat ein wildes Tier in sich; wenige wissen es zu bändigen; die meisten lassen ihm die Zügel schießen, sobald die Furcht vor den Gesetzen sie nicht zurückhält.

Sie finden mich vielleicht zu misanthropisch. Ich bin krank, ich leide und habe mit einem halben Dutzend Schurken und Schurkinnen zu schaffen, die sogar einen Sokrates[4], einen Anto-

[1] Étienne François Herzog von Choiseul (1719–1785), Günstling der Marquise de Pompadour, seit Oktober 1758 französischer Außenminister.

[2] Voltaire hatte Friedrich mitgeteilt, daß er mit der Arbeit an *Histoire de Russie sous Pierre le Grand* begonnen habe, die er 1765 beendet.

[3] Voltaire hatte während seines Aufenthalts in England (1726–1729) *Histoire de Charles XII., roi de Suède* geschrieben.

[4] Sokrates (470–399 v. Chr.), eine der Hauptgestalten der griechischen Philosophie.

nin[1] aus der Fassung bringen würden. Sie, mein Lieber, sind so glücklich, dem Rate des Candide[2] zu folgen und sich auf die Bebauung Ihres Gartens zu beschränken. Es ist nicht jedermann beschieden, es ebenso zu machen. Der Stier muß seine Furche ziehen, die Nachtigall singen, der Delphin schwimmen und ich – ich muß Krieg führen.«

Einen Tag später erfährt Friedrich, daß Feldmarschall Daun mit der österreichischen Feldarmee bei Torgau steht. Und sofort rückt er ihm auf den Leib, um eine Entscheidung zu erzwingen. Daun seinerseits hat von Maria Theresia persönlich die strengsten Weisungen erhalten, dem Schlagabtausch mit dem preußischen »Ungeheuer« nicht auszuweichen und die Scharte von Liegnitz auszuwetzen. Die Kaiserin hat den Feldmarschall im voraus ihrer unwandelbaren Gnade versichert, falls er geschlagen werden sollte. Doch damit braucht Daun nicht zu rechnen: Er steht mit 54000 Mann (42000 Mann Infanterie und 12000 Mann Kavallerie) auf einer verschanzten Höhenstellung, die praktisch unangreifbar ist, und er hat die größte Artilleriekonzentration des bisherigen Krieges zustande gebracht, er hat seine Abwehrlinien mit 270 Geschützen gespickt.

Friedrich rekognosziert am 2. November sehr gründlich die feindlichen Stellungen. Daun hat sich glänzend verschanzt, seine beiden Flügel sind angelehnt, so daß von einseitiger oder doppelseitiger Umfassung keine Rede sein kann. Friedrichs Armee ist zahlenmäßig unterlegen: sie besteht aus 35000 Mann Infanterie und 13000 Mann Kavallerie. Friedrich betrachtet durch sein Perspektiv die österreichischen Geschützbastionen. So mächtig sie sind, auch er, der Preußenkönig, hat 240 Kanonen zusammengebracht, ist also artilleristisch dem Gegner fast gewachsen. Seine Schwäche besteht in der Infanterie, die im Verhältnis 5 zu 6 angreifen muß. Es kommt also darauf an, der preußischen Kavallerie operativen Spielraum zu verschaffen. Friedrich faßt schließlich den gewagten Entschluß, seine Armee zu teilen, die Österreicher

[1] Antoninus Pius (86–161 n. Chr.), römischer Kaiser; ein friedliebender, gerechter Herrscher.
[2] In Voltaires Roman *Candide ou l'Optimisme.*

von Norden und Süden zugleich anzugreifen: Er selbst wird mit 30 000 Mann, darunter zwei Drittel seiner Infanterie, einen Umgehungsmarsch um die österreichischen Stellungen vollziehen und sie von Norden her frontal attackieren, während General Zieten mit 18 000 Mann stehen bleibt und – sobald er die Artilleriekanonade im Norden vernimmt – überfallartig Daun von Süden her in den Rücken stürmen soll.

Am Abend des 2. November tritt der König vor seine Generale. Er schweigt eine Weile, mustert jeden mit durchdringendem Blick. Dann sagt er:

»Meine Herren, ich werde morgen Daun angreifen. Ich weiß, er ist in guter Stellung; aber er ist auch in einem Sack eingeschlossen. Wenn ich ihn schlage, so ist seine ganze Armee gefangen, oder sie wird in der Elbe ersäuft. Werden wir dagegen geschlagen, so gehen wir alle zugrunde; und ich zuerst.« Er erläutert die Grundgedanken seines Angriffsplans und schließt mit den Worten: »Dieser Krieg dauert mir zu lange. Er muß auch Ihnen langweilig werden. Wir wollen ihn also morgen endigen.«

Am 3. November kommt es bei Torgau zur Schlacht. Friedrich vollzieht mit seinen Truppen, wie geplant, den Umgehungsmarsch, und die Grenadiere, die Musketiere quälen sich bei Wolkenbruch und Gewitter durch Wälder und Sümpfe. Verhängnisvoll ist, daß die preußischen Kanoniere mit ihren Geschützen auf den aufgeweichten Wegen steckenbleiben, so daß Friedrichs Infanteristen bei Annäherung an die feindlichen Stellungen ohne Artillerie-Unterstützung sind. Gegen Mittag hört man von Süden Kanonenfeuer. Nervös ruft der König aus: »Mein Gott, Zieten greift schon an, und wir sind noch anderthalb Meilen entfernt! Wie kann das enden?!« Überhastet führt er sechs Grenadierbataillone, die Elite seiner Infanterie, zum Sturm. Die Österreicher haben das Umgehungsmanöver erkannt und an ihrer Front im Norden die Artillerie konzentriert, die sofort eine wilde Kanonade eröffnet. Ein Zeitgenosse berichtet: »Daun empfing die Preußen mit einem Kanonen-Feuer, welches zu Lande noch nie seit Erfindung des Pulvers erlebt worden war ... Die ältesten Krieger beider Heere hatten nie ein solches Feuerschauspiel gesehen; selbst der König brach wiederholt gegen seine Flügel-Adjutanten in die Worte aus:

›Welch schreckliche Kanonade! Haben Sie je eine ähnliche gehört?‹ . . .«

Der preußische Angriff wird blutig gestoppt. Auch eine zweite Offensive scheitert. Eine feindliche Kartätschenkugel trifft Friedrichs Brust. Der pelzgefütterte Rock mildert den Aufschlag, aber der König erhält eine schwere Quetschung. Er ringt nach Luft. Er stürzt vom Pferd, erhebt sich aber sofort mit den Worten: »Ce n'est rien! – Es ist nicht schlimm!« Er droht seiner Umgebung mit dem Krückstock: »An meinem Leben liegt gar nichts. Jeder tue seine Pflicht! Wehe denen, die sie nicht tun.« Friedrich, wieder im Sattel, gebraucht sein Fernrohr. Er ist völlig verzweifelt. Ohne Zweifel hat er zu früh zum Angriff blasen lassen. Seine Truppen verbluten, sein Korps kommt gegen die Österreicher nicht voran. Er weiß nicht, wie es bei Zieten steht. Auf dem Feldherrnhügel des Gegners wendet sich Marschall Daun lächelnd an Friedrichs gefangengenommenen Adjutanten von Pirch: »Nun also, Ihr Herr ist geschlagen worden! Was wird jetzt aus ihm werden?!« Der Marschall schickt Siegesmeldungen nach Wien ab.

Was macht Zieten? Der Husarengeneral hat sich mehrere Stunden mit Lacy, Dauns Unterfeldherrn, eine Kanonade geliefert und darauf gewartet, daß die österreichische Südfront, unter dem Schock des nördlichen Angriffsstoßes der Preußen, Wirkung zeigt. Als eine Kanonenkugel einem preußischen Kürassier den Kopf abreißt, ruft er seinen Leibhusaren zu: »Kinder, der hat einen sanften Tod!« Unerschütterlich steht er vor den Linien seines aufmarschierten Korps. Als die Sonne schon untergegangen ist und der Abend sich allmählich auf das Schlachtfeld senkt, flaut das Geschützfeuer im Norden ab. Friedrichs Angriff muß gescheitert sein. Jeder andere General hätte sich nun abgesetzt. Nicht so Zieten. Er läßt seine Regimenter und Schwadronen gegen Dauns Abwehrlinien avancieren. Kanonen donnern durch die Nacht. Die Soldaten greifen sich im Dunkeln, beim Nahkampf, gegenseitig an die Kopfbedeckungen (preußisches Blech oder österreichisches Bärenfell?). Daun hört, wie die Preußen von allen Seiten heranstürmen, denn auch Friedrichs Armeekorps greift jetzt noch einmal an. Dumpf schallen die preußischen Angriffstrommeln über das Schlachtfeld. Fassungslos sagt Daun zu Pirch:

»Ja, was soll denn das bedeuten?! Will Ihr König heute das ganze Weltall vertilgen?« Daun hat eine Verwundung am Fuß und ordnet den Rückzug an. Die Österreicher weichen in der Dunkelheit über die Elbe zurück. Die österreichische Übermacht ist schwer geschlagen.

Aber um welchen Preis! Am späten Abend des 3. November kennt Friedrich die Verlustzahlen noch nicht. In fliegender Hast wirft er ein paar Zeilen für den Minister von Finckenstein aufs Papier: »Wir haben Daun und die Österreicher geschlagen. Die Nacht ist dazwischengekommen, sonst würde ich Ihnen mehr über die näheren Umstände mitteilen. Wir haben viele Gefangene gemacht, deren genaue Zahl ich nicht weiß. Aber begnügen Sie sich mit der Nachricht, so wie ich sie Ihnen geben kann. Morgen werden Sie die Einzelheiten erfahren.« Im Laufe der Nacht werden die wirklichen Verlustzahlen bekannt, und der König befiehlt seinen Adjutanten aufs strengste, sie vor aller Welt geheimzuhalten.

Friedrich hat ein Drittel seiner Armee eingebüßt: 4000 Gefallene, circa 12000 Verwundete. Die blutigen Verluste der Österreicher betragen etwas mehr als die Hälfte: 3000 Gefallene, etwa 6000 Verwundete. Allerdings haben sie 9000 Mann an Gefangenen und 49 Geschütze verloren.

Am frühen Morgen des nächsten Tages sprengt Zieten an der Front der angetretenen Regimenter entlang. Die Truppen jubeln: »Es lebe der König! Es lebe unser Fritze! Es lebe Zieten, der König der Husaren!« Der General meldet sich bei seinem Monarchen, der ihn angesichts des preußischen Heeres umarmt. Anschließend reitet der König übers Schlachtfeld, um Sorge für die Verwundeten zu tragen. Der Anblick ist grauenerregend. Dennoch richten sich nach Augenzeugenberichten immer wieder verwundete Offiziere und Soldaten von der Erde auf, um ihrem Feldherrn zuzurufen: »Wir freuen uns! Wir danken Gott, daß Majestät leben!« Ein schwerverwundeter Grenadier mit Bauchschuß faßt Friedrichs Hand: »Nun will ich gern sterben. Weiß ich doch jetzt, daß wir gesiegt haben und daß unser König lebt!« Ungeachtet der blutigen Verluste hat der Sieg über Feldmarschall Daun die preußische Armee enthusiasmiert. In den Augen der Truppe ist Torgau die

Rache für Kolin und Hochkirch. Am Abend tritt Friedrich an die Garde heran und unterhält sich angeregt mit seinen Soldaten. Ein Augenzeuge berichtet darüber: »Mittlerweile hatte sich der König den blauen Überrock aufgeknöpft, weil die Hitze des Wachtfeuers ihm beschwerlich wurde. Die Grenadiere bemerkten, daß beim Aufknöpfen eine Kugel aus den Kleidern des Königs fiel und daß er längs der Brust einen Streifschuß bekommen hatte ... Voll Enthusiasmus, voller Bewunderung riefen sie: ›Du bist noch der alte Fritze! Du teilst jede Gefahr mit uns! Für dich sterben wir gerne! Es lebe der König! Es lebe der König!‹ So die Grenadiere.«

In Wien hatte Dauns voreilige Siegesmeldung Hof und Stadt mit hellem Jubel erfüllt. Um so tiefer sinkt die Stimmung, als die Nachricht von der schweren Niederlage bei Torgau eintrifft. Maria Theresia regt eine kriegsgerichtliche Untersuchung an; eine unmögliche Idee, die geeignet ist, die Kampfmoral des schwer angeschlagenen österreichischen Heeres gänzlich zu zerrütten. Feldmarschall Daun wendet sich denn auch entschieden gegen einen solchen »Hexenprozeß« und bietet der Kaiserin an, alle Umstände, die zur Niederlage führten, persönlich vorzutragen, »wenn Euer Majestät noch ein so unglückseliges Tier, wie ich es bin, vor Ihren allerhöchsten Augen werden ertragen oder leiden können«. Staatskanzler Kaunitz, der schon nach Liegnitz recht nachdenklich geworden war, möchte am liebsten Friedensfühler ausstrecken, weiß jedoch, daß darüber mit Maria Theresia nicht zu reden ist.

Friedrich erfährt am 6. November, daß König George II. von Großbritannien und Irland am 25. Oktober zu Kensington im Alter von siebenundsiebzig Jahren gestorben ist. Seine Betroffenheit ist ungekünstelt. Ursprünglich war das Verhältnis zwischen Onkel (George) und Neffe (Friedrich) nicht das allerbeste gewesen; der Haß, den der Soldatenkönig zeitlebens auf seinen welfischen Schwager kultivierte, hatte auch auf den Sohn abgefärbt. Doch während des Krieges, seit 1757, war Friedrichs Urteil über den englischen König milder geworden. Nun macht er sich beträchtliche Sorgen darüber, ob der Tod des Monarchen nicht zu einem politischen Systemwechsel in London führen werde. Er weiß nur zu gut, daß seine Position jenseits des Kanals mit dem Einfluß Pitts steht oder fällt. So schreibt er am 7. November aus Meißen geradezu beschwörend an den britischen Minister: »Ich setze mein ganzes Vertrauen auf Sie, mein Herr, und auf den wahrhaft römischen Charakter, von dem Sie während Ihres Ministeriums so glänzende Beweise gegeben haben. Ich verlasse mich auf Sie, ohne zu befürchten, daß ich mich täusche. Und ich zweifle nicht, daß Sie fortfahren werden, mit demselben Eifer zum Heile der gemeinsamen Sache zu arbeiten, wie Sie es bisher unter der Regierung meines Oheims getan haben.« Pitt antwortet, indem er Friedrich zum Sieg bei Torgau gratuliert, und setzt hinzu: »Worte können nicht ausdrücken, wie sehr mich die Huld und der Beifall eines Monarchen beglücken, dessen Name nur mit dem des Königs von Makedonien[1] zusammen genannt werden wird.«

Die nördliche Hälfte Sachsens ist nun wieder in preußischer Hand. Ein Überraschungsvorstoß auf Dresden mißlingt. Am 18. November schreibt Friedrich an die vierundsiebzigjährige Gräfin von Camas, mit der er seit den Rheinsberger Tagen befreundet ist und die er 1742 zur Oberhofmeisterin seiner Frau gemacht hat: »Wir waren ganz aufgebläht von unserem Sieg und sind wie die Narren gelaufen, um zu sehen, ob wir die Österreicher aus Dresden hinauswerfen könnten. Sie haben uns aber von der Höhe ihrer Stellung auf den Bergen ausgelacht. Da bin ich denn wieder wie ein kleiner Junge sachte zurückgegangen, um meinen Ärger in einem der verwünschtesten Dörfer von Sachsen zu verbeißen. Ich schwöre Ihnen, mein gutes Mütterchen, es ist ein Hundedasein. Kein Mensch außer mir und Don Quichotte hat so gelebt. Diese unaufhörlichen Geschäfte, diese stete Unruhe haben mich so alt gemacht, daß Sie Mühe haben werden, mich wiederzuerkennen. Auf der rechten Seite sind mir die Haare völlig grau geworden, meine Zähne werden mürbe und fallen aus. Mein Gesicht ist voll von Runzeln wie ein Frauenkleid voller Falten, der Rücken krumm wie ein Fiedelbogen, und mein Inneres so traurig und niedergeschlagen wie die Seele eines Trappisten.« Der König blickt mißbilligend auf seine von Schnupftabak befleckte Weste. Dann schreibt er: »Ich teile Ihnen dies alles im voraus mit, damit Sie, falls wir uns noch in Fleisch und Blut sehen sollten, sich

[1] Gemeint ist Alexander der Große.

nicht zu sehr durch meine Erscheinung zurückgestoßen fühlen. Es bleibt nur das Herz, das unverändert ist und das, solange ich atme, für mein gutes Mütterchen die Gefühle der Hochachtung und einer zärtlichen Freundschaft bewahren wird.«

Ende November flauen die letzten Kämpfe ab; die militärische Lage hat sich stabilisiert. Im Westen – in Niedersachsen, Westfalen und im Hessischen – hat sich Prinz Ferdinand von Braunschweig in wechselvollen Kämpfen gegen die Übermacht der Franzosen behauptet. Von dort droht dem König von Preußen keinerlei Gefahr. Das gilt auch für die Nordfront, für Vor- und Hinterpommern. Die beiden wichtigsten Städte, Stettin und Kolberg, sind in preußischer Hand geblieben, und auf dem platten Land führen die beiden Husarengenerale Belling und Werner mit jeweils 5000 Mann einen äußerst effektiven Kleinkrieg gegen die schwedischen Okkupanten, die sich auch noch vom Partisanenkampf der Einwohner bedroht sehen. Die Mark Brandenburg westlich der Oder ist feindfrei; nur in Teilen der Neumark stehen noch russische Kontingente. In Schlesien entsetzt General von der Goltz mit 12 000 Mann die kleine Festung Kosel, und die Österreicher weichen hinter die Barriere des Grenzgebirges zurück. Bis auf Glatz ist damit die gesamte Provinz Schlesien wieder in preußischem Besitz. Auch Sachsen und Thüringen sind in Friedrichs Hand, bis auf den Raum um Dresden.

Neue Kriegssteuern für die besetzten Gebiete lösen ein großes Lamento aus. Selbst Luise-Dorothea, Herzogin von Sachsen-Gotha, eine glühende Friedrich-Bewunderin, beschwert sich bei ihm. »Thüringen«, antwortet er ihr, »schuldet mir noch 400 000 Taler Kontribution und 150 000 Taler für Lieferungen. Einige Geiseln, die man auf Ehrenwort entließ, haben sich aus dem Staub gemacht. Dadurch bin ich zu äußerster Strenge genötigt. Denn ich bin arm und ruiniert, und doch fordert jeder Tag seine Ausgaben, die sich beständig vermehren. Ich bin so weit herunter wie einst Heinrich IV.[1], der einen Freund um Geld bat, weil er kein ganzes Hemd, keinen Sattel und kein Pferd mehr hatte und seinen Diener

[1] Heinrich IV., König von Frankreich, 1553–1610, der erste Bourbone auf dem französischen Thron.

nicht bezahlen konnte. Da muß ich es schon machen wie der heilige Crispin, der den Reichen das Leder stahl, um den Armen Schuhe daraus zu machen! Nun, Frau Herzogin, kennen Sie die Quelle, aus der so manche Härten und Ungerechtigkeiten fließen, zu denen die blanke Not mich treibt.«

Am 10. Dezember reitet der preußische König in Leipzig ein, wo er sein Winterquartier aufschlagen wird. Er sucht die Sorgen und Strapazen abzuschütteln und schickt den Major Guichard, einen französischen Offizier, der seit 1758 in preußischen Diensten steht und zum engsten Stab Friedrichs gehört, zum sächsischen Theologieprofessor und Fabeldichter Gellert[1], der in Leipzig wohnt, um ihn für den 18. Dezember in das Apelsche Haus einzuladen, in dem der Monarch sein Quartier bezogen hat. Gellert, ein typischer deutscher Stubengelehrter, der nur selten aus dem Haus geht und sich nun schnell rasieren sowie eine Perücke aufsetzen läßt, trifft punkt sechzehn Uhr beim Preußenkönig ein. Den Verlauf der hochinteressanten Unterhaltung hat Gellert selbst in einem Brief an den Dresdner Steuersekretär Gottlieb Wilhelm Rabener ausführlich beschrieben.

Der König: Der englische Gesandte hat mir viel Gutes von Ihm gesagt. Wo ist Er her?

Gellert: Von Hänichen bei Freiberg.

Der König: Sage Er mir doch, warum wir keine guten deutschen Schriftsteller haben?

Guichard: Ihro Majestät sehen hier einen vor sich, den die Franzosen selbst übersetzt haben und den sie den ›deutschen Lafontaine‹[2] nennen.

Der König: Das ist viel! Hat Er denn den Lafontaine gelesen?

Gellert: Ja, Ihro Majestät, aber nicht nachgeahmt. Ich bin ein Original.

Der König: Gut, das ist einer. Aber warum haben wir denn nicht mehr gute Autoren?

[1] Christian Fürchtegott Gellert (1715–1769), Theologe und Dichter, vertrat in seinen *Fabeln und Erzählungen* das Tugendideal der Aufklärung.
[2] Jean de la Fontaine (1621–1695), französischer Fabeldichter.

Gellert: Ihro Majestät sind nun einmal gegen die Deutschen eingenommen.

Der König: Nein! Das kann ich nicht sagen.

Gellert: Wenigstens gegen die deutschen Schriftsteller.

Der König: Das ist wahr. Warum haben wir keine guten Geschichtsschreiber? Warum macht sich keiner an den Tacitum[1]? Den sollte man doch gut übersetzen können!?

Gellert: Tacitus ist schwer zu übersetzen, und wir haben auch schlechte französische Übersetzungen von ihm.

Der König: Da hat Er recht.

Gellert: Und überhaupt lassen sich verschiedene Ursachen angeben, warum sich die Deutschen noch nicht in allen Arten guter Schriften hervorgetan haben. Als die Künste und Wissenschaften bei den alten Griechen blühten, führten die Römer noch Kriege. Vielleicht ist jetzo das kriegerische Säkulum der Deutschen. Vielleicht hat es ihnen auch an Augusten und Louis XIV. gefehlt ...

Der König: Na, Er hat ja zwei Auguste in Sachsen gehabt ...

Gellert: Wir haben ja auch in Sachsen einen guten Anfang gemacht ...

Der König: Wie? Will Er denn *einen* August in *ganz* Deutschland haben?

Gellert: Nicht eben das. Ich wünsche nur, daß ein jeder Herr in seinem Land die guten Genies aufmuntert.

Der König: Ist Er gar nicht aus Sachsen weggekommen?

Gellert: Ich war einmal in Berlin.

Der König: Er sollte reisen!

Gellert: Ihre Majestät, dazu fehlen mir Gesundheit und Vermögen ...

Der König: Ja, das ist wahr. Das fehlt immer den Gelehrten in Deutschland. Es sind wohl jetzo böse Zeiten?

Gellert: Jawohl, und wenn nur Ihro Majestät Deutschland den Frieden geben wollten ...

Der König: Wie kann ich denn?! Hat Er es denn nicht gehört? Es sind ja drei gegen mich ...

[1] Publius Cornelius Tacitus (55–116 n. Chr.), römischer Geschichtsschreiber.

Gellert: Ich bekümmere mich mehr um die alte als die neue Geschichte.

Der König: Was meint Er? Welcher ist schöner in der Epopée, der Homer[1] oder der Vergil[2]?

Gellert: Homer scheint wohl den Vorzug zu verdienen, weil er das Original ist.

Der König: Aber Vergil ist viel polierter . . .

Gellert: Wir sind zu weit vom Homer entfernt, als daß wir über seine Sprache und seine Sitten richtig genug urteilen könnten . . .

Guichard: Gellert hat auch deutsche Briefe herausgegeben.

Der König: So! Hat Er denn auch wider den Stylum Curiae geschrieben?

Gellert: Ach ja, Ihro Majestät.

Der König: Aber warum wird das nicht anders? Es ist was ganz Verteufeltes! Sie bringen mir ganze Bogen, und ich verstehe nichts davon.

Gellert: Wenn es Ihro Majestät nicht ändern können, so kann ich es noch weniger. Ich kann nur raten, wenn Sie befehlen . . .

Der König: Kann Er keine von seinen Fabeln auswendig?

Gellert: Ich zweifle. Mein Gedächtnis ist mir sehr ungetreu.

Der König: Besinne Er sich! Ich will unterdessen umhergehen . . . Nun, hat Er eine?

Gellert: Jawohl, Ihro Majestät. Sie geht so:

Ein kluger Maler in Athen,
der minder, weil man ihn bezahlte,
als weil er Ehre suchte, malte,
ließ einen Kenner einst den Mars im Bilde sehn
und bat sich seine Meinung aus.
Der Kenner sagt ihm frei heraus,
daß ihm das Bild nicht ganz gefallen wollte,
und daß es, um recht schön zu sein,
weit minder Kunst verraten sollte.

[1] Homer, griechischer Dichter im 8. Jahrhundert v. Chr., Verfasser der *Ilias* und der *Odyssee*.

[2] Publius Vergilius Maro (70–19 v. Chr.), römischer Dichter, Verfasser der *Aeneis*.

Der Maler wandte vieles ein.
Der Kenner stritt mit ihm aus Gründen
und konnt ihn doch nicht überwinden.
Da trat ein junger Geck herein
und nahm das Bild in Augenschein.
»O«, rief er bei dem ersten Blick,
»ihr Götter, welch ein Meisterstück!
Ach, welcher Fuß! O, wie geschickt
sind nicht die Nägel ausgedrückt!
Mars lebt durchaus in diesem Bilde!
Wie viele Kunst, wie viele Pracht
ist in dem Helm, ist in dem Schilde
und in der Rüstung angebracht!«
Der Maler war beschämt, gerührt
und sah den Kenner kläglich an.
»Nun«, sprach er, »bin ich überführt!
Ihr habt mir nicht zuviel getan!«
Der junge Geck war kaum hinaus,
so strich er seinen Kriegsgott aus.

Der König: Und die Moral?

Gellert: Gleich, Ihro Majestät! Sie lautet:
Wenn deine Schrift dem Kenner nicht gefällt,
so ist es schon ein böses Zeichen.
Doch wenn sie gar des Narren Lob erhält,
dann ist es Zeit, sie auszustreichen.

Der König: Ah! Das ist schön, sehr hübsch! Er hat so was Galantes in seinem Wesen. Das verstehe ich alles . . . Wenn ich hier bleibe, dann muß er öfter wiederkommen, seine Fabeln mitbringen und mir daraus vorlesen.

Gellert: Ich weiß nicht, ob ich ganz gut lese. Ich habe so einen singenden gebirgischen Ton . . .

Der König: Ja, wie die Schlesier! Nein, Er muß seine Fabeln selbst lesen; sie verlieren sonst. Nun, komme Er bald wieder.

Friedrich bleibt in Leipzig. Fast täglich hat er den Marquis d'Argens, der am 19. Dezember eintrifft, und den englischen Gesandten Mitchell um sich. Er läßt die königliche Hauskapelle mit

Graun und Benda von Potsdam kommen und greift wieder zur geliebten Querflöte. Der Gründer der Berliner Singakademie, Karl Friedrich Fasch, ist unter denen, die abends mit dem König musizieren. Fasch erkennt Friedrich kaum wieder: »Er hat sich gar sehr verändert; mit gebeugter Körperhaltung, alt und zusammengesunken aussehend. Die fünf Jahre schwerer Kriegsarbeit haben ihm einen düster-melancholischen Ausdruck gegeben, der zu seiner früheren feurigen Lebhaftigkeit einen schmerzlichen Kontrast bildet und ihn fast greisenhaft erscheinen läßt.«

Der »düster-melancholische« Eindruck, den der Preußenkönig auf seine Freunde und Besucher macht, ist eigentlich verwunderlich. Ist er doch im abgelaufenen Jahr 1760 wie ein Phönix aus der Asche emporgestiegen! Hatte man in Wien und Petersburg nicht recht gehabt, als man Ende 1759 erwartete, dieses so schwer geschlagene Preußen werde sich niemals wieder aus dem Staub erheben? Waren nicht alle Zeichen dagegen gestanden, Friedrich könne noch jemals das Steuer seines Schicksals herumreißen? Der Krieg schien für den Potsdamer endgültig verloren gewesen. Und dann wie ein Wunder in finsterer Nacht: Liegnitz und Torgau. Jetzt steht Friedrich wieder siegreich auf der Szene.

Warum also die Düsternis, die Melancholie? Friedrichs realistischer Sinn haftet nicht an der Gegenwart. Sein Blick geht in die Zukunft, und da ist kein Ende des »verfluchten« Krieges abzusehen. Der Kampf dauert schon viel zu lange. Wie immer er jedoch bislang verlaufen war, nie hatte der König die letzte Hoffnung verloren. Jetzt ist es soweit. In einem seiner Briefe, die er Anfang Dezember an den Marquis d'Argens schrieb, bevor er ihn in Leipzig begrüßen konnte, heißt es: »Das Ende meiner Tage ist mir vergiftet, und mein Abend ist ebenso unglücklich wie meine Morgenröte. Weder die Erfolge der Engländer noch die Vorteile des Prinzen Ferdinand können gegenüber den schrecklichen Situationen, die ich in diesem Jahr hatte, das Gleichgewicht wiederherstellen. Im kommenden Jahr werde ich wieder von vorne anfangen müssen! Ich mag tun, was ich will, ich sehe bei der Menge meiner Feinde voraus, daß ich einerseits unterliegen werde, wenn ich andererseits Widerstand leiste. Ich habe keine Hilfe, keine Entlastungsaktion, keinen Frieden, überhaupt nichts auf dieser Welt zu erwarten.«

Am Silvesterabend tritt d'Argens in des Königs Zimmer, als dieser gerade auf dem Boden sitzt und seine Windspiele füttert. Der Marquis bleibt wie angewurzelt stehen. Dann schlägt er die Hände zusammen: »Wie werden sich die fünf europäischen Großmächte, die sich wider den Marquis de Brandebourg verschworen haben, jetzt den Kopf zerbrechen, was der Preußenkönig gerade tut. Sie werden glauben, er arbeitet an einem gefährlichen Feldzugsplan oder sammelt Fonds, um genug Geld zu haben, oder er organisiert neue Magazine für seine Infanterie und Kavallerie. Nichts von alledem! Er sitzt auf der Erde und füttert seine Hunde.«

Die Kunst der Verteidigung

Das Wunder von Bunzelwitz (1761)

Von vorgerückten Werken unterstützt,
Entsteigt der hohe Wall des Grabens Breite
Und birgt die Werke, die sein Mantel schützt.
Kein Schuß kann sie versehren aus der Weite.
Bastion bestreicht Bastion; zur Kehle biegt
Der Flanke runde Schulter sich zurück;
Und Lauf an Lauf, ein rechtes Meisterstück,
Das Ravelin[1] sich in den Graben schmiegt.

Ein zweiter Wall schließt sich um diese Werke,
Und rings umgürtet sie mit neuer Stärke
Die Enveloppe[2], die den Platz umspannt.
Davor die Wassergräben; und am Rand
Der Gegenmauer die gedeckten Wege,
Von Pallisaden starrend, und das schräge
Glacis, das blutgetränkte Todesfeld,
Wo Mann dem Mann sich kühn entgegenstellt.
...
Wer riefe nicht – hat er den Bau durchdacht –:
Hier hat die Kunst ihr Meisterwerk vollbracht!

Friedrich der Große, »DIE KRIEGSKUNST –
Ein Lehrgedicht«, 1751, 4. Gesang

[1] Ravelin (frz.): vorgeschobenes Außenwerk einer Festungsanlage.
[2] Enveloppe (frz.): zusammenhängende, verteidigungsfähige Umwallung.

Als das neue Jahr anbricht, ist Friedrich glücklich, in einem kleinen Studierstübchen des Apelschen Hauses zu Leipzig vor den Querelen der Weltgeschichte geborgen zu sein. Er schreibt an seinen Vorleser de Catt, der sich nach Berlin begeben hat, und erteilt ihm den Auftrag, »einen vollständigen Cicero, einen Xenophon[1], eine gute *Logik von Portroyal*[2], Voltaires *Pucelle* und seinen *Pauvre diable* zu schicken«. Er will seiner liebsten Leidenschaft frönen und lesen, lesen, lesen. Täglich trifft er sich mit dem Marquis d'Argens. Und dann ist Esprit Trumpf, Sottisen und Sophismen fliegen wie Federbälle umher. Auch seine beiden Neffen, der sechzehnjährige Thronfolger Friedrich Wilhelm und der dreizehnjährige Prinz Heinrich, den Friedrich wie ein Vater liebt, sind ihm angenehme Gesellschafter. Leipzig gilt damals als deutsches Paris, was in Kürze auch der junge Johann Wolfgang Goethe bestätigen wird. Es ist nicht nur die Stadt des Handels, der Messen und des Kunsthandwerks, es gilt auch als deutsche Kapitale der schönen Wissenschaften.

Berühmt ist insbesondere die Leipziger Universität. Wiederholt lädt der König die renommierten Professoren der Leipziger Alma mater zum Disput. Die Gespräche bereiten ihm sichtlich Vergnügen. Nur Professor Gottsched, den Friedrich vor drei Jahren so freundlich behandelt hat, verdirbt diesmal alles durch seine aufgeblasene Gespreiztheit. Der König hat das Gespräch mit Gottsched in einem Brief vom 13. Januar an die Herzogin von Sachsen-Gotha mit köstlichem Humor beschrieben:

»Zu meinem Vergnügen habe ich hier sämtliche Professoren der Universität Revue passieren lassen. Ich habe deren drei oder vier voll Verdienste und schöner Kenntnisse gefunden, unter anderem einen Professor des Griechischen, welcher mir mehr Urteil und Geschmack zu besitzen scheint, als man sonst bei den Gelehrten unserer Nation antrifft. Einen einzigen habe ich getroffen, der Molière[3] nicht entgangen sein würde, wenn er zu seiner Zeit ge-

[1] Xenophon (um 430 - nach 355 v. Chr.), griechischer Schriftsteller.
[2] *Logique de Port-Royal ou l'Art de Penser* (1662) von Pierre Nicole (1625–1695), französischer Grammatiker und Theologe, und Antoine Arnauld (1612–1694), Abt des Zisterzienserklosters Port-Royal in Paris.
[3] Jean-Baptiste Molière (1622–1673), französischer Komödiendichter.

lebt hätte. Dieser bewunderungswürdige Herr [Friedrich meint Gottsched] erzählte mir mit der feierlichsten Miene, daß er sechzig Bände zur Welt gebracht, von denen er alle drei Monate zwei veröffentlicht habe. Ich entgegnete ihm: ›Aber, mein Herr, Sie besitzen ja die Universalwissenschaft! . . .‹ – ›So ist es auch‹, antwortete er. – ›Aber, mein Herr‹, sagte ich, ›alle drei Monate zwei Bände! Bedenken Sie, ich würde nicht einmal die Zeit haben, sie so schnell zu lesen. Und wie waren Sie imstande, sie zu schreiben?‹ – ›Das kommt alles‹, sagte er, mit dem Zeigefinger auf seine Stirn deutend, ›hier heraus.‹ – ›Und‹, fügte einer seiner Kollegen hinzu, ›aus sämtlichen existierenden Wörterbüchern, die unser Herr Kollege zusammengeschmolzen hat.‹ – ›Ja, ganz recht‹, bemerkte der gelehrte Herr, ›ich habe sie allesamt umgegossen und habe sie dabei ganz vortrefflich zurecht gemacht, denn ich habe sie sämtlich verbessert.‹ – Möge der Himmel Sie, verehrte Frau Herzogin, und mich in diesem und in allen kommenden Jahren unseres Lebens vor Schriftstellern bewahren, die Vater von 60 Bänden sind! Meine Einbildungskraft ist noch bis auf diesen Augenblick so betroffen davon, daß ich beim Anblick eines Buches zittere . . .«

Die politischen Sorgen halten sich in diesen Januartagen in Grenzen. Friedrichs Furcht, daß der Tod seines Onkels zu einer Änderung des politischen Systems in Großbritannien und damit zu einer Gefährdung der Bundesgenossenschaft führen könnte, erweist sich vorerst als unbegründet. Er erfährt zu seiner Genugtuung, daß der neue König, George III., im Dezember anläßlich der Eröffnung des Londoner Parlaments erklärt hat, er werde »die bewährte Allianz mit dem Könige von Preußen aufrechterhalten«, worauf das Unterhaus erwiderte: »Wir können die unerschütterliche Standhaftigkeit des Königs von Preußen, unseres Bundesgenossen, und die unerschöpflichen Hilfsmittel seines Geistes nicht genug bewundern! Von ganzem Herzen und ohne Verzug bewilligen wir die Hilfsgelder zu seiner Unterstützung.«

Friedrich hat nicht vergessen, daß die Österreicher im vergangenen Oktober, als sie Berlin besetzt hatten, seine Schlösser Schönhausen und Charlottenburg verwüstet haben. Er hat darüber öffentlich, vor ganz Europa, Klage geführt, doch der Wiener Hof denkt nicht daran, eine Entschuldigung auszusprechen. Jetzt, Anfang Februar 1761, ist für den Preußenkönig die Frist des Abwartens ausgelaufen. Er gedenkt sich zu rächen und ordnet eine Maßnahme an, die seinen Namen befleckt. Er kann von Glück sagen, daß er an einen Offizier gerät, dem die Ehre höher als der Gehorsam steht. Friedrich beschließt, sich am Jagdschloß Hubertusburg, das dem sächsischen Kurfürsten gehört, schadlos zu halten. Der Generalmajor von Saldern soll dort mit einem Kommando seiner Soldaten gründlich »aufräumen«.

Zwischen König und General kommt es zu folgendem denkwürdigem Dialog:

Der König: »Höre Er, Saldern, Er geht morgen mit einem Detachement Infanterie und Kavallerie in aller Stille nach Hubertusburg, besetzt das Schloß, läßt alle geldwerten Meubles sorgfältig aufschreiben und einpacken. Ich will nichts davon haben! Ich werde das daraus erlöste Geld den Lazaretten zukommen lassen. Und Ihn werde ich auch nicht vergessen.«

Der General: »Euer Majestät halten zu Gnaden, aber das ist gegen meine Ehre und gegen meinen Eid!«

Der König: »Er würde recht haben, wenn ich dieses desparate Mittel nicht zu einem guten Zweck gebrauchen wollte.«

Der General schweigt.

Der König (indem er an Saldern herantritt und ihn vertraulich am Uniformknopf faßt): »Höre Er einmal: Der Kopf der großen Herren fühlt es nicht, wenn den Untertanen die Haare ausgerauft werden. Man muß sie da angreifen, wo es ihnen selber weh tut!«

Der General: »Euer Majestät schicken mich stehenden Fußes, den Feind und dessen Batterien anzugreifen, so werde ich herzhaft gehorchen! Aber wider Ehre, Eid und Pflicht kann ich nicht, darf ich nicht . . . Zu dieser Kommission werden Euer Majestät leicht einen andern finden können . . .«

Der König (indem er einen Schritt zurücktritt): »Saldern, Er will nicht reich werden.«

Saldern fällt wegen seines Ungehorsams in Ungnade und verläßt gekränkt die Armee. (Nach Friedensschluß wird ihn Friedrich wieder mit allen Ehren einstellen und zum Generalleutnant befördern.) Dafür führt der französische Major Guichard aus dem Stabe Friedrichs den Auftrag aus. Er muß 10000 Taler für die Lazarette abliefern, den übrigen Erlös des Plünderungsgutes kann er für sich behalten. (Wie sich später zeigen wird, hat er damit die Achtung seines Königs für immer verloren.)

Jetzt, Anfang Februar 1761, dauert der Krieg bereits viereinhalb Jahre. Wer immer die Verantwortung für seine Entstehung tragen mochte (Zarin Elisabeth, Maria Theresia, die Pompadour, Kaunitz und Brühl), wer immer ihn formal ausgelöst hat (Friedrich II.), das alles ist nun ohne Belang angesichts der Tatsache, daß niemand den anderen besiegen kann, daß ein Patt, ein Unentschieden offensichtlich das ganze Ergebnis der militärischen Operationen ist.

Bezeichnend ist, wie das Volk darauf reagiert. In Deutschland singt man ein Lied, in dem Maria Theresia mit rührenden Worten beschworen wird, doch endlich Frieden zu machen:

»Nun beschließe deinen Krieg!
Kaiser-Königin!
Gib dir selbst den schönsten Sieg!
Werde Siegerin!
Überwinde dich und gib
Menschlichkeit Gehör!
Habe deine Völker lieb!
Opfere nicht mehr!

Williger war nie ein Feind,
Feinden zu verzeihn;
Schneller nie ein Menschenfreund,
Ausgesöhnt zu sein.
Nie ein größrer Feind der Schlacht
Und der Heldentat:
Als der Mann, der deine Macht
Überwunden hat!«

Solche Appelle verhallen in Wien ungehört. Maria Theresia, die die Schrecken eines Schlachtfeldes nie sah, hat ein Herz von Stein in der Brust, wenn man ihr von Vergleich und Kompromiß mit dem »bösen Mann« aus Berlin redet. Zwanzig Jahre früher, 1741, hatte sie an ihren General Kinsky geschrieben: »Alle meine Heere sollen eher vernichtet werden als daß ich etwas abtrete . . . Schont das Land nicht, um es zu erhalten! . . . Ich verschließe mein Herz jeglichem Mitleid.« Auch der Preußenkönig verhärtet sich innerlich mehr und mehr. So erklärt sich seine unchevalereske »Revanche« für die Verwüstungen in Schönhausen und Charlottenburg.

Am 17. März übernimmt Friedrich wieder persönlich das Kommando über die Armee, verlegt er sein Hauptquartier von Leipzig nach Meißen. In den nächsten fünf Wochen ist er hauptsächlich damit beschäftigt, den Groll seines Bruders, des Prinzen Heinrich, zu besänftigen. Heinrich, der sich in Glogau aufhält, intrigiert von dort aus nach Berlin, macht Friedrich dafür verantwortlich, daß der Friede ausbleibt. Er hat ihm auch das Debakel von Dresden und Maxen nicht verziehen. Friedrich erfährt zwar durch de Catt von den ewigen Nörgeleien der Heinrich-Clique, zuckt aber nur lächelnd die Schultern. Vom abgründigen Haß seines Bruders ahnt er nichts. Er wirbt mit den liebenswürdigsten Briefen um Heinrich, der Krankheit vorschützt, um ein neues Kommando auszuschlagen. Sein Bruder schildert ihm in einem Schreiben vom 20. März aus Meißen die allgemeine Lage rosarot, um ihm Mut zu machen. Er sei davon überzeugt, daß es zu einem Friedensschluß zwischen Briten und Franzosen kommen würde, und dann würden sich auch die Schweden schnellstens aus dem Kampf zurückziehen. Auch daß die Russen noch weiterhin Lust hätten, sich zu schlagen, sei zu bezweifeln. »Aber man muß damit rechnen, daß die Österreicher, obwohl sie kein Geld haben, nach ihrer löblichen Gewohnheit die letzten sein werden, die sich zu einer Verständigung entschließen. Man muß sich also rüsten, ihnen entgegenzutreten! Und wie wir uns bis zu diesem Augenblick gut gehalten haben, so müssen wir das Werk krönen und noch einen Feldzug auf die schon geführten fünf folgen lassen.« Er bittet Heinrich, zu ihm nach Meißen zu eilen, um die Kommandoübernahme zu besprechen. Der Prinz ziert sich.

Fünf Tage später richtet der König ein Schreiben an d'Argens, aus dem hervorgeht, daß er die Lage in Wahrheit viel düsterer beurteilt, daß seine optimistischen Worte an Heinrich nur darauf berechnet waren, den grollenden Prinzen zu besänftigen, um ihn für das Kommando zu gewinnen. Im Brief an d'Argens vom 25. März heißt es: »Die Franzosen sind stumm wie die Karpfen; sie sagen zu den Briten kein Wort. So ist denn die Eröffnung des Feldzuges nahe, und wahrscheinlich wird er mit ebenso vielen Unannehmlichkeiten und Gefahren verbunden sein wie der vorige. Ich gestehe, daß ich tiefsinnig und schwermütig werde, wenn ich daran denke . . .

Für Ihre Beschreibung von Sanssouci danke ich Ihnen. Gott weiß, ob ich es je wieder betrete. Aber das, was Sie mir erzählen, hat mir viel Freude gemacht. Ich denke an Sanssouci wie die Juden an Jerusalem oder wie Moses an das Gelobte Land, in das er das Volk Israel führen wollte, in das selbst zu gelangen ihm aber untersagt war . . . Unentwegt habe ich die schwierige Aufgabe vor Augen, die ich bewältigen muß. Ich habe nur viel guten Willen und eine unverbrüchliche Liebe zum Staat; das sind meine einzigen Waffen. Kurz, ich stürze mich blindlings in ein Meer, das von allen Seiten aufgewühlt ist, und ich weiß nicht, wo ich landen werde. So sieht es aus, und so sind meine Zukunftsaussichten. Ich bemühe mich, ruhig zu schreiben. Doch urteilen Sie selbst, ob ein mit feurigen Leidenschaften geborener Mensch durch die Philosophie eine vollkommene Gelassenheit erlangen kann.«

Den ganzen April über bleibt König Friedrich in innerer Unruhe, ob es nicht doch zu einem Waffenstillstand auf dem westlichen Kriegsschauplatz kommen könnte. Manchmal ist er hoffnungsvoll, oft tief niedergeschlagen. Er weiß aus London, daß es laufend Gespräche zwischen Briten und Franzosen gibt. Sein politischer Verstand sagt ihm, daß es im wohlverstandenen Eigeninteresse der beiden Westmächte liegt, den Waffengang zu beenden. Aus Petersburg vernimmt er, daß die russische Regierung einen allgemeinen Friedenskongreß in Augsburg erwägt. Er kann jedoch an die Ernsthaftigkeit dieser Überlegungen nicht glauben, weil man in Wien mit äußerstem Nachdruck darauf besteht, daß die Russen ihre Bündnisverpflichtungen einhalten. Am 2. April hat der Preußenkönig einen Freundschafts- und Handelsvertrag mit den Türken geschlossen, und seitdem arbeitet er in seinen Briefen mit dem türkischen Schreckgespenst, versucht aller Welt weiszumachen, der Herrscher in Konstantinopel würde ihm mit 30 000 oder gar 50 000 Mann zu Hilfe eilen. In seinem Innern weiß er, daß diese Hoffnung eine Seifenblase ist. Der einzige Lichtblick in dieser Zeit ist, daß Prinz Heinrich endlich, am 21. April, seine Ziererei aufgibt und wieder das Kommando über ein Armeekorps übernimmt.

Am 4. Mai bricht Friedrich mit 48 000 Mann von Meißen nach Schlesien auf und vereinigt sich zwischen Striegau und Hohenfriedberg mit dem Detachement von der Goltz, so daß er über eine Feldarmee von 60 000 Mann verfügt, mit der er bei Kunzendorf, westlich von Schweidnitz, ein festes Lager bezieht. Von hier aus ist es möglich, die Laudonsche Armee von 70 000 Mann, die im Gebirge steht, zu beobachten und notfalls zu blockieren. Prinz Heinrich deckt mit einer Armee von 30 000 Mann Sachsen gegen die Daunschen Streitkräfte, die sich vorerst mit 60 000 Mann im Raum Dresden versammeln. Ferner muß Friedrich mit 30 000 Mann Reichsarmee und 20 000 Schweden rechnen. Insgesamt bringt er selbst noch 100 000 Mann auf die Beine, während die Alliierten von dem Augenblick an, an dem die russische Armee mit 70 000 Mann ins Geschehen eingreift, insgesamt 250 000 Mann gegen ihn stellen.

Dieses Kräfteverhältnis zu berechnen, ist für den preußischen König fast schon langweilig; seit dem Herbst 1757 hat er immer gegen eine zwei- bis dreifache Übermacht operieren müssen. Ernsthafte Sorgen macht er sich dagegen um die Qualität seiner Streitkräfte. Zwar hat er im Winter fleißig exerzieren lassen, damit »die Kerls im Frühjahr nicht mehr so Bauers sind«. Doch die Verluste eines viereinhalbjährigen Krieges haben bewirkt, daß die preußische Armee jetzt nur noch zu einem Drittel aus preußischen Landeskindern besteht. Zwei Drittel sind Sachsen, Thüringer, Vorpommern und Mecklenburger. Seinen einheimischen Ersatz bekommt er vornehmlich aus Brandenburg und Niederschlesien, während in Hinterpommern die Rekrutierung durch russische Einfälle gestört ist und in Oberschlesien die katholische Bevölkerung immer widerspenstiger wird. Was Friedrich besonders empört, ist die Tatsache, daß der Gefangenenaustausch, der dreieinhalb Jahre reibungslos lief, seit Ende 1759 gänzlich stockt. Feldmarschall Daun hat bei Maria Theresia mit Erfolg argumentiert, die preußischen Generale, Offiziere und Soldaten seien mehr wert als die österreichischen, und seitdem weigert man sich in Wien, den Austausch vorzunehmen.

Das alles sind zwingende Gründe dafür, daß Friedrich II. seine Strategie verändert. An die Stelle des Willens zur schnellen Schlachtentscheidung tritt das Konzept der Ermattungsstrategie. Das ist zwar ganz gegen seine innerste Natur und auch gegen sein politisches Kalkül, das ihm sagt, Preußen könne im besten Fall kurze Kriege durchstehen, doch die Umstände sind eben stärker. Friedrich spricht von der Unmöglichkeit, einen »geometrisch exakten« Feldzugsplan zu entwerfen, und er fügt hinzu: »Unsere Schwäche und die Unzulänglichkeit unserer Mittel entpuppen sich überall.« Also wird er seine Feinde in diesem Jahr durch absichtliche Passivität, durch reine Defensive überraschen und nach Möglichkeit Kräfte sparen.

Sechs Wochen lang steht Friedrich mit seiner schlesischen Armee unbeweglich im Lager von Kunzendorf. In dieser Zeit schreibt er drei aufschlußreiche Briefe an den Marquis d'Argens.

Hausdorf, 13. Mai 1761:

»Ich habe Ihnen manches Neue mitzuteilen, mein lieber Marquis. Um Ihre Wißbegier zu befriedigen, beginne ich mit der Politik. Die Franzosen und ihre Verbündeten haben schließlich ihre Erklärungen in London abgegeben. Sie weichen von denen, die wir aus Schweden erhielten, nur insofern ab, als die Franzosen den Engländern einen Waffenstillstand anbieten, während die Barbaren und Awaren [er meint damit die Russen] sich damit begnügen, einen Kongreß in Augsburg anzuregen. Daraus werden Sie sogleich entnehmen, daß der Friede zwischen England und Frankreich zustande kommen wird; wir aber werden als letzte auf dem Kampfplatz zurückbleiben, um uns mit der Masse von Feinden, die uns umgibt, herumzuschlagen . . . Machen Sie sich also darauf gefaßt, in diesem Sommer und Herbst dieselben Szenen wie im vergangenen Jahr wiederkehren zu sehen. Stellen Sie sich vor, welche Aufgabe mir zu bewältigen bleibt! . . .

Soviel ich auch lese, es gelingt mir nicht, meiner inneren Unruhe Herr zu werden. Die jetzige Krise währt zu lange, und die

Gefahren bleiben stets die gleichen. Aber ich will Ihre Phantasie nicht mit den düsteren, schwarzen Gedanken vergiften, die mir durch den Kopf gehen. Jeder muß sein Schicksal erfüllen ... Nicht wahr, das schmeckt sehr nach dem Calvinschen Dogma. Gibt es eine Prädestination oder nicht? Ich weiß es nicht. Ich glaube nicht, daß sich die Vorsehung um unser Elend kümmert. Aber ich weiß aus Erfahrung mit voller Bestimmtheit, daß die Menschen von den Umständen zu ihren Entschlüssen gezwungen werden und daß sie keinerlei Einfluß auf die Zukunft haben. Der Wind spielt mit ihren Plänen. Und oft geschieht das Gegenteil dessen, was sie sich vorgestellt und beschlossen haben ... Leben Sie wohl, lieber Marquis! Lieben Sie mich immer, denn ich bin ein armer Teufel, und vergessen Sie mich nicht.«

Kunzendorf, 7. Juni 1761:

»Noch ist meine Lage ebenso, mein lieber Marquis, wie sie bei meiner Ankunft hier war. Diese tiefe Stille kann der Vorbote eines heftigen Sturmes sein; das Ende dieses Monats scheint ihn anzukündigen. Ich bin auf alles vorbereitet, auf Glück wie auf Unglück. Singen Sie Fortuna, deren Schutz wir so sehr bedürfen, eine kleine Hymne.

Die Königin von Ungarn besteht hartnäckig auf der Fortsetzung des Krieges. Fünf Jahre bin ich nun schon den Pfeilen des Hofes von Wien und der Barbarei seiner Truppen ausgeliefert. Es ist hart, immer zu leiden, und ich fühle, daß die Rache ein göttliches Vergnügen sein kann, wie die Italiener sagen ... Ich gestehe, daß ich zufrieden sterben würde, wenn ich mich wenigstens teilweise für die Übel rächen könnte, die ich erdulden mußte.

Mag es gehen, wie es will. In Erwartung dessen, was das Schicksal bringt, bin ich ganz ruhig. Einsam denke ich, weil es notwendig ist, über die Zukunft nach. Ich lese und arbeite im Stillen ...

Ob Ihre Franzosen Frieden machen oder den Krieg fortsetzen, weiß ich nicht ... Ich weiß nichts, außer daß ich von ganzem Herzen wünschte, ich wäre mit Ihnen wieder in meiner kleinen Einsiedelei, fern von Verbrechen, Kabalen, von heroischen Torheiten und vom Tumult eines zu bewegten Lebens ... Leben Sie wohl, mein lieber Marquis! Vergessen Sie diejenigen nicht, die für

Sie fechten, und seien Sie meiner vollkommenen Freundschaft versichert.«

Kunzendorf, 11. Juni 1761:

»Ihre kleinen Reisen, mein lieber Marquis, werden Ihnen etwas von der notwendigen und unerläßlichen Körperbewegung verschafft haben, ohne die unser Organismus nicht gesund bleiben kann. Anscheinend sind wir dazu bestimmt, zeitlebens hin- und hergeworfen zu werden, und mehr zum Handeln als zum Denken geboren. Trinken Sie Brunnen in Sanssouci; Sie sind dort völlig Herr. Hoffentlich werden Sie sich bei diesem Aufenthalt öfter an mich erinnern.

Sie fragen mich, wie es um das Bündnis mit dem beschnittenen Volke steht, das den Halbmond im Wappen führt. Erfahren Sie denn, daß wir miteinander einen Vertrag geschlossen haben. Ich war gezwungen, meine Zuflucht zur Ehrlichkeit und Menschlichkeit der Muselmanen zu nehmen, da es bei den Christen nichts dergleichen mehr gibt ... Welcher Vorteil auch für mich aus dieser Verbindung hervorgehen mag, so dürfen Sie doch nicht hoffen, daß sie uns den Frieden bringt. Ich glaube schon, daß die Engländer und die Franzosen Frieden schließen, aber das alles wird die Königin von Ungarn nicht hindern, ihren Weg zu gehen, solange sich die Barbaren mit ihr die Mühen des Krieges teilen.

Die Barbaren sind in vollem Anmarsch auf unsere Grenzen, und ich mache mich darauf gefaßt, daß unsere Aktivitäten, unsere Strapazen und unsere Verlegenheiten Ende des Monats wieder anfangen. Juli, August, September und Oktober werden vier furchtbare Monate werden und für mich so viel wie vier Jahre ...

Eine Philosophenseele Ihrer Art muß nicht besonders stark gemacht werden; denn Sie wissen, daß die Welt eine vergängliche Gestalt hat und daß alle Ereignisse das Schicksal einer Laterna magica teilen, wo Sie ständig neue Personen und neue Gegenstände sehen. Was also auch geschehen mag, wir müssen alles Vergängliche mit stoischem Blick betrachten. Das gilt für alles Gute wie für alles Schlimme, das dem Menschen begegnet; es gilt auch für uns. Jeder Tag gemahnt uns ans Sterben, sei es durch das, was wir immerfort ausscheiden, sei es durch den Schlaf, der nichts anderes als ein Bild, ein Vorspiel des Todes ist. Wenn Sie sich das jeden Morgen klarmachen, werden Sie alle Gerüchte mit Gleichmut aufnehmen. Die gewaltigen Pläne unserer Feinde, unsere Mißgeschicke und selbst unsere Erfolge werden Ihnen dann erbärmlich erscheinen. Denn faßt man die ganze Welt und alle Zeitalter ins Auge, so stellt der Krieg, den wir jetzt führen, nicht mehr dar als einen Krieg der Ratten und der Mäuse.

Bleiben Sie darum, mein lieber Marquis, bei Ihrer philosophischen Ruhe. Machen Sie sich körperliche Bewegung, denn sie ist für Ihre Gesundheit unerläßlich, und sorgen Sie sich nicht um das, was ich und Sie so wenig wie ein anderer Mensch zu ändern oder zu verhindern möchten.

Da halte ich Ihnen eine schöne Predigt; doch ich nehme davon meinen Teil auf mich. Ja, sobald die Leidenschaften im Spiel sind, wird unsere Philosophie schwach; zunächst predigt sie tauben Ohren, und erst die Zeit führt sie zum Sieg. Entschuldigen Sie bitte, daß ich Ihnen Dinge sage, die Sie besser wissen als ich. Statt Ihnen einen Brief zu schreiben, habe ich mit Ihnen geplaudert und Ihnen mein Herz ausgeschüttet ... Leben Sie wohl, mein lieber Marquis! Leben Sie ruhig und glücklich.«

Mitte Juni sammelt sich das Gros der russischen Streitkräfte bei Posen, um demnächst den Vormarsch nach Schlesien zur Vereinigung mit den Österreichern zu beginnen. Ein Detachement erreicht Kolberg und eröffnet die dritte Belagerung der Ostsee-Stadt. Den Oberbefehl hat an Stelle des erkrankten Saltykow Feldmarschall Alexander Borissowitsch Buturlin übernommen, der den Österreichern die Bedingung stellt, Laudon anstatt Dauns mit dem Oberbefehl der schlesischen Invasionsarmee zu betrauen. Maria Theresia hat das ohnehin im Sinn gehabt. Sie wünscht eine aggressive Kriegführung gegen das Berliner »Ungeheuer«, und dafür ist in ihren Augen Laudon der richtige Mann, dem sie »reinen Diensteifer, Verträglichkeit, gute Einsicht und unerschrockenen Mut« nachrühmt. Dennoch läßt sie Daun nicht fallen. Der Feldmarschall übernimmt auf ihre Bitte hin den Oberbefehl über das Nebenheer in Sachsen, bittet sich aber aus, daß man von ihm keine Offensivoperationen erwartet, denn er geht davon aus, daß ihm Friedrich persönlich gegenüberstehen wird. Der französische Sondergesandte Montazet spottet denn auch in seinen Berichten nach Versailles über Launs Friedrich-Furcht (»la peur extreme qu'on a du roi de Prusse«). Den Befehl über die Reichsarmee, die mit 30000 Mann Dauns linken Flügel bilden soll, übernimmt der österreichische General Serbelloni.

Auch im Westen beginnt sich der Krieg wieder zu rühren. In Hessen und am Rhein stehen unter den Generalen Broglie und Soubise insgesamt 165000 Franzosen zum Vormarsch bereit, denen Prinz Ferdinand von Braunschweig nur 55000 Mann entgegenstellen kann. Gleichwohl gehen die diplomatischen Gespräche zwischen Briten und Franzosen weiter. Der in London erschienene französische Unterhändler Bussy stellt Minister Pitt die dringliche Frage, ob der König von Preußen denn nun endlich zu Landabtretungen bereit sei, wenn er dafür den Frieden bekäme. Pitt reicht diese Frage über den preußischen Gesandten von Knyphausen an Friedrich weiter. Der gerät außer sich. Gerade von Pitt hätte er ein solches Ansinnen niemals erwartet. Und so schreibt er denn am 23. Juni aus dem Lager von Kunzendorf an Knyphausen: »Was mich mehr als alles andere in Erstaunen versetzt hat, ist der unerwartete Antrag, den Ihnen Herr Pitt gemacht hat, indem er von Ihnen Erklärungen über die Opfer verlangt, die ich meinen Feinden zu bringen gedächte, um zum Frieden zu gelangen. Hierüber will ich Ihnen sagen, daß Sie diesem Minister ganz positiv und ohne Umschweife erklären müssen, daß ich keineswegs gewöhnt sei, mich vor meinen Feinden zu erniedrigen, und daß Herr Pitt niemals darauf rechnen soll, daß ich mich jemals bewegen lassen würde, irgendeine Landabtretung an meine Feinde zu unterzeichnen, und daß nichts in der Welt imstande ist, mich von diesem festgefaßten Entschluß abzubringen. Sagen Sie Herrn Pitt, daß ich den Krieg bisher ehrenvoll geführt hätte, und daß ich nicht willens sei, ihn schimpflich zu beenden. Sagen Sie ihm, daß ich mich – dem Himmel sei Dank! – noch nicht so schwach und erniedrigt fühle, meinen Feinden nicht mehr die Stirn bieten zu können. Und sagen Sie ihm, daß ich, da ich alle meine den Verbündeten gegenüber übernommenen Verpflichtungen treu und gewissenhaft erfüllt hätte, von ihnen dasselbe erwarten darf . . .«

Friedrich frohlockt innerlich darüber, daß die Österreicher sich nicht rühren und daß die Russen bis jetzt, Ende Juni, noch immer nicht mit ihrem Vormarsch gegen Schlesien begonnen haben. Zum erstenmal in diesem Krieg spekuliert er auf Zeitgewinn. In übermütiger Laune schreibt er am 2. Juli aus dem Kunzendorfer Lager an d'Argens: »Heute bekam ich Melonen aus Sanssouci. Als ich sie sah, rief ich aus: ›O allzu glückliche Melonen! Ihr habt den Marquis gesehen, was mir versagt ist. Nimmt er seinen Brunnen? Tut er ihm gut? Ist er munter? Geht er spazieren? Macht er sich Bewegung?‹ Die Melone gab mir keine Antwort. Zur Strafe habe ich sie sogleich auf Ihr Wohl verzehrt.

Wenn Juli, August, September und Oktober vorbei sind, hoffe ich, Ihnen wieder zu schreiben; nicht über die spekulative Philosophie, sondern über die praktische.

Leben Sie wohl, mein lieber Marquis . . . Philosophieren Sie in aller Gemütsruhe. Beweisen Sie Ihrer Babette [Ehefrau von d'Argens] möglichst oft, daß Ihre Rüstigkeit keinen leeren Raum in der Natur duldet! Und seien Sie meiner herzlichen Freundschaft versichert.«

Laudon rührt sich immer noch nicht, und der Anmarsch der Russen geht nur im Schneckentempo voran. »Unsere Soldaten werden fett bei der Faulenzerei«, spottet Friedrich. Er erfährt, daß sich die Franzosen mit einem Riesenheer von 165 000 Mann vom Rhein und von Hessen aus in Marsch gesetzt haben, um Ferdinand von Braunschweig in die Zange zu nehmen. Die dreifache Übermacht macht ihm Sorgen, aber er vertraut auf Ferdinands erprobte Führungskunst. Obgleich er davon überzeugt ist, daß es noch einmal zur Schlacht kommen wird, bleibt er unerschütterlich bei der Überzeugung, daß die beiden Westmächte bald, vielleicht schon in drei Monaten, miteinander Frieden schließen werden. Die Briten haben in Übersee alle ihre Eroberungsziele erreicht; ein weiterer Krieg auf dem Kontinent ist für sie ohne jegliches Interesse. Alles kommt nun darauf an, daß der Friede nicht auf Kosten Preußens geschlossen wird. In diesem Sinne richtet Friedrich am 3. Juli einen beschwörenden Appell an Minister Pitt:

»Zwei Triebfedern bestimmen mein Handeln: die eine ist das Ehrgefühl, die andere das Wohl des Staates, den der Himmel mir zum Regieren anvertraut hat. Diese Triebfedern schreiben mir zwei Gebote vor: einmal, nie etwas zu tun, worüber ich zu erröten hätte, wenn ich meinem Volk Rede stehen müßte; zum anderen, für meines Vaterlandes Heil und Ruhm den letzten Tropfen meines Blutes hinzugeben. Mit solchen Grundsätzen weicht man seinen Feinden nie. Mit solchen Grundsätzen hielt Rom sich aufrecht gegen Hannibal nach der Schlacht bei Cannae. Mit solchen Grundsätzen behauptete sich Eure große Königin Elisabeth gegen Philipp II. und die unüberwindliche Flotte. Mit solchen Grundsätzen hat Gustav Wasa Schweden aufgerichtet und den Tyrannen Christian aus dem Land gejagt. Und mit derselben Seelengröße, Tapferkeit und Ausdauer haben die Prinzen von Oranien die Republik der Niederlande gegründet. Das sind die Vorbilder, denen zu folgen ich entschlossen bin! Sie selbst, mein Herr, haben Gefühl für das Große und Erhabene. Verwerfen Sie meine Wahl, wenn Sie können . . .«

Eine Woche später schreibt der König an d'Argens: »Es kommt noch auf einhundertzehn Tage an, bis Ende November. Diese Zeit muß man mit Standhaftigkeit und heldenhaftem Gleichmut überstehen. Lesen Sie Epiktet[1] und die Betrachtungen des Kaisers Marc Aurel[2]. Das sind Stärkungsmittel für die schwache Seele! Wirklich, ich habe alle Maßnahmen ergriffen, die ich für geeignet halte, mich zu verteidigen. Herr Kaunitz bereitet sich vor, mich mit verdoppelter Kraft anzugreifen. Ohne Schrecken sehe ich alles, wozu man Anstalten trifft, fest entschlossen, zu sterben oder das Vaterland zu retten. Können wir nicht über die Ereignisse gebieten, so müssen wir wenigstens Herr unserer Seele sein und die Würde unseres Geschlechts nicht durch feige Anhänglichkeit an die Welt entehren, die man doch eines Tages verlassen muß. Wie? Sie finden mich ein wenig stoisch, Marquis? Aber man muß in seinem Arsenal Waffen aller Art haben, um sich ihrer bei passender Gelegenheit zu bedienen. Wäre ich mit Ihnen in Sans-

[1] Epiktetos, stoischer Philosoph (50–130 n. Chr.). Sein Hauptwerk sind die acht Bücher *Philosophische Gespräche*. Der Grundsatz seiner Ethik lautet: »Dulde und enthalte dich.«

[2] Marcus Aurelius Antoninus (121–180 n. Chr.), römischer Kaiser, zeichnete sich durch Gerechtigkeit, Milde und unermüdliche Tätigkeit aus. Marc Aurel wurde zum Vorbild Friedrichs, seine stoischen *Selbstbetrachtungen* wurden seine Lieblingslektüre.

souci, so überließe ich mich den Annehmlichkeiten Ihrer Unterhaltung. Meine Philosophie wäre dann sanfter, und meine Gedanken wären weniger schwarz. Im Sturm aber müssen der Steuermann und die Matrosen arbeiten! Wenn sie dann im Hafen sind, dürfen sie lachen und sich ausruhen.«

Am 18. Juli erhält der König frohe Kunde aus dem Westen. Prinz Ferdinand von Braunschweig hatte sich schon in aussichtsloser Lage befunden, als er es in einem Moment vorübergehender Passivität zuließ, daß sich die beiden französischen Heere der Generale Broglie und Soubise an der oberen Lippe zu einer einzigen riesigen Streitmacht vereinigten. Doch nur wenige Tage später, am 15. und 16. Juli, schlug der Prinz die dreifache Übermacht der Franzosen bei Willinghausen an der Lippe, zwischen Hamm und Lippstadt, so entscheidend, daß er anschließend zur Offensive übergehen und den Feind nach Hessen und an die Rhein-Ufer zurückwerfen konnte. Von dort war nun für den Preußenkönig nichts mehr zu befürchten.

Einen Tag später, am 19. Juli, setzt sich General Laudon endlich in Marsch, um mit seinem Heer nach Oberschlesien, zur Vereinigung mit den langsam herankommenden Russen, zu ziehen. Friedrich folgt ihm sofort mit seiner Armee und legt sich ihm in den Weg. Laudon könnte mit seinen 70 000 Mann die 50 000 Preußen angreifen; aber das traut er sich denn doch nicht, nachdem er erfahren hat, daß der König von Preußen bei seinen Truppen ist. So macht er verlegen auf der Hinterhand kehrt und zieht sich erneut ins Gebirge zurück. Friedrich folgt ihm. Er begrüßt den erneuten Zeitgewinn. »Wir haben dreiundachtzig Tage vor uns«, schreibt er, »die schwierig und peinlich sein werden. Ich zähle sie an den Fingern ab, ich schwitze und plage mich.«

General Laudon gibt sein Ziel nicht auf. Er marschiert mit seinem Heer in den Bergen nach Niederschlesien und schiebt sich plötzlich bis Striegau und Jauer vor. Gleichzeitig geht Feldmarschall Buturlin mit der russischen Armee bei Kloster Leubus über die Oder und marschiert bis Koischwitz, südlich der Katzbach. Damit sind die Alliierten nur noch einen Tagesmarsch voneinander entfernt. Im letzten Moment quetscht sich der Preußenkönig mit seiner Armee dazwischen. Am 17. August abends steht er in einer sehr gefährlichen Stellung mitten zwischen beiden feindlichen Armeen.

Friedrich glaubt nicht, daß sich die »Barbaren« zu einem Vorstoß entschließen könnten. Er wartet darauf, daß Laudon sich bewegt, um ihn dann sofort anzugreifen. Ihm ist wohl bewußt, daß er vor der großen Entscheidung steht. In dieser Stimmung schreibt er am 18. August an d'Argens: »Ich schreibe Ihnen, mein lieber Marquis, mitten zwischen dem russischen und dem österreichischen Heer. Trotzdem ist bis jetzt nichts zu befürchten. Aber ich glaube fest, daß es in den nächsten Tagen zur Entscheidung kommt. Das ist der kritische Augenblick, an dem wir das Glück am allernötigsten brauchen. An solchen Ereignissen hat nun die Berechnung nicht soviel Anteil, wie es wünschenswert wäre; da kann der Vorsichtige untergehen und der Verwegene durchkommen. Aber basta! . . .

Bedenken Sie, daß ich diesen Brief mitten durch das feindliche Lager schicke, und ermessen Sie daraus, wie schwer es ist, unseren Briefwechsel zu unterhalten. Die Russen haben sich selbst übertroffen durch die Greuel, die ihre Kosaken begangen haben. Das könnte einen Busiris[1] und einen Phalaris[2] rühren, so unmenschlich waren sie. Ich leide entsetzlich unter den Schändlichkeiten und Barbareien, die sich sozusagen vor meinen Augen abspielen. Aber ich habe leiden gelernt, ohne die Geduld zu verlieren. So wird denn nichts den innersten Grund meiner Seele verändern. Ich gehe meinen geraden Weg und werde nur das tun, was ich für nützlich und ehrenvoll halte . . .

Ich fürchte, Sie mit meinen traurigen und ernsten Betrachtungen zu langweilen, und gewiß können Sie ohne dieses trübselige Geschwätz auskommen. Aber ich mag es nicht ausstreichen, und da ich es nun einmal geschrieben habe, so soll es stehenbleiben.

Leben Sie wohl, mein lieber Marquis! Ich weiß nicht, wann und wo ich Ihnen das nächste Mal schreiben werde. In diesen wirren Zeiten muß man die eherne Stirn eines Philosophen und

[1] Sagenhafter König von Ägypten, der alle Fremden schlachten ließ und von Herakles erschlagen wurde.

[2] Wegen seiner Grausamkeit berüchtigter Tyrann von Agrigent im 6. Jahrhundert v. Chr.

die Fühllosigkeit eines Stoikers bewahren. Die spekulative Philosophie taugt nur zur Befriedigung unserer Wißbegier; die praktische allein ist nützlich. Ich empfehle sie Ihnen und bitte Sie, die Karikatur eines militärischen Philosophen, der Sie herzlich liebt, nicht zu vergessen.«

Als der König diesen Brief beendet, weiß er nicht, daß es für fünfeinhalb Wochen der letzte sein wird, den er an seinen Freund richtet. In der Nacht vom 18. auf den 19. August unternimmt Feldmarschall Buturlin einen Überraschungsmarsch in Richtung Liegnitz, und am 19. früh sind die Alliierten vereint.

Damit ist etwas geschehen, was in den Augen Friedrichs niemals hätte passieren dürfen. So schlecht es ihm seit dem Tage von Hochkirch auch ergangen war, niemals war es den Alliierten gelungen, ihre Hauptarmeen auf preußischem Territorium zu vereinigen. Jetzt hat die preußische Nahaufklärung ganz einfach versagt, und er, der König, hat die russische Heerführung sträflich unterschätzt. Das Ereignis trifft Friedrich wie ein Donnerschlag. Eine gewaltige Masse von 150000 Soldaten steht ihm nun unter einheitlichem Oberbefehl gegenüber. Und damit ist ihm das Mittel der offenen Feldschlacht entwunden, das er ansonsten in höchster Not gebrauchte. Gegen eine dreifache Übermacht kann er bei dem fragwürdigen Zustand seiner Armee unmöglich bestehen.

Keine Frage, der Gegner hat Schach geboten und dem König alle Fluchtwege verstellt. Operativ heißt das: matt.

Doch nun zeigt sich, daß Friedrich gerade in der äußersten Krisis, ja in der absoluten Hoffnungslosigkeit die seelische und geistige Fähigkeit besitzt, sein Feldherrntum zur höchsten Vollendung zu steigern. Wenn es denn nicht mehr möglich ist zu »operieren«, also dem Gegner durch strategische Angriffsaktionen oder durch taktische Schwerpunktverschiebungen das Gesetz des Handelns vorzuschreiben, dann gilt es eben, ihm eine Defensivform entgegenzusetzen, die den zahlenmäßig Überlegenen in eine Situation der Lähmung verstrickt.

Einige Kilometer nordwestlich der Festung Schweidnitz, beim Dorf Bunzelwitz, bezieht Friedrich mit seiner Armee eine Stellung, von der aus er sämtliche Verbindungsstraßen der Provinz logistisch im Griff hat. Ein geeigneterer Platz läßt sich in ganz

Schlesien nicht finden. Die Verbindungslinie von Breslau nach Böhmen unterliegt ebenso der Kontrolle wie die von Sachsen nach Oberschlesien. Der Oder steht man hier ebenso nahe wie den Flüssen Bober und Neiße. Aus diesem Lager kann die preußische Feldarmee sofort aus dem Stand in die Bewegung übergehen, so daß der Feind mit der Gesamtheit seiner Kräfte in der Umzingelung des Lagers festgenagelt wird und seine Operationsfreiheit verliert, weil er jederzeit mit einem begrenzten taktischen Ausbruch der Preußen rechnen muß. Friedrich ist scheinbar eingeschlossen; aber seine Gegner sind in Wahrheit gefesselt, sind gelähmt.

Fünfundsiebzig Stunden lang läßt der Preußenkönig seine Armee ohne Pause schanzen, bei Tag und bei Nacht. Am vierten Tag erhebt sich auf den Hügeln bei Bunzelwitz eine aus dem Boden gestampfte, uneinnehmbare Festung, umgeben von Wäldern, Teichen und Bächen. Die Dörfer Jauernigk, Bunzelwitz, Zeschen und Peterwitz sind in feuerspeiende Forts verwandelt. Auf engstem Raum sind 460 Geschütze zu einer überwältigenden Feuerkraft zusammengefaßt. Am 23. August besichtigt Friedrich das Gesamtwerk. Er ist zufrieden und schreibt an Prinz Heinrich: »Die Russen haben Striegau und Jauer besetzt, die Österreicher Freiberg und Kunzendorf. Wollen sie mich angreifen, wie ich glaube, so werden sie sich blutige Nasen holen! Um mich, lieber Bruder, brauchen Sie keine Sorge zu haben. Ich werde meine Sache schon machen.«

Dieses Lager von Bunzelwitz, fünf Kilometer nordwestlich von Schweidnitz, zwischen den Flüssen Polsnitz und Weistritz gelegen, hat die Form eines unregelmäßigen Rechtecks und wird von einer äußeren Verteidigungslinie umgeben, die eine Länge von rund 15 Kilometern hat. Im Lager selbst steht der Preußenkönig mit 36 000 Mann Infanterie und 18 000 Kavalleristen; die Besatzung der preußischen Festung Schweidnitz umfaßt etwa 6000 Mann. Die Infanteriebataillone reichen gerade aus, um eine Verteidigung der Abwehrlinien im Westen, Norden und Osten des Lagers zu garantieren. Entscheidend ist die artilleristische Massierung; im Schnitt kommen auf einen Kilometer Abwehrfront dreißig preußische Geschütze. Friedrich rechnet denn auch damit, daß die Alliierten bei einem Generalangriff 30000 Mann an Infanterie verlieren würden, bevor es zum Nahkampf käme. Mindestens genauso wichtig ist, daß er im schwach befestigten Südabschnitt des Lagers zwei Drittel seiner Kavallerie unter dem Befehl des unternehmungslustigen Generals von Platen konzentriert hat. Hier gestattet das Gelände es, in großem Maßstab Kavallerie-Operationen vorzunehmen.

Drei Wochen lang steht die preußische Armee kampfbereit im Lager von Bunzelwitz. Die Augustsonne brennt fürchterlich. Einer der beteiligten preußischen Generale hat bezeugt: »Offiziere wie Mannschaften mußten von Brot und Wasser leben. Der König blieb gern ganze Nächte hindurch bei den Batterien, wo er sich ein Bund Stroh bringen ließ, um darauf zu ruhen – alles, um seinen Soldaten ein Vorbild zu sein.« Friedrich hat später dem Marquis d'Argens eine poetische Beschreibung dieses Lagers gegeben:

»Ein Berg, von Schanzen rings umfaßt,
Ward unser prunkener Palast,
Wo unter hohem Himmelszelt
Ein Bündel Stroh vom nahen Feld,
Auf nacktem Boden ausgestreut,
Gar sanftes Bett dem Leibe beut.«

Laudon und Buturlin umreiten mit ihren Kommandeuren immer wieder die preußischen Verteidigungsstellungen. Nach vier Tagen intensiver Erkundung legt der österreichische Feldherr seinen ersten Angriffsplan vor, den er zwei Tage später mit Verbesserungen noch einmal wiederholt. Buturlin lehnt jedesmal ab, da er nicht gewillt ist, mit seinen Russen die Hauptlast eines Angriffes zu tragen, der ohne Frage Hekatomben von Opfern fordern wird. Am 30. August schiebt der unermüdliche Laudon erneut einen Angriffsplan nach. Im Nordosten des Lagers, zwischen Peterwitz und Eckersdorf, sollen Massen von Kosaken und russischer Kavallerie demonstrieren. Im Norden, bei Puschkau, soll General von Brentano mit 6000 Mann österreichischer Infanterie einen Angriff simulieren. An der gesamten Westfront, zwischen Striegau und Zirlau, sollen die Massen der russischen Infanterie so tun, als ob sie avancierten. Im Südwesten des Lagerbezirks, zwischen Winkendorf und Tunkendorf, wo sich kaum Befestigungen erheben und keine preußische Infanterie steht, will Laudon persönlich mit zwei Sturmkolonnen von insgesamt 23000 Mann österreichischer Infanterie einen überraschenden Einbruch erzielen und die preußische Verteidigung gleichzeitig nach Nordwesten und Nordosten aufrollen.

Es ist ein sehr guter Plan, der einzige, der Aussicht auf Erfolg verspricht. Allerdings weiß Laudon nicht, daß sich gerade dort, wo er seinen Kolonnenstoß führen will, 12000 Mann preußischer Kavallerie unter dem kühnen General Graf Platen bereitgestellt haben, um mit geschwungenen Säbeln, in breiten Brigadelinien, über den Angreifer herzufallen. Jedenfalls steht das alliierte Heer am Abend des 31. August, fiebernd vor Erregung, in seinen Sturmausgangsstellungen. Auf der anderen Seite hält sich Friedrich, der durch Überläufer vom Angriffstermin erfahren hat, zur Abwehr bereit. Seine Infanterie hat die Musketen geladen, die Kanoniere stehen mit brennenden Lunten an den Geschützen, die Kavallerie ist aufgesessen und schwenkt in Brigadefronten ein. Da nimmt Feldmarschall Buturlin am Morgen des 1. September, auf Drängen seiner Kommandeure, die Zustimmung zu Laudons Offensivplan zurück; der Angriff findet nicht statt. Und dasselbe unnütze Theater findet nochmals zwei Tage später statt.

Am 9. September morgens rufen die österreichischen Vorposten den Preußen zu, die Russen marschierten ab. Friedrich kann es kaum glauben. Tatsächlich hat Buturlin Versorgungsschwierigkeiten für seine Armee geltend gemacht, und nun ziehen 70000 Russen nach Osten ab, während Laudon mit 80000 Mann noch ein paar Tage rund um Bunzelwitz stehen bleibt.

Die Alliierten haben eine Schlacht verloren, die gar nicht stattgefunden hat, und die doch die wichtigste Operation des ganzen Krieges war. Nie wieder wird sich ihnen die Chance bieten, das preußische Feldheer samt König einzukesseln. Und das Schlimmste: Die Fata Morgana der Vereinigung, jenes Hoffnungsbild, das die Phantasie der alliierten Befehlshaber jahrelang beflügelte, was hat es in der rauhen Wirklichkeit gebracht? Sicherlich hätte der Preußenkönig bei Laudons Sturmangriff die Hälfte seiner Armee verloren; aber dann hätten die Verbündeten selbst 60000 Mann eingebüßt und Friedrich wäre mit 30000 Mann nach Nordosten durch die Kosakenschwärme durchgebrochen. Und dann wäre wieder alles von vorne losgegangen; der preußische König hätte mit 30000 Soldaten gegen 90000 Feinde operiert, ganz genau so, wie er es schon im vergangenen Jahr vor und bei Liegnitz getan hat. Nichts hätte sich in Wahrheit geändert. Dieser schreckliche Mann aus Berlin, so faßt man die Kunde vom Debakel bei Bunzelwitz in den alliierten Hauptstädten auf, ist einfach unbesiegbar.

Niemand weiß, wie es im Innern des Preußenkönigs aussieht. Er hat die drei Wochen im Lager von Bunzelwitz mit zusammengebissenen Zähnen durchgestanden, ständig die Katastrophe vor Augen. Trost und Rat konnte ihm niemand erteilen. Der alte Zieten hat ihn in einem nächtlichen Gespräch auf Gott, Preußens mächtigsten Alliierten, verwiesen. Friedrich glaubt nicht an eine Einmischung der Vorsehung. Und so ist nun dieser Mann, der sich selbst die »Karikatur eines militärischen Philosophen« nennt, zu dem geworden, wovon er schon mit sechzehn Jahren, als er mit dem Vater 1728 in Dresden weilte, träumte: zu Friedrich, dem Philosophen! Er erhofft sich nichts mehr, er glaubt nichts mehr, er verspricht sich nichts mehr. Er ist im Fegefeuer, und er erwartet nichts als Höllenqualen. Tiefer kann ein Mensch nicht sinken. Aber zugleich kann kein Mensch höher steigen. Der Gang durch den Feuerofen macht Friedrich unverwundbar. Der Verzicht auf jedwede Hoffnung hämmert die Seele zu Eisen, verwandelt Schwäche in Stärke.

Und dagegen nun das Führungschaos, die tiefe Depression auf seiten der Alliierten! Der französische Militärbevollmächtigte Menager notiert am 7. September, zwei Tage vor Buturlins Abzug: »Auf den 3. September hatte man den allgemeinen Angriff verabredet; die Anordnungen waren bereits getroffen, die Befehle erteilt, doch kamen Überlegungen und Bedenklichkeiten dazwischen. Vorteile und Nachteile wurden abgewogen, politische und militärische Rücksichten standen einander entgegen ... Mit einem Wort, von Angriff ist nicht mehr die Rede, und die Russen denken an ihren Rückzug ... Die Nachwelt wird Mühe haben zu glauben, was sich während der letzten Tage im russischen Hauptquartier alles ereignete . . . Die Feder entsinkt meiner Hand, und ich kann nur seufzend die Augen zum Himmel schlagen!«

Der König zögert bei Buturlins Abmarsch keinen Augenblick. Er wirft ein Detachement von 14 Bataillonen und 26 Schwadronen, insgesamt 12000 Mann, unter dem Befehl des Generalleutnants Graf Platen an die Oder, wo sie bei Gostyn eine russische Wagenburg von 5000 Fuhrwerken stürmen. Nun kann der russische Feldmarschall in der Tat von »Versorgungsschwierigkeiten« sprechen. Dessen nicht genug, überschreitet Platen mit seinen Männern die Oder und operiert zehn Tage lang im Rücken des russischen Heeres. Er zerstört die Magazine von Kalisch, Schrimm und Posen und erreicht nach einem Marsch von 50 Meilen am 22. September wohlbehalten die Stadt Landsberg an der Warthe. Buturlin seinerseits gibt völlig entnervt alle Offensivgedanken hinsichtlich Glogaus oder Berlins auf und zieht sich mit seiner Armee schleunigst nach Hinterpommern und Westpreußen zurück.

Am 25. September schreibt Friedrich aus dem Lager bei Bunzelwitz an den Marquis d'Argens: »Ich habe die erste beste Gelegenheit genutzt, den Russen ihre Magazine in Polen wegzunehmen. Das gelang so gut, daß selbst ihre Bedeckungstruppen, Geschütze, Bagage und ein großer Wagenpark in unsere Hände fielen. So sind Buturlins Pläne sämtlich zuschanden geworden, und da er nichts mehr zum Leben hatte, mußte er die Absicht aufgeben, die Mark, Pommern und Berlin zu plündern, mußte er schließlich nach Thorn marschieren, um sich dort seinen Unterhalt zu suchen. Das ist alles, mein lieber Marquis, womit ich Ihnen dienen kann. Jetzt gilt es, den Rest des Feldzuges hinzuziehen, um ihn gemächlich zu beenden.«

In dieser Überzeugung marschiert Friedrich am nächsten Tag in aller Ruhe von Bunzelwitz ab. An seinen Bruder, Prinz Heinrich, schreibt er: »Quant à nous, je crois que vous pouvez être hors d'inquiétude pour ce qui nous regarde, et, dans le fond, la campagne est déjà finie, parce que ni les Autrichiens ni nous ne pouvons rien entreprendre. – [Was uns betrifft, so glaube ich, daß Sie unbesorgt sein können hinsichtlich der uns betreffenden Dinge und daß im Grunde die Kampagne bereits beendet ist, weil weder die Österreicher noch wir etwas unternehmen können.«]

Welch ein Irrtum. Friedrich hat die Rechnung ohne Laudon gemacht. Der Feldzeugmeister hatte geschäumt, als er von den Russen vor Bunzelwitz im Stich gelassen wurde. Seine Erbitterung war gestiegen, als er vernahm, daß sein mißgünstiger Konkurrent, General Lacy, Kübel von Hohn und Spott über den erfolglosen Laudon ausgoß. Als Friedrich am 26. September leichtsinnig die enge Verbindung zu Schweidnitz aufgibt, faßt Laudon blitzschnell den Entschluß, die preußische Festung zu überrumpeln. Das gelingt ihm am 1. Oktober: ohne Belagerung, einfach im Sturmangriff, dringt er mit seinen Truppen in Schweidnitz ein.[1]

Friedrich empfindet das Debakel von Schweidnitz als zweites Kunersdorf. Er beißt sich in die Finger und verwünscht seine eigene Leichtfertigkeit. Bald darauf erfährt er, daß William Pitt am 5. Oktober von seinem Amt zurückgetreten ist. Er ist sich völlig darüber im klaren, daß der »große Commoner«, wie er ihn nennt, der einzige Mann des britischen Kabinetts war, auf den sich Preußen bei einem Friedensschluß hätte verlassen können. Doch auch auf der anderen Seite der Front ist man niedergedrückt. Vor allem Staatskanzler Kaunitz würde gern Friedensgespräche aufnehmen. Am 31. Oktober erklärt er über den Zustand Österreichs: »Die innerlichen Kräfte wollen nicht mehr zureichen, die ungeheuer großen Kriegserfordernisse länger zu bestreiten. Die bisherigen militärischen Operationen sind mit den Siegeshoffnungen nicht übereingekommen.« In der Tat, die österreichischen Kriegskassen sind leer. Die Staatsschulden sind seit 1756 von 46 auf 138 Millionen Gulden angeschwollen (bei jährlichen Einnahmen von 24 Millionen Gulden), haben sich also verdreifacht. Inwieweit ist im nächsten Jahr auf russische Heereshilfe überhaupt zu rechnen? Und was geschieht, wenn Zarin Elisabeth, deren Gesundheitszustand sich rapide verschlechtert, nun doch einmal sterben sollte? Der Staatskanzler weiß, daß das österreichische Feldheer in den Wintermonaten um 20000 Mann verringert werden muß; die Finanzdecke ist einfach zu kurz, es fehlt an allen Ecken und Enden.

[1] Laudon erfährt für seine selbständige Handlung keinen Dank, da er es aus Zeitgründen versäumt hat, den Wiener Hofkriegsrat vorher um Genehmigung zu fragen. Kaunitz gelingt es nur mit Mühe zu verhindern, daß Laudon bei Maria Theresia in Ungnade fällt.

Friedrich hat sich mit seiner Armee im Lager von Strehlen eingeigelt. Er ist von Herzen froh, daß der Feldzug zu Ende ist. Täglich liest er die *Selbstbetrachtungen* Marc Aurels; an ihnen richtet er sich auf. Hinter ihm liegen fünfeinhalb Jahre Krieg. Was haben sie gebracht? Er erinnert sich an die Zeit vor zwanzig Jahren, als er zum erstenmal, als Eroberer, Schlesien betrat. Hat damals nicht alles begonnen? Er setzt sich nieder und schreibt am 8. November eine »Epistel an d'Argens«, in der er mit seiner eigenen Jugend abrechnet:

»Einst hab' ich wohl, vom Spiegel der Geschichte
Geblendet, allzu sehr nach Ruhm begehrt.
Wie jene großen Helden, allverehrt,
Hätt' ich mich gern gezeigt in vollem Lichte.
Philosophie hat anders mich belehrt.
Mein Leben formte ich nach ihrem Rat:
Den Irrtum meiden und die Wahrheit suchen!
Mein Aug' erkannte den verfehlten Pfad,
Denn, was ich auch begonnen, jede Tat
War schließlich als Enttäuschung nur zu buchen.
Nur Eitelkeit wächst aus der Ruhmsucht Saat!«

Es ist eine Generalbeichte an d'Argens, in welcher der Preußenkönig seine jugendliche Arroganz und Eitelkeit, die ihm der Vater einst so bitter vorgehalten hatte, eingesteht, in der er die Ruhmsucht seiner ersten Herrscherjahre, 1740 und 1741, als »verfehlten Pfad« definiert. Das alles liegt nun weit hinter ihm. Friedrich greift erneut zur Feder; er fährt fort:

»Ein anderes Joch sei meines Nackens Zierde,
In das die Pflicht ums Vaterland mich schlug!
Frech hat man seine Ehre angetastet,
Habgier'ge Feinde wüten schonungslos
Und rauben arme Bürger nackt und bloß.
Und nur Verwüstung seh ich um mich her ...
O Vaterland, du teures, das so schwer
Darniederliegt, mein ganzes Herz ist dein!

Und keine andre Sehnsucht hab' ich mehr,
Als dir des Lebens kargen Rest zu weihn!
Nicht unfruchtbarer Kummer soll mich drücken,
Zur blut'gen Walstatt stürme ich hinaus,
Ein neuer Mut treibt mich ins Kriegsgebraus,
Und morgen muß ein heller Sieg mir glücken!«

Friedrich ist also, ungeachtet aller Melancholie, mit der er die Geschehnisse betrachtet, kampfentschlossen. Von Kapitulationsgedanken ist keine Rede. Ein »neuer Mut« wird ihn beflügeln, wenn es im kommenden Jahr zu weiteren Kämpfen geht, und noch immer hofft er darauf, eines Tages einen »hellen Sieg« zu erfechten. Am 11. November schreibt er aus Strehlen an d'Argens:

»Soeben, mein lieber Marquis, erhalte ich Ihren Brief vom 3. d. Mts. Er trifft mich stoischer denn je und in Gesellschaft von Marc Aurel. Die Welt ist unsere Stiefmutter, die Philosophie unsere Mutter. Und ich rette mich in die Arme dieser Mutter, wenn die Stiefmutter mich mißhandelt. Ich werde diesen Winter nicht das Vergnügen haben, Sie zu sehen ...

Das Wetter ist so trübe, und in dieser Jahreszeit ist es überhaupt nicht verwunderlich, daß man zur Schwermut neigt ... Wenn man schlecht auf den Beinen ist, nimmt man den ersten besten Stock zur Stütze. Marc Aurel ist mein Stock, auf den ich mich stütze. Er gibt mir zwar den Gebrauch meiner Beine nicht wieder, hilft mir aber, mich weiterzuschleppen, und das genügt. Leben Sie wohl, mein lieber Marquis! Ich will Sie nicht mit meiner Schwermut anstecken, sie wird nur zu leicht epidemisch. Ich hoffe auf gute Nachrichten von Ihnen und werde Ihnen welche von mir zukommen lassen, sobald ich kann. Inzwischen seien Sie versichert, daß ich Sie immer lieben und hochschätzen werde.«

Diesem Brief schließt Friedrich ein großes Gedicht bei, das er soeben fertiggestellt und dem er den Titel »Der Stoiker« gegeben hat. Unter dem Einfluß der Marc Aurelschen Philosophien bekennt er sich darin zu brüderlicher Nächstenliebe, zur Milde und zum Verzeihen:

»Seht, Not und Leid sind jedermann gemein.
Der beste Grund, als Brüder uns zu achten!
Laßt uns des Nächsten Leid zu lindern trachten,
Ihm helfen, dieses Lebens Last zu tragen.
Hoch soll die Flamme unsrer Liebe schlagen:
Die Tugend ist des Seelenfriedens Pfand!
Dies höchste Gut, ein jeder kann's erjagen;
Doch wohl behüten lern' es, wer es fand . . .«

Die Liebe und das Verzeihen dürfen aber nicht nur den Freunden und dem Guten gelten. Der wahre Stoiker betrachtet das Böse mit Gelassenheit:

»Mild ist der Weise, gütig, brüderlich;
Ihm ist der Menschheit Bosheit wohl bewußt.
Doch übt er Duldung; sich nur schont er nicht,
Was tut's, ob Undank, Tücke und Verrat
Ihm dräun? Dies Beispiel, es besticht ihn nicht.
Nur Jähzorn führt ihn auf den gleichen Pfad!
Die Güte ward euch eingepflanzt von droben,
Um Wut, um Haß, um Unbill zu verzeihn.
An Freunden könntet ihr sie nicht erproben:
So müssen's Feinde denn und Frevler sein.«

Die letzten Verse des Gedichts gelten der Todesfurcht, von der die Menschheit geplagt ist. Friedrich sieht den Tod als Erlösung, Gott als Barmherzigkeit. Sein Appell an den Menschen lautet:

»Doch überwindet durch der Götter Gnade
Dein Geist den Tod und wird emporgetragen –
Laß ab vom Fürchten: dir geschieht kein Schade!
Den Himmel segne, schäme dich zu klagen.
Gott, der Vollkommne, ist unendlich mild.
Glaub' nicht, daß grollend er im Donnersturm
Herabfährt auf den schwachen Erdenwurm.
Wir sind für ihn ein mitleidwürdig Bild,
Und nach dem Tode finden wir Erbarmen.

Der Güte Gottes sollst du stets vertrauen
Und, wenn du stirbst, auf seine Hilfe bauen!
Er nimmt dich auf in seinen Vaterarmen.«

Dieses Gedicht hat Friedrich in einem kleinen Vorort von Strehlen geschrieben, wo er eine bescheidene Wohnung beim Bauinspektor Bruckampf hat. Hier steht er Ende November selbst kurz davor, ein Opfer von »Undank, Tücke und Verrat« zu werden. Denn um ein Haar gelingt es einer Verschwörung, ihn den Österreichern in die Hände zu spielen. Hauptakteur in diesem Komplott ist der fünfzigjährige Baron Heinrich Gottlob von Warkotsch, Erbherr von Schönbrunn, Ober- und Niederrosen bei Strehlen. Dieser Warkotsch lebte Ende August 1756, als der Krieg ausbrach, in Olmütz und zog von dort als Hauptmann im österreichischen Regiment des Marquis Botta d'Adorno in den Kampf. Doch schon fünf Tage später erfuhr er, daß sein einziger Bruder, Kammerherr beim König von Preußen, gestorben war. Sofort kam Warkotsch bei Maria Theresia um seinen Abschied ein, den er auch gnädig erhielt, so daß er bereits am 15. September 1756 auf den schlesischen Gütern seines Bruders erschien, wo er dem Preußenkönig den Untertaneneid schwor und von seiner neuen Herrschaft Besitz ergriff. Seinem Leibjäger gegenüber, dem fünfunddreißigjährigen Mathias Kappel, der ihm schon seit 1753 diente, äußerte Warkotsch in den folgenden Jahren seinen Haß auf die preußische Regierung, die es ihm nicht gestattete, mit seinen Untertanen, den Bauern, nach Willkür zu verfahren. Immer wieder sagte er: »Wenn nur erst die Österreicher Schlesien zurückerobert haben, dann werde ich das Bauernpack zu Paaren treiben!«

Als Warkotsch Anfang November 1761 vernimmt, daß Friedrich II. in einem Vorort von Strehlen Quartier genommen hat und daß die österreichische Armee nur wenige Kilometer entfernt steht, reitet er häufig zusammen mit Kappel nach Strehlen, um die Lage auszukundschaften. Es macht ihm keine Mühe festzustellen, daß der König in seinem Quartier nur dreizehn Mann vom I. Bataillon Garde zur Bedeckung hat, während sich das Lager der preußischen Armee zwei Kilometer entfernt befindet. In den folgenden Tagen schickt Warkotsch seinen Leibjäger Kappel mehrfach mit geheimen Briefschaften an den österreichischen Generalmajor von Wallis. Am Morgen des 29. November soll Kappel wieder mit einem Geheimschreiben zu Wallis reiten. Dem Leibjäger schlägt jedoch das Gewissen, er öffnet das Kuvert und liest:

»Mein lieber General von Wallis, ich zeige Ihnen an, daß ich gestern, den 28. November, im Hauptquartier des Königs gewesen bin und ganz genau alle Nachricht gebe. Der König hat die meisten Regimenter unvermerkt gegen Breslau in die Winterquartiere abmarschieren lassen. Das Geschütz wie auch die Kriegskasse sind ebenfalls abgegangen. Der König selbst wird am 30. nachfolgen; sein Wagen steht schon vor der Tür bereit. Es ist Zeit, machen Sie Ihr Glück! Man darf den Vogel nicht ausfliegen lassen, da er noch im Bauer sitzt. Sie haben nichts zu riskieren! Lassen Sie Treppendorf rechterhand liegen, worin einige Dragoner von Zastrow stehen. Eine halbe Meile vom Gebirge linkerhand sind etliche Fußjäger auf Vorposten. Sie können hinten durch den Garten gerade in des Königs Quartier eindringen. Bei sich hat der König, rechterhand im Eingang des Hauses, nur dreizehn Mann von seiner Garde zur Bedeckung. Warkotsch.«

Kappel galoppiert nach Strehlen und wird vor den König gebracht, der den Brief liest. Er befiehlt, den Baron und den katholischen Kaplan Schmidt, mit dem Warkotsch im Bunde steht, zu verhaften. Es gelingt jedoch beiden, unterwegs ihren preußischen Bewachern zu entfliehen. (Die schlesische Oberamtsregierung zu Breslau verurteilt Warkotsch und Schmidt am 22. März 1762 als Hochverräter zum Tode. Die Hinrichtung wird, da beide Delinquenten nicht zu fassen sind, am 11. Mai 1762 symbolisch vor dem Oberamtshaus in Breslau an zwei Bildnissen vollzogen. »Um die Bildnisse wird es nicht schade sein«, sagt Friedrich, als er die Todesurteile unterzeichnet, »sie sind wahrscheinlich ebenso schlecht wie die Originale.« Die österreichische Regierung distanzierte sich in aller Form von der Verschwörung. Baron Warkotsch verbrachte sein ferneres Leben einsam und verachtet in Ungarn; immerhin ließ ihm die Kaiserin eine jährliche Pension von 300 Gulden auszahlen. Kappel erhielt vom Preußenkönig eine gute Stellung als Hegemeister.)

Am 9. Dezember trifft Friedrich in Breslau ein, das von der

Laudonschen Beschießung im vergangenen Jahr noch halb in Trümmern liegt. Zur selben Zeit muß die pommersche Festung Kolberg nach tapferster Gegenwehr durch den Major von der Heyde vor den Russen kapitulieren. Der Fall von Schweidnitz und von Kolberg bedeutet, daß die Österreicher im südöstlichen Teil Schlesiens und die Russen im östlichen Teil Pommerns Winterquartiere beziehen können. Die südlichen Teile Sachsens mit Dresden sind ohnehin in der Hand des Marschalls Daun. Alle diese Gebiete fallen für die Rekrutierung und für die Steuereintreibung aus, auf die Friedrich dringend angewiesen ist, wenn er auch im folgenden Jahr eine Armee ins Feld stellen will. Es ist deshalb kein Wunder, daß er in Breslau völlig zurückgezogen lebt, ernstester Stimmung ist, kaum Gäste an seiner Mittagstafel empfängt und nicht einmal die geliebte Querflöte anrührt, die doch in allem Unglück sein einziger Trost gewesen ist. Er flüchtet sich zu den Büchern. Und so schreibt er am 13. Dezember an den Marquis d'Argens: »Nach dem, was ich erlebt habe, bin ich auf alles gefaßt und wundere mich über gar nichts mehr. Ich wohne hier inmitten von Trümmern und Ruinen. Einige Zimmer in meinem Schloß sind wieder instandgesetzt, in den anderen ist alles auf den Kopf gestellt. Die Bücher, die ich aus Berlin bekam, sind mein Trost und meine Unterhaltung. Ich lebe mit ihnen und beschränke meinen Verkehr und meinen Zeitvertreib auf sie.«

Friedrich lebt nun wirklich wie ein Kartäusermönch. Er bleibt ausschließlich auf sich, »also auf recht schlecht Gesellschaft« angewiesen. Er »verschlingt« seine Lieblingsbücher, und sie geben ihm »heilsame Ablenkung«. Wenn er diese Bücher nicht hätte, würde er fürchten, ins Irrenhaus zu kommen: »Ich habe sehr starkes Reißen am Kopf, zusammengesetzt aus russischen, österreichischen, französischen und schwedischen Schmerzen – genug, um einen Ochsen zu töten.« Ein andermal sagt er, indem er mit seinem Krückstock nachdenklich Figuren in den Schnee malt: »Die Schule der Geduld, die ich durchlaufe, ist hart, lang, grausam, ja barbarisch. Ich habe mich meinem Geschick nicht entziehen können. Alles, was menschliche Voraussicht an die Hand zu geben vermochte, ist angewandt worden, und nichts ist geglückt. Wenn Fortuna fortfährt, mich so unbarmherzig zu behandeln, werde ich unzweifelhaft unterliegen. Nur sie kann mich aus meiner jetzigen Lage befreien. Ich rette mich aus alledem, indem ich die Welt im Ganzen und wie von einem fernen Planet aus betrachte. Dann erscheinen mir alle Gegenstände so unendlich klein, und ich bemitleide meine Feinde, daß sie sich so viel Mühe um ein so geringes Ding machen.«

Seine militärische Lage ist gewiß prekär; aber daran hat er sich im Laufe der Jahre gewöhnt. Seine westliche Flanke jedenfalls ist dank Ferdinands von Braunschweig frei. Die preußische Armee hat in diesem Jahr an Gefallenen und Verwundeten kaum ein paar hundert Mann verloren, da Friedrich größere Schlachten und Gefechte vermied. Ja, so angespannt es um den Mannschaftsersatz steht, die Qualität der preußischen Truppen beginnt sich allmählich zu heben, und der König kann hoffen, daß er das preußische Heer wieder zu einer scharfen Waffe schmieden wird, wenn ihm die Feinde nur eine längere Feldzugspause gewähren. Diese Feinde aber – bis auf Maria Theresia – sind völlig entnervt. Das Lager von Bunzelwitz, dieses wahre »Wunder« des Krieges, hat ihnen den Rest gegeben. Nicht einmal die jahrelang erstrebte Vereinigung der russischen und österreichischen Heere hat operativ irgend etwas bewirken können. Jedermann in den feindlichen Hauptstädten ist nun davon überzeugt, daß der Mann aus Berlin niemals nachgeben wird, daß er, sollte er wiederum geschlagen werden, seine Armee in Partisanenhaufen auflöst und als Räuberhauptmann an ihrer Spitze durch die schlesischen oder sächsischen Berge zieht. Dieser Mensch scheint unbezwingbar; der Krieg mit ihm nimmt kein Ende.

Friedrich seinerseits ist fast gleichgültig gegenüber der Zukunft; ihn kann kaum noch etwas erschüttern. In diesem Sinne schreibt er an d'Argens: »Was aus mir diesen Winter noch werden soll, weiß ich selbst nicht. Verlassen Sie sich bitte nicht auf meine Kräfte. Ich bin auch nur ein Mensch und nicht, wie Sie zu denken scheinen, eine Art von Vorsehung.« So bleibt Friedrich auch ungerührt, als er erfährt, daß der neue britische Minister, Lord Bute[1],

[1] John Stuart Graf von Bute (1713–1792) wurde im März 1761 Staatssekretär und übernahm nach dem Sturz von Pitt die Außenpolitik.

es in London durchgesetzt hat, dem Preußenkönig für 1762 die britischen Hilfsgelder zu sperren. Bute glaubt, er könne Friedrich dadurch zwingen, Landabtretungen in Schlesien zuzustimmen (beispielsweise auf Oberschlesien und die Grafschaft Glatz zu verzichten), in der Hoffnung, auf diese Weise die Friedensbereitschaft der Kaiserin Maria Theresia zu erkaufen. Wie sehr sich der neue Minister irrt! Friedrich hat immer wieder erklärt, daß er nichts nehmen, aber auch nichts geben will. Und Maria Theresia denkt nicht an Kompromisse; sie sieht für das kommende Jahr die endgültige Niederlage des Berliner »Monstrums« voraus.

Es ist unerfindlich, woher die Herrscherin in Wien diesen Optimismus bezieht. Das Jahr 1761 hat erwiesen, daß Friedrich, der »militärische Philosoph«, *zwei* Schwerter in der Hand hält: daß er neben seiner Angriffsstrategie auf der »inneren Linie«, mit der er die Jahre 1756 bis 1760 gestaltete, auch die Kunst der Verteidigung beherrscht! Nur scheinbar steht der Preußenkönig am Rande des Abgrunds. Gibt es in der übermächtigen Feindkoalition nur das geringste Schwächeanzeichen, nur den feinsten Riß, kann sich die Lage in einem einzigen Augenblick verändern, hat Friedrich wieder Oberwasser.

Als das neue Jahr 1762 anbricht, schreibt Friedrich an d'Argens aus Breslau: »Lust und Freude haben hier ihren Wohnsitz nicht aufgeschlagen. Nur die jungen Leute amüsieren sich, weil sie nicht an die Zukunft denken . . . Leipzig war im Vergleich mit diesem Winter ein wahrer Carneval. Wir leben in traurigen Zeiten und in einer verzweifelten Lage. Ich selbst gleiche dem Helden in einem Trauerspiel: stets in Gefahr, stets dem Untergang nahe.« Der König nimmt eine Prise Schnupftabak und schließt mit den Worten: »Dennoch, mein lieber Marquis, wollen wir auf eine günstige Wendung der Dinge hoffen.«

Der Preis der Standhaftigkeit

Von Burkersdorf bis Freiberg (1762)

Habt ihr den Ruhm aus tiefster Seele lieb,
So strebt nach Sieg. Doch seid im Sieg nicht hart!
Caesar hat seiner Feinde Blut gespart,
Als ihm bei Pharsalus die Welt erlag.
...
Dahin, ihr jungen Krieger, sollt ihr streben!
Dann werden eure Namen auf den Schwingen
Des Ruhmes in die fernsten Zonen dringen,
Und ewig werden eure Taten leben.
Dann steigt die Tugend aus des Himmels Höh'n
Herab, beglückt, wie zu Astraeas[1] Zeit,
Helden zu finden voller Menschlichkeit,
Um zur Unsterblichkeit euch zu erhöh'n.

In ihrem Tempel, wo die Unschuld wohnt,
Wird jede Menschentugend reich belohnt.
Dort findet ihr die Dichter und die Denker,
Die Volksbeglücker, weise Staatenlenker
Und gute Herrscher; *wenig* Weltbesieger,
Doch *alle* guten und gerechten Krieger.

Friedrich der Große, »DIE KRIEGSKUNST –
Ein Lehrgedicht«, 1751, 6. Gesang

[1] Astraea: Göttin der Gerechtigkeit.

Der Januar 1762 beginnt mit klirrender Kälte. Friedrich, der am 24. seinen fünfzigsten Geburtstag begehen wird, blickt auf fünfeinhalb endlose Kriegsjahre zurück. Wenn der König sich morgens in den Sattel hebt, um seinen täglichen Rundritt durch die Quartiere der Regimenter zu beginnen, drängen sich dickvermummte Grenadiere und Musketiere um ihn. Sie nennen ihn »Vater Fritz« oder auch »der alte Fritz«, sprechen ungeniert mit ihm und tragen ihm ihre Alltagssorgen vor. Wieder zurück im Quartier, setzt sich der König an den Schreibtisch. Er starrt gleichgültig auf die Eisblumen der zugefrorenen Fenster. Er ist so weit, die Händel der Welt nur noch mit Ironie oder Verachtung anzusehen.

Über diplomatische Kanäle erfährt Friedrich aus Petersburg, Zarin Elisabeth sei schwer erkrankt, es müsse mit ihrem baldigen Ableben gerechnet werden. Der König bleibt skeptisch. Zu oft ist darüber schon getuschelt worden; der Tod der russischen Zarin blieb immer nur Gerücht.

Am 19. Januar dann erfährt Friedrich definitiv, daß Zarin Elisabeth am 5. Januar im Alter von dreiundsechzig Jahren gestorben ist. Der Preußenkönig weint dieser Frau, die mehr als jeder andere Zeitgenosse zum Krieg getrieben hat, keine Träne nach.

Doch er bleibt äußerst skeptisch, was die Folgen des Todesfalles angeht. »Ein großes Ereignis, das vielleicht auf geringe Wirkung hinauskommen wird«, schreibt er noch am selben Tag an Finckenstein. Und einen Tag später an Prinz Heinrich: »Über die Konsequenzen läßt sich nichts Bestimmtes sagen. Aber jedenfalls kommt uns die Zeit zustatten, die man in Petersburg benötigen wird, einen neuen Operationsplan aufzustellen.«

Am 27. Januar trifft in Breslau die Nachricht ein, daß Oberst Gudowitsch, ein Sendbote des neuen Zaren Peter III., zum preußischen Hauptquartier unterwegs ist, das er in Magdeburg vermutet. Friedrich diktiert sofort einen Brief an Minister Finckenstein, er möge Gudowitsch nach Breslau weiterleiten, und fügt eigenhändig hinzu: »Sie wissen, daß nichts dringender ist als schleunigste Aussöhnung mit Rußland, um uns vom Rande des Abgrunds zu entfernen ... Der erste Lichtstrahl, der sich zeigt! Der Himmel sei gesegnet! Man muß hoffen, daß den Stürmen jetzt die schönen Tage folgen. Gott wolle es!«

Die Ankunft von Oberst Gudowitsch verzögert sich. Friedrich wartet nicht ab, sondern schickt den Legationsrat von der Goltz mit einem Schreiben an Zar Peter III., in dem es heißt: »Ew. kaiserliche Majestät wird gütigst gestatten, daß ich Sie zu Ihrer Erhebung auf den Thron beglückwünsche. Ich versichere Sie, daß niemand mehr als ich Ihnen Erfolg wünscht und mehr danach verlangt, das gute traditionelle Einverständnis zwischen unseren beiden Staaten wiederherzustellen, das bösartige Ränke meiner Feinde zum Vorteil Dritter gestört haben. Mit einem Wort, Ew. kaiserliche Majestät, Sie werden bei mir nur die besten Gesinnungen gegen Sie finden. Ich bitte Sie ebenso um die Fortsetzung Ihrer kostbaren Freundschaft.«

Der geschraubte, ganz untypische Stil verrät, daß Friedrich sich innerlich noch schwer tut mit der neuen Lage. Aber er hört nun über seine britischen Verbindungen, daß der Zar es ganz ernst damit meint, ihm den Friedensschluß, ja sogar ein Bündnis anzubieten. Auch seine Schwester Ulrike, die Königin von Schweden, die so viele Jahre um das Schicksal des Bruders gebangt hat, schickt ihm nur positive Nachrichten. So schreibt er denn am 11. Februar aus Breslau an d'Argens: »Sie werden vielleicht schon wissen, daß der Kaiser von Rußland sich unserer Interessen ebenso annimmt, wie es der beste Bürger von Berlin täte, und daß wir sogleich Frieden und vielleicht sogar ein Bündnis schließen werden, was uns mit einem Schlage von dieser infamen Horde von Barbaren befreit, die unser Land verwüstet haben, desgleichen auch von den Schweden, die wir nebenbei auch loswerden. Bleiben also noch die Österreicher, die Reichsarmee und Ihre Herren Landsleute, die Franzosen. Das ist mehr, als wir brauchen! . . . Wie auch immer, ich will einen ehrenvollen Frieden, der der Würde des Staates entspricht und den Anstrengungen, die wir auf uns genommen haben . . . Was auch immer kommen mag, Berlin ist sicher, und alle meine alten Länder sind vor den Verwüstungen meiner Feinde geschützt. Geben Sie sich also reiner Freude hin und fürchten Sie nicht, daß Ihr Domizil durch die Anschläge dieser Banditen, die uns mit so viel Unverschämtheit gequält haben, behelligt werden könnte. Sie können von Memel bis Magdeburg unbesorgt reisen und aufs bequemste die Wasser von Sanssouci nehmen, wenn Sie wollen . . .«

D'Argens, der den Brief am 13. Februar erhält, gerät ganz außer sich vor Freude und antwortet am 16.: »Sire, Sie verrichten ebenso große Wunder wie der Messias. Ihr Brief hatte die gleiche Wirkung auf mich wie die Worte des Herrn an den Gichtbrüchigen, als er sprach ›Nimm dein Bett und wandle!‹ Ich lag zu Bett und litt an einer Fluxion, von Fieber begleitet. Nun aber habe ich mich angezogen, sprang auf, hüpfte wie ein Böckchen in meinem Zimmer herum und fühle mich ausgezeichnet. Nicht der kleinste körperliche Schmerz, nicht die geringste Unruhe des Geistes mehr. Wahrlich, Sie sind zugleich der größte Geist und der größte Apotheker in Europa! Ihre Pulver und Ihre Tropfen wirken mehr als alle Arzneien der alten und der neuen Pharmazie.«

Über die Stimmung in Berlin berichtet er dem König: »Der dänische Gesandte, ein großer Unglücksprophet in unseren Tagen des Kummers, macht ein ziemlich trauriges Gesicht. Er gab sich große Mühe, überall die Nachricht zu verbreiten, von einem Frieden zwischen den Russen und den Preußen könne keine Rede sein. Und als er die Gefangenen aus Magdeburg ankommen sah, behauptete er gegenüber all unseren Staatsministern, es handele sich nur um den üblichen Austausch von Gefangenen . . . Unsere braven Berliner waren leichtgläubig genug, ihm das abzunehmen, und die guten Leutchen waren recht niedergeschlagen. Graf Reuß kam ganz bestürzt, um mir zu erzählen, was er von dem Dänen gehört hatte. Aber eine Stunde vorher hatte ich den Brief Eurer Majestät erhalten und konnte ihm daher, ohne ins Detail zu gehen, versichern, daß nicht ein wahres Wort an dem ganzen Gerede des dänischen Gesandten sei und daß ich ihm den Frieden mit Rußland und Schweden garantieren könnte. Da kehrte die Freude wieder in die Herzen all unserer Berliner zurück. Alle Welt segnet Ihren Namen. Und es muß Ihnen sehr gut gehen, Sire, denn seit vierundzwanzig Stunden hat man in Berlin mehr als fünfzig Faß Wein auf Ihre Gesundheit geleert! Die russischen Offiziere, die durch Berlin kamen, zeigten sich überaus erfreut darüber, nun Freunde der Preußen zu sein. Drei Tage lang wurden sie in mehreren Häusern aufs beste bewirtet, wo man reichlich auf Ihre und auf Zar Peters Gesundheit trank, den Gott segnen und behüten wolle. Möchten alle seine Feinde, ebenso wie die Ihren, vor Verdruß und Scham vergehen ...«

Dieser Brief kreuzt sich mit einem königlichen Schreiben, in dem Friedrich erheblich Wasser in den schäumenden Wein des triumphierenden Marquis schüttet: »Bisher habe ich nur gehört, daß die Messalina des Nordens gestorben und daß ihr Nachfolger mir sehr geneigt ist. Das ist alles, was ich weiß; nichts mehr. Allem Anschein nach wird dieses Ereignis einen Separatfrieden mit Rußland herbeiführen, aber keinen allgemeinen. Die Österreicher werden den Krieg fortsetzen, bis sie ihren letzten Sou ausgegeben haben ... Es ist also gar keine Rede von einem allgemeinen Frieden. Es ist eine Besserung unserer Lage eingetreten, aber wir sind noch nicht so weit gekommen, als Sie glauben. Der Krieg geht weiter! Und es bleiben uns noch zwei furchtbare Mächte auf dem Hals. Aber, weil zwei weniger sind als drei oder vier, wird unsere Lage um die Hälfte erträglicher als sie bisher war ...«

Am 16. Februar ist endlich Oberst Gudowitsch in Breslau eingetroffen. Er berichtet dem Preußenkönig, daß der Zar keinen glühenderen Wunsch habe als den, Ritter des preußischen Schwarzen Adlerordens zu werden. Friedrich gewährt selbstverständlich diese schmeichelhafte Bitte, obgleich es bisher weder einen Waffenstillstand noch einen Frieden gibt und die Russen noch immer mit 80 000 Mann in Ostpreußen und Hinterpommern stehen. Halb ironisch schreibt er am 17. Februar an den britischen Bevollmächtigten Mitchell, der sich in Magdeburg beim Hof aufhält: »Das ist ja ein sehr eigenartiger Ritter, mein lieber Herr Mitchell, der 80 000 Mann auf meine Kosten ernährt! Es ist der einzige meiner Ritter, der sich solche Freiheit herausnimmt. Wenn jeder Ritter des Hosenbandordens es so täte, dann würde ganz England bald verspeist werden. Ich bitte Sie, meinen Ritter gelehriger zu machen und ihm beizubringen, daß es gegen die Einrichtung des Ordens ist, wenn ein Ritter seinen eigenen Großmeister verspeist.«

Am folgenden Tag fällt Friedrich in einem Schreiben an d'Argens wieder in den alten Klageton: »Ach, lieber Marquis, wann werde ich nicht mehr auf dieser verwünschten Galeere sein! Hier unter dem Monde, ich gestehe es, kann man keine lächerlichere Rolle spielen, als wenn man politischer Steuermann oder ein General-Romanheld ist. Schreiben Sie mir, ob man sich in Berlin freut.«

In Wirklichkeit besteht für Friedrich aller Grund, froh zu sein, denn Zar Peter, ein Sohn der ältesten Tochter Peters des Großen, schlägt in der Tat eine gänzlich neue Politik ein. Dieser Mann, den die Nachwelt – unter dem Einfluß seiner Frau und Mörderin Katharina – so unendlich falsch beurteilen wird, ist zu einem Drittel ein eitler Narr, zu zwei Dritteln jedoch ein echter Reformer. Gewiß, er macht sich bei seinen russischen Landsleuten am Hofe verhaßt und lächerlich, indem er eine kindische Nachahmerei des Preußenkönigs betreibt. Von morgens bis abends läuft er mit dem Schwarzen Adlerorden auf der Brust herum; seine Garderegimenter müssen das preußische Exerzierreglement übernehmen; die russischen Münzen werden nach preußischem Muster geprägt. Doch der reformerische Eifer, den er in den kurzen sechs Monaten seiner Herrschaft an den Tag legt, ist beachtlich. Er schafft die Tortur ab, er beschränkt den willkürlichen Gebrauch der Peitsche gegen die einfachen Leute, er hebt die geheime Polizeikanzlei auf. Als er die Verwaltung des unermeßlichen Vermögens der Geistlichkeit und des Heiligen Synods staatlicher Kontrolle unterstellt, zieht er sich die Todfeindschaft des Klerus und des mit ihm verbündeten Großadels zu. Alle seine fortschrittlichen Maßnahmen bringt er jedoch in Mißkredit, indem er seine Geliebte, die Gräfin Elisabeth Woronzow, öffentlich hofiert. Als er am 21. Februar seine Frau, die spätere Katharina II., zwingt, der Gräfin den ihr verliehenen St.-Katharinen-Orden vor versammeltem Hof zu überreichen, spricht er sich eigentlich schon sein Todesurteil. Aber noch ist es nicht soweit. Am 23. Februar verblüfft der Zar die Welt durch gleichlautende Noten, die er sämtlichen kriegführenden Mächten überreichen läßt, in denen er seine aufrichtige Friedensliebe betont und seine Absicht bekannt macht, auf alle russischen Eroberungen zu verzichten.

Der Marquis d'Argens berichtet seinem König am 1. März aus

Berlin: »Sire, Sie fragen mich, ob man in Berlin vergnügt sei. Man lebt hier in einem Freudentaumel! Die Reichen geben Feste, und diejenigen, die nicht so gut gestellt sind, spendieren ihrer Familie ein Essen. Überall segnet man tausendfach Sie und den Kaiser von Rußland, und Sie beide müßten dreihundert Jahre leben, wenn die guten Wünsche, die man auf Sie ausbringt, erhört werden. Alle auswärtigen Zeitungen sprechen von der Verbindung zwischen Preußen und Rußland als einer abgemachten Sache. Auch ganz Brandenburg nimmt an der Freude Berlins Anteil, und man ist, nach den hier eintreffenden Briefen zu urteilen, auch in den anderen Städten nicht weniger zufrieden als in der Hauptstadt.«

Friedrich schreibt am 6. März aus Breslau zurück: »Die Freude der Berliner, die Sie mir beschreiben, mein lieber Marquis, hat mich sehr berührt, und ich habe vorausempfunden, wie es sein wird, wenn der allgemeine Friede geschlossen ist. Die Nachrichten aus Petersburg sind so, wie wir sie nur wünschen können ... So habe ich gute Hoffnung, erfolgreich zu sein. Sobald ich meiner Sache sicher bin, werde ich Sie an der Genugtuung teilnehmen lassen, die dieses günstige Ereignis für mich hat. Endlich, mein lieber Marquis, endlich zerteilen sich die Gewitterwolken, und wir dürfen auf einen schönen heiteren Tag hoffen, der von den Strahlen der Sonne erglänzt ... Freuen Sie sich, mein Lieber, und bleiben Sie ruhig und gesund. Mit der Hoffnung bekomme ich wieder Mut, und ich denke nun, Sie noch vor meinem Tod in Sanssouci wiederzusehen, wo wir philosophieren wollen, ohne in periculo mortis [in Todesgefahr] zu sein. Leben Sie wohl. Gott segne Sie!«

Und in der Tat, Friedrich darf seiner Sache durchaus sicher sein. Am 16. März wird der Waffenstillstand zwischen Preußen und Rußland unterzeichnet, und am 7. April folgt der mit Schweden.

Der Monat April spannt den preußischen König dennoch auf die Folter. Einerseits kommen lauter positive Nachrichten aus dem hohen Norden, aus Rußland und Schweden, andererseits ziehen sich die Verhandlungen endlos hin, ist aus Waffenstillstand immer noch nicht Friede geworden. Friedrich schreibt seine innere Zerrissenheit, seine bohrende Unruhe, seine aufkeimende

Freude, sein nicht nachlassendes Mißtrauen in einer Fülle von Briefen nieder:

Am 1. April aus Breslau an d'Argens: »Ihre Einbildungskraft malt Ihnen die Zukunft mit einem schmeichelhaften Pinsel. Die meinige, minder lebhaft und lachend, zeigt mir nur Verwirrung, Mühen, Schwierigkeiten, Gefahren und Unglücksfälle ... In Rußland geht alles nach Wunsch. Von dort kann ich aber nicht eher als gegen den 16. oder 18. d. M. zuverlässige Nachrichten erhalten. Warten wir also ab, mein lieber Marquis ... Alles das ist für mich eine Schule der Geduld, in der meine Lebhaftigkeit längst erloschen ist. Ich tauge nur noch zum Vegetieren; das Öl meiner Lampe ist bis auf den Docht verzehrt; höchstens könnte ich noch einen Kartäuser abgeben.«

Am 8. April aus Breslau an den Marquis d'Argens: »Sie sind fröhlich und guter Laune, lieber Marquis, und ich will Sie meinerseits gewiß nicht mit meinen melancholischen Träumen betrüben. Übrigens berühren traurige oder fröhliche Gedanken die Dinge gar nicht; sie gehen ihren Weg, und man muß jedes Ereignis, gut oder schlimm, hinnehmen und seinen Ärger hinunterschlucken, wenn das Glück uns zuwider ist. Ich stecke jetzt bis über die Ohren in Unterhandlungen. Alles geht nach Wunsch in Petersburg, und ich darf Ihnen sagen, daß dieses Land, von dem Sie nichts erhofften, erfüllen wird, was ich erwarte, nur einen Monat später, als ich es gewünscht hätte.«

Am 10. April aus Breslau an den Lordmarschall Keith: »Der Kaiser von Rußland verrichtet Wunder; ich bin ihm zu allergrößtem Dank verpflichtet. Mit diesem Manne werden wir weit kommen; er ist fähig, die Widerspenstigen zum Frieden zu zwingen. Ich stehe am Anfang von Verhandlungen, die mir, so denke ich, einen guten Feldzug verschaffen werden. Ich hoffe und glaube, daß es der letzte sein wird. Ich sehne mich sehr nach dem Frieden, Mylord! Vom Schicksal hin- und hergeworfen, alt und abgezehrt, wie ich bin, bleibt mir nichts, als meinen Garten zu bebauen.«

Am 29. April aus Breslau an d'Argens: »Von Rußland erwarte ich den Kurier mit dem Friedensvertrag und von Schweden die Allianz. Die Unterhändler jagen die Pferde zu Tode, um rechtzeitig einzutreffen und den Frieden zu unterzeichnen ... Ich hoffe also mit gutem Grunde, daß dieses Jahr das Ende unserer Mühseligkeiten bringen wird. Catt hat mir gesagt, daß der arme Graf Gotter im Sterben liegt. Ach, so werde ich dann in Berlin nichts weiter finden als Mauern und Sie, mein lieber Marquis; keine Bekannten, niemand mehr, ich werde diese ganze unglückliche Generation überlebt haben . . . Ich muß abbrechen, denn es gibt zu tun. Sobald ich Zeit habe, sage ich Ihnen mehr. Leben Sie wohl, mein lieber, guter, einziger Marquis; ich umarme Sie von ganzem Herzen.«

Am 5. Mai wird endlich die Friedensurkunde zwischen Preußen und Rußland unterzeichnet. Der Kaiser von Rußland gibt Ostpreußen und Hinterpommern an den König von Preußen zurück mit dem Versprechen, die beiden Gebiete innerhalb von zwei Monaten zu räumen. In einem Sonderartikel wird der Abschluß eines Bündnisses in Aussicht genommen. Die Einkreisung Preußens ist zerbrochen.

Friedrich, der von dem Ereignis noch nicht unterrichtet ist, schreibt am 8. Mai aus Breslau an d'Argens: »Ich lege jetzt letzte Hand an die Vorbereitungen des neuen Feldzuges. Der Himmel gebe, daß er glücklich verläuft und daß es der letzte ist, den ich zu führen habe . . . Es ist mir sehr lieb, daß Sie in Sanssouci sind; meine Phantasie wird Sie dort zu finden wissen. Ich werde Ihnen im Hause und in den Alleen des Gartens bis zum Park folgen. Jetzt, werde ich sagen, spielt der Marquis auf der Violine – nun kommentiert er das griechische Neue Testament – jetzt eben wiederholt er mit seiner Babette die Lektionen der Zärtlichkeit – in dieser Allee macht er politische Entwürfe – und beim Anblick meiner Zimmer erinnert er sich an mich. Alsdann werde ich mich in Gedanken mit Ihnen ein wenig unterhalten. Aber dann wird eine Nachricht von Daun in die Quere kommen und diesen angenehmen Traum verscheuchen; alles ist dann wie vom Winde verweht.«

Endlich, am 20. Mai, trifft der unterzeichnete Friedensvertrag beim König ein. Graf Schwerin, Hauptmann und Flügeladjutant, überbringt ihn aus Petersburg. Friedrich, der sich in Bettlern, einem Dorf eine Meile südwestlich von Breslau, aufhält, setzt sich sofort nieder und schreibt an d'Argens: »Ich mache Ihnen Mitteilung, mein lieber Marquis, von den guten Nachrichten, die ich aus Rußland erhalten habe. Schwerin ist eben angekommen und bringt nicht nur die rechtsgültige Friedensurkunde, sondern auch ein Bündnis . . . Mehr konnten wir in der Tat nicht erhoffen. Es sind die Stufen einer Leiter, auf der wir zu einem ehrenhaften Frieden gelangen werden; es ist ein Pfad, der einen armen Philosophen Ihrer Bekanntschaft nach Sanssouci führen wird, wo ich Sie noch zu umarmen hoffe, bevor ich sterbe.«

Noch am selben Abend geht ein Schreiben an Prinz Heinrich in Sachsen ab: »Teuerster Bruder. Endlich habe ich die Genugtuung, Ihnen den Abschluß des Friedensvertrages mit Rußland mitzuteilen. Mein Hauptmann und Adjutant, der Graf von Schwerin, ist heute angekommen und hat mir die Urkunde, unterschrieben von der Hand des Kaisers, überbracht. Er teilt mir außerdem mit, daß man diesen Friedensschluß in Petersburg mit vielen Feierlichkeiten bekannt gemacht und daß man eine Salve von mehreren Kanonen abgegeben hat. Für gewöhnlich beschränkt man sich bei uns auf eine einfache Veröffentlichung. Aber da es sich hier um ein Ereignis handelt, das mir unendliche Freude bereitet, will ich eine Ausnahme von der Regel machen und der Freude, die ich empfinde, durch öffentliche Zeichen Ausdruck geben. Sie werden demnach ein Tedeum in Ihrem Heere anordnen und Ihre Artillerie eine allgemeine Salve abgeben lassen. Gleichzeitig geben Sie ein Fest, zu dem Sie einige Generale einladen und bei welchem Sie die Gesundheit des Kaisers von Rußland ausbringen. Sie tragen ferner auch Sorge, hernach eine Beschreibung des Festes in die Zeitungen setzen zu lassen.« In einem handschriftlichen Postscriptum teilt der König seinem Bruder mit, daß der Zar ihm ein Hilfskorps von 20000 Mann (bestehend aus 20 Bataillonen Infanterie, 2 Kavallerieregimentern und 2000 Kosaken) zur Verfügung stellt, das von den Österreichern zu den Preußen abmarschieren und sich in spätestens vierzehn Tagen bei ihm melden soll.

Am 22. Mai kommt es auch zum Friedensschluß mit Schweden, worüber sich Friedrich ganz wegwerfend äußert: »Ich weiß eigentlich gar nichts von einem Krieg mit Schweden. Eigentlich sollte sich Belling [der Husarenanführer in Pommern], der mit ihnen Händel hatte, auch mit ihnen vertragen.« In Wahrheit ist der

Preußenkönig hochbeglückt über die beiden Friedensschlüsse. »Ich hoffe«, meint er zu seiner Umgebung, »ich werde jetzt in politischer Beziehung nicht mehr wie ein Aussätziger betrachtet werden, dessen Berührung man meiden muß.«[1]

Wenn sich diese Hoffnung auf Wien richtet, so irrt sich Friedrich gründlich. Maria Theresia zeigt sich von alledem wenig beeindruckt. Sie kann an eine »Wendung der Dinge« einfach nicht glauben. Sie will es auch nicht wahrhaben, als General Tschernyschew auf Befehl seines Zaren mit 20000 Russen von Laudons Armee abmarschiert, um die Front zu wechseln. Als der russische Heerführer mit seinem Stab nach Breslau kommt, um dem neuen Verbündeten, dem Preußenkönig, seine Aufwartung zu machen, halten die gefangenen österreichischen Offiziere, die es dort in großer Zahl gibt, das Ganze für eine abgekartete Komödie und reden sich selber ein, das seien gar keine echten Russen, man habe preußische Offiziere in russische Uniformen gesteckt, um die Österreicher zu täuschen. So eingebrannt ist das Status-Quo-Denken in den Gehirnen, daß kaum jemand an die »große Wende« glauben kann.

Die Berliner und die Potsdamer jedoch feiern Freudenfeste, als die Nachrichten von beiden Friedensschlüssen eintreffen. Der Marquis d'Argens berichtet am 24. Mai aus Potsdam: »Man schreibt mir aus Berlin, daß die Freude dort überschwenglich gewesen ist. Der Kurier traf abends um zehn Uhr ein, und die ganze Nacht hindurch war das Volk auf den Straßen und die Fenster der Häuser erleuchtet. In Potsdam war man nicht weniger froh gestimmt; aber man würde es noch viel mehr sein, wenn man das Glück hätte, Sie hier zu sehen! Ich schmeichle mir, daß der Krieg in diesem Winter zu Ende geht. Das Bündnis mit Rußland ist so viel wert wie alle Bündnisse mit Beschnittenen und Unbeschnittenen zusammen. Allein mit Rußlands Hilfe halte ich den Frieden für gesichert, noch ehe drei Monate vorüber sind . . . Die Königin von Ungarn bringt, laut Wiener Briefen aus guter Quelle, seit einiger

[1] Die Friedensschlüsse mit Rußland und Schweden bewirken einen Stimmungsumschwung im königlichen Hauptquartier. Friedrich beordert seine französischen Köche von Potsdam beziehungsweise Berlin heran und greift nach langer Zeit auch wieder zur geliebten Querflöte.

Zeit die Hälfte ihres Lebens damit zu, zur Heiligen Jungfrau zu beten, und die andere mit Weinen.«

Dieser Brief überkreuzt sich mit einem Schreiben Friedrichs aus dem Dorf Bettlern. Auch der König denkt nun bereits an den Frieden. Er will sich, wenn es soweit ist, ganz der Poesie widmen und allen Studien, die den Geist schmücken und aufklären, wie er sich ausdrückt: »Das soll das Spielzeug meines Alters sein, womit ich mir die Zeit vertreiben werde, bis mein Licht erlischt. Diese Studien, mein lieber Marquis, veredeln den Geist. Sie beschwichtigen den Durst nach Rache und lindern die Härte der Strafen, kurz alles Strenge, was zur höchsten Macht gehört, durch eine Beimischung von Philosophie und Nachsicht. Das ist notwendig, wenn man Menschen regiert, die unzulänglich sind, und wenn man selbst unzulänglich ist! Also, mein lieber Marquis, sei es nun die Folge von Alter, Vernunft oder Nachdenken, jedenfalls betrachte ich alle Ereignisse des Menschenlebens viel gleichgültiger als früher. Bei allem, was zum Wohle des Staates geschehen muß, biete ich wohl noch einige Kraft auf, aber das ist, unter uns gesagt, nicht mehr das ungestüme Feuer meiner Jugend oder die Begeisterung, die mich einst beseelte. Es wird Zeit, daß der Krieg zu Ende geht . . .«

Das ist schon ganz der alte Friedrich, der nach Beendigung des Krieges dreiundzwanzig Jahre lang nur der Pflicht und dem Staate leben wird, dessen stürmischer Reformeifer erkaltet und dessen Energie ausschließlich auf das Konservieren gerichtet ist. Doch jetzt, Ende Mai und Anfang Juni 1762, schlägt er sich noch mit den Problemen der Finanzierung des nächsten Feldzuges herum.

So positiv sich die Wende in Rußland auswirkt, so negativ ist die Entwicklung in London. Bereits Mitte Januar hatten die neuen Lenker der englischen Politik, Bute und Newcastle[1], insistiert, der Preußenkönig möge endlich Friedensverhandlungen mit Wien aufnehmen und sich zu Gebietsabtretungen bereit finden. Friedrichs Gesandte in London gingen vor dem englischen Druck sogleich in die Knie und ermahnten ihren König »sehr ehrfurchts-

[1] Thomas Pelham Holles (1693–1768), Herzog von Newcastle, seit 1731 Staatssekretär in der britischen Regierung.

voll«, die britische Initiative aufzugreifen. Postwendend, am 3. Februar, hatte ihnen Friedrich eine schallende Ohrfeige erteilt, indem er ihnen schrieb: »Lernen Sie besser Ihre Pflicht. Und merken Sie sich, daß es Ihnen in keiner Weise zusteht, mir so törichte, so impertinente Ratschläge zu erteilen ... Sie mögen wissen, daß ich mich niemals gegen den Frieden versteifen werde! Aber ich will ihn auf eine Weise abschließen, die meiner Würde entspricht und die keine Erniedrigung kennt.«

Friedrich weiß, daß die britische Regierung die preußische Diplomatenpost heimlich auf ihren Postämtern dechiffrieren läßt. Also schreibt er: »Die jetzigen englischen Minister gehören ins Tollhaus!« Seiner Berechnung nach müssen noch etwa neun Monate vergehen, bis es zu einem effektiven Waffenstillstand zwischen Briten und Franzosen kommt. Bis dahin gilt es für ihn, eisern durchzuhalten. Er erinnert sich sehr gut an das Verhalten der Briten 1742 und 1745, als sie ihre damalige Verbündete, Maria Theresia, fallen ließen, nachdem sie ihre eigenen Kriegsziele erreicht hatten.

Mit Friedrich ist so etwas nicht zu machen. Gewiß, der Wegfall der englischen Subsidienzahlungen trifft ihn im ersten Moment schwer. Aber – was man in London nicht weiß – er hat seine Finanzierung des kommenden Feldzuges längst beisammen. Mit unerhörter Härte hat er in den eigenen wie in den besetzten Gebieten die Kontributionen eintreiben lassen. Allein Sachsen, das 1759 an die 6 Millionen Taler, 1760 über 12 Millionen Taler aufbringen mußte, hat auch jetzt wieder mehr als 8 Millionen Taler zur Verfügung stellen müssen.[1] Der preußische König, der berechnet hat, daß ihn jedes Kriegsjahr durchschnittlich 12 Millionen Taler kostet, ist durchaus in der Lage, den Sommerfeldzug 1762 finanziell aus eigenen Kräften zu bestreiten. Er hat jetzt, Anfang Juni, wieder 120000 Mann unter den Waffen, und er ist damit, zum erstenmal seit 1757, fast gleich stark mit den Österreichern, deren Feldarmee 150000 Mann zählt.

Am 8. Juni schreibt Friedrich aus Bettlern an den Marquis

[1] Allein die Stadt Leipzig muß 1,5 Millionen Taler, 1400 Pferde und viele tausend Stück Schlachtvieh liefern, während die Lasten der Einquartierung unvermindert weitergehen.

d'Argens: »In Gedanken kommt man schnell zum Ziel, mein lieber Marquis, aber in der Wirklichkeit nur langsam, weil man da auf hundert Hindernisse stößt. Ich überlasse mich dem Schicksal, das die Welt nach seinem Belieben lenkt. Die Staatsmänner und die Kriegsleute sind nur Puppen in der Hand der Vorsehung. Wir sind Werkzeuge einer unsichtbaren Macht und handeln, ohne zu wissen, was wir tun. Oft ist das Ergebnis unserer Mühen das Gegenteil des Erhofften. Ich lasse die Dinge also gehen, wie's Gott gefällt, arbeite im stillen und benutze günstige Umstände, sobald sie eintreten. Tschernyschew ist auf dem Marsch, um zu uns zu stoßen. Unser Feldzug wird erst Ende des Monats beginnen, dann aber wird es in dem armen Schlesien schlimm hergehen.«

In der Tat kommen die militärischen Operationen jetzt in Fluß. Am 24. Juni schlägt Prinz Ferdinand von Braunschweig die Franzosen bei Wilhelmstal, in Niederhessen, aufs Haupt. In Versailles welken die letzten Siegeshoffnungen. Der Franzosen bemächtigt sich eine ungeheure Gleichgültigkeit gegenüber den Kampfhandlungen in Mitteleuropa. Ihre Wirtschaftskraft ist infolge des Krieges mit Großbritannien völlig zugrundegerichtet; die Öffentlichkeit verlangt unisono nach einem Separatfrieden.

Am 30. Juni setzen die Russen unter Tschernyschew bei Auras über die Oder. »Hurrah! Feodor Feodorowitsch! Hurrah!« schallt es ihm aus 20000 Kehlen entgegen, als der Preußenkönig die Reihen seines neuen Verbündeten mustert. Friedrich trägt zu Ehren des Tages den St.-Andreas-Orden und lädt den russischen Stab zu einem kleinen Festbankett auf Schloß Lissa ein, jenen denkwürdigen Ort, an dem er 1757, nach der Schlacht bei Leuthen, den Abend unter österreichischen Offizieren verbrachte. Am 2. Juli setzt er sich mit seiner preußisch-russischen Armee gegen Feldmarschall Daun in Bewegung, der unverzüglich in die schlesischen Berge, südwestlich Schweidnitz, retiriert. Friedrich folgt ihm, und beide Heere stehen sich in der Nähe der Höhen von Burkersdorf gegenüber.

Am 13. Juli faßt der preußische König den Entschluß, Daun so bald wie möglich anzugreifen. Es geht ihm vor allem darum, die Österreicher von Schweidnitz abzudrängen, das ja seit dem 1. Oktober vergangenen Jahres in ihrer Hand ist. Daun steht jedoch in seinen verschanzten Höhenstellungen unbeweglich. »Ich komme nur langsam vom Fleck«, klagt Friedrich am 17. Juli, »aber ich habe einen noch langsameren und unbeweglicheren Mann mir gegenüber, und mein Glaube ist nicht stark genug, um Berge, Kanonen und Marschall Daun zu versetzen.«

Am Morgen des 18. Juli tritt General Tschernyschew in des Königs Zelt und meldet, daß Zar Peter III. am 9. Juli gestürzt wurde und daß er, Tschernyschew, Befehl habe, mit seinen 20000 Mann nach Polen abzumarschieren. Friedrich ist wie vom Donner gerührt. Er ahnt nicht, daß der Zar am Tage zuvor auf grausame Weise ermordet worden war, aber er weiß, daß die Österreicher neuen Mut schöpfen werden, wenn sie vom Umschwung der Lage in Rußland erfahren. Sofort entfaltet er den ganzen Zauber seiner Verführungskunst, mit der er einst so brillierte. Er bittet den Russen, seinen Abmarsch um drei Tage aufzuschieben, so daß die Österreicher, wenn er, Friedrich, sie angreift, noch immer des Glaubens sind, die russischen Truppen ständen unter seinem Befehl. Das russische Armeekorps solle sich nicht am Angriff der Preußen beteiligen, sondern bewegungslos aufmarschiert unter Waffen stehen; damit sei ihm vollauf gedient. Tschernyschew schmilzt unter Friedrichs Worten und ruft aus: »Machen Sie mit mir, was Sie wollen, Sire! Ich setze dabei mein Leben aufs Spiel. Aber hätte ich zehn Leben zu verlieren, ich gäbe sie hin, um Ihnen zu zeigen, wie sehr ich Sie verehre und liebe.« Als der russische General vor das Zelt tritt, hat er Tränen in den Augen und sagt zu Friedrichs Stab: »Was ist Ihr König für ein Mann! Was gäbe ich darum, wenn ich in seinen Diensten wäre. Wer kann dem Manne widerstehen, der ihn sprechen hört?!« Der Kabinettsrat Eichel notiert nach der Audienz: »Des Königs Majestät müssen von dem Betragen des Grafen Tschernyschew sehr angetan sein, weil sie ihm ein reiches Présent machen werden.«

Friedrich ist, nachdem ihn der Russe verlassen hat, aufs tiefste niedergeschlagen. Er schreibt dem Minister von Finckenstein: »Ich teile Ihnen die sehr traurige Neuigkeit von der Entthronung des Kaisers von Rußland mit. Die Kaiserin ist zur Regentin ernannt worden, und der General Graf Tschernyschew hat soeben den Befehl erhalten, sich von meiner Armee zu trennen. Er beabsichtigt, noch bis zum 22. dieses Monats hier zu bleiben. Man muß sehen, was die Folgen dieses ernsten Ereignisses sein werden ... Urteilen Sie selbst über die Verlegenheit, in der ich mich befinde, jetzt mitten in dem schönen Verlauf unserer Operationen, die uns die größten Hoffnungen gaben.«

In den nächsten beiden Tagen trifft der König präzise Vorbereitungen für den Angriff auf das österreichische Heer. Zu seinen Generalen sagt er nur kalt und knapp: »Diesmal muß es biegen oder brechen!« Er kann es drehen und wenden, wie er will, es gibt keinen anderen Weg, als die schwer befestigten Höhenstellungen Dauns anzugreifen. Aber hier, bei Burkersdorf, zeigt sich Friedrichs Feldherrntum noch einmal in höchster Vollendung. Es wird keinen Frontalangriff geben; die preußische Armee wird ein neues Angriffsverfahren demonstrieren.

Dauns Macht besteht diesmal nicht so sehr in seiner Mannschaftsstärke. Er hat bedeutende Detachements abgezweigt, und so befinden sich nur 36000 Mann in den österreichischen Stellungen. Der Preußenkönig wiederum ist wegen des gebirgigen Geländes nicht in der Lage, Kavallerie einzusetzen. Es wird also eine reine Infanterie- und Artillerieschlacht werden, mit etwa gleichen Kräften.

Friedrich beschließt, gegenüber der Front der feindlichen Streitkräfte nur ein Drittel seiner Armee aufzustellen, 14 Bataillone mit 12000 Mann. Der Auftrag lautet, auf keinen Fall anzugreifen, sondern sich lediglich dem Gegner unter vollen Waffen und mit wehenden Fahnen zu präsentieren. Schräg dahinter werden die 20 russischen Bataillone in breiter Linie aufmarschieren, so daß die österreichische Heerführung zu dem Eindruck gelangen muß, hier stehe ihr fast die gesamte feindliche Streitmacht gegenüber. Diese preußisch-russischen Kräfte sind jedoch reine Demonstrationsobjekte, zum »Zuschauen« bestimmt, während der eigentliche Stoß der Preußen in die rechte Flanke der Österreicher erfolgen wird. Zu diesem Zweck bildet Friedrich drei Angriffskolonnen unter den Generalen Knobloch, Möllendorff und Wied, die 32 Bataillone mit rund 24000 Mann umfassen. Diese Kolonnen sollen völlig getrennt voneinander und selbständig vorgehen, allerdings in einem bestimmten Zeittakt-Verfahren, so daß der Offensivstoß in drei verschiedene Phasen zerfällt, die aber penibel, geradezu wissenschaftlich miteinander abgestimmt sind. Es ist dies eine ganz neue Kampfesweise, die ihrer Zeit um fünfzig Jahre voraus ist und erst von Napoleon Bonaparte zur Vollendung gebracht wird. Nicht mehr in endlos weiten Linien, Seitenrichtung/Vordermann, ständig unter dem Auge des Befehlshabers, wird die Infanterie avancieren, so wie sie es sechs Jahre lang getan hat. Nein, man wird in getrennten Stoßkolonnen vorgehen, selbständig handelnd in unübersichtlichem Gebirgsgelände. Im Grunde wird hier schon die »Auftragstaktik« erfunden, die zum weltberühmten Charakteristikum preußisch-deutscher Angriffsführung in den folgenden Jahrhunderten werden wird.

In den vergangenen drei Nächten hat es vom Himmel geschüttet. Aber die Angriffsnacht vom 20. auf den 21. Juli ist sternenklar. Friedrich läßt im nächtlichen Handstreichverfahren Burkersdorf nehmen und fährt dort eine Mammutbatterie von 55 schweren Geschützen auf, so daß die Kanonen Rad an Rad stehen. Ein wahres Trommelfeuer soll auf das Tal der Weistritz herabgehen. Und wirklich, als der Angriff um vier Uhr früh beginnt, geht über den österreichischen Stellungen ein artilleristisches Inferno nieder. Ein Offizier der Österreicher berichtet: »Das erste Aufeinanderprallen war schrecklich. Ich habe selten Gefechte mit ähnlichem Auftakt erlebt . . . Die Kanonenkugeln und Haubitzgranaten richteten schreckliche Verwüstungen an. Die Pferde rissen sich von ihren Halftern los und rasten eine halbe Meile weit davon.« Zur selben Zeit stürmen die drei Angriffskolonnen der Preußen getrennt die Berge hoch, nehmen die Verschanzungen und brechen tief in die rechte Flanke der österreichischen Armee ein.[1] Friedrich ist bei einer der Stoßkolonnen, und ein Augenzeuge berichtet über seine Unterhaltung mit einem verwundeten Musketier: »›Wie geht's?‹ fragte der König ihn. – ›Gottlob!‹ antwortete der Soldat, ›es geht alles gut, die Feinde laufen, und wir siegen!‹ – ›Du bist verwundet, mein Sohn‹, fuhr der König fort und reichte

[1] Da die Pferde auf dem felsigen Grund nicht Fuß fassen können, schleppen die preußischen Artilleristen ihre Kanonen auf den Schultern hinauf.

ihm sein Schnupftuch, ›verbinde dich damit.‹ – ›Nun wundere ich mich nicht‹, sagte Tschernyschew, der dem König zur Seite ritt, ›daß man Ew. Majestät mit solchem Eifer dient, da Sie Ihren Soldaten so liebreich begegnen!‹«

Das kolonnenweise Vorgehen der Preußen in dem unübersichtlichen Gelände raubt Feldmarschall Daun jede Übersicht. Ehe er es recht gewahr wird, ist seine rechte Flanke aufgerollt und zertrümmert. Friedrich hat aus dem Debakel bei Kunersdorf gelernt: Er läßt es genug sein und verzichtet darauf, das Zentrum der Österreicher zu attackieren. Er rechnet darauf, daß Daun sich unter dem Schock der Niederlage zurückziehen und die Verbindung mit Schweidnitz preisgeben wird.

Die preußischen Verluste betragen 1500 Mann an Gefallenen und Verwundeten. Die Österreicher verlieren 3500 Mann, darunter 550 Gefangene und 700 Überläufer. Vierzehn Kanonen fallen in preußische Hand. Am folgenden Tag, dem 22. Juli, zieht Daun sich weiter ins Gebirge zurück und gibt damit die Verbindung zu Schweidnitz preis. Damit hat der König von Preußen sein operatives Ziel erreicht.

Am nächsten Tag, dem 23. Juli, schlägt Ferdinand von Braunschweig die Franzosen unter Soubise bei Lutternberg und kann sich nun anschicken, gegen die hessische Hauptstadt, gegen Kassel vorzugehen. »Gott segne Soubise«, spottet Friedrich. »O, wie sehr billige ich die Wahl der Pompadour!« In wenigen Tagen hat sich die Kriegslage in Schlesien wie im Westen Deutschlands zugunsten der preußisch-englischen Koalition gewendet.

Keine Frage, der Sieg bei Burkersdorf hat vor allem psychologische Bedeutung. Die preußische Armee hat ihre innere Krisis überwunden, sie ist wieder schlagkräftig wie in früheren Zeiten. Ganz Europa blickt fassungslos auf den Preußenkönig, der einfach nicht unterzukriegen ist. Friedrich läßt General Tschernyschew seinen herzlichen Dank aussprechen und übersendet ihm einen mit Brillanten besetzten Degen. Der Russe sagt zu dem Grafen Schwerin: »Ihr König hat mich für die ganze Welt unbrauchbar gemacht! Nie wieder werde ich einen Mann finden, den ich so lieben und hochschätzen könnte wie Friedrich den Großen.« Er zieht mit seinen Truppen nach Polen ab. Inzwischen hat Friedrich zu seiner Beruhigung erfahren, daß die neue Zarin Katharina den Friedensvertrag mit Preußen einhalten wird.

Der tief deprimierte Feldmarschall Daun macht noch einen Versuch, die Verbindung zur Festung Schweidnitz wiederherzustellen. Am 16. August greift er mit Übermacht ein isoliert stehendes preußisches Korps unter dem Herzog von Bevern, das bei Reichenbach die Zugangswege nach Schweidnitz deckt, von allen Seiten an. Aber schon nach einer Stunde kommt Friedrich auf seinem Rotschimmel »Cäsar« an der Spitze des braunen Husarenregiments in vollem Galopp angesprengt. Ihm folgen 20 weitere Schwadronen und neun Bataillone Infanterie. Die österreichische Reiterei wird in wilder Attacke geworfen. Bedeutungsvoll an diesem Kampf ist, daß die preußische Kavallerie zum erstenmal von reitender Artillerie begleitet wird. Es ist die letzte Schlacht, die Friedrich in diesem Krieg leitet, und sie bringt den preußischen Waffen den Sieg. Am 7. August läßt der König die Laufgräben zur Belagerung der Festung Schweidnitz eröffnen, in der 12 500 Österreicher stehen.

Der arme Feldmarschall Daun, der legendäre Sieger von Hochkirch und Kolin, bekommt nun die Unbeständigkeit der Masse und den Wandel der Volksgunst zu spüren. Ganz Wien schäumt vor Wut bei den niederschmetternden Nachrichten aus Schlesien. Für alles wird der Oberkommandierende persönlich verantwortlich gemacht. Auf den Straßen erscheinen Karikaturen, die Daun mit einer Schlafmütze zeigen. Seine Frau wird bei ihren Ausfahrten vom Pöbel mit Schlafmützen und Straßenkot beworfen. Die Stimmung in den Gemächern der Kaiserin Maria Theresia hat Begräbnischarakter.

Aber auch ihr Gegenspieler Friedrich von Preußen gibt sich eher düsteren Gedanken hin. Zu lange war der Kampf in den vergangenen sechs Jahren, zu schwer waren die Enttäuschungen und Niederlagen. Am 27. September schreibt er aus Bögendorf an d'Argens: »Ich für mein Teil bin an Unglück und Widerwärtigkeiten so sehr gewöhnt und werde gegen alle Vorfälle in dieser Welt so gleichgültig, daß ich jetzt fast gar nicht mehr fühle, was früher die tiefsten Eindrücke auf mich gemacht hätte. Wirklich, mein lieber Marquis, ich bin in der praktischen Philosophie vorangekommen. Ich werde alt, nähere mich dem Ziel meiner Tage, und meine Seele löst sich unmerklich von dieser vergänglichen Welt, die ich bald verlassen werde.« Er zählt dem Marquis die schrecklichen Belastungen auf, die er in letzter Zeit durchmachen mußte: die verzweifelte Lage im Winter 1761/62, die andauernden Wechselfälle in Rußland, »die Treulosigkeit der Engländer«. Er spricht von der »schlimmsten aller möglichen Welten« und fügt hinzu: »Ich habe während dieses Krieges so viel erlebt, daß meine seelische Kraft ganz erschöpft ist und daß sich nun eine Hülle von Gleichgültigkeit und Unempfindlichkeit um mich legt, wodurch ich fast ganz untauglich werde.«

Die Belagerung von Schweidnitz zieht sich zwei Monate hin, da sich die Österreicher, beraten von dem ausgezeichneten französischen Genie-General Gribeauval, ganz vorzüglich zur Wehr setzen. Friedrich wettert ungeduldig: »Wir brauchen sechs Wochen, um einen Platz wiederzuerobern, den wir in zwei Stunden verloren haben.« Er lacht sarkastisch auf und setzt hinzu: »Ganz offensichtlich gibt es keine schöne Helena in Schweidnitz, und bei uns gibt es keinen Achill.« Endlich, am 9. Oktober, kapituliert die österreichische Besatzung von Schweidnitz.[1] Friedrich teilt es sogleich triumphierend seinen Gesandten in London mit, und da er davon ausgeht, daß die Briten heimlich seine Post mitlesen, fügt er eigenhändig hinzu: »Trotz Bute und allen ehrlosen Schurken, die wie er denken.«

Eigentlich ist die militärische Entscheidung seit Burkersdorf und Ferdinands Siegen über die Franzosen gefallen. Der Krieg schleppt sich nur noch dahin. Rußland und Schweden sind ausgeschieden, die Franzosen und die Österreicher sind geschlagen worden, jetzt fehlt nur noch ein Schlag gegen die Reichsarmee, die im westlichen Sachsen Gewehr bei Fuß steht.

Friedrich drängt seinen Bruder, Prinz Heinrich, gegen sie offensiv vorzugehen. Der Prinz, ein Meister des Manövrierens, scheut offene Feldschlachten. Doch bei ihm ist der wiederhergestellte Seydlitz, der Heinrich bei den Vorbereitungen zur Schlacht

[1] Die Preußen haben während der zweimonatigen Belagerung etwa 3000 Mann, die Österreicher 3500 Mann verloren. 9000 Österreicher gehen in die Gefangenschaft, 350 Geschütze fallen in die Hände der Sieger.

aufs glänzendste unterstützt. Am 29. Oktober 1762 findet bei Freiberg in Sachsen der letzte Kampf des Krieges statt, und er endet mit einem preußischen Sieg über die Reichsarmee und die zur Unterstützung herbeigeeilten Österreicher. »Der Feind«, berichtet der Prinz seinem Bruder vom Schlachtfeld, »leistete hartnäckigen Widerstand. Aber nach dreistündigem Kampf mußte er sich aus allen Punkten zurückziehen. Seydlitz hat die größten Dienste geleistet. Als die Kavallerie nicht zur Aktion kommen konnte, stellte er sich an die Spitze der Infanterie und verrichtete Wundertaten.«[1] Friedrich antwortet: »Ihre Nachricht, mein lieber Bruder, hat mich verjüngt! Gestern war ich sechzig, heute bin ich achtzehn.« Und an seine Schwester, die Prinzessin Amalie, schreibt er über den Sieg bei Freiberg: »Er kam sehr zur rechten Zeit, jetzt, wo es sich darum handelt, unsere Feinde, wenn möglich, dahin zu bringen, einen für uns ehrenvollen und vernünftigen Frieden zu schließen.«

Zwei Tage später befindet sich Berlin im Freudentaumel. Keiner ist glücklicher als der Marquis d'Argens, der am 31. Oktober seinem königlichen Freund schreibt:

»Ohne ein großer Rechner zu sein, stelle ich fest, daß innerhalb von vierzehn Tagen die Zahl der Österreicher sich um 20 000 Mann vermindert hat: 10 000 wurden in Schweidnitz gefangengenommen und 6000 jetzt in der von Prinz Heinrich gewonnenen Schlacht; 4000 blieben tot oder verwundet auf dem Schlachtfeld. Ich glaube daher, daß Sie mit diesem Feldzug zufrieden sein können. Fortuna ist nicht mehr eine den Launen der Österreicher sklavisch ergebene Göttin; sie hat sich von dem Joch befreit, unter das diese sie anscheinend gezwungen hatten. Was werden Bute und seine Clique sagen, die uns so treulos verlassen wollten?

Ich hätte Eurer Majestät noch mancherlei zu sagen, aber in diesem Augenblick tritt meine Köchin ins Zimmer und fragt, ob ich nicht diesen Abend ein kleines Fest geben und was ich zum Abendessen haben wolle. Als ich die Hörner der Postillone [mit der Nachricht vom Sieg bei Freiberg] hörte, ließ ich sogleich

[1] Prinz Heinrich gibt in seinem Bericht an den König 3000 Mann an Gefallenen und Verwundeten als preußischen Verlust an. Die Einbußen des Feindes beziffert er mit mehr als 4000 Gefangenen und 31 Kanonen.

einige unserer Akademiemitglieder zu mir bitten, um bei mir philosophisch den glorreichen Sieg des Prinzen Heinrich und der preußischen Waffen zu feiern ... Wir werden uns nicht mit Rosen bekränzen, weil es in dieser Jahreszeit keine gibt; wir werden auch keinen Falerner Wein trinken, weil unsere Weinhändler keinen führen; aber wir werden einigen Flaschen ausgezeichneten Pontac-Weins den Hals brechen und dabei für Sie und den Prinzen Heinrich die innigsten Segenswünsche zum Himmel senden ...«

Am 1. November zieht Prinz Ferdinand von Braunschweig siegreich in Kassel ein. Zwei Tage später werden die Friedenspräliminarien zwischen England und Frankreich in Fontainebleau unterzeichnet. Die britische Regierung ist also tatsächlich dabei, einen Separatfrieden mit Frankreich zu schließen, ohne auf den alten preußischen Bundesgenossen Rücksicht zu nehmen. Aber die Siege bei Burkersdorf und Freiberg haben auch den unnachgiebigen Sinn der österreichischen Kaiserin beeindruckt. Sie hat sehr aufmerksam eine Denkschrift des Marschalls Daun gelesen, die er nach dem Fall von Schweidnitz anfertigte und in der es heißt: »Wenn kein Friede zu hoffen, so sehe ich nicht, wie Ew. Majestät den Krieg werden fortführen können, da nach den obwaltenden Umständen sehr zu besorgen, daß die Armee nicht einmal mehr den Winter hindurch zu erhalten sein wird.« In der Tat sind die österreichischen Staatskassen leer. Die Kaiserin sehnt nun den Frieden, »den wir alle nötig haben«, von Herzen herbei.

Friedrich, der sich seit dem 7. November in Torgau aufhält, wartet die Entwicklung geduldig ab. Die Zeit des inneren Fiebers, der Ungeduld und Unruhe ist vorbei. Er weiß, daß ihm in Kürze der Preis der Standhaftigkeit zufallen muß. Er amüsiert sich über einen Brief des Marquis d'Argens, der ihm am 10. November aus Berlin berichtet hat: »Herr von Catt hielt gestern Hochzeit. Er war so vernünftig, dies ganz in der Stille zu tun, und hatte nur seine nächsten Verwandten eingeladen. Über seine Frau gibt es nur eine Meinung; alle Welt sagt nur Gutes von ihr, und ich glaube, daß er wirklich glücklich sein wird. Im allgemeinen glaube ich ja, daß es nichts Ärgeres auf Erden gibt als die Weiber; aber wenn man so glücklich ist, eine gute Frau zu finden, dann ist das für einen Privatmann, so sehr er auch Philosoph sei, ein unaussprechlicher

Schatz. Was würde aus mir ohne den Beistand meiner Frau seit drei Jahren geworden sein? Ich wäre bestimmt schon lange begraben. Der Schaden wäre freilich für das Publikum sehr gering, aber groß für mich, der ich seit zwei Jahren so sehr wünsche, noch einmal das Glück zu haben, Sie wiederzusehen.«

Friedrich verlegt sein Hauptquartier von Torgau nach Meißen, in die Stadt des Porzellanhandwerks. Von dort schreibt er am 20. November an Frau von Camas: »Ich sende Ihnen, mein gutes Mütterchen, eine Kleinigkeit, damit Sie sich meiner erinnern. Sie können sich dieser Tabaksdose bedienen, um Schminke oder Schönheitspflästerchen oder Tabak oder Zuckerwerk oder Pillen hinein zu tun . . . Ich habe hier Porzellan bestellt für alle Welt, für Schönhausen und für meine Schwägerinnen. Ich bin, mit einem Wort, nur noch reich an dieser zerbrechlichen Ware. Ich hoffe, daß die Empfänger sie für gutes Geld annehmen werden. Denn wir sind Bettler, mein gutes Mütterchen! Es bleibt uns nur die Ehre, der Mut, der Degen und – Porzellan.«

Am 24. November kommt es zum Waffenstillstand zwischen Preußen und Österreich. Zwei Tage später schreibt Friedrich an den Lordmarschall Keith: »Wir sind im Begriff, unsere Winterquartiere zu beziehen; der Feldzug ist glücklich beendet.« In Wien ziert man sich eine Weile, an den Preußenkönig mit Friedensvorschlägen heranzutreten. So wird der ehemalige sächsische Beamte, der Freiherr von Fritsch, der Friedrich schon persönlich bekannt ist, beauftragt, sich im Namen des sächsischen Kurfürsten, der in Warschau sitzt, ins preußische Hauptquartier nach Meißen zu begeben, offiziell, um über einige Erleichterungen für das besetzte Sachsen zu verhandeln. Am 29. November empfängt ihn Friedrich, und im Laufe des Gesprächs berichtet Fritsch davon, daß Graf Kaunitz sich gegenüber dem sächsischen Gesandten in Wien für einen »billigen und anständigen« Frieden ausgesprochen habe. Der König tut so, als ob er das Spiel nicht durchschaute, und entläßt Fritsch mit dem Bemerken, er würde gerne wissen, was Graf Kaunitz unter einem »billigen« Frieden verstehe. Fritsch eilt spornstreichs nach Wien.

Am 19. Dezember empfängt Friedrich den Freiherrn von Fritsch erneut, diesmal in Leipzig. Er erklärt sich zu einer Friedenskonferenz mit Österreich und Sachsen bereit. Als Fritsch ihn fragt: »Aber was machen Euer Majestät mit uns armen Sachsen?« antwortet Friedrich trocken: »Ich gebe euch euer Land wieder.« Man geht gemeinsam zu Tisch und debattiert über die Einzelheiten einer Friedenskonferenz. Vorsichtige Erkundigungen des Freiherrn nach eventuellen territorialen »Kompensationen« werden vom Preußenkönig rundum abgeschlagen: »Rechnet ja nicht darauf, ein Dorf oder einen Groschen von mir zu bekommen!« In diesem Punkt ist mit ihm nicht zu spaßen. Ja, er macht dem Freiherrn bei Aufhebung der Mittagstafel nachdrücklich klar, daß an eine Räumung Sachsens oder an die geringste Linderung der Lasten nicht zu denken sei, ehe der Friede geschlossen und ratifiziert sein werde. Dagegen behandelt er das Etikettenproblem großzügig. Auf die Frage, ob die Friedenskonferenz in Wien oder Leipzig stattfinden solle, antwortet Friedrich, daß ihm das völlig gleichgültig sei, daß er auf sein Prestige nicht bedacht sein müsse und daß er ohne weiteres auch einen Bevollmächtigten nach Wien senden würde. Man einigt sich schließlich auf das sächsische Schlößchen Hubertusburg als Konferenzort.

Am 30. Dezember 1762 treffen sich dort für Preußen der Geheime Legationsrat Ewald Friedrich von Hertzberg, für Österreich der Hofrat von Collenbach und für Sachsen der Freiherr von Fritsch. Sie tauschen ihre Beglaubigungsschreiben aus und beschließen, die konkreten Konferenzberatungen am Morgen des 2. Januar 1763 zu beginnen.

Die Kampfhandlungen des Siebenjährigen Krieges sind beendet.

Das Ende der Qualen

Der Friede von Hubertusburg (1763)

Indes der Feldherr, sorgend für das Ganze,
An neuen Plänen schmiedet im Quartier,
Lohnt stilles Glück den tapfren Offizier
Und eint die Myrte mit dem Lorbeerkranze.
Die treue Gattin, deren liebend Herz
Sich oft nach ihm gesehnt in bangen Stunden,
Vergißt in seinem Arm der Trennung Schmerz.
O holde Zeit, da Sorg' und Not entschwunden!
O Wiedersehn, entrückt dem Waffenklang!
Er stillt die Tränen, lindert ihren Harm;
Sie windet ihm die Waffen aus dem Arm
Und hört mit Stolz, wie er den Feind bezwang.
O süßes Glück! wenn sie das Herze rührt,
Das unverzagt im Schlachtengraus geblieben;
Wenn sie den Mund küßt, der den Kampf geschürt,
Den Schmerz bezwungen und zum Sieg getrieben.

Friedrich der Große, »DIE KRIEGSKUNST –
Ein Lehrgedicht«, 1751, 5. Gesang

Der König von Preußen verbringt die Januartage des neuen Jahres in Leipzig. Sein Freund, der Marquis d'Argens, leistet ihm Gesellschaft. Doch für philosophische Plaudereien bleibt diesmal wenig Zeit. Bereits am 5. Januar drohen die Friedensgespräche in Hubertusburg festzufahren. Man hat von österreichischer Seite den Verhandlungsgrundsatz aufgestellt, keine Partei dürfe durch den Friedensschluß einen »reellen Verlust« erleiden. Gleichwohl fordert Maria Theresia die Grafschaft Glatz, das einzige Stück Schlesien, das noch von österreichischen Truppen besetzt ist. Kaunitz begründet die Forderung nach Wiedergewinnung der Grafschaft Glatz mit dem »Interesse eines dauerhaften Friedens«, indem er auf die vorspringende Lage dieses Gebirgsdreiecks verweist, das tief nach Böhmen hineinragt. Hertzberg weist diese Argumentation zurück und pocht auf ein Gutachten des Feldmarschalls Daun, wonach die Grafschaft Glatz ein Bollwerk für Schlesien, aber mitnichten ein Ausfalltor gegen Böhmen sei. Der Streit geht hin und her. Zuerst bietet Wien für Glatz eine Geldentschädigung, dann den Teil des Fürstentums Neiße, der 1742 österreichisch geblieben ist, als Ausgleich an, schließlich – als alle Vorschläge preußischerseits schroff abgewiesen werden – will man sich damit begnügen, daß Preußen sich zur Schleifung der Festungswerke von Glatz verpflichtet. Friedrich zeigt eiserne Nerven. Er läßt sich auf nichts ein. Sein Verhandlungsgrundsatz lautet, daß er nichts fordert und daß er nichts hergibt. Er verlangt unnachgiebig die Rückkehr zum »Status quo ante«, er besteht darauf, daß er das ungeschmälert behält, was ihm in den Friedensverträgen von 1742 und 1745 von Österreich feierlich zuerkannt wurde. Zwischen Hubertusburg, Leipzig und Wien reiten die Eilkuriere wilde Stafetten, zirkulieren die Noten, die Vorschläge und Gegenvorschläge.

Friedrich ist sicher, daß Wien schließlich nachgeben wird; die Österreicher haben keinen Pfennig mehr in ihren Kriegskassen. Am 28. Januar schreibt er aus Leipzig an den Lordmarschall Keith: »Wir sind dabei, Frieden zu schließen. Die Verhandlungen gehen voran. Ich habe mir vorgenommen, in ihnen weder als Tor noch als Schurke aufzutreten. Ich will den besten Frieden schließen, den die jetzigen Zeitverhältnisse gestatten. Es sind viel Sorgen und Schwierigkeiten mit den Verhandlungen verknüpft. Dennoch ziehe ich sie denen vor, die ein neuer Feldzug erfordert. Ich bin glücklich, nach sieben Akten den Schluß eines schlechten Schauspiels zu finden, in dem ich wider meinen Willen mitspielte ... Ich glaube, daß wir nächsten Monat unterzeichnen und diese bedeutsame Angelegenheit dann glücklich zu Ende gehen wird. Stellen Sie sich einen Mann vor, der lange auf hoher See mit dem Sturm zu kämpfen hatte und endlich die Küste erblickt, an der er vor Anker gehen kann. Das ist exakt mein Schicksal. Ich freue mich über die glückliche Aussicht so sehr, daß ich sie manchmal noch in Zweifel ziehe. Aber, dem Himmel sei Dank, es steckt soviel Realität dahinter, daß ich von der Zukunft kein Unheil mehr zu fürchten habe. Ich hoffe, im Monat April bei meinen Hausgöttern am heimischen Herd zu sein, und wolle der Himmel, daß ich sie niemals mehr um eines ähnlichen Grundes willen verlassen muß.«

Endlich, am 31. Januar, erfährt man in Hubertusburg, daß Maria Theresia, aufs äußerste betrübt, auf jeden territorialen Gewinn, also auch auf die Grafschaft Glatz, verzichten wird. In den ersten Februartagen kommt es noch zu einigem Nebengerangel. Friedrich erklärt sich damit einverstanden, vom 10. Februar 1763 an auf alle sächsischen Kontributionszahlungen zu verzichten. »Aus Gefälligkeit und um die Gemüter zu besänftigen« ist er auch bereit, seine Kurstimme für Erzherzog Joseph, Maria Theresias ältesten Sohn, bei der Wahl des deutschen Kaisers zu versprechen. Dagegen weist er das österreichische Ansinnen zurück, beim Aussterben der brandenburgischen Nebenlinie in Ansbach und Bayreuth auf eine Verschmelzung dieser Gebiete mit Preußen Verzicht zu leisten.

Am 12. Februar wird man schließlich handelseinig. Zwei Tage später schreibt Friedrich aus Leipzig an den Prinzen Heinrich: »Wir warten hier unablässig auf die Nachricht von der Unterzeichnung. Die Österreicher sind übereingekommen, die Präliminarien in einen definitiven Frieden zu verwandeln. Die Bestätigungsurkunden werden ungefähr am 25. dieses Monats ausgewechselt werden ... Ich werde frühestens in sechs Wochen nach Berlin zurückkehren können, weil ich hier viel für den Marsch der Regimenter zu tun habe, den Transport auf dem Wasser und ähnliche

Dinge. Sodann gehe ich nach Schlesien, wo es viele Einrichtungen zu treffen gibt. Ich will dort alle Geschäfte sogleich beendigen, um nicht genötigt zu sein, vor dem Jahr '64 dorthin zurückzukehren. All das, lieber Bruder, wird mich bis in den Monat April aufhalten. Dann wird dieser Arbeit die neue folgen, die Mark wie auch Magdeburg und Halberstadt wieder in guten Stand zu bringen. Ferner wird es sehr nötig sein, eine Reise nach Pommern zu machen, und auch in das Clevesche Land . . . Alle unsere Kassen werden im Juni auf einen besseren Fuß gesetzt sein. Ich zahle über kurz oder lang sämtliche Staatsschulden zurück.«

Am 15. Februar 1763 wird der Hubertusburger Friede unterschrieben, ist das Ende der siebenjährigen Qualen gekommen. In Artikel 1 entsagen die Vertragschließenden feierlich aller öffentlichen oder heimlichen Feindseligkeiten gegeneinander. In Artikel 2 gewähren sie sich gegenseitig volle und ewige Verzeihung für alles, was während des Krieges geschehen ist. Beide Seiten verzichten auf Reparationsforderungen. Österreich bestätigt die Friedensschlüsse von 1742 und 1745, so daß ganz Schlesien, einschließlich der Grafschaft Glatz, bei Preußen verbleibt (Art. 5). Maria Theresia garantiert Friedrich den Besitz seiner gesamten Länder, während Friedrich seinerseits der Kaiserin-Königin nur ihre deutschen Länder garantiert (Art. 16). In einem Geheimartikel verpflichtet sich der Preußenkönig, dem Erzherzog Joseph seine Kurstimme bei der Wahl zum deutschen Kaiser zu geben.

Friedrich schreibt noch am gleichen Tag seiner Schwester Ulrike, der Königin von Schweden: »Nun ist also, Gott sei Dank, der Friede in Europa wiederhergestellt. Möchte er lange dauern, und möge die Nachwelt nie mehr eine Vorstellung solcher Szenen zu sehen bekommen, wie wir sie seit zwei Jahren gehabt haben . . .« Als ihn einer seiner Adjutanten mit den Worten »Sire, das ist sicher der schönste Tag in Ihrem Leben« beglückwünscht, sieht er ihn durchdringend an: »Mein Lieber, der schönste Tag im Leben ist der, an dem man es verläßt.« Am 17. Februar trifft Friedrich, auf dem Wege von Leipzig nach Meißen, in Hubertusburg seinen Unterhändler Hertzberg und sagt zu ihm: »Es ist doch ein gutes Ding um den Frieden, den wir abgeschlossen haben.

Aber man muß sich das nicht merken lassen!«[1] Das Maskenspiel der Diplomatie und Politik geht also unverdrossen weiter.

Österreicher, Reichstruppen und Preußen räumen schrittweise Sachsen. Seit dem 11. Februar sind die kurfürstlich-sächsischen Steuerbehörden wieder im Lande tätig. Der Preußenkönig ist mit seinen Gedanken schon ganz bei der Friedensarbeit. Am 19. Februar schreibt er seiner Brieffreundin, der Herzogin von Sachsen-Gotha: »Dieser Friede zieht eine ungeheure Arbeit nach sich, und ich werde noch lange damit zu tun haben. Es heißt zunächst, die Truppen auseinanderzuziehen, ferner eine Unmenge Maßnahmen für das Militär, mehr aber noch für die Provinzen und für die Finanzen zu treffen. Aber der Mensch ist zum Arbeiten geschaffen wie der Ochse zum Pflügen! Man darf sich deswegen nicht beklagen und muß mit seinem Los zufrieden sein. Das ist, wie Sie so richtig sagen, die einzige Möglichkeit, das bißchen Glück zu genießen, das uns hienieden bestimmt ist.« Über die Sachsen schreibt er: »Diese Bemitleidenswerten, die sechs lange Kriegsjahre an den Abgrund brachten, haben noch vor der Unterzeichnung der Friedenspräliminarien neue Steuervorlagen erhalten ... Man fürchtet die Rückkehr des Hofes nach Dresden wie den Hagel, wie den Sturm, wie die Pest ... Wenn Brühl wüßte, wie verhaßt er ist, wäre ihm, glaube ich, sein Posten widerwärtig. Das Volk ist auf die Länge der Zeit gerecht; es schätzt jeden nach seinem Verdienst. Wohl ist es manchmal schnell mit seinem Urteil zur Hand; aber die Zeit führt es zur Wahrheit zurück.«

Am 20. Februar berichtet d'Argens aus der Hauptstadt: »Ich habe Berlin in einer freudigen Begeisterung angetroffen, die sich nicht beschreiben läßt, die sich aber noch steigern wird, Sire, wenn Sie selbst kommen! Der Friede hat Heiterkeit über alle Gesichter verbreitet, und Sie werden beim Anblick der guten Berliner glauben, sie wären alle Sybariten[2], trunken vor Vergnügen und ohne jemals Kummer gekannt zu haben; so schnell haben sie die Leiden des Krieges vergessen ... Die Reise von Leipzig

[1] Gleichzeitig ernennt er Hertzberg zum Staatsminister mit den Worten: »Sie haben Frieden gemacht, wie ich Krieg führte: einer gegen viele.«
[2] Schlemmer, Genießer.

nach Berlin habe ich in zwei Tagen zurückgelegt, und ich bin Tag und Nacht gefahren, ohne aus meinem Wagen zu steigen. Vier Stunden nach Eurer Majestät reiste ich ab, krank und unter Schmerzen. Kaum aber war ich eine Meile von Leipzig entfernt, als ich mich schon viel besser fühlte, und die Sehnsucht, unser Heiliges Land Brandenburg wiederzusehen, heilte mich vollends. Als ich über einen kleinen Bach kam, der, wie man mir sagte, Sachsen und Brandenburg trennt, machte ich es wie die Juden, wenn sie Jerusalem erblicken: ich pries den Herrn, im Lande der Auserwählten und der Kinder Gottes zu sein! . . . In der Tat, Sire, Sie haben gut daran getan, Frieden zu machen. Dank diesem Frieden hoffe ich, daß die längsten Reisen während meines noch übrigen Lebens zwischen Potsdam und Berlin liegen werden. Ich überlasse es Ihnen, der Sie Europa gebändigt haben, es zu durchreisen, wenn es Ihnen behagt. Ich für mein Teil bin sehr zufrieden, meine Fahrten auf die zwischen dem Potsdamer Schloß und Sanssouci zu beschränken. Könnte ich Sie doch dort schon den unsterblichen Ruhm genießen sehen, den Sie sich errungen haben! Aber nachdem ich mich sieben Jahre in Geduld geübt habe, kann ich wohl auch noch fünf Wochen warten. Und doch wird mir wie allen Ihren Untertanen diese Zeit sehr lang vorkommen, denn wir alle sehnen uns einzig nach dem Glück, Sie endlich wiederzusehen.«

Friedrich antwortet darauf am 25. Februar aus Dahlen: »Nachdem wir uns getrennt hatten, bin ich in Meißen gewesen. Wir haben Briefe aus Wien erhalten, wonach die Friedenspräliminarien dort allgemeine Freude hervorgerufen haben. Die Kaiserin soll den Überbringer fast umarmt haben. Die Ratifikationen werden morgen, spätestens übermorgen eintreffen. Nach meiner Rechnung glaube ich, Sachsen nicht vor dem 12. März verlassen zu können. Dann brauche ich zwei Wochen, um die Dinge in Schlesien wieder zu ordnen, und nach meiner Einschätzung werde ich nicht vor dem 29. nächsten Monates in Berlin sein können . . . Es ist recht, daß die guten Bürger und das Publikum sich über den Frieden freuen. Was mich armen Greis betrifft, so kehre ich in eine Stadt zurück, von der ich nur die Mauern kenne, wo ich keine Bekannten wiederfinde, wo eine riesenhafte Aufgabe meiner harrt und wo ich bald meine alten Knochen in einem Asyl lassen werde, das weder Krieg noch Unglück noch die Schlechtigkeit der Menschen antasten können . . .«

Friedrich beeilt sich nicht mit dem Abmarsch seiner Truppen aus Sachsen. Er läßt die Soldaten ermuntern, noch schnell viele sächsische Mädchen zu heiraten und nach Preußen mitzunehmen. Täglich läßt er sich mit sichtlicher Befriedigung die Listen der Jungvermählten vorlegen. »Menschen«, hatte sein Vater einst gesagt, »erachte ich für den größten Reichtum eines Landes.«

Am 1. März schreibt Friedrich aus Dahlen an den Marquis: »Wenn der Friede den Berlinern Vergnügen macht, so doch nicht den Sachsen. Kaum verlassen wir die Städte, kaum ist das flache Land geräumt, so erscheint die sächsische Steuerbehörde: ›Zahlt! Zahlt! Der König von Polen braucht Geld!‹ Das Volk empfindet die Unmenschlichkeit dieses Verfahrens. Es ist im Elend, und statt ihm sein Los zu erleichtern, wird sein Ruin beschleunigt. Das, mein Lieber, ist ein nach der Natur gemaltes Bild von Sachsen . . . Ich gebe mir Mühe, mich zu beruhigen und mich etwas von den Geschäften zu entlasten, um mir freie Zeit zu verschaffen und im Schweigen der Leidenschaften über mich selbst nachzudenken, mich im Innersten meiner Seele zu sammeln und mir jede Repräsentation fernzuhalten, die mir, ehrlich gesagt, immer unerträglicher wird.«

Am 5. März wird der Friede durch berittene Herolde auf den Straßen und Plätzen Berlins verkündet. Abends schreibt der Marquis an Friedrich: »Sire, endlich habe ich ihn gesehen, den so lange erwünschten Herold, als er unter meinem Fenster vorbeiritt und den Frieden ausrief! Vier- bis fünftausend Menschen folgten ihm, und ihr Jubel schien mir rührender als die harmonischste Musik. Ihr Volk, Sire, liebt Sie zärtlich . . .« D'Argens teilt dem König mit, daß er sich einen blauen Galarock mit Goldstickerei schneidern läßt und daß er sich ein sanftes Pferd mieten wird, um Friedrich entgegenzureiten und bei seiner Heimkehr festlich zu empfangen.

Der Preußenkönig befindet sich mitnichten in der enthusiastischen Stimmung der Berliner oder seines Freundes d'Argens. Schwermütig schreibt er am 6. März aus Dahlen an die Gräfin

Camas: »Ich werde Sie also wiedersehen, mein gutes Mütterchen, und ich hoffe, daß dies gegen Ende des Monats der Fall sein wird. Ich hoffe Sie ebenso wohl zu finden, wie ich Sie verlassen habe. Was mich betrifft, so werden Sie mich gealtert und fast schwatzhaft finden. Ich bin grau wie meine Esel, verliere alle Tage einen Zahn und bin halb lahm von der Gicht. Aber Ihre Nachsicht wird die Schwächen des Alters ertragen, und wir werden von der alten Zeit reden . . . Ach, mein gutes Mütterchen, wie sehr ich Berlin fürchte und die Lücken, die ich dort finden werde! Aber ich werde nur an Sie denken und mich über das andere hinwegtäuschen.«

Friedrich setzt seine Abreise zur Inspektion Schlesiens für den 12. März fest. Zwei Tage zuvor schreibt er seinen letzten Brief aus dem Felde an d'Argens: »Während Sie, mein lieber Marquis, die Herolde sahen und ihre Zurufe an die Menge hörten, führe ich hier das mir sehr angemessene Leben eines Philosophen . . . Zu meiner Begrüßung steigen Sie bitte nicht zu Pferde! Es könnte Ihnen im Gedränge ein Unglück zustoßen, was mir unendlich leid täte. Ich weiß, daß meine Rückkehr Sie erfreut. Aber wozu Demonstrationen, die Ihnen nur Umstände machen und die Unglück bringen könnten? Übrigens kann ich erst gegen sieben oder acht Uhr abends in Berlin eintreffen. Was aber, mein Guter, machen Sie in frischer Luft? Sie werden sich einen Rheumatismus und andere Krankheiten zuziehen . . . Nein, mein lieber Marquis, erwarten Sie mich in meinem Zimmer. Da werde ich Sie wiedersehen, da werde ich Sie sprechen. Das ist ein gescheiteres Vergnügen und passender für uns beide als eine tollkühne Kavalkade, die mich für Sie erzittern läßt . . .«

Wie geplant, verläßt Friedrich am 12. März sein letztes Feldhauptquartier und begibt sich nach Schlesien, wo er die Stätten der Kriegszerstörungen besichtigt und seine ersten Anordnungen zum »Retablissement«, zum Wiederaufbau erläßt. Diese Fahrt gleicht einem Triumphzug. Gleich in Löwenberg, dem Grenzstädtchen am Bober, bringt die Bevölkerung ihrem König stürmische Ovationen dar. Sowohl bei der Einfahrt wie beim Verlassen des Städtchens huldigen ihm die Knaben und Mädchen mit sogenannten lebenden Bildern, so daß Friedrich bei der Ausfahrt erstaunt ruft: »Was, Kinder, seid ihr schon wieder da?!« In den festlich erleuchteten und geschmückten Straßen der Provinzhauptstadt Breslau drängen sich Tausende von Jubelnden, so daß der königliche Wagen nur schrittweise vorankommt. Auf der ganzen Fahrt durch die Provinz umlagern die Menschen den Monarchen, küssen ihm die Hände, den Degen, die Rockschöße. Friedrich ist sichtlich gerührt durch die Freude und Anhänglichkeit der Schlesier. Doch zur Schaustellung ist er nicht gekommen; er will das Elend und die Nöte der Kriegsschäden sehen. Er fragt nach Zahlen, Daten, Fakten, sammelt Unterlagen für die Zuwendungen an Geld, Pferden, Vieh, Futtermitteln, Baustoffen, Aussaat und Brotkorn, die der Staat leisten muß.

Am 30. März kehrt er nach Berlin zurück. Am Morgen dieses Tages besucht er das Schlachtfeld von Kunersdorf und steht lange nachdenklich auf demselben Hügel, auf dem ihn 1759 Prittwitz vor den Kosaken rettete. Unterwegs, in Taßdorf, spricht er in Gegenwart einer großen Menschenmenge während des Pferdewechsels mit dem Landrat von Nüßler vom Kreis Niederbarnim, der ihm den allgemeinen Notstand schildert. Friedrich bestellt ihn für den 2. April nach Berlin ins Schloß.

Erst gegen halb neun Uhr abends erreicht der König Berlin. Die Bürgerschaft, die stundenlang auf ihren Monarchen gewartet und sich zum Schluß mit Fackeln versehen hat, umdrängt jubelnd den Wagen, in dem Friedrich mit Prinz Ferdinand von Braunschweig und General Lentulus sitzt. Unter einer Ehrenpforte am Frankfurter Tor nimmt er die Glückwünsche des Magistrats entgegen. Den ihm von der Stadt dargebotenen Prunkwagen mit »goldbehängten Rossen« lehnt er dankend ab und fährt auf Umwegen, durch abgelegene Straßen, zum Berliner Schloß, wo ihn die Königin mit den Prinzen und Prinzessinnen erwartet. Am nächsten Morgen können die einzelnen Abordnungen der Bürgerschaft endlich dem König ihre Huldigungsgedichte vortragen: die Kaufmannschaft, die französische Kolonie, die Schützengilde, das Schlächtergewerk als die vornehmste Gilde. Mittags ist große Cour im Schloß. Anschließend zeigt sich Friedrich der Berliner Bevölkerung auf einer Umfahrt durch die Straßen der Stadt. Sein Wagen ertrinkt in Blumen und Jubel.

Der allgemeine Enthusiasmus steckt den König nicht an. Am

2. April schreibt er seiner Schwester Ulrike nach Stockholm: »Ich befinde mich in einer Stadt, wo ich die Mauern kenne, aber wo ich die Personen, die der Gegenstand meiner Ehrfurcht oder meiner Freundschaft waren, nicht wiederfinde. Ich bin fremd hier, meine liebe Schwester; diese sieben Kriegsjahre haben die ganze Stadt verändert. Es bleiben nur wenige übrig von meiner Bekanntschaft, und wenn ich von den Gebäuden absehe, würde ich hier so fremd sein, als ob ich in London wäre.«

Am 4. April findet überall in Preußen ein großes Friedensfest statt. Kirchliche, militärische und zivile Jubelfeiern allerorten. Friedrich begibt sich an diesem Tage in das Charlottenburger Schloß, in dem er vor dreiundzwanzig Jahren, 1740, die ersten Regierungsmonate als strahlender junger König, als »roi charmant« und bewunderter Reformfürst verbrachte. Er hat Musiker und Sänger bestellt, die in der Schloßkapelle ein Tedeum seines alten Konzertmeisters Johann Gottlieb Graun aufführen sollen. Alles erwartet den königlichen Hofstaat zur Sieg- und Friedensfeier. Der König kommt ohne Begleitung, in seiner zerschlissenen Felduniform, mit dem Dreispitz, auf den Krückstock gestützt. Er will allein sein. Er nimmt in der Kapelle Platz und gibt das Zeichen zum Beginn. Als der Chor den Lobgesang zur Ehre Gottes anstimmt, stützt er weinend das Gesicht in die Hände.

Wie wirkte der Kriegsmann Friedrich auf seine Mitwelt nach dem Siebenjährigen Krieg?

Am 11. Juni 1763 traf das Haupt der französischen Enzyklopädisten, Jean Le Rond d'Alembert, in Geldern mit Friedrich zusammen, den er anschließend auf seiner Fahrt nach Potsdam begleitete. Zwei Monate waren der fünfundvierzigjährige französische Philosoph und der einundfünfzigjährige preußische König in Berlin und Potsdam zusammen. Friedrich hätte ein Vermögen dafür gegeben, den geistreichen, hochgebildeten Franzosen an sich binden zu können. Doch anders als sein Landsmann, der Marquis d'Argens, dachte d'Alembert keinen Augenblick daran, seine persönliche Unabhängigkeit aufzugeben. Scharfsichtig beobachtete er in diesen zwei Monaten den König und seinen Staat. Er nahm teil an der Mittags- und Abendtafel des Monarchen, er lauschte den

Flötenkonzerten in Sanssouci, er nahm an stundenlangen Diskussions-Spaziergängen unter vier Augen durch den Park des Schlosses teil, auf denen Friedrich eine herrliche Rose pflückte und sie ihm mit den Worten »von Herzen gern gäbe ich Ihnen Besseres« überreichte. D'Alembert erlebte noch einmal einen strahlenden, liebenswürdigen König, wie ihn die Welt in seiner Glanzzeit von 1746 bis 1756 bewundert hatte. Niemand, schrieb d'Alembert nach Paris, neige weniger zur Médisance als der Preußenherrscher, der immer bereit sei, alle Dinge von ihrer guten Seite zu sehen. »Seine Art der Unterhaltung ist von eignem Reiz, heiter, milde, lehrreich.« Friedrichs Vertrautheit mit der französischen Literatur erstaunte ihn. »Ich kann ihm keine bedeutende Stelle anführen, zumal von unseren Dichtern, ohne daß er sie ebenso gut kennt wie ich.« Dieser König spreche »ebenso beredt über Malerei wie über Kriegführung oder Politik«.

So berauschend an Esprit und an Champagner die Tafelrunden in Sanssouci verliefen, so öde und trocken erschienen dem Pariser die offiziellen Festessen im Berliner oder Potsdamer Stadtschloß, wenn die preußischen Offiziere und Beamten stocksteif, mit hölzernen Gesichtern bei Tisch saßen, kaum ein Wort hervorbrachten und höchstens ab und an bei geistreichen Bemerkungen ihres Königs ein gekünsteltes Lachen hören ließen. Preußen blieb für d'Alembert ein Land, »wo die Gesellschaft weder gut noch schlecht ist, weil es gar keine Gesellschaft gibt«. Der einzige Mensch in diesem Lande, mit dem man eine Konversation auf französischem Niveau führen könne, sei der König. Er bedauerte diesen einsamen Menschen, »der, in jeder Beziehung so groß und liebenswürdig, inmitten seines Ruhmes das eine große Unglück hat, allzu hoch über dem Rest der Nation zu stehen und niemanden zu haben, weder zur Hilfe bei seiner großen unendlichen Arbeit noch zur Erholung nach der Arbeit, für eine geistreiche Konversation«.

Nach d'Alemberts Abreise im August 1763 blieben dem König nur noch wenige Menschen, mit denen er freundschaftlichen Verkehr pflegte. Das Verhältnis zum Marquis d'Argens, das vor allem in den Jahren von 1759 bis 1763, also in den Unglücksjahren des Krieges, so herzlich gewesen war, kühlte schon 1764 ab. Friedrich vermochte es nicht, seiner nimmermüden Spottlust Zügel anzulegen; mit seinen Späßen über dessen eingebildete Krankheiten verdarb er dem empfindlichen Marquis gründlich die Laune. Als der König 1767 anonym eine Eloge über die Faulheit erscheinen ließ, nahm d'Argens dies aufs äußerste übel, weil er sich – mit Recht – persönlich getroffen fühlte.

Ein Jahr später forderte der Marquis mannhaft Urlaub vom König und schrieb ihm:

»Ich scheide von hier ohne Ungemach
Und suche für mich das Beste.
Ich liebe mehr mein ländliches Dach
Als des Königs schönste Paläste.«

Friedrich, zuerst verstimmt und beleidigt, knüpfte ein Jahr später in seinen Briefen neue Freundschaftsbande. Der Marquis starb am 12. Januar 1772 in Südfrankreich, auf Schloß La Garde bei seiner Schwester. Seine Frau Babette berichtete dem König, ihr Mann sei als »grand philosophe« verschieden. Friedrich war tief bewegt und ließ seinem Brieffreund aus dem Siebenjährigen Krieg ein Grabmal in der Minoritenkirche zu Aix errichten. Zur Inschrift bestimmte er:

»Erroris Inimicus, Veritatis Amicus –
Ein Feind der Lüge, ein Freund der Wahrheit.«

Auch mit dem Prinzen Ferdinand von Braunschweig, dem zweiten großen Feldherrn des Krieges, der nach Kriegsende Gouverneur von Magdeburg geworden war, gab es 1766 eine ernsthafte Verstimmung. Ferdinand war es nicht gewohnt, den schneidenden militärischen Ton, den Friedrich während des Krieges angenommen hatte, widerspruchslos zu ertragen. Er nahm seinen Abschied und zog sich ins Braunschweigische zurück. Erst 1772 kam es zur Aussöhnung, wurde Ferdinand wieder des öfteren in Potsdam gesehen. Der Bruder des Königs, Prinz Heinrich, errichtete sich in Rheinsberg seine eigene Welt und mied Potsdam, so gut er konnte. Im Gegensatz zu Friedrich lebte er ganz der Verklärung des gewesenen Krieges. Doch in diesen Erinnerungen fand Friedrich keinen Platz.

Von seinen großen Generalen und Marschällen, die ihm auch menschlich nahestanden, waren drei während des Krieges gefallen: Schwerin, Winterfeldt und Marschall Keith. Der ruhmbedeckte Seydlitz kam in den ersten Friedensjahren manchmal von seiner Garnison Ohlau in Schlesien zu Begegnungen nach Potsdam. Ein Freundschaftsverhältnis bestand zwischen beiden Männern nicht. Friedrich wußte nur zu gut, daß er seine geliebten Scherze, Sottisen und Sarkasmen nicht an Seydlitz verwenden durfte, der sofort immer eine scharfe Antwort, wie eine Degenklinge, parat hielt. Hochgeachtet und mit mildem Spott behandelt wurde der alte Husarenvater Zieten. Als der vierundsechzigjährige Kavalleriegeneral den König um Erlaubnis ersuchte, das vierundzwanzigjährige Fräulein von Platen zu heiraten, schrieb ihm Friedrich am 7. April 1764, »wenn ich weiß, wo Er sein Hochzeitsfest zelebrieren wird, komme ich dahin, um auf selbigem zu tanzen«. Als ein Jahr später dem Paar ein Sohn geboren wurde, erschien der König am 15. Oktober 1765 zur Taufe in Zietens Wohnung und legte dem Täufling das Patent als Kornett des Zietenschen Husarenregiments in die Wiege. Als in den folgenden Jahren noch eine Tochter und ein Söhnchen folgten, schenkte der König seinem alten Kriegskameraden, der alles andere als reich war, 10000 Taler.

Unwandelbar blieb die Freundschaft zu Lordmarschall Keith, der 1764 nach Potsdam zurückkam und noch vierzehn Jahre an Friedrichs Seite lebte. Ganz dicht bei seinem Sommerschloß ließ Friedrich dem alten Freund ein kleines, behagliches Haus einrichten, zu dem er fast täglich pilgerte, als dem Lordmarschall das Gehen schwer wurde. D'Alembert hat das schöne Wort aufbewahrt, das der König diesem Freunde widmete: »Ich habe Treulosigkeit, Undank und Schlechtigkeit der Menschen so viel an mir erfahren, daß ich vielleicht zu entschuldigen wäre, wenn ich nicht mehr an Tugend glaubte. Aber der gute Lord hat mich wieder zu diesem Glauben überwunden.«

Auch Damenbesuch sah Potsdam hin und wieder. »Ich erwarte hier in den nächsten Tagen«, schrieb Friedrich, »einen ganzen

Schwarm von Neffen und Nichten. Ich bin im Begriff, der Onkel von ganz Deutschland zu werden. Wenn man schon nicht Großvater ist, so kann man doch Großonkel werden und durch sein seniles Gefasel den Großneffen zum Kinderspott dienen. Das ist der fünfte Akt des Dramas, und zum Schluß wird man ausgepfiffen.«

Dieser Mensch, der im Siebenjährigen Krieg die Hölle durchschritten hatte, lebte in Sanssouci in fast völliger Einsamkeit. Immer wieder besuchte er die Stelle auf der Terrasse, wo er unter dem Standbild der Flora begraben liegen wollte. »Ich führe hier das allereingezogenste und stillste Leben, wie es meinem Alter und meiner Anschauungsweise entspricht.« Oder er sagte: »Ich lebe mit der Welt in Ehescheidung und trenne mich von ihr, ehe sie mich verläßt.« Er durchwandelte den Garten von Sanssouci und dachte an das Land seiner Sehnsucht, »das alte und das moderne Italien«. Als d'Alembert eine Italienreise plante, schrieb der König ihm: »Ich würde gleich von der Partie sein, wenn der Geißbock nicht grasen müßte, wo er angebunden ist.« Er sollte die Welt der Antike, die ihm ein Eldorado seines Geistes war, niemals betreten. Aber seinen Freunden errichtete er im Park von Sanssouci ein Denkmal der Pietät, den »Freundschafts-Tempel«. Hier stand er oft und gedachte der Freunde seines Lebens. Dann sah er sie vor sich – Katte, Jordan, Duhan, Keyserlingk, Knobelsdorff, Stille, Rothenburg, Schwerin, Winterfeldt, Keith; und immer, immer wieder Wilhelmine.

Während er am »Retablissement«, am Wiederaufbau Preußens arbeitete, unermüdlich, mit beinahe fanatischer Besessenheit, schrieb er in den Mußestunden die *Geschichte des Siebenjährigen Krieges* nieder. Sein Schlußwort galt dem Staate Preußen, für dessen Unabhängigkeit und Großmachtstellung er sieben Jahre lang verbissen gekämpft hatte:

»Gebe der Himmel – wenn sich die Vorsehung mit ihren Blicken überhaupt zu menschlichen Armseligkeiten herabläßt –, daß das blühende Glück dieses Staates diejenigen, die ihn künftig regieren werden, vor dem Unglück und den Trübsalen bewahrt, die Preußen in diesen Zeiten der Wirrnis und der Unruhen erlitten hat, damit sie nie gezwungen sind, zu den gewaltsamen und traurigen Hilfsmitteln Zuflucht zu nehmen, deren man sich zu bedienen genötigt sah, um den Staat gegen den eroberungssüchtigen Haß der Fürsten zu erhalten, welche das Haus Brandenburg vernichten und alles, was Preußen heißt, auf ewig vertilgen wollten.«

Das war ein letzter Nachklang seiner Ausdauer und Standhaftigkeit, mit der er einer Welt von Feinden getrotzt hatte. Sein preußisches Selbstbewußtsein verließ ihn nie. Aber er wußte, daß sich nichts wiederholt, daß die Zeit des Heroismus hinter ihm lag. Er rechnete nur noch in Friedenswerken. In der Neujahrsnacht von 1768 auf 1769, als er absehen konnte, daß der Wiederaufbau Preußens gelingen würde, daß die Wunden des Siebenjährigen Krieges verheilten, schrieb Friedrich an seinen alten Vorleser Darget, einen der beiden Vorgänger de Catts:

»Das Leben, mein lieber Darget, ist eine hundsföttische Sache, wenn man alt wird. Entweder muß man sich entschließen, auf der Stelle umzukommen, oder sich Stück für Stück dahinsterben sehen. Doch bei alledem gibt es eine Art, glücklich zu sein –: Man muß sich ideell verjüngen! Man muß von seinem Körper absehen, sich bis zum Ende des Stücks eine innere Heiterkeit bewahren und die letzten Schritte des Lebenspfades mit Rosen bestreuen.«

Nachwort

Friedrichs Feldherrntum

»Sie sind ein Philosoph, und Sie gratulieren mir zu einer gewonnenen Schlacht? Daran erkenne ich Sie gar nicht«, schrieb Friedrich II. am 14. Juni 1745, nach seinem strahlenden Sieg bei Hohenfriedberg, an Duhan, seinen alten Lehrer aus der Kronprinzenzeit. Und er fuhr fort: »Viele Menschen, die hundertmal größer sind als ich, haben größere und vollständigere Siege errungen. Flüchtiges Glück darf einen Menschen nicht stolz machen!« Nach dem Sieg bei Leuthen im Siebenjährigen Krieg, als er eine doppelte Übermacht mittels seiner »schiefen Schlachtordnung« geschlagen hatte, schrieb Friedrich am 19. Dezember 1757 an seinen französischen Freund, den Marquis d'Argens: »Mit Alexander verglichen bin ich nur ein alberner Knabe und fühle mich nicht wert, Caesars Schuhriemen zu lösen.« Wenige Tage später hieß es in einem Schreiben an seinen Bruder, den Prinzen Heinrich: »Bei allem Ruhm, den wir geerntet haben, sind wir doch nur Bettelhelden.« Und 1761, als er mit der Defensivstellung bei Bunzelwitz seine strategische Meisterleistung vollbrachte, spottete er über sich selbst und nannte sich »die Karikatur eines militärischen Philosophen«.

Hat es sonst noch in der Weltgeschichte einen Feldherrn gegeben, der vier Kriege gewonnen hat und der so selbstkritisch von sich sprach? Alexander der Große stilisierte sich, nachdem er den persischen Großkönig besiegt hatte, zum Sohn der Götter. Caesar sprach hochfahrend von sich und seinem Glück. Napoleon Bonaparte hielt sich für den Schlachtengott persönlich. Ludendorff wollte nach dem Ersten Weltkrieg als »der Feldherr« gelten; sein Gegenspieler, Marschall Foch, hielt sich für »den Sieger«. Hitler ließ sich widerspruchslos als »größten Feldherrn aller Zeiten« feiern, bevor er den Endsieg in der Tasche hatte. Montgomery sah nur Fehler bei Rommel oder Eisenhower, niemals bei sich selbst. Und US-General Schwarzkopf duldete es, daß er wie ein zweiter Hannibal gefeiert wurde, nachdem er einen Drei-Tage-Vorstoß gegen die Irakis geführt hatte, der kaum Widerstand fand und der keinerlei Lösung des politischen Problems brachte.

Vor hundert Jahren studierte man in deutschen Militärkreisen ein Buch von Yorck von Wartenburg (einem späten Nachfahren des berühmten Generals der preußischen Befreiungskriege), das unter dem Titel *Napoleon als Feldherr* erschienen war. Darin konnte man lesen, die Kriegskunst des Franzosenkaisers sei in der Neuzeit unübertroffen gewesen, selbst Friedrichs Ruhm als Feldherr habe davor verblassen müssen. Zwei, drei Jahrzehnte lang, bis zum Ausbruch des Ersten Weltkrieges, gehörte das Buch zur Standardlektüre der deutschen Generalstabsoffiziere. Die Quintessenz lautete: Offensive, Offensive, Vernichtungsstrategie um jeden Preis – eben à la Napoleon. Von der Kunst der Verzögerung, des strategisch-politischen Kompromisses, der Defensive, der operativen Aushilfe eines Rückzugs, der Lauerstellung (von Bunzelwitz) sprach niemand mehr. Ausgerechnet der preußisch-deutsche Generalstab war »napoleonisiert« worden, hatte die Kriegslehren Friedrichs des Großen vergessen.

Aber, wird man einwenden, es gab doch den Grafen Schlieffen, jenen legendären Chef des Generalstabs bis 1905, auf dessen Schreibtisch tagaus, tagein die militärischen Schriften Friedrichs II. lagen, der zum zweihundertsten Geburtstag des Preußenkönigs, 1912, sogar ein Buch über den Feldherrn Friedrich verfaßte. Gewiß, nur: Schlieffen, ein Verehrer des großen Königs par excellence, hatte den Soldaten und Strategen Friedrich, zumindest partiell, gründlich mißverstanden.

Es soll hier nicht die Rede sein von dem jahrelangen erbitterten Streit der Schlieffen- und der Delbrück-Schule, ob Friedrich – wie Graf Schlieffen meinte – ein Mann der Vernichtungsstrategie oder ob er – wie Professor Delbrück glaubte – ein Vertreter der Ermattungsstrategie gewesen sei. Das war »Fachidioten«-Geschwätz. Darüber hätte Friedrich II., der selbstverständlich *beide* strategischen Systeme kannte und in seinen Feldzügen je nach Lage variierte, nicht einmal lächeln können. Die geistreiche Diskussion war künstlich konstruiert und völlig überflüssig. Nein, die Sprache soll sein von dem gravierenden Unterschied in der generellen Kriegsauffassung Schlieffens und Friedrichs. Beide beschäftigten sich intellektuell mit zwei berühmten Schlachten des Altertums und erhoben sie jeweils zum Modell: Schlieffen wählte Cannae (216 v. Chr.) und Friedrich Pharsalus (48 v. Chr.).

Es steht dabei weniger zur Debatte, daß Graf Schlieffen einem schwerwiegenden kriegsgeschichtlichen Irrtum zum Opfer fiel, als er meinte, die Schlacht bei Cannae sei infolge einer planmäßigen beiderseitigen Umfassung des römischen Zentrums durch Hannibals punische Flügel entschieden worden. Das war alles mehr oder weniger Phantasie, mit brillanter Erfindungsgabe aus antiken Gefechtsberichten herausstilisiert. Der Sieg Hannibals beruhte in Wahrheit auf zwei ganz anderen militärgeschichtlichen Phänomenen: Einmal darauf, daß der einäugige karthagische Feldherr eine gutgedrillte Berufsarmee gegen ein ungelenkes römisches Milizheer führte, und zum zweiten darin, daß er die beiden damaligen Waffengattungen, Infanterie und Kavallerie, zum verbundenen Gefecht auf dem Schlachtfeld kombinierte. Doch das nur nebenbei. Die entscheidende Differenz in den Auffassungen war eine andere: Schlieffen wählte mit dem Cannae-Modell eine Vernichtungsschlacht, die keine (strategische und politische) Entscheidung brachte – Friedrich erkor sich mit dem Pharsalus-Modell eine (strategische wie politische) Entscheidungsschlacht, die zu keiner Vernichtung des Gegners führte.

Hier klafften charakterlich und geistig Welten auseinander. Graf Schlieffen, ein kultivierter, belesener, intellektueller Typus, ein lupenreiner Systematiker wie Theoretiker, wurde zum Spezialisten, zum Nur-Militär, ohne daß er dessen selbst wahr geworden wäre. Er erfand anhand eines vermeintlichen antiken Schlachtenvorbildes das Vernichtungsdogma durch Flügelumfassung, und fortan verfolgte der deutsche Generalstab – an der Marne 1914, in Rußland 1915, in Frankreich 1918, in der Sowjetunion 1941 – mit heiligem Eifer das Schlieffensche Schema. Dabei war das Ganze ein künstlich erdachtes System, unvermeidlich überpointiert und mit dem ausschließlichen Schwergewicht auf dem *operativen* Moment.

Für Friedrich lag in der Schlacht bei Cannae, die er ebenfalls sehr sorgfältig analysiert hat, das Wesentliche nicht im *operativen*, sondern im *seelischen* Befund. Ja, in gewisser Hinsicht beurteilte er Cannae geradezu gegensätzlich zu Schlieffen: Er bewunderte nicht so sehr Hannibals perfekte Vernichtungstaktik, die dann doch zu keiner Kriegsentscheidung führte, sondern die unerschütterliche Standhaftigkeit der Römer in der Niederlage, die sie zu ihrem Wiederaufstehen befähigte und schließlich ihren militärischen Endsieg garantierte.

Friedrich nahm also im Vergleich zu Schlieffen den »höheren« Standpunkt ein, einen Standpunkt, der weit über das Militärfachliche, über jedes Spezialistentum hinausging und in den Bereich des Allumfassenden, des Philosophischen vordrang. So und nicht anders ist es zu verstehen, wenn er mit Blick auf das Phänomen kriegerischer Auseinandersetzungen und ihre Bewältigung durch den Feldherrn schrieb:

»Ich bin bloß ein Mensch,
Dem Leide geweiht.
Mein Schutzschild ist nur
Die Standhaftigkeit.«

Das seelische, psychologische, charakterliche Moment rangierte für den Preußenkönig höher als operative Eingebungen oder Varianten. Und deshalb wählte er sich nicht Cannae, sondern Pharsalus, die »einzigartige Schlacht«, zum Modell (ohne daraus ein System oder gar eine Doktrin entwickeln zu wollen). Denn Pharsalus folgte bekanntlich auf Dyrrhachium, wo Caesar eine schwere Schlappe gegen Pompeius erlitt und mit all seinen ehrgeizigen Plänen erheblich ins Schleudern geriet. Diese Krise überwand Caesar, indem er sich und sein mutloses Heer zur »Standhaftigkeit«, zur inneren Überwindung der Depression emporriß. In solcher geistigen und seelischen Verfassung trat er mit 30 000 Mann gegen 45 000 Soldaten des Pompeius an und schlug sie bei Pharsalus so entscheidend, daß der (Bürger-)Krieg mit einem Schlag beendet war. Aus der Niederlage zum Sieg! Das war es, was Friedrich an Pharsalus faszinierte; daran dachte er, als er schrieb: »Nur die großen Beispiele und Muster sind es, welche die Menschen formen und erziehen.«

Kriegführung also war in Friedrichs Augen weit mehr als eine Frage militärfachlicher Kompetenz, und auch mehr als nur die Kunst des Operierens. Unter Kriegführung verstand er die Subsumierung, die äußerste Anspannung aller seelischen, geistigen und moralischen Potenzen eines Feldherrn wie eines Heeres. Wohlgemerkt, nicht im Sinne nackten Willens und brutaler Energie. Ein so gräßliches Wort wie »Wo ein Wille ist, da ist auch ein Weg« wäre ihm nie über die Lippen gekommen. In seinem hochinteressanten, geistfunkelnden Lehrgedicht über die Kriegskunst, das er 1751 auf dem Höhepunkt seiner Laufbahn schrieb, hat er das erwünschte Verhalten eines Feldherrn in der Krisis mit den bezeichnenden Worten umrissen:

»Doch wenn das falsche Glück euch nun verrät
Und zu des Feindes Fahnen übergeht,
So zeigt dem Unheil eine heitre Stirn!
Durch kluges Walten macht den Schaden gut,
Befeuert des besiegten Heeres Mut
Und findet Mittel in dem eignen Hirn.
Die Nacht erhöht der Sterne lichten Schein:
So sollt ihr groß und stark im Unglück sein!
Dann wird ein Fehlschlag eures Ruhmes Glanz
So gut vermehren wie der Siegeskranz.
Verzweifelt nie, vertraut auf eure Kunst:
Klugheit erzwang noch stets Fortunens Gunst!«

In dieser poetischen Gebrauchsanweisung zur Krisenbewältigung kommen die Worte »Wille« und »Energie« überhaupt nicht vor; zweimal ist von seelischen Widerstandsmitteln die Rede, nämlich von »Heiterkeit« und »Mut«, also von einer philosophischen Einstellung zu den Dingen; viermal artikuliert sich der Ansporn zur geistigen Elastizität, zur intellektuellen Reaktion auf die Krise, wenn das »eigne Hirn«, die »Kunst« und die »Klugheit« (gleich zweimal) beschworen werden.

Hier hat man Friedrichs Feldherrn- und Soldatentum im Extrakt von zwölf Gedichtzeilen. Wesentlicher als alle militärtheoretischen Regeln und Vorschriften, als jedwede Operations- und Schlachtentechnik, also als das Militärfachliche, erschien ihm immer das Kriterium seelischer und moralischer Kraftentfaltung, verbunden mit der Fähigkeit zur Reflexion, zum intellektuellen Gedankenprozeß, sprich: zur Selbstkritik. Ganz in diesem Sinne sagte er zu de Catt im Sommer 1758, nachdem er schwere Fehler bei der Belagerung von Olmütz begangen hatte: »Wissen Sie, ich führe alles ins Feld, was mir an geistigen Mitteln zur Verfügung steht, um die Erregung des ersten Augenblicks zu dämpfen, die bei mir oft sehr heftig ist. Solange diese Heftigkeit des ersten Augenblicks andauert, hüte ich mich sorgfältig, Entscheidungen zu treffen über das, was ich sehe, was ich höre, und was mir hat die Galle überlaufen lassen. Ungeachtet aller guten Vorsätze kann ich aber diese anfängliche Erregung nicht immer meistern, und in diesem Falle begeht der Herr zuweilen Dummheiten, derentwegen er sich später in die Finger beißt! Nein, mein Lieber, irgend jemand hat mal gesagt, es sei eine Torheit, von seinen Fehlern zu sprechen. Ich dagegen sage, es ist eine Torheit, die eigenen Fehler nicht einzugestehen . . .« Im schwersten seelischen und körperlichen Tief seines Lebens, nach der Katastrophe von Kunersdorf 1759, verfaßte er zur Selbstbelehrung kriegsgeschichtliche *Betrachtungen über die militärischen Talente und den Charakter Karls XII.*, in denen er unter anderem schrieb, »daß Tapferkeit ohne Klugheit nichts ist«, und die er mit den für ihn charakteristischen Worten schloß: »Aber, wird man sagen, mit welchem Recht wirfst du dich zum Richter der berühmtesten Krieger auf? Hast du, großer Kritiker, denn selbst die Lehren befolgt, die du so freigebig erteilst? Ach nein! Ich kann hierauf nur das eine antworten: Fremde Fehler fallen uns ins Auge, aber die eigenen sehen wir nicht.«

Es gibt ja keinen berühmten Feldherrn der Geschichte, der so viele Schlachten verloren hat wie König Friedrich. Von sechzehn großen Bataillen des Siebenjährigen Krieges waren die Hälfte schwere Niederlagen der Preußen. Er selbst kommandierte in zehn dieser Schlachten, von denen er drei verlor (Kolin, Hochkirch, Kunersdorf). 1758 machte er gravierende Schnitzer bei der Belagerung von Olmütz, und ein Jahr danach verschuldete er die

Affäre von Maxen. Schon im Ersten Schlesischen Krieg, im Frühjahr 1742, hatte er einen Vorstoß nach Mähren gemacht, der ihm nichts einbrachte als einen kläglichen Rückzug, den Verlust von 5000 Deserteuren und die Schrecken des Partisanenkampfes. Im Zweiten Schlesischen Krieg, im Herbst 1744, operierte er so unglücklich, so falsch und eigensinnig im südlichen Böhmen, daß er nur knapp der Vernichtung entging und seine berühmte Armee zu einer mutlosen Soldatenbande herunterwirtschaftete.

Wer wollte, könnte einen fritzischen Fehlerkatalog von beträchtlichen Dimensionen erstellen. Nur müßte er unverzüglich hinzufügen: Jeden dieser Fehler analysierte und sezierte Friedrich sofort, für jedes Verschulden machte er sich in Gedanken den Prozeß, und aus jeder Niederlage ging er geistig wie moralisch gestärkt, trat er schärfer und gefährlicher für seine Feinde hervor. Nie war Friedrich größer als nach seinen Niederlagen! Das war das Pharsalus-Moment im strategischen Handeln dieses Mannes. Ein Feldherr, der sich »in die Finger biß«, wenn er einen Fehler gemacht hatte, das hieß konkret: a) rückhaltlose Selbstkritik, b) postwendende Korrekturen.

Die zahlreichen Fehler entsprangen seinem leidenschaftlichen Naturell, seinem stürmischen Temperament, mit dem er zeitlebens zu kämpfen hatte. Darin unterschied er sich von seinen Mitstreitern, Ferdinand von Braunschweig und Prinz Heinrich, wie von seinen Gegnern, den österreichischen Heerführern Daun und Laudon. Sie alle waren hervorragende Militärs, deren Bedeutung darin bestand, daß sie die jeweils existierenden Verhältnisse sorgfältig studierten und sich ihnen in ihrer Taktik geschmeidig anpaßten. Ganz anders Friedrich: Er wollte sich den Verhältnissen nicht anpassen, sondern sie für seine Ideen benutzen. Nicht das Gelände bezwang seinen Geist, sondern seine Ideen dominierten das Gelände. Hindernisse suchte er nicht zu umgehen, sondern zu beseitigen. Daraus resultierten zuweilen Fehler; daraus resultierte aber auch sein ständiger Vorsprung an Initiative. Anders als bei den Methodikern Prinz Heinrich oder Marschall Daun wurde seine Feldherrnschaft immer wieder von menschlichen Schwächen und Empfindungen überlagert, mischten sich Nervosität, Unruhe, Ungeduld, Ausbrüche seines dahinbrausenden Temperaments und seiner jähen Eingebungen in die strategischen Entschlußfassungen. Er war niemals kühl und gelassen; allerdings dadurch auch niemals berechenbar. Seine Hitze, seine Übereilung hatten fatale Irrtümer zur Folge. Aber selbst mit diesen Irrtümern blieb er allen anderen einen Schritt voraus. Seine Fehler, so darf man sagen, waren gewissermaßen nur die Vorstufen siegreicher Korrekturen, genialer Revisionen. Ja, man kann feststellen, daß Niederlagen auf ihn eine stimulierende Wirkung hatten, daß sie seine moralische Kreativität beflügelten, ihn zu einer Steigerung seiner geistigen Produktivität, seiner Ideen und Taten anspornten. Hätte Friedrich die methodischen und umsichtigen Qualitäten eines Heinrich oder Daun besessen, er hätte gewiß keine operativen Fehler gemacht, hätte keine Schlacht verloren. Aber er hätte diesen endlosen Krieg, der keineswegs nur ein militärischer Konflikt war, niemals durchgestanden.

Friedrichs merkwürdiges, ja außergewöhnliches Feldherrntum, das sich aus seinen seelischen Widerstandskräften wie aus seiner geistigen Reflexionsfähigkeit speiste, ist niemals deutlicher geworden als gerade nach der Katastrophensträhne von 1759. Dieses vermaledeite Jahr hatte ausschließlich schwere preußische Niederlagen gebracht: die verlorenen Schlachten von Kay und Kunersdorf, die Kapitulation eines preußischen Armeekorps bei Maxen und – schlimmer als alles andere – den Verlust der Operationsbasis Dresden. Friedrich II. war Ende 1759 nicht einmal der »Marquis de Brandebourg«, zu dem ihn seine Feinde erniedrigen wollten, sondern eigentlich nur noch der Ortskommandant von Freiberg, einem gottverlassenen Provinznest in Sachsen. Der Krieg war, keine Frage, für Preußen zu diesem Zeitpunkt verloren.

Im folgenden Jahr, 1760, vollbrachte der Soldat Friedrich seine beiden Pharsalus-Wunder: bei Liegnitz und bei Torgau. Im August marschierte er mit 30000 Mann von Dresden, das er vergeblich belagert hatte, nach Schlesien, und vor, neben, hinter ihm zogen 80000 Österreicher unter Daun, Lacy und Laudon, was Friedrich zu der ironischen Bemerkung veranlaßte: »Ein Fremder, der die Bewegungen dieser Armeen beobachtete, hätte sie gut für eine einzige halten können: österreichische Avantgarde, preußisches Gros, österreichische Nachhut.« Eine unmögliche operative Situation, die in der Kriegsgeschichte keine Parallele hat, bei einem Kräfteverhältnis von 8 zu 3 für die Österreicher. In der Nähe von Liegnitz, am 15. August 1760, stülpte Friedrich den Sack, in dem er schon fast gefangen war, blitzschnell um und nutzte in meisterhafter Improvisationskunst die Trennung der österreichischen Heeresteile, um einen separaten Befreiungsschlag gegen Laudon zu führen, der auch vollkommen gelang. Zweieinhalb Monate später, Anfang November, hatte er die Unverfrorenheit, das österreichische Muster der Zweiteilung mit einer schwächeren Armee nachzuahmen und sich bei Torgau, von zwei Seiten, mit 48000 Mann auf 54000 Österreicher zu stürzen und sie zu schlagen. (»Ja, was soll denn das bedeuten?!« rief Feldmarschall Daun fassungslos aus. »Will Ihr König heute das ganze Weltall vertilgen?«)

Beide Auseinandersetzungen, bei Liegnitz wie bei Torgau, waren keine Vernichtungsschlachten. Aber sie brachten – politisch wie psychologisch – die Entscheidung des Patts zwischen den kriegführenden Mächten. Von der Niederlage zum Unentschieden! Die seelische, die geistige »Standhaftigkeit« der preußischen Soldaten und ihres Feldherrn hatte den strategischen Umschwung bewirkt. Aber: Friedrich triumphierte nicht. Voller Selbstironie schrieb er nach der Schlacht bei Torgau an Frau von Camas: »Wir waren ganz aufgebläht von unserem Sieg und sind wie die Narren gelaufen, um zu sehen, ob wir die Österreicher aus Dresden hinauswerfen könnten. Sie haben uns aber von der Höhe ihrer Stellung auf den Bergen ausgelacht. Da bin ich denn wieder wie ein kleiner Junge sachte zurückgegangen, um meinen Ärger in einem der verwünschtesten Dörfer Sachsens zu verbeißen . . .«

Ein Jahr danach, 1761, gelang seinen Gegnern doch noch, was Friedrich drei Jahre lang mit Erfolg durchkreuzt hatte: die Vereinigung zu einem russisch-österreichischen Riesenheer, in Schlesien, bei Jauer, mit 150000 Mann. Da war es nun aus und vorbei mit der Strategie der »inneren Linie«, den einen gegen den anderen auszuspielen, aus und vorbei mit dem Aushilfsmittel der offenen Feldschlacht; gegen eine dreifache Übermacht gab es selbst für diesen Feldherrn keine Chance. Der Gegner hatte Schach geboten und alle Fluchtwege verstellt. Das hieß operativ: matt.

Doch nun zeigte sich, daß Friedrich gerade in der äußersten Krisis, ja in der absoluten Hoffnungslosigkeit, die seelische und geistige Fähigkeit besaß, sein Feldherrntum zur höchsten Vollendung zu steigern. Wenn es denn nicht mehr möglich war zu »operieren«, also dem Gegner durch strategische Aktionen oder taktische Schwerpunktbildungen das Gesetz des Handelns vorzuschreiben, dann galt es eben, ihm eine Defensivform entgegenzustellen, die den zahlenmäßig Überlegenen, den Stärkeren in eine Situation der Selbstlähmung verstrickte, die aus seiner Bewegung das Tempo herausnahm und die ihn damit wiederum der Initiative beraubte. Das liest sich so leicht und angenehm. Aber das »Lager bei Bunzelwitz«, das Friedrich nun aufwarf, ist ohne Beispiel in der gesamten Kriegsgeschichte. Allenfalls die hohe Verteidigungskunst General Lees im Amerikanischen Bürgerkrieg und Ludendorffs freiwilliger »Alberich«-Rückzug im Frühjahr 1917 lassen sich damit vergleichen.

Hätte Friedrich sich in einer Festung (Schweidnitz oder Breslau) einschließen lassen, wäre er unbeweglich gewesen, hätte keinen Zugriff auf die Verbindungswege der Alliierten gehabt, wäre es möglich geworden, ihn langsam auszuhungern und zur Kapitulation zu zwingen. Im Lager von Bunzelwitz aber stand er sprungbereit mit einer Feldarmee von 54000 Mann, die jederzeit aus dem Stand zur Bewegung übergehen konnte, behielt er die Verbindung zur Festung Schweidnitz, aus der er den Nachschub bezog, bedrohte er seinerseits die Nachschubwege der Feinde, die nun – rings um das in drei Tagen improvisierte preußische Festungslager – auf freiem Feld kampieren mußten und bald unter der glühenden Sommerhitze wie unter unlösbaren Transportschwierigkeiten litten. Nach drei Wochen hatten sie genug davon. Russen und Österreicher zogen nach verschiedenen Seiten ab; die operative Vereinigung war wieder obsolet geworden. Das alles hatte die Preußen zwar viel Schweiß, aber kaum einen Tropfen Blut gekostet.

Das Lager bei Bunzelwitz, im Sommer 1761, entschied militärisch den Siebenjährigen Krieg. Im Winter 1761/62 reorganisierte Friedrich seine Armee, schmiedete er sie erneut zu einem schlagkräftigen Angriffsinstrument, was sich dann in der letzten

Schlacht des Krieges, bei Burkersdorf, glänzend erweisen sollte. Aus dem Unentschieden zum Sieg! Das psychologische Tief von 1759 war für immer überwunden, das Gespenst der Niederlage endgültig gebannt. Die alliierte Übermacht hatte bei Bunzelwitz ihre letzte Chance eingebüßt, Friedrich militärisch zu überwältigen. Er hatte innerlich alle Fegefeuer längst durchschritten, war damit seelisch »unbesiegbar« geworden. Ein Brief des Preußenkönigs an den Marquis d'Argens vom 18. August 1761 offenbart die geistigen Wurzeln seiner Strategie der Standhaftigkeit: »In diesen wirren Zeiten muß man die eherne Stirn eines Philosophen und die Fühllosigkeit eines Stoikers bewahren. Die spekulative Philosophie taugt nur zur Befriedigung unserer Wißbegier; die praktische allein ist nützlich. Ich empfehle sie Ihnen, indem ich Sie inzwischen bitte, die Karikatur eines militärischen Philosophen, der Sie sehr liebt, nicht zu vergessen.«

Den Feldherrn Friedrich auf Angriffsstrategie und auf das taktische Mittel der »schiefen Schlachtordnung«, auf die einseitige Umfassung festzulegen, wie es Graf Schlieffen und seine Jünger taten, muß zu einem eklatanten Mißverständnis führen. Gewiß, die »schiefe Schlachtordnung« wandte der König mehrfach an; einmal, um seine zahlenmäßige Unterlegenheit auszugleichen, zum zweiten, um eine Schwerpunktbildung zu erzielen, das wichtigste Axiom jedweder Operationskunst. Bei Kolin ging das schief, bei Leuthen führte es zum Triumph. Aber es war nur eines von vielen operativen Mitteln, die Friedrich zu Gebote standen. Die scheinbar so sinnlose Belagerung von Olmütz (1758), mit der er die Österreicher vom Zusammenspiel mit den Russen abhielt, und das Lager von Bunzelwitz (1761), mit dessen Hilfe er die vollzogene Vereinigung der österreichischen und russischen Heere wieder wirkungslos machte, zeigten Friedrich den Großen auf der Höhe der Defensivkunst. Wenn der Preußenkönig in einem zeitgenössischen Soldatenlied als ein Mann gefeiert wurde, der »zwei Schwerter« in der Hand hielt, so hatte der Volksmund instinktiv ein treffendes Bild gefunden: Angriff wie Verteidigung (»zwei Schwerter«) waren gleichermaßen Bestandteile der operativen Führungskunst dieses Feldherrn.

Noch bedeutsamer ist die Feststellung, daß Friedrich als

Schlachtenlenker überaus lernfähig war, daß sich seine Auffassungen von Strategie und Taktik, von Führung und Ausführung ständig weiterentwickelten, ja, daß er sich selbst korrigierte. In der Schlacht bei Chotusitz, am 17. Mai 1742, zeigte er sich noch indigniert über die Selbstinitiative des Feldpredigers Seegebarth, der den linken preußischen Kavallerieflügel dreimal zur Attacke animierte. Doch bei Burkersdorf, 1762, ließ er seine Generale nach allgemeinen Weisungen selbständig handeln, mit durchschlagendem Erfolg. Das war die Inauguration der »Auftragstaktik«, jener weltberühmten Führungsmethode, mit der sich die preußisch-deutsche Armee allen anderen in den folgenden beiden Jahrhunderten überlegen zeigen sollte.

Friedrich der Große hat in der Zeit von 1748 bis 1781 dreiunddreißig bedeutende militärwissenschaftliche Arbeiten verfaßt (die übrigens, da sie ausnahmslos in Französisch geschrieben wurden, bei den Deutschen kaum Beachtung fanden). Er schrieb über Taktik und Strategie, über Organisation und Logistik, Ausbildungs- und Ausrüstungswesen, über Truppenführung und Militärpsychologie, über Artillerie, Infanterie, Kavallerie, Heeres- und Nachschubwesen, über den Angriff ebenso wie über die Verteidigung. Hervorzuheben sind insbesondere: *Die Generalprinzipien des Krieges* von 1748, das Lehrgedicht über die Kriegskunst von 1751, *Gedanken und allgemeine Regeln für den Krieg* von 1755, die *Betrachtungen über die Taktik* von 1758, die *Militärischen Betrachtungen* von 1760, die *Geschichte des Siebenjährigen Krieges* von 1763, *Das militärische Testament* von 1768 und die *Betrachtungen über die Feldzugspläne* von 1775. Kein praktizierender Feldherr der Geschichte hat sich derart intensiv mit der Theorie der Kriegführung und des Militärwesens beschäftigt. Dennoch würde niemand auf die Idee kommen, Friedrich als einen »Berufssoldaten« zu bezeichnen. Er war und blieb zeitlebens Militärphilosoph, behandelte militärische Fragen als Teilgebiete des Allgemeinwissens. Kriegsgeschichte blieb für ihn immer ein integraler Bestandteil der National- und Universalgeschichte, verselbständigte sich bei ihm niemals zu engem Fachwissen, geschweige denn zum Spezialistentum. Die »Kriegskunst«, von der er gerne sprach, galt ihm als eine der unzähligen Varianten des philosophischen Denkens. Als

Künstler und Literat, als Staatsmann wie als Heerführer sah er im Phänomen des Krieges, das damals ja noch niemand für etwas »Verbrecherisches« hielt, ein Ingrediens des Politischen, lange bevor Clausewitz es als untergeordnetes Mittel der politischen Zwecke definierte. Nachdem er 1742 festgestellt hatte, die Ruhmsucht sei ihm angesichts des Schlachtfeldes gründlich vergangen, verfiel er nie mehr der Versuchung, Kriegführung als Zweck für sich zu betrachten, im Gegner ein bloßes Objekt seines »Vernichtungswillens« zu sehen. Sein Lehrgedicht über die Kriegskunst eröffnete er 1751, fünf Jahre vor Ausbruch des Siebenjährigen Krieges, mit einer leidenschaftlichen Friedensbeschwörung:

»Wohltätiger Friede, hehre Geister droben,
Die Preußens Volk aus Himmelshöhen schirmen,
Oh, scheucht von Flur und Stadt das blut'ge Toben,
Schützt unsre Grenzen vor des Krieges Stürmen!
Bewahrt uns vor der Menschheit grausen Plagen!
Und hört im Schicksalstempel Ihr mein Flehn,
So laßt das Land bis zu den fernsten Tagen
Im heißersehnten Frieden fortbestehn.«

So perfekt Friedrich II. in den zehn Friedensjahren von 1746 bis 1756 seine Armee organisierte, so daß sie im Krieg nicht nur am schnellsten marschierte und am zähesten kämpfte, sondern auch die beste Verpflegung und die klügste Infrastruktur hatte, so gedankenreich er mit taktischen Variationen und Finten spielte, wenn er bei Hohenfriedberg und Soor die Schlacht in zwei Takten schlug, bei Leuthen die »schiefe Schlachtordnung« gegen eine doppelte Übermacht exerzierte, wenn er bei Burkersdorf die revolutionäre Kolonnentaktik inaugurierte, so überragend er als Stratege war, als er ab 1758 zur Kriegführung der »inneren Linie« überging oder 1761 mit dem Lager bei Bunzelwitz die höchste Meisterschaft in der Handhabung des stärkeren operativen Mittels, der Defensive, für sich gewann: Niemals denaturierte dieser König-Connétable zum militärischen Fachmann, zum militaristischen Spezialisten. Politik und Philosophie verloren in seinem Denken niemals ihre Prädominanz. Nach dem überwältigenden

Sieg von Hohenfriedberg, 1745, sagte er zu seinem Minister Podewils: »Mit solchen Truppen könnte man die ganze Welt bändigen, wenn die Siege uns selbst nicht ebenso verhängnisvoll wären wie unseren Feinden.« Er fügte hinzu: »Ich setze den Krieg nur fort, um mir den Frieden zu sichern.« In seinem schon mehrfach zitierten Lehrgedicht warnt er den Leser eindringlich vor blinder Ruhmsucht oder Kriegsbesessenheit:

»Doch glaube nicht, ich wollte Schlechtes lehren,
Die unheilvolle Schlachttrompete blasen
Und wahnberauscht, verrückt nach Siegesehren,
Entfachen deinen Mut zu blindem Rasen!
Nicht Attila geb' ich zum Muster dir.
Nein, echte Helden: Titus, Marc Aurel,
Trajan; voll Tapferkeit, doch ohne Fehl,
Der Menschheit Vorbild, ihres Ruhmes Zier.«

Und ahnungsvoll, als sei ihm die Vision vor Augen getreten, was folgende Jahrhunderte an kriegerischem Fanatismus und barbarischen Greueltaten hervorbringen würden, schloß er mit den Zeilen:

»Kein Lorbeer soll Viktorias Stirn bedecken,
Wenn Missetaten ihren Ruhm beflecken.«

Das künstlerische Echo auf den Siebenjährigen Krieg

I. Die wichtigsten literarischen Bearbeitungen in Gestalt von Theaterstücken, Gedichten, Romanen und Erzählungen im achtzehnten und neunzehnten Jahrhundert:

1758 Ludwig Gleim (1709–1803) war der erste deutsche Dichter, der sich mit Friedrich dem Großen literarisch auseinandersetzte. Mit seinen *Liedern eines preußischen Grenadiers* begleitete er den Siebenjährigen Krieg. Das erste Gedicht dieses Zyklus hieß:

Zur Eröffnung des Feldzugs 1756

Krieg ist mein Lied! Weil alle Welt
Krieg will, so sei es Krieg!
Berlin sei Sparta, Preußens Held
gekrönt mit Ruhm und Sieg!

Gern will ich seine Taten tun,
die Leier in der Hand,
wenn meine blut'gen Waffen ruhn
und hangen an der Wand.

Auch stimm' ich hohen Schlachtgesang
mit seinen Helden an,
bei Pauken- und Trompetenklang,
in Lärm von Roß und Mann,

und streit', ein tapfrer Grenadier,
von Friedrichs Mut erfüllt!

Was acht' ich es, wenn über mir
Kanonendonner brüllt?!

Ein Held' fall ich; noch sterbend droht
mein Säbel in der Hand!
Unsterblich macht der Heldentod,
der Tod fürs Vaterland!

Auch kömmt man aus der Welt davon
geschwinder als der Blitz;
und wer ihn stirbt, bekommt zum Lohn
im Himmel hohen Sitz.

Wenn aber ich als solch ein Held
dir, Mars, nicht sterben soll,
nicht glänzen soll im Sternenzelt:
so leb' ich dem Apoll!

So werd' aus Friedrichs Grenadier,
dem Schutz, der Ruhm des Staats:
so lern' er deutscher Sprache Zier
und werde sein Horaz!

Dann singe Gott und Friederich,
ja, sing' dein stolzes Lied!
Dem Adler gleich erhebe dich,
der in die Sonne sieht!

1759 Ewald Christian von Kleist (1715–1759) nahm als Major der preußischen Infanterie am Siebenjährigen Krieg teil und fiel in der Schlacht bei Kunersdorf an der Spitze seines Bataillons. Seit 1750 galt er als einer der bedeutendsten Dichter deutscher Zunge. Kurz vor seinem Heldentod schrieb er die Verse:

Auch ich, ich werde noch, vergönn' es mir, o Himmel!
einher vor wenig Helden ziehn;

ich seh dich, stolzer Feind, den kleinen Haufen fliehn
und finde Ehre oder Tod im rasenden Gewimmel.

1760 Johann Peter Uz (1720–1796) schrieb auf den Tod Ewald Christian von Kleists das Gedicht:

Auf den Tod des Majors von Kleist

Auch Kleist ist hin! – Laßt weit herum erschallen,
ihr Musen, um den Oderstrand:
Ein Edler ist im Streit gefallen,
im Streit fürs Vaterland.

Sein Heldenblut floß auf die güldne Leier,
die sonst in seiner Hand erklang,
in die mit kriegerischem Feuer
er nur von Tugend sang.

Kleist ist nicht mehr! – Laßt weit herum erschallen,
ihr Musen, durch die bange Welt:
Der Musen Liebling ist gefallen,
ein Menschenfreund und Held.

Der Freundschaft Schmerz, die mit bestäubten Haaren
stumm über seiner Urne weint,
rührt auch die Feinde: selbst Barbaren
beklagen einen Feind.

Doch ewig Lob erwartet große Seelen,
die nur für wahren Ruhm entbrannt
den schönen Tod der Helden wählen,
den Tod fürs Vaterland.

Sie fliehn empor und werden aufgenommen
in Hütten der Glückseligkeit,
wo Gustav Adolf hingekommen,
das Wunder jener Zeit.

Dort ist auch Kleist: hoch über unserm Grame
und über Sternen geht der Held
mit Graf Schwerin – ein großer Name! –,
mit Keith und Winterfeldt.

Auf Friedrich sehn die Helden Friedrichs nieder,
bewundernd mit besorgtem Blick,
und flehn für ihn und ihre Brüder
um Leben und um Glück.

1767 Gotthold Ephraim Lessing (1729–1781), erlebte den Siebenjährigen Krieg als Sekretär des preußischen Generals von Tauentzien. Vier Jahre nach Ende des Krieges schrieb er sein klassisches Lustspiel:

Minna von Barnhelm oder das Soldatenglück.

Es ist als »die wahrste Ausgeburt des Siebenjährigen Krieges, die erste aus dem bedeutenden Leben gegriffene Theaterproduktion« (Goethe) und als meistgespieltes Stück in die deutsche Theatergeschichte eingegangen.

1826 Helmuth von Moltke (1800–1891), der spätere preußisch-deutsche Generalfeldmarschall und weltberühmte Sieger von Königgrätz (1866) und Sedan (1870), schrieb als sechsundzwanzigjähriger Leutnant im preußischen Leib-Infanterieregiment (Nr. 8) eine Erzählung unter dem Titel:

Die beiden Freunde. Eine Erzählung von Helmuth.

Die romantische Geschichte von Krieg, Abenteuern, Freundschaft und Liebe spielt 1762, im letzten Jahr des Siebenjährigen Krieges, im hart umkämpften Sachsen.

1829 Willibald Alexis (1798–1871), mit bürgerlichem Namen Dr. Georg Wilhelm Heinrich Häring, schrieb historische Romane und galt lange als der »märkische Walter Scott«. Über

Friedrich und den Siebenjährigen Krieg schrieb er das äußerst populäre und von Carl Loewe vertonte Gedicht:

Fridericus Rex

Fridericus Rex, unser König, unser Herr,
der rief seine Soldaten allesamt ins Gewehr,
zweihundert Bataillons und an die tausend Schwadrons,
und jeder Grenadier kriegte sechzig Patrons.

»Ihr verfluchten Kerls«, sprach Seine Majestät,
»daß jeder in der Bataille seinen Mann mir steht!
Sie gönnen mir nicht Schlesien und die Grafschaft Glatz
und die hundert Millionen in meinem Schatz.

Die Kais'rin hat sich mit den Franzosen alliiert
und das Römische Reich gegen mich revoltiert,
die Russen sind gefallen in Preußen ein,
auf, zeigt, daß wir brave Landeskinder sei'n.

Meine Generale Schwerin und der Feldmarschall von Keith
und der Generalmajor von Zieten sind allesamt bereit.
Potz Mohren, Blitz und Kreuz-Element!
Wer den Fritz und seine Soldaten noch nicht kennt!« –

Nun, adjö Lowise, wisch' ab das Gesicht,
eine jede Kugel, die trifft ja nicht.
Denn träfe jede Kugel apart ihren Mann,
wo kriegten die Könige die Soldaten dann!

Die Musketenkugel macht ein kleines Loch,
die Kanonenkugel ein weit größeres noch;
die Kugeln sind alle von Eisen und Blei,
und manche Kugel geht vor manchem vorbei.

Unsere Artillerie hat ein vortrefflich Kaliber,
und von den Preußen geht keiner zum Feinde je über,

die Schweden, die haben verflucht schlechtes Geld,
wer weiß, ob der Östreicher beßres erhält.

Mit Pomade bezahlt den Franzosen sein König,
wir kriegen's alle Woche bei Heller und bei Pfennig.
Potz Mohren, Blitz und Kreuz-Sackerment!
Wer kriegt wohl so prompt wie der Preuß sein Traktement!

Fridericus, mein König, den der Lorbeerkranz ziert,
ach, hättest du nur öfters zu plündern permittiert!
Fridericus Rex, mein König und mein Held,
für dich schlügen wir selbst den Teufel aus der Welt!

1832 Willibald ALEXIS schrieb in den Jahren von 1832 bis 1856 insgesamt sieben große Vaterländische Romane über die brandenburgisch-preußische Geschichte. Der literarisch bedeutsamste war der erste, der 1832 unter dem Titel erschien:

Cabanis.

Er behandelt, in romantischer Form, die Thematik von Kriegsabenteuern und Herzensliebe während der Zeit des Siebenjährigen Krieges.

1847 Theodor FONTANE (1819–1898) wurde, neben Heinrich von KLEIST, zum berühmtesten Dichter von brandenburgisch-preußischem Herkommen. Mit siebenundzwanzig Jahren schrieb er seine populären *Preußenlieder*, die er unter dem donnernden Applaus seiner Berliner Schriftsteller-Kollegen zuerst in der Dichtervereinigung »Tunnel über der Spree« vortrug:

Der alte Zieten

Joachim Hans von Zieten,
Husarengeneral,
Dem Feind die Stirne bieten,
Er tat's wohl hundertmal;
Sie haben's all' erfahren,

Wie er die Pelze wusch,
Mit seinen Leibhusaren,
Der Zieten aus dem Busch.

Hei, wie den Feind sie bleuten
Bei Hennersdorf und Prag,
Bei Liegnitz und bei Leuthen,
Und weiter Schlag auf Schlag;
Bei Torgau, Tag der Ehre,
Ritt selbst der Fritz nach Haus,
Doch Zieten sprach: »Ich kehre
Erst noch mein Schlachtfeld aus.«

Sie kamen nie alleine,
Der Zieten und der Fritz,
Der Donner war der eine,
Der andre war der Blitz.
Es wies sich keiner träge,
Drum schlug's auch immer ein,
Ob warm', ob kalte Schläge,
Sie pflegten gut zu sein. –

Der Friede war geschlossen,
Doch Krieges Lust und Qual,
Die alten Schlachtgenossen
Durchlebten's noch einmal.
Wie Marschall Daun gezaudert
Und Fritz und Zieten nie,
Es ward jetzt durchgeplaudert
Bei Tisch, in Sanssouci.

Einst mocht' es ihm nicht schmecken,
Und sieh, der Zieten schlief,
Ein Höfling wollt' ihn wecken,
Der König aber rief:
»Laßt schlafen mir den Alten,
Er hat in mancher Nacht

Für uns sich wach gehalten,
Der hat genug gewacht.« –

Und als die Zeit erfüllet
Des alten Helden war,
Lag einst, schlicht eingehüllet,
Hans Zieten, der Husar:
Wie selber er genommen
Die Feinde stets im Husch,
So war der Tod gekommen
Wie Zieten aus dem Busch.

Herr Seydlitz auf dem Falben

Herr Seydlitz auf dem Falben
Sprengt an die Front heran,
Sein Aug ist allenthalben,
Er mustert Roß und Mann,
Er reitet auf und nieder
Und blickt so lustig drein,
Da wissen's alle Glieder:
Heut wird ein Tanzen sein.

Noch weit sind die Franzosen;
Doch Seydlitz will zu Ball,
Die gelben Lederhosen,
Sie sitzen drum so prall;
Schwarz glänzen Hut und Krempe,
Im Sonnenschein zumal,
Und gar die blanke Plempe
Blitzt selbst wie Sonnenstrahl.

Sie brechen auf von Halle,
Die Tänzer allbereit,
Nach Gotha hin zu Balle
Ist freilich etwas weit.
Doch Seydlitz, vorwärts trabend,

Spricht: »Kinder, wohlgemut!
Ich denk', ein lust'ger Abend
Macht alles wieder gut.«

Die Nacht ist eingebrochen;
Zu Gotha, auf dem Schloß,
Welch Tanzen dort und Kochen
Im Saal und Erdgeschoß,
Die Tafel trägt das Beste
An Wein und Wild und Fisch –
Da, ungebet'ne Gäste
Führt Seydlitz an den Tisch.

Die Witz- und Wortspieljäger
Sind fort mit einem Satz,
Die Schwert- und Stulpenträger,
Sie nehmen hurtig Platz.
Herr Seydlitz bricht beim Zechen
Den Flaschen all' den Hals,
Man weiß, das Hälsebrechen
Verstund er allenfalls.

Getrunken und gegessen
Hat jeder, was ihm scheint,
Dann heißt es: »Aufgesessen
Und wieder nach dem Feind!«
Der möchte sich verschnaufen
Und hält bei Roßbach an,
Doch nur, um fortzulaufen
Mit neuen Kräften dann. –

Das waren Seydlitz' Späße;
Bei Zorndorf galt es Zorn,
Als ob's im Namen säße,
Nahm man sich da aufs Korn
Das slawische Gelichter –
Herr Seydlitz hoffte traun,

Noch menschliche Gesichter
Aus ihnen zuzuhaun.

Des Krieges Blutvergeuden,
Die Fürsten kriegten's satt;
Nur Seydlitz wenig Freuden
An ihrem Frieden hat;
Oft jagt er drum vom Morgen
Bis in die Nacht hinein,
Es können dann die Sorgen
So schnell nicht hinterdrein.

Er kam nicht hoch zu Jahren,
Früh trat herein der Tod;
Könnt' er zu Rosse fahren,
Da hätt's noch keine Not;
Doch auf dem Lager, balde
Hat ihn der Tod besiegt,
Der draußen auf der Halde
Noch lang' ihn nicht gekriegt.

Schwerin

Nun aber soll erschallen
Dir Preis und Ruhm, Schwerin,
Der du vor Prag gefallen
Beim Sturm der Batterien.
Es lebt in eins verschlungen
»Schwerin« und »Schlacht bei Prag«,
Drum sei dein Lob gesungen
An deinem Ehrentag. –

Des sechsten Maies Morgen
Schwebt über Berg und Au,
Der Feind ist wohlgeborgen
Durch Gräben und Verhau.
Es halten seine Flügel

Die Höhen rings besetzt,
Ein feuerspei'nder Hügel
Ist jede Kuppe jetzt.

Hier wird die Schlacht geschlagen!
Steil ist die Bergesbahn,
Doch siegen und nicht wagen,
Das heißt nur halb getan.
Die Grenadiere stürmen,
Kartätschen prasseln drauf,
Und vor den Hügeln türmen
Sich Leichenhügel auf.

Am Boden liegt vernichtet
Schwerins Leibbataillon;
Ein Eichwald, tief gelichtet,
So steht ein zweites schon.
Getroffen sinkt danieder
Gen'ral von Winterfeldt,
Und die zerschoßnen Glieder
Nichts mehr im Feuer hält.

Sie fliehn. Die alte Erde
Bebt selbst, als ob ihr's graut,
Da steigt Schwerin vom Pferde:
»Mir nach!« so ruft er laut.
Er faßt die alte Fahne,
Noch nie zur Flucht gewandt,
Daß er den Sieg erbahne
Mit seiner Greisenhand. –

Die Hügel sind erstiegen,
Die Kaiserlichen fliehn,
Doch trauervolles Siegen:
Im Sterben liegt – Schwerin!
Vier Kugeln, erzgegossen,
Sie haben ihn zerfetzt,

Die Fahne, fast zerschossen,
Sein Bahrtuch ist sie jetzt.

Die Truppen ziehn vorüber
Mit dumpfem Trommelschlag,
Solch Tag des Glücks ist trüber
Als mancher Unglückstag.
Wie Wetterwolkenschwere
Sieht man's am Himmel ziehn,
Sie ziehen vorauf dem Heere,
Sich lagernd über – Kolin.

Keith

Da, wo der Strom der Schotten,
Der Tay, vom Felsen springt,
Wo's noch in Schluchten und Grotten
Von Bruce und Wallace klingt,
Am Tay, wo blut'ge Siege
Jedweden Fleck geweiht,
Dort stand auch deine Wiege:
Feldmarschall Jakob Keith.

Es sang die Hochlandsamme
Mit Schlachten dich in Ruh',
Aus ihrem Clan und Stamme
Pries sie dir Helden zu.
Drum, eh' der Bart am Kinne
Dir sproßte noch hervor,
Standst du, voll Mannessinne,
Schon mit bei Sherifmoor.

Du standest bei den Schwachen,
Die Stuarts mußten fliehn,
Es trug auch dich ein Nachen
Gen Frankreichs Küste hin.
Ein Kunst- und Wanderleben

Hob an, von Land zu Land,
Gastrollen tätst du geben,
Den Degen in der Hand.

Du spieltest alle Rollen,
Den Höfling selbst, mit Glück,
Doch schöpfen aus dem Vollen
Ließ dich das Ritterstück.
Das war dein Fach, das Kühne,
Der Mut bis in den Tod,
Und mancher schlechten Bühne
Halfst du aus arger Not. –

Es gab nur eine Truppe
Damals von gutem Ruf,
Das war die glänzende Gruppe,
Die Friedrich um sich schuf.
Es suchte sein Theater
Talente weit und breit,
Und siehe, gewinnen tat er
Auch dich auf Lebenszeit.

Nur immer Musterdramen
Gab's da, mal hier, mal dort:
Vor lauter Handlung kamen
Die Spieler kaum zu Wort.
Abwechselnd zu Fuß und zu Rosse
Gab's Lust- und Trauerspiel,
Bei Roßbach, jene Posse
Vor allen wohlgefiel.

Da kam, voll Tod und Wetter,
Von Hochkirch jene Nacht,
Du mußtest auf die Bretter,
O Keith, eh du's gedacht.
Das gab kein sichres Spielen,
Nur Wirrwarr und Geschrei,

Und wenn Stichworte fielen,
War's vollends erst vorbei.

Der Vorhang sollte fallen,
Du aber, rings bedroht,
Riefst: »Bestes Stück von allen
Bleibt ehrenvoller Tod!«
Und so, im Kugelregen,
Tratst du vom Schauplatz ab. –
Laß auf dein Grab mich legen
Dies Lied zum Feldherrnstab.

1851 Theodor FONTANE verfaßte zur Enthüllungsfeier des Reiterstandbilds Friedrichs des Großen Unter den Linden ein Gedicht, in welchem er auch auf die Olmützer Punktationen von 1850 anspielte, als Preußens Versuch, die nationale Einheit Deutschlands zu inaugurieren, von Österreich und Rußland durchkreuzt worden war. Er nannte es:

Der alte Fritz

Bist endlich da! Gott sei's geklagt,
Hast lange warten lassen.
Nun lehr' uns wieder, unverzagt
Den Feind beim Schopfe fassen;
Den Feind in Ost, den Feind in West,
Die Feinde drauß' und drinnen;
Zerreiß die Netze dicht und fest,
Womit sie uns umspinnen.

Blitz' nur herab von Deiner Wacht,
Solch Wächter mag uns taugen.
Wir brauchen wieder Tag und Nacht
Die Alten-Fritzen-Augen.
Blitz' nur herab! Und wenn im Nu
Die Schleicher Du erraten,
Dann heb den Stock und droh »Du, Du!«,
Wie weiland dem Kroaten.

Blitz' nur herab von Deiner Wacht!
Und wenn uns Feinde spotten,
Pandurentum und Slawenmacht
Sich rings zusammenrotten,
Dann, Dir zu Füßen, weck' und wink'
Den alten Leibhusaren,
Und sprich: »He, Zieten, sattle flink!
Wir woll'n mal drunterfahren!«

Vor allem aber blitz' ins Herz
Den Denkern und den Leitern.
Sei Du das Vorgebirg von Erz,
Dran ihre Ängste scheitern.
Ruf ihnen zu: »*Mein* war der Mut,
Dies Preußen aufzurichten!
Es tut nicht gut, es tut nicht gut
Solch Zagen und Verzichten.

Wohl, angesichts von meinem Schloß,
Mag ich hier droben wohnen.
Doch gilt's mein Volk – mit Mann und Roß
Einschmelzt mich zu Kanonen!
Wohl thron' ich hier auf sichrem Sitz,
Mein Schimmel selbst ward erzen.
Doch sichrer thront der alte Fritz
In tapfren Preußenherzen.«

1852 Christian Friedrich SCHERENBERG (1798–1881) war, gemeinsam mit Theodor Fontane, Mitglied der Berliner Dichtervereinigung »Tunnel über der Spree«. In den beiden Jahrzehnten von 1850 bis 1870 wurde er zu einer literarischen Berühmtheit durch seine lyrischen Schlachtengesänge. Populär wurde vor allem sein Schlachtengesang, der den Siebenjährigen Krieg behandelte unter dem Titel:

Leuthen.

Außerdem schrieb er an patriotischen Gesängen: *Waterloo* (1849), *Ligny* (1849) und *Hohenfriedberg* (1869).

1857 Theodor FONTANE griff 1857, anläßlich des hundertsten Jahrestags der Schlacht bei Prag, noch einmal die Schwerin-Thematik in einem Gedicht auf:

Die Fahne Schwerins

Im Arsenal, dem alten,
Zu Petersburg am Dock,
Zersplittert und zerspalten
Steht ein alter Fahnenstock.
Er steht in seiner Ecken
An die hundert Jahre nun,
Mit den andern Fahnenstöcken
Hat er nichts zu tun.

Der Fahnen jüngste schmunzelt:
»He, Kamerad im Eck,
Warum so viel gerunzelt?
Das bringt uns nicht vom Fleck.
Nicht ewig stumm und einsam
Und nicht so steif-apart;
Gesellig, hübsch, gemeinsam,
Und etwas Lebensart.«

Der drauf: »An Schaftes Runde
Sieh hier den Silberring,
Er deckt die breite Wunde,
Die ich bei Prag empfing.
Zersplittert hat, zerspalten
Die Kugel mich von Erz,
Schwerin, der mich gehalten,
Dem ging sie durch das Herz.

Wen solch ein Held getragen
In solcher Preußenstund,

Dem will es nicht behagen
Auf fremdem, russischem Grund.
Der will unter Trommelchören
In Berlin, im Zeughaus stehn
Und den ›Dessauer‹ wieder hören
Und von ›Hohenfriedberg‹ den.«[1]

1867 Ferdinand Radeck komponierte auf den Text des *Fridericus-Rex*-Gedichts von Willibald Alexis den äußerst populären

Fridericus-Rex-Grenadiermarsch.

Er wurde als Armeemarsch Nr. II, 198 unter die königlich-preußischen Armeemärsche aufgenommen.

1880 Theodor Fontane beschäftigte sich als Sechziger, nachdem er seinen ersten großen historischen Roman *(Vor dem Sturm)* vollendet hatte, erneut mit dem Heer Friedrichs des Großen und schrieb das Gedicht:

Erstes Bataillon Garde

Erstes Bataillon Garde. Parad' oder Schlacht
Ihm wenig ›Differenzen‹ macht.
Ob in Potsdam sie trommelnd auf Wache ziehn,
Ob sie stehen und fallen bei Kolin,
Ob Patronenverknattern, ob Kugelpfiff,
Immer derselbe feste Griff,
Dieselbe Ruh. Jede Miene drückt aus:
»Ich gehör' zur Familie, bin mit vom Haus.«

Ihrer viere sitzen im Knapphans-Zelt.
Eine Kottbuser hat sich jeder bestellt,
Einen Kornus dazu; das Bier ist frisch.
Ein Berliner setzt sich mit an den Tisch.

[1] Schwerins Fahne wurde 1838 von Petersburg nach Berlin in das Zeughaus, Unter den Linden, überstellt.

Ein Berliner Budiker – da währt's nicht lange,
Plappermühl' ist im besten Gange.
»Wahrhaftig, ihr habt die schönste Montur,
Litzen, Paspel, Silberschnur,
Blechmützen wie Gold, gut' Traktement,
Und der König jeden von euch kennt.
Erstes Bataillon Garde! Prachtkerle vor all'n,
Solch Götterleben sollt mir gefall'n.«

Drei schwiegen. Endlich der Vierte spricht:
»Nee, Freund Berliner! so ist es nicht.
Eine propre Montur, was soll uns die geben?
Unser Götter- ist bloß ein Jammerleben.
Potsdam, o du verfluchtes Loch,
Führst du doch heut in die Hölle noch
Und nähmst Ihn mit mitsamt seinen Hunden,
Da wär' auch Der gleich mit abgefunden,
Ich mein' den da oben – uns läg' nichts dran,
Is doch bloß ein Quälgeist und Tyrann,
Schont nicht Fremde, nicht Landeskinder,
Immer derselbe Menschenschinder,
Immer dieselbe verfluchte Ravage –
Potsdam, o du große Blamage!«

Das war dem Berliner nach seinem Sinn,
Er lächelte pfiffig vor sich hin:
»Ich sag das schon lange. Was hat Er denn groß?
Große Fenstern hat Er; sonst is nich viel los.
Und reden kann Er. Na, das kann jeder;
Hier aber – Er zieht nicht gerne vom Leder.«

Da lachten all' vier, und der eine spricht:
»Nee, Freund Budiker, so geht es nicht!
Zuhören kannst du, wenn wir mal fluchen,
Aber du darfst es nicht selber versuchen.
Wir dürfen frech sein und schimpfen und schwören,
Weil wir selber mit zugehören.

Wir dürfen reden von Menschenschinder,
Dafür sind wir seine Kinder.
Potsdam, o du verfluchtes Loch,
Aber Er, er ist unser König doch.
Unser großer König! Gott soll mich verderben,
Wollt' ich nicht gleich für den Fritzen sterben.«

1882 Der schleswig-holsteinische Dichter Detlev Freiherr von Liliencron (1844–1909) schrieb am hundertfünfundzwanzigsten Jahrestag der Schlacht bei Kolin das Gedicht:

Wer weiß wo
(Schlacht bei Kolin, 18. Juni 1757)

Auf Blut und Leichen, Schutt und Qualm,
Auf roßzerstampftem Sommerhalm
Die Sonne schien.
Es sank die Nacht. Die Schlacht ist aus,
Und mancher kehrte nicht nach Haus
Einst von Kolin.

Ein Junker auch, ein Knabe noch,
Der heut das erste Pulver roch,
Er mußt' dahin.
Wie hoch er auch die Fahne schwang,
Der Tod in seinen Arm ihn zwang,
Er mußt' dahin.

Ihm nahe lag ein frommes Buch,
Das stets der Junker bei sich trug,
Am Degenknauf.
Ein Grenadier von Bevern fand
Den kleinen erdbeschmutzten Band
Und hob ihn auf.

Und brachte heim mit schnellem Fuß
Dem Vater diesen letzten Gruß,
Der klang nicht froh.

Dann schrieb hinein die Zitterhand:
»Kolin. Mein Sohn verscharrt im Sand.
Wer weiß wo.«

Und der gesungen dieses Lied,
Und der es liest, durchs Leben zieht
Noch frisch und froh.
Doch einst bin ich – und bist auch du –
Verscharrt im Sand, zur ewgen Ruh.
Wer weiß wo.

1883 Detlev von Liliencron schrieb zum hundertfünfundzwanzigsten Jahrestag das Epigramm:

Friedrich in der Schlacht bei Zorndorf.

Shakespeare und Johann Sebastian ausgenommen, sonst von Caesar bis Friedrich kein Genie.
... Der linke Flügel weicht. Kosaken und Kalmücken dringen vor. Der König erscheint. Umsonst. Er ergreift eine Fahne. Umsonst. Da stürzt zu ihm auf dem roten hannoverschen Hengst der größte Reiterführer, den bis jetzt die Welt gesehen: Seydlitz hält neben Friedrich. »Euer Majestät erlauben den Angriff!« Der König, der herrliche, weiche Mensch auch in diesem Augenblick, reicht seinem General die Hand. Und der hohe, kräftige schöne General beugt sich tief und küßt sie. Und während die Fanfaren schreien, setzen die Schwadronen an. Weit voraus Seydlitz. Statt des hochblitzenden Degens kreist er als »Vorwärts zum Sieg« mit der Rechten den Handschuh.
Und Friedrich jagt auf seiner kleinen hellbraunen Tatarenstute Delila zum rechten Flügel. Feldmarschall Lord Keith rast ihm entgegen: Keith, den er liebt mit seiner ganzen Seele. Und der König umarmt gerührt den alten Marschall ...
Nun hält Friedrich vor dem Regiment Prinz von Preußen (Nr. 18). Er ruft ihm zu: »Daß sich Gott erbarm! Diese Scheißkerle vom linken Flügel sind gelaufen wie alte Huren ...

Vorwärts, meine Freunde . . .« Und mit blinkendem Degen – eine Welt für diesen Anblick! – reitet der König im Schritt in die Asiaten hinein. Seine großen Himmelsaugen flammen . . . Und über ihm, am heißen, sonnendurchsengten Augusttag blitzt ein strahlender, nie gesehener diamantheller Stern . . .

1886 Theodor FONTANE griff anläßlich des hundertsten Todestages Friedrichs des Großen noch einmal das Thema der friderizianischen Armee auf und schrieb den Gedicht-Zyklus:

Alte Fritz-Grenadiere

I.
»Alter, was schleppst du dich noch mit?
Humpelst und bist aus Schritt und Tritt.
Warum bliebst du nicht zu Haus?
Mit über Sechzig is es aus.«

»*Nich* aus! Ich kann noch im Feuer stehn –
Und wenn dann die Jungen nach mir sehn
Und sehen, der Alte blinzelt nicht
Und rührt kein Haar sich in seinem Gesicht
Und zielt in Ruh und gibt seinen Schuß,
Da machen sie's auch, wie man's machen muß,
Und halten aus in Donner und Blitz –
Im Feuer nicht blinzeln, das kann ich noch, Fritz!«

II.
Auch die Grenadiere wollen nicht mehr.
Wie ein Rasender jagt der König daher
Und hebt den Stock und ruft unter Beben:
»Rackers, wollt ihr denn ewig leben?!
Betrüger . . .«
»Fritze, nichts von Betrug!
Für fünfzehn Pfennig ist's heute genug.«

III.
In Würzburg, bei den Bischöflichen,
Sind ihm schon sieben Jahre verstrichen;
Seiner Potsdamer Tage, manch liebes Mal,
Denkt der alte Korporal.

Auf dem Platze, hart an der Brück',
Exerziert er Rekruten vor und zurück,
Zählt und wettert: »Rechten! Linken!
Verfluchter Kerl, Speck und Schinken . . .«

Ein blutjunger Leutnant, neunzehn schon,
Ärgert sich über den preußischen Ton
Und fährt dazwischen: »Euer Rekrut
Macht alles richtig, macht alles gut.
Ihr versteht nicht den Dienst . . .« Der Alte grient:
»Ich habe dem König von Preußen gedient.«

II. Die wichtigsten künstlerischen Bearbeitungen in Gestalt von abendfüllenden Spielfilmen (Laufzeit ca. 90 Minuten) in der Zeit des Stummfilms von 1919 bis 1929:

1920–1923 *Fridericus Rex – Ein Königsschicksal* (Ufa)
Filmwerk in vier abendfüllenden Teilen
Buch: Hans Behrend, Arzen von Czerépy
Regie: Arzen von Czerépy
Kamera: E. Lüttgens, R. Kuntze, F. Paulmann

1927–1928 *Der alte Fritz* (National-Film)
Filmwerk in zwei abendfüllenden Teilen
Buch: Hanns Torius
Regie: Gerhard Lamprecht
Kamera: Karl Hasselmann

III. Die wichtigsten künstlerischen Bearbeitungen in Gestalt von abendfüllenden Spielfilmen (Laufzeit ca. 90 Minuten) in der Zeit des Tonfilms von 1930 bis 1945:

1930 *Das Flötenkonzert von Sanssouci* (Ufa)
Premiere: 19.12.1930
Buch: Walter Reisch
Regie: Gustav Ucicky
Kamera: Carl Hoffmann
Musik: Willy Schmidt-Gentner
Preis: Künstlerisch, volksbildend
Verbot: durch die Alliierten nach 1945

1932 *Die Tänzerin von Sanssouci* (Aafa-Film)
Premiere: 8.9.1932
Buch: Fanny Carlsen und Hans Behrend
Regie: Friedrich Zelnik
Kamera: Friedl Behn-Grund
Musik: Marc Roland, Kurt Krüger

1932 *Trenck* (Phoebus-Film)
Premiere: 28.10.1932
Buch: Heinz Paul und Ernst Neubach
Regie: Heinz Paul und Ernst Neubach
Kamera: C. Drews, G. Bruckbauer, K. Hasselmann
Musik: Hans May

Der Choral von Leuthen (Froehlich-Film)
Premiere: 3.2.1933
Buch: Dr. Johannes Brandt und Ilse Spath-Baron
Regie: Carl Froelich
Kamera: F. Planer, W. Blum, H. v. Kaweczynski
Musik: Marc Roland
Preis: Volksbildend
Verbot: durch die Alliierten nach 1945

1936 *Fridericus* (Tobis)
Premiere: 8. 2. 1937
Buch: Walter von Molo und Erich Kröhnke
Regie: Johannes Meyer
Kamera: Bruno Mondi
Musik: Marc Roland
Preis: Staatspolitisch wertvoll
Verbot: durch die Alliierten nach 1945

1940 *Das Fräulein von Barnhelm* (Bavaria)
Premiere: 18. 10. 1940
Buch: Gotthold Ephraim Lessing
Regie: Hans Schweikart
Kamera: Carl Hoffmann, Heinz Schnackertz
Musik: Alois Melichar
Preis: Künstlerisch wertvoll
Verbot: durch die Alliierten nach 1945

1941 *Kadetten* (Ufa)
Premiere: 2. 12. 1941
Buch: Felix Lützkendorf und Karl Ritter
Regie: Karl Ritter
Kamera: Günther Anders
Musik: Herbert Windt
Verbot: durch die Alliierten nach 1945

Der große König (Tobis)
Premiere: 3. 3. 1942
Buch: Veit Harlan
Regie: Veit Harlan
Kamera: Bruno Mondi
Musik: Hans-Otto Borgmann
Preis: »Film der Nation«, staatspolitisch und künstlerisch besonders wertvoll, kulturell und volkstümlich wertvoll, volksbildend, jugendwert
Verbot: durch die Alliierten nach 1945

1944 *Die Affäre Roedern* (Berlin-Film)
Premiere: 14. 7. 1944
Buch: Toni Huppertz und Gerta Ital
Regie: Erich Waschneck
Kamera: Walter Pindter
Musik: Norbert Schultze
Preis: Staatspolitisch wertvoll, jugendwert
Verbot: durch die Alliierten nach 1945

IV. Darstellungen der Zeit Friedrichs des Großen und des Siebenjährigen Krieges im Fernsehen der Bundesrepublik Deutschland:

1977 *Zwei Schwerter in der Hand* (stern tv)
Dritter Teil der elfteiligen Fernsehserie »Dokumente Deutschen Daseins« von Wolfgang Venohr
Buch: Wolfgang Venohr
Regie: Gerd Zenkel, Wolfgang Venohr
Kamera: Gerd Scholz
Sender: ZDF
Preis: Joseph-E.-Drexel-Preis 1979
(Auch als Ullstein-Taschenbuch: Wolfgang Venohr, *Dokumente Deutschen Daseins*, Berlin 1983, S. 67–91)

Bibliographie

Abbt, T.: Vom Tode fürs Vaterland. Berlin 1761.
Adams, J. G.: Letters on Silesia. London 1804.
Andreas, W.: Das Theresianische Österreich. München 1930.
Archenholtz, J. W. v.: Geschichte des Siebenjährigen Krieges in Deutschland. 2 Bde. Berlin 1840.
Arneth, A. v.: Geschichte Maria Theresias. 10 Bde. Wien 1863–1879.
Augstein, R.: Preußens Friedrich und die Deutschen. Frankfurt/Main 1968.
Barsewisch, C. F. v.: Meine Kriegs-Erlebnisse während des Siebenjährigen Krieges. Berlin 1863.
Belach, A.: Der Christ im Kriege und in der Belagerung. Breslau, Leipzig 1758.
Berenhorst, G. H.: Betrachtungen über die Kriegskunst. 3 Bde. Leipzig 1798–1799.
Berney, A.: Friedrich der Große. Tübingen 1934.
Bernhardi, Th. v.: Friedrich der Große als Feldherr. 2 Bde. Berlin 1881.
Bilbasoff, B. v.: Geschichte Katharinas II. 2 Bde. Berlin 1891–1893.
Blank, H.: Unter dem schwarzen Adler. Hamburg 1957.
Bleckwenn, H.: Das altpreußische Heer. Osnabrück 1969.
Bleckwenn, H. (Hrsg.): Kriegs- und Friedensbilder 1725–1759. Osnabrück 1971.
Bleckwenn, H.: Brandenburg-Preußens Heer 1640–1807. Osnabrück 1978.
Blumenthal, L. J.: Lebensbeschreibung Hans Joachim von Zietens. Berlin 1797.
Borchardt, G. (Hrsg.): Die Randbemerkungen Friedrichs des Großen. Potsdam 1937.
Boysen, F.: Eigene Lebensbeschreibung. Quedlinburg 1795.
Bräker, U.: Der arme Mann im Tockenburg. Leipzig 1852.
Briefe Friedrichs des Großen. Hrsg. v. M. Hein. 2 Bde. Berlin 1912–1914.
Briefe Friedrichs des Großen an seine Freunde. Hrsg. v. M. Baetke. Jena 1942.
Brüggemann, F.: Der Siebenjährige Krieg im Spiegel der zeitgenössischen Literatur. Leipzig 1935.
Büsch, O.: Militärsystem und Sozialleben im alten Preußen. Berlin 1962.
Büsch, O. (Hrsg.): Preußen und das Ausland. Berlin 1982.
Büsching, A. F.: Abhandlung des Charakters Friedrichs des Großen. Halle 1788.
Buxbaum, E.: Friedrich Wilhelm Freiherr von Seydlitz. Leipzig 1907.
Campe, E. v.: Die graphischen Porträts Friedrichs des Großen. München 1958.
Carlyle, Th.: Geschichte Friedrichs II. von Preußen. 6 Bde. Berlin 1858 bis 1869.

Carstens, F. L.: Die Entstehung Preußens. Köln, Berlin 1968.
Catt, H. de: Die Tagebücher 1758 bis 1760. München, Berlin 1986.
Cyran, E.: Preußisches Rokoko. Berlin 1979.
Dassow, J.: Friedrich II. und Peter III. Diss. Berlin 1908.
Delbrück, H.: Geschichte der Kriegskunst. 4 Bde. Berlin 1900 bis 1920.
Demeter, K.: Das deutsche Offizierskorps 1650–1945. Frankfurt/Main 1965.
Der König. Hrsg. v. M. Mendelssohn Bartholdy. Leipzig 1923.
Dette, E.: Friedrich der Große und sein Heer. Göttingen 1914.
Dilthey, W.: Friedrich der Große und die deutsche Aufklärung. Leipzig 1927.
Ditfurth, F. W.: Die historischen Volkslieder des Siebenjährigen Krieges. Berlin 1871.
Dohm, C. W.: Denkwürdigkeiten meiner Zeit. 5 Bde. Lemgo 1814 bis 1819.
Dreihundert ausgewählte Briefe Friedrichs des Großen. Hrsg. v. A. Kannengießer. Leipzig o. J.
Dreyer, J. F.: Leben und Taten eines preußischen Regiments-Tambours. Breslau 1810.
Droysen, J. G.: Friedrich Wilhelm I. 2 Bde. Leipzig 1869.
Duffy, C.: The Army of Maria Theresia. Newton Abbot 1977.
Duffy, C.: Friedrich der Große und seine Armee. Stuttgart 1978.
Duffy, C.: Friedrich der Große. Ein Soldatenleben. Zürich 1986.
Easum, C. V.: Prinz Heinrich, Bruder Friedrichs des Großen. Göttingen 1958.
Elze, W.: Friedrich der Große. Berlin 1936.
Engelmann, B.: Preußen. Land der unbegrenzten Möglichkeiten. München 1979.
Falch, O.: Was sich die Schlesier vom Alten Fritz erzählen. Brieg 1860.
Fester, R.: Die Bayreuther Schwester Friedrichs des Großen. Berlin 1902.
Fitte, S.: Religion und Politik vor und während des Siebenjährigen Kriegs. Berlin 1899.
Fontane, Th.: Wanderungen durch die Mark Brandenburg. 4 Bde. Stuttgart, Berlin 1906–1907.
Förster, Fr.: Preußens Helden in Krieg und Frieden. 3 Bde. o. O. 1852–1859.
Frauenholz, E. v.: Das Heerwesen in der Zeit des Absolutismus. München 1940.
Friedrich II.: Die Werke Friedrichs des Großen. Hrsg. v. G. B. Volz. 12 Bde. Berlin 1913–1914.
Friedrich II.: Die politischen Testamente. Hrsg. v. G. B. Volz. Berlin 1920.
Friedrich II.: Gespräche Friedrichs des Großen. Hrsg. v. G. B. Volz. Berlin 1925.
Friedrich der Große im Spiegel seiner Zeit. Hrsg. v. G. B. Volz. 3 Bde. Berlin 1926–1927.
Friedrich II.: Die Komödien des großen Königs. Hrsg. v. C. Niessen. Berlin 1937.
Friedrich II.: Gespräche mit Catt. Hrsg. v. W. Schüßler. Leipzig 1940.
Garve, C.: Fragmente zur Schilderung des Geistes, des Charakters und der Regierung Friedrichs des Zweiten. Breslau 1798.
Gaxotte, P.: Friedrich der Große. Berlin 1974.
Gent, W.: Die geistige Kultur um Friedrich den Großen. Berlin 1936.
Gillies, J.: A View of the Reign of Frederick II. of Prussia. London 1789.
Gooch, G. P.: Friedrich der Große. Göttingen 1951.
Gooch, G. P.: Maria Theresia and other studies. London 1951.
Görlitz, W.: Der deutsche Generalstab. Frankfurt/Main 1950.
Gotzkowsky, J. C.: Geschichte eines patriotischen Kaufmanns. 2 Bde. Augsburg 1768–1769.

Grünhagen, C.: Schlesien unter Friedrich dem Großen. 2 Bde. Breslau 1890–1892.
Haffner, S. und W. Venohr: Preußische Profile. Berlin 1986.
Heckscher, E. F.: Der Merkantilismus. 2 Bde. Jena 1932.
Helfritz, H.: Geschichte der preußischen Heeresverwaltung. Berlin 1938.
Hildebrand, A.: Das Bildnis Friedrichs des Großen. Leipzig 1942.
Hinrichs, C.: Der allgegenwärtige König. Berlin 1940.
Hinrichs, C.: Preußen als historisches Problem. Berlin 1964.
Hinrichs, C.: Friedrich Wilhelm I., König in Preußen. Darmstadt 1974.
Hintze, O.: Die Hohenzollern und ihr Werk. Berlin 1915.
Hoven, J.: Der preußische Offizier des 18. Jahrhunderts. Zeulenroda 1936.
Hubatsch, W.: Friedrich der Große und die preußische Verwaltung. Köln, Berlin 1973.
Hülsen, C. W. v.: Unter Friedrich dem Großen. Berlin 1890.
Jähns, M.: Geschichte der Kriegswissenschaften, vornehmlich in Deutschland. 3 Bde. München 1889–1891.
Jany, C.: Geschichte der preußischen Armee. 4 Bde. Osnabrück 1967.
Jessen, H. (Hrsg.): Friedrich der Große und Maria Theresia. Düsseldorf 1965.
Johnson, H. G.: Frederick the Great and his Officials. New Haven 1975.
Kerler, D. (Hrsg.): Tagebuch des Musketiers Dominicus. Osnabrück 1972.
Klepper, J.: Der Vater. Stuttgart 1977.
Klopp, O.: König Friedrich von Preußen und die deutsche Nation. Schaffhausen 1860.
Koenigswald, H. v.: Preußisches Lesebuch. München 1967.
Kollo, W.: Der Krieg geht morgen weiter. Berlin 1970.
Koser, R.: Friedrich der Große als Kronprinz. Berlin 1886.
Koser, R.: Geschichte Friedrichs des Großen. 4 Bde. Stuttgart, Berlin 1912–1914.
Krieger, B.: Friedrich der Große und seine Brüder. Leipzig 1914.
Kretschmayr, H.: Maria Theresia. Leipzig 1938.
Kugler, F.: Die Geschichte Friedrichs des Großen. Leipzig 1840.
Kunisch, J.: Das Mirakel des Hauses Brandenburg. München 1978.
Küster, C. D.: Bruchstück eines Campagnelebens im Siebenjährigen Kriege. Berlin 1791.
Küster, C. D.: Characterzüge des preußischen General-Lieutenants von Saldern. Berlin 1793.
Lehmann, M.: Friedrich der Große und der Ursprung des Siebenjährigen Krieges. Leipzig 1894.
Lehndorff, A. E. v.: Dreißig Jahre am Hofe Friedrichs des Großen. Gotha 1907.
Linnebach, K. (Hrsg.): Deutsche Heeresgeschichte. Hamburg 1935.
Lippe-Weißenfeld, E.: Hans Joachim von Zieten. Berlin 1885.
Lodge, R.: Great Britain and Prussia in the 18th Century. London 1923.
Mann, Th.: Friedrich und die große Koalition. Berlin 1922.
Menzel, A. v.: Die Armee Friedrichs des Großen in ihrer Uniformierung. Berlin 1908–1912.
Menzel, A. v.: Die Soldaten Friedrichs des Großen. Leipzig 1923.
Mernaz, L.: Die Hohenzollern. Lausanne 1970.
Mirabeau, H. G.: Geheime Geschichte des Berliner Hofes. Berlin 1900.
Mitchell, A.: Memoirs and Papers of Sir Andrew Mitchell. 2 Bde. London 1850.
Mitford, N.: Frederick the Great. London 1970.
Mohr, E. v.: Von Miltiades bis Ludendorff. Frankfurt/Main 1940.
Mönch, W.: Voltaire und Friedrich der Große. Berlin 1943.

Nelson, W. H.: Die Hohenzollern. München, Wien, Zürich 1972.
Nicolai, F.: Anekdoten von König Friedrich II. 6 Bde. Berlin 1788–1792.
Orlich, L.: Fürst Moritz von Anhalt-Dessau. Berlin 1842.
Ortmann, A. D.: Patriotische Briefe. Berlin, Potsdam 1759.
Osten-Sacken, O. v.: Preußens Heer von seinen Anfängen bis zur Gegenwart. Berlin 1911.
Pangels, Ch.: Friedrich der Große. München 1979.
Paret, P. (Hrsg.): Frederick the Great. A Profile. London 1972.
Pauli, C. F.: Leben großer Helden des gegenwärtigen Krieges. 9 Bde. Halle 1758–1764.
Pauli, C. F.: Denkmale berühmter Feld-Herren. Halle 1768.
Petersdorff, H. v.: Friedrich der Große. Berlin 1902.
Pleschinski, H. (Hrsg.): Aus dem Briefwechsel Voltaire–Friedrich der Große. Zürich 1992.
Podewils, O. C. v.: Friedrich der Große und Maria Theresia. Berlin 1937.
Preitz, M.: Prinz Moritz von Dessau im Siebenjährigen Kriege. München, Berlin 1912.
Preuss, J. D.: Urkundenbuch zu der Lebensgeschichte Friedrichs des Großen. 6 Bde. Berlin 1832–1834.
Prittwitz und C. W. v. Gaffron: Ich bin ein Preuße . . . Paderborn 1989.
Ranke, L. v.: Der Ursprung des Siebenjährigen Krieges. Leipzig 1871.
Ranke, L. v.: Zwölf Bücher preußischer Geschichte. 3 Bde. München 1930.
Reiners, L.: Friedrich. München 1952.
Reinhold, P.: Maria Theresia. Wien 1957.
Retzow, F. A. v.: Charakteristik der wichtigsten Ereignisse des Siebenjährigen Krieges. 2 Bde. Berlin 1802.
Rimscha, H. v.: Katharina II. Göttingen 1961.
Ritter, G.: Staatskunst und Kriegshandwerk. Teil I. München 1954.
Ritter, G.: Friedrich der Große. Ein historisches Profil. Heidelberg 1954.
Rosinski, H.: Die deutsche Armee. Düsseldorf, Wien 1970.
Runge, N.: Das verbotene Preußen. Würzburg 1977.
Sack, F. S.: Briefe über den Krieg. Berlin 1778.
Scheuner, U.: Der Staatsgedanke Preußens. Köln, Graz 1965.
Schieder, Th.: Friedrich der Große. Ein Königtum der Widersprüche. Berlin 1983.
Schenke, M.: England und das friderizianische Preußen. Freiburg 1963.
Schmitt, R.: Prinz Heinrich von Preußen als Feldherr im Siebenjährigen Kriege. 2 Bde. Greifswald 1885–1897.
Schneider, R.: Die Hohenzollern. Frankfurt/Main, Hamburg 1958.
Schumann, H. (Hrsg.): Mein lieber Marquis! Zürich 1985.
Schwarze, K.: Der Siebenjährige Krieg in der zeitgenössischen deutschen Literatur. Berlin 1936.
Skalweit, S.: Frankreich und Friedrich der Große. Bonn 1952.
Sprenger, E.: Der Philosoph von Sanssouci. Berlin 1942.
Stribrny, W.: Die Rußlandpolitik Friedrichs des Großen. Würzburg 1966.
Taysen, A.: Zur Beurtheilung des Siebenjährigen Krieges. Berlin 1882.
Taysen, A.: Die äußere Erscheinung Friedrichs des Großen. Berlin 1891.
Tempelhoff, G. F.: Geschichte des Siebenjährigen Krieges in Deutschland. 6 Bde. Berlin 1783–1801.
Thadden, F. L.: Feldmarschall Daun. Wien 1967.

Thiébault de Liveaux, J. C.: Vie de Frédéric II. Roi de prusse. 7 Bde. Straßburg 1788–1789.
Uhle-Wettler, F.: Höhe- und Wendepunkte deutscher Militärgeschichte. Mainz 1984.
Unger, W.: Wie ritt Seydlitz? Berlin 1906.
Varnhagen v. Ense, K.: Leben des Generals Freiherrn von Seydlitz. Berlin 1834.
Varnhagen v. Ense, K.: Leben des Generals Hans Karl von Winterfeldt. Berlin 1836.
Vehse, E.: Preußische Hofgeschichten. 4 Bde. München 1913.
Venohr, W.: Dokumente Deutschen Daseins. Königstein 1980.
Venohr, W.: Fritz, der König. Bergisch Gladbach 1981.
Venohr, W.: Fridericus Rex. Porträt einer Doppelnatur. Bergisch Gladbach 1985.
Venohr, W. und S. Haffner: Preußische Profile. Berlin 1986.
Venohr, W.: Friedrich der Große als Außenpolitiker. In: *Damals*, Heft 4, Gießen 1986.
Venohr, W.: Friedrich der Große als Militärphilosoph. In: *Damals*, Heft 5, Gießen 1986.
Venohr, W.: Der Soldatenkönig. Berlin 1987.
Vocke, R. (Hrsg.): Friedrich der Große. Gütersloh 1977.
Wagner, F.: Kaiser Karl VII. und die großen Mächte. Stuttgart 1938.
Walter, F.: Männer um Maria Theresia. Wien 1951.
Warnery, C. E. v.: Des Herrn Generalmajor von Warnery sämtliche Schriften. 9 Bde. Hannover 1785–1791.
Wedell, M. v.: Ein preußischer Diktator. Berlin 1876.
Westphalen, C. H.: Geschichte der Feldzüge des Herzogs Ferdinand von Braunschweig-Lüneburg. 5 Bde. Berlin 1859–1872.
Wiegand, W.: Friedrich der Große. Leipzig 1922.
Wilhelmine von Bayreuth: Memoiren. Leipzig 1923.
Winter, G.: Hans Joachim von Zieten. 2 Bde. Berlin 1886.
Witzleben, A. v.: Aus alten Parolebüchern der Berliner Garnison zur Zeit Friedrichs des Großen. Berlin 1851.
Wolfslast, W.: Die Kriege Friedrichs des Großen. Stuttgart 1941.
Zeller, E.: Friedrich der Große als Philosoph. Berlin 1886.

Register